POLEN – POUVOIRS, LETTRES, NORMES
sous la direction de Bernard Ribémont
et Pierre-Yves Beaurepaire
13

Corps en peines

Ouvrage publié avec le soutien
de la Maison des sciences de l'homme d'Aquitaine.
Ce volume réunit les actes du colloque international
« Corps en peine. Manipulations, usages et traitement des corps
dans la pratique pénale depuis le Moyen Âge »
organisé à Bordeaux à la Maison des sciences de l'homme
les 7, 8 et 9 décembre 2016.

Corps en peines

Manipulations et usages des corps dans la pratique pénale depuis le Moyen Âge

Sous la direction de Martine Charageat,
Bernard Ribémont et Mathieu Soula

PARIS
CLASSIQUES GARNIER
2019

Martine Charageat est maître de conférences en histoire médiévale à l'université de Bordeaux Montaigne, laboratoire Ausonius UMR CNRS 5607. Elle est ancien membre de la Casa de Velazquez. Elle a publié « Notes introductives sur la peine de mort en Occident médiéval. État de la question » dans *La Mort pénale. Les enjeux historiques et contemporains* (Rennes, 2015) et *Conseiller les juges au Moyen Âge* (Toulouse, 2014).

Bernard Ribémont est professeur d'histoire littéraire du Moyen Âge à l'université d'Orléans. Ses travaux portent sur les relations entre savoir savant et littérature médiévale ainsi que sur les encyclopédies du Moyen Âge et les auteurs didactiques, essentiellement Christine de Pizan. Il se penche notamment sur la représentation et l'influence du droit dans la littérature de fiction.

Mathieu Soula est professeur d'histoire du droit à l'université de Paris – Nanterre. Sur la thématique pénale, il a récemment codirigé *Justice et oubli. France-Rwanda* (Paris, 2018) et *La Mort pénale. Les enjeux historiques et contemporains de la peine de mort* (Rennes, 2015).

ISBN 978-2-406-08821-9 (livre broché)
ISBN 978-2-406-08822-6 (livre relié)
ISSN 2490-8460

INTRODUCTION

Le corps comme lieu pénal[1]

« Corps », mot malléable aux multiples usages, aux multiples sens, inscrit dans divers espaces sociaux. Dans son *Dictionnaire*, Antoine Furetière ne dénombre pas moins de dix-sept champs de définitions et d'usages possibles du mot[2]. Dans tous les sens du terme, le corps est une œuvre, un ouvrage, un ensemble cohérent et articulé, un fondement, une base, une enveloppe physique soumise aux trois dimensions : longueur, largeur et profondeur. Le corps est aussi ce qui enferme : l'âme, la Cité, les lois, l'écriture, la garde, la Nation… Le corps est l'objet qui représente et rend manifestes, palpables, incarnés, une idée, un concept, une fiction, en un mot une chose immatérielle. Le corps est un lieu de pouvoir : en incarnant une illusion, il rend l'absent présent. Ce « pouvoir de présence au lieu de l'absence[3] », pour reprendre les mots subtils de Louis Marin, fait du corps le lieu de la matérialisation, de la manifestation. Il rend visible l'invisible, perceptible l'imperceptible, concret l'abstrait. Le pouvoir du corps est à la fois l'objet de captations, d'appropriations et de luttes de sens, d'où les nombreuses définitions du corps qui ne font que retraduire les divers champs qui l'investissent et le manipulent et dans lesquels l'emprise sur le corps est un enjeu déterminant. Nous nous intéressons ici seulement « à la partie matérielle des

1 Le présent ouvrage est issu du colloque international organisé à Bordeaux les 7-9 décembre 2016 à la Maison des Sciences de l'Homme dans le cadre du programme de recherche intitulé « Des justices et des hommes. Peine de mort, gibets et bourreaux en Europe (Moyen Âge-XXe siècle) », dirigé par M. Charageat, M. Soula et M. Vivas. Il est publié avec le soutien de de la MSHA, de la région Centre-Val-de-Loire.

2 A. Furetière, *Dictionnaire universel, contenant généralement tous les mots françois, tant vieux que modernes, et les termes des sciences et des arts*, La Haye et Rotterdam, chez Arnoud et Reinier Leers, 1701 (2de éd.), t. 1, *verb.* « Corps ». Pour une analyse de certains sens de « corps » : Michel Porret, « Le corps et ses enjeux », Michel Porret (éd.), *Le corps violenté, du geste à la parole*, Genève, Droz, 1998, p. 7-35.

3 L. Marin, *Le portrait du roi*, Paris, Les Éditions de Minuit, coll. Le Sens commun, 1981, p. 10.

êtres animés[4] ». À ce corps physique qui longtemps fut non seulement distingué, mais opposé à l'âme avant d'être réconciliés par les tenants de la scolastique médiévale, à cette « partie de l'animal – comme le pose l'*Encyclopédie* – qui est composée d'os, de muscles, de canaux, de liqueurs, de nerfs », ce corps anatomique fait « de solides et de fluides[5] ». Le « corps » comme désignation de l'humaine enveloppe physique pose historiquement question. Qui, au cours de l'histoire, a parlé du corps, l'a défini, l'a interprété, en a imposé le sens, les représentations, et partant les usages légitimes et attendus ? Il n'est pas dans l'objet de cette introduction de retracer ce chemin, de mettre à jour les joutes et les luttes de sens, car chaque contribution de cet ouvrage le fera à sa manière pour le champ qui lui est propre[6].

Dans leur *Histoire du corps au Moyen Âge*, Jacques Le Goff et Nicolas Truong faisaient du corps « l'une des grandes lacunes de l'histoire, un grand oubli de l'historien[7] ». On comprend les nécessités d'ouvrir une histoire du corps sur un vide préexistant, l'historien se faisant alors le défricheur de contrées historiographiques sinon méconnues, tout au moins négligées. Il lui revient la tâche, lourde mais potentiellement heureuse, de « créer » un nouvel objet, d'ouvrir un nouvel espace, de poser des repères pour aider ses suivants à cheminer sur ces terres pleines de promesses. Mais est-ce si sûr ? Le corps a-t-il toujours été dans l'angle mort d'une histoire sans chair ? Que dire des travaux de Marc Bloch, Lucien Febvre,

---

4 *Dictionnaire de l'Académie française*, 9e édition, consultable sur : http://atilf.atilf.fr.

5 *Encyclopédie ou Dictionnaire raisonné des sciences, des arts et des métiers, par une Société de Gens de lettres*, Paris, 1754, t. 4, p. 263 ; J. Baschet, *Corps et âmes. Une histoire de la personne au Moyen Âge*, Paris, Flammarion, 2016.

6 Pour une première approche sur l'histoire du corps : F. Loux, *Pratiques et savoirs populaires. Le corps dans la société traditionnelle*, Paris, Berger-Levrault, 1979 ; J.-J. Courtine et C. Haroche, *Histoire du visage. Exprimer et taire ses émotions (XVIe – début du XIXe siècle)*, Paris, Rivage, 1994 ; L. Gent and N. Llewellyn (dir.), *Renaissance Bodies. The Human Figure in English Culture c. 540-1660*, Londres, Reaktion Books, 1995 ; N. Laneyrie-Dagen, *L'invention du corps. La représentation de l'homme du Moyen Âge à la fin du XIXe siècle*, Paris, Flammarion, 1997 ; J. Le Goff et N. Truong, *Une histoire du corps au Moyen Âge*, Paris, Éditions Liana Levi, collection « Piccolo », 2012, p. 9 (1re éd. 2003); A. Corbin, J.-J. Courtine et G. Vigarello (dir.), *Histoire du corps*, 1. *De la Renaissance aux Lumières* ; 2. *De la Révolution à la Grande Guerre* ; 3. *Les mutations du regard. Le XXe siècle*, Paris Seuil, 2005-2006 ; M.-H. Garelli et V. Visa-Ondarçuhu (dir.), *Corps en jeu de l'Antiquité à nos jours*, Rennes, Presses universitaires de Rennes, coll. Histoire, 2010 ; H. Cussac, A. Deneys-Tunney et Catriona Seth (dir.), *Les discours du corps au XVIIIe siècle. Littérature, philosophie, histoire, science*, Paris, Hermann, 2015.

7 J. Le Goff et N. Truong, *Une histoire du corps au Moyen Âge*, *op. cit.*, p. 9.

Norbert Elias, Ernst Kantorowicz, Johan Huizinga, Mikhaïl Bakhtine, Michel Foucault, Georges Vigarello, et dans d'autres disciplines, Émile Durkheim, Marcel Mauss, Mary Douglas, Erving Goffman, Pierre Bourdieu et d'autres encore, auxquels se réfèrent parfois les deux auteurs dans une introduction qui, voulant démontrer un oubli, paraît plutôt relever l'attention constante des sciences humaines et sociales au corps ? Si l'oubli est celui d'une histoire « du » corps, alors effectivement ce corps n'avait pas encore « son » histoire. Depuis, l'outrage est réparé : si l'on combine leur ouvrage aux larges perspectives à l'entreprise totale d'une histoire du corps depuis la Renaissance jusqu'au XXe siècle dirigée par Alain Corbin, Jean-Jacques Courtine et Georges Vigarello, « le » corps dispose à coup sûr d'une histoire qui désormais lui est propre. Du reste, même le corps antique est sorti depuis peu de l'oubli historien[8].

Après le manque, la profusion[9] ? Le sentiment de vertige s'empare de celui qui tente de dresser la liste des travaux qui prennent le corps pour objet. Il semble présent dans tous les espaces des sciences humaines et sociales, omniprésent, presque entêtant : le corps est objet d'histoires, de sociologies, de droit, de politiques publiques, de philosophies, de littératures, d'arts, d'économies. Il impose sa masse, son poids, ses contours, ses défauts, ses déformations, ses excès, ses modelages, ses changements, ses représentations, ses descriptions, ses conceptions, ses desseins, ses traits, ses particularités, son genre, ses sécrétions, ses usages, ses réflexes et incorporations, ses reliques, ses symboliques, sa mystique aussi. Un objet à la mode ? Sans doute ! Mais une mode qui, pour le cas de l'histoire, s'inscrit dans un moment singulier : celui de la longue remise en cause d'une histoire sociale qui aurait préféré les chiffres et les séries à cette chair humaine que l'ogre historien de Marc Bloch se devait de sentir et traquer. Il est intéressant, du reste, de constater que les deux ouvrages de synthèse sur l'histoire du corps invoquent respectivement le patronage de Marc Bloch et Lucien Febvre, comme si le retour au corps n'était qu'un retour au programme fondateur des *Annales*. Une révolution physique permise par un retour aux

---

8 F. Gherchanoc (dir.), *L'histoire du corps dans l'Antiquité : bilan historiographique*, Besançon, Presses universitaires de Franche-Comté, 2015.

9 Pour une analyse du tournant « corporel » dans les sciences sociales françaises, voir les très belles études réunies dans : D. Memmi, D. Guillo et O. Martin (dir.), *La tentation du corps. Corporéité et sciences sociales*, Paris, éd. de l'École des Hautes Études en Sciences Sociales, 2009.

sources de l'histoire scientifique[10]. Le corps permettant, à les suivre, de faire une histoire concrète, incarnée, en mouvement, mettant l'homme au centre de l'enquête; loin de ces histoires mathématisées, sérielles, âpres, lisses, objectives. Le retour au corps accompagnerait le retour au sujet, à l'individu, au singulier, aux sentiments, à tous ces objets qui prennent leur distance avec une histoire structurale, marxisante, sociale qui semblait fondre l'humain dans les séries, les classes et les groupes.

Mais est-ce si sûr? L'histoire qui fait du corps un angle de lecture et d'approche des sociétés doit-elle nécessairement être une histoire atomisée, individualisée ou désociologisée? L'invocation presque systématique dans les travaux sur le corps de la conférence de Marcel Mauss (citée mais jamais vraiment utilisée) ne doit pas seulement résonner comme l'écho de la recherche de l'autorité du pionner, du marquage d'un point d'ancrage qui par sa son existence même serait une justification suffisante à la poursuite des investigations sur le corps. Elle doit aussi sonner le scientifique rappel d'une approche dynamique et sociale du corps[11]. Comme le montre Marcel Mauss, « le corps est le premier et le plus naturel instrument de l'homme ». Cela ne veut pas dire qu'il sait naturellement s'en servir. Bien au contraire. Il précise : l'adaptation constante « à un but physique, mécanique, chimique (quand nous buvons) est poursuivie dans une série d'actes montés, et montés chez l'individu non pas simplement par lui-même, mais par toute son éducation, par toute la société dont il fait partie, à la place qu'il y occupe[12] ». Le regard sur le corps, les usages du corps, son maintien, son expression, ses techniques sont socialement construits et situés. Les travaux de Norbert Elias l'ont montré : la position sociale de l'individu à un moment donné conditionne son « insertion dans les modes de

10 J. Le Goff et N. Truong, *Une histoire du corps au Moyen Âge*, *op. cit.*, p. 9; G. Vigarello (dir.), *Histoire du corps, 1…*, *op. cit.*, p. 7.

11 Sur les usages du texte de Mauss et une critique de son analyse : O. Martin et D. Memmi, « Marcel Mauss. La redécouverte tardive des "Techniques du corps" », D. Memmi, D. Guillo et O. Martin (dir.), *La tentation du corps…*, *op. cit.*, p. 23-46.

12 M. Mauss, « Les techniques du corps », M. Mauss, *Sociologie et anthropologie*, Paris, Presses universitaires de France, coll. Quadrige, 2013 (1950), p. 372. Pour une mise au point méthodologique sur une possible histoire sociale par le corps : C. Granger, « Le passé est un immense corps », C. Granger (dir.), *Histoire par corps. Chair, posture, charisme*, Aix-en-Provence, Presses universitaires de Provence, coll. Corps&Âmes, 2012. Pour un point historiographique sur le corps en histoire : R. Mandressi, « Le corps et l'histoire. De l'oubli aux représentations », D. Memmi, D. Guillo et O. Martin (dir.), *La tentation du corps…*, *op. cit.*, p. 143-169.

comportement » qu'elle rend nécessaires[13]. L'enjeu de l'investissement du corps comme objet historique est bien celui de l'actualisation d'une approche sociale de l'histoire : l'analyse du corps ne peut se détourner du regard sociologique, constructiviste ou anthropologique, au risque d'une myopie conceptuelle dont la conséquence serait la négation de l'historique dynamique du corps. Pierre Bourdieu l'a dit avec force : « Le corps est dans le monde social mais le monde social est dans le corps (sous forme d'*hexis* et d'*eidos*)[14] ». Le corps se meut dans le temps, tout comme il se meut dans les espaces sociaux. Prendre le corps pour objet c'est tout à la fois le rapporter à la ligne du temps et à celle de l'espace social auquel il appartient, dans lequel il évolue et qui le façonne. Le corps est ainsi le fruit d'une double construction. À ne pas le considérer comme un produit du temps et du monde social, l'on ne verra au mieux qu'un physique désarticulé, au pire qu'un corps passé à travers le regard contemporain nécessairement situé, nécessairement anachronique. Ce serait, en un mot, « prendre l'ombre pour le corps[15] ». Présence physique, le corps est bien davantage une construction sociale. Sa réalité immédiate ne doit pas le faire oublier, ne doit pas constituer, au sens de Gaston Bachelard, un « obstacle[16] ».

Là réside l'une des difficultés d'une entreprise pluridisciplinaire et diachronique d'analyse du corps : selon le lieu et le moment d'où l'on parle du corps, il ne sera ni regardé, ni nommé, ni perçu de la même manière, car « les différents types de demande sociale définissent eux-mêmes les formes et les catégories d'appréhension du corps d'autrui[17] ». Autrement dit, « les taxinomies et les catégories de perception du corps que constituent et utilisent les membres de ces disciplines sont engendrées par leur pratique spécifique et par la situation où elle s'exerce ». Il est donc nécessaire de repérer pour chaque période et chaque lieu analysés quelles catégories de perception, de classement, de définition sont en jeu. Mais il est tout aussi nécessaire de déconstruire le regard de sa propre discipline d'appartenance sur le corps : est-ce qu'elle subit

13 N. Elias, *La civilisation des mœurs*, trad. Pierre Kamnitzer, Paris, Pocket, coll. Agora, 1999, p. 120.

14 P. Bourdieu, *Méditations pascaliennes*, Paris, Seuil, coll. *Liber*, 1997, p. 180.

15 A. Furetière, *Dictionnaire universel…*, *op. cit.*

16 G. Bachelard, *La formation de l'esprit scientifique, contribution à une psychanalyse de la connaissance objective*, Paris, Vrin, 1967.

17 L. Boltanski, « Les usages sociaux du corps », *Annales. Économies, Sociétés, Civilisations*, 1971, vol. 26, n° 1, p. 207.

l'influence aujourd'hui prégnante des sciences médicales ou paramédicales qui imposent un regard particulier sur le corps : plus technique, à visé pratique, qui tend à débiter le corps, le réduisant pour répondre à la demande sociale, comme le souligne Luc Boltanski, à une seule de ses propriétés ? Pour l'objet qui nous occupe ici, l'un des traits caractéristiques des analyses portant sur la relation entre la peine et le corps est le recours au prisme de la violence : le « corps violenté », les corps « saccagés », « sanglants », « des cadavres impensables », des corps « au supplice », ou « en lambeaux[18] ». L'instrument « violence » ne semble pourtant jamais interrogé, comme si l'intégrité physique du corps était une donnée universelle et atemporelle et que toute atteinte à cette intégrité devait être perçue comme une « violence ». Comme si la question de celui qui exerce cette « violence », de sa légitimité ou illégitimité à la faire, ne se posait pas. Autrement dit comme si la « violence » agissait comme un masque, un mur, un « obstacle » derrière lequel se cache une question première : celle de la lutte pour le pouvoir, pour l'emprise, pour la domination sur le corps, c'est-à-dire, sur la société elle-même. Car, se proclamer le gardien et le vengeur des corps sanglants, meurtris, saccagés ou violentés, c'est se poser en arbitre des relations sociales. Car, se proclamer légitime à détruire un corps, à le priver de vie, à l'amputer, à le marquer, ou à le priver de sa liberté de mouvement, c'est se poser en arbitre des relations sociales. C'est, en un mot, imposer des cadres de visions, des lunettes sociales, qui distinguent les violences légitimes et illégitimes faites au corps, qui classent les comportements admis et interdits, qui imposent donc un ordre des choses. Mais poussons le raisonnement plus loin puisqu'au sein des sociétés chrétiennes médiévales, maltraiter le corps jusque dans la mort en le privant d'une sépulture ecclésiastique par exemple revient à maltraiter l'âme. C'est se poser en maître des enjeux eschatologiques propres aux missions de salut collectif

18 Respectivement : M. Porret (éd.), *Le corps violenté…*, *op. cit.* ; F. Chauvaud (dir.), *Corps saccagés. Une histoire des violences corporelles du siècle des Lumières à nos jours*, Rennes, Presses universitaires de Rennes, coll. Histoire, 2009 ; C. Bouteille-Meister et K. Aukrust (dir.), *Corps sanglants, souffrants et macabres,* XVIe – XVIIe *siècles*, Paris, Presses Sorbonne nouvelle, 2010 ; É. Anstett et J.-M. Dreyfus (dir.), *Cadavres impensables, cadavres impensés : approches méthodologiques du traitement des corps dans les violences de masse et les génocides*, Paris, Éditions Pétra, 2012 ; A. Allély (éd.), *Corps au supplice et violences de guerre dans l'Antiquité*, Bordeaux, Ausonius Éditions, 2014 ; L. Bodiou et *al.* (dir.), *Le corps en lambeaux. Violences sexuelles et sexuées faites aux femmes*, Rennes, Presses universitaires de Rennes, coll. Histoire, 2016.

et individuel qu'assument alors tous les détenteurs du pouvoir et pas seulement l'Église.

On l'aura compris, les actes du colloque *Corps en peines*, tenu à Bordeaux les 7 et 8 décembre 2016, ne prennent pas pour objet les « violences » faites au corps, précisément à cause des impensés masqués par cet angle d'approche du corps. On ne peut *a priori* analyser une « violence » faite au corps, sans savoir au moment où elle s'exerce qui a la force de dire si elle est ou non une violence. Parce que classer un acte dans la catégorie des « violences » n'est pas neutre. Pas neutre du point de vue de celui qui analyse et use de cette catégorie : il impose incidemment un jugement depuis son présent sur les sociétés passées. Pas neutre du point de vue de celui qui, à l'aide de cette catégorie, classe les actes de ses contemporains, car il engage une division, une vision sociale, entre ce qui est et ce qui n'est pas violent, entre ce qui est et ce qui n'est pas admis, autrement dit il distingue les actes légitimes des actes illégitimes tout en imposant, par sa propre force (qu'il tire de son charisme ou d'une délégation du groupe), cette distinction. La question serait moins de répertorier les aléas historiques des « violences » faites au corps, sauf à réifier et universaliser la catégorie « violence », que de comprendre qui distingue les actes violents faits au corps et quelle importance il accorde au corps dans son travail de distinction entre les actes légitimes et illégitimes.

Dans cette perspective, l'angle d'approche par la peine doit permettre de construire un cadre cohérent d'analyse. Comme l'a démontré Émile Durkheim, la sanction rend objectives les valeurs qui structurent une société (ce qu'il nomme les « états forts et définis de la conscience collective »), tout comme elle les classe : plus la peine est lourde, plus la valeur sociale est structurante. Il pose en effet que la peine consiste « essentiellement dans une réaction passionnelle, d'intensité graduée, que la société exerce par l'intermédiaire d'un corps constitué sur ceux de ses membres qui ont violé certaines règles de conduite[19] ». Il y a un rapport direct entre l'intensité de l'offense faite aux états forts et définis de la conscience collective et la réaction pénale. Autrement dit, la sanction est une fenêtre ouverte sur les structures sociales, sur la hiérarchie des valeurs et sur la manière dont elles sont rappelées et diffusées. Prendre pour cadre d'analyse les peines appliquées au corps, tout en interrogeant

19 É. Durkheim, *De la division du travail social*, Paris, Presses universitaires de France, 1967, 8e éd. (1893), Livre 1, p. 94.

les pratiques, les usages, les personnes (bourreaux, patients, victimes, médecins), les représentations, les institutions, permet de poser autrement la question du corps comme enjeu politique, de dépasser le cadre du répertoire des violences faites au corps pour comprendre comment s'exerce et se construit le monopole de l'État de l'usage de la violence légitime, d'objectiver, enfin, les valeurs qui structurent une société et les moyens dont l'État dispose pour imposer ces valeurs structurantes.

Max Weber a attiré l'attention sur la violence de l'État, précisant à juste titre qu'elle était « son moyen spécifique » pour assurer sa domination[20]. Hans Kelsen a lui insisté sur le recours à la sanction pour distinguer un ordre juridique (et partant étatique), d'un autre ordre normatif (comme la morale par exemple)[21]. Autrement dit, l'État ne se construit et ne se perpétue que s'il monopolise le droit de sanctionner. Par la sanction, il impose un ordre social et politique qui lui assure sa survie. Bien plus, il complète ce monopole de la sanction par celui de la production du droit, autre forme de violence, violence symbolique dit Pierre Bourdieu, en tant qu'elle impose des règles communes qui sont des contraintes (des obligations, des interdictions et des habilitations) qui définissent les conduites légitimes ou illégitimes et qui classent et hiérarchisent par l'intensité variées des peines les atteintes à l'ordre politique et social. Comme il n'existe pas de crime en soi, de *mala in se*, mais seulement des *mala prohibita*, il en résulte que c'est l'État qui définit par la peine non seulement les actes qui constituent des crimes mais encore la force de l'offense collective faite par cet acte[22]. L'étude de la peine infligée au corps ouvre donc le champ d'analyse de la construction de l'État, interroge les moyens dont il dispose dans le temps, et partant est une clé de lecture de l'histoire des rapports entre l'État et la société. Émile Durkheim avait posé comme loi de l'évolution pénale que « les peines privatives de la liberté et de la liberté seule, pour des périodes de temps variables selon la gravité des crimes, tendent de plus en plus à devenir le type normal de la répression[23] ». La pénalité

20 M. Weber, *Le savant et le politique*, Paris, Union Générale d'Éditions, 1963, coll. Le Monde en 10-18, p. 100.

21 H. Kelsen, *Théorie pure du droit*, Paris, Dalloz, 1962, trad. de la 2e éd. (1960) par Charles Eisenmann, p. 35.

22 H. Kelsen, *Théorie pure du droit…*, *op. cit.*, p. 154.

23 É. Durkheim, « Deux lois de l'évolution pénale », *Année sociologique*, vol. 4, 1899-1900, p. 65 à 95.

s'adoucie non pas en même temps que les mœurs mais en même temps que l'abaissement des sentiments religieux (qui font voir comme sacrés la religion, celui qui personnifie l'État, la famille), favorisant la prison pénale aux peines directement appliquées au corps (mort, mutilations, marques). Les atteintes directes au corps sont rendues de plus en plus odieuses non parce que leur cruauté les ferait rejeter, mais parce que les crimes qu'elles sanctionnent perdent en force sociale répulsive. L'idée est intéressante parce qu'elle permet d'amender une vision par trop stato-centrée, qui ne prendrait en compte que la construction et l'usage du monopole étatique de la sanction. Pour qu'une peine soit efficace, il ne faut pas seulement qu'elle soit imposée par l'ordre juridique-étatique, il faut encore qu'elle soit acceptée socialement, c'est-à-dire qu'elle corresponde aux représentations communes attachées à la gravité d'un crime. Elle est intéressante aussi car elle permet d'interroger l'évolution historique de l'usage pénal du corps, et surtout le sens de cette évolution tel qu'aujourd'hui il semble consolidé.

L'analyse aujourd'hui dominante, devenue un véritable lieu commun historique et juridique, qui puise ses sources chez Norbert Elias et/ou Michel Foucault, pose que la peine aurait cheminé du corps à l'âme. Le processus de civilisation est souvent vu comme rejetant progressivement hors du cadre de la « civilité » (au sens que lui donne Norbert Elias dans *Le processus de civilisation*) les pratiques pénales « cruelles[24] ». De même, le succès de l'interprétation foucaldienne du sens de l'histoire pénale, exposée dans *Surveiller et punir*, a contribué à fixer les représentations qui ne voient dans la pénalité d'Ancien Régime que corps tourmentés et suppliciés, et dans la pénalité contemporaine l'impossible ambition d'une âme réformée. Il est vrai que le philosophe voit dans « la disparition des supplices », dans « le spectacle qui s'efface », « la prise sur le corps qui se dénoue[25] ». La douleur physique s'éclipse, la peine s'appesantissant davantage sur « la perte d'un bien ou d'un droit[26] ». Mais, Foucault n'est pas tombé pour autant

24 Pour une analyse des interprétations du processus de civilisation rapportées à l'histoire pénale : M. Soula, « Introduction : L'histoire de la peine de mort a-t-elle un sens ? », J.-P. Allinne et M. Soula (dir.), *La mort pénale. Les enjeux historiques et contemporains de la peine de mort*, Rennes, Presses universitaires de Rennes, coll. L'univers des normes, 2015, p. 9-27.

25 M. Foucault, *Surveiller et punir. Naissance de la prison*, Paris, Gallimard, Bibliothèque des Histoires, 1975, p. 16. Sur le corps dans l'œuvre de Michel Foucault, l'utile mise au point : F. Boullant, « Michel Foucault. Le réseau des corps », D. Memmi, D. Guillo et O. Martin (dir.), *La tentation du corps…*, *op. cit.*, p. 47-69.

26 *Idem*, p. 21.

dans une opposition caricaturale censée renvoyer l'ancien droit à l'usage exclusif de peines s'inscrivant dans le corps et le nouveau à l'usage non moins exclusif d'une peine soucieuse d'annuler toute emprise sur le corps. Bien au contraire. Il a cherché à déconstruire la mécanique carcérale : « La prison doit être un appareil disciplinaire exhaustif. En plusieurs sens : elle doit prendre en charge tous les aspects de l'individu, son dressage physique, son aptitude au travail, sa conduite quotidienne, son attitude morale, ses dispositions ; la prison [...] est "omnidisciplinaire". De plus la prison est sans extérieur ni lacune ; elle ne s'interrompt pas, sauf sa tâche totalement achevée [...] : discipline incessante. Enfin elle donne un pouvoir presque total sur les détenus [...] : discipline despotique[27] ». Le corps est encore l'objet de la peine. Le XIXe siècle n'est pas celui du refoulement pénal du corps mais de l'actualisation de l'emprise pénale. Dans le cas de la prison, dans le cas de la nouvelle rationalité pénale en place depuis la Révolution, le corps ne cesse d'être le siège de la peine, le lieu de la souffrance. Ce sont les méthodes d'emprise sur le corps qui évoluent, se modulent, s'adoucissent ou se rationalisent, visant à la fin la sauvegarde de l'âme. Peut-être Foucault oublie-t-il, mais était-ce là son objet, que la pénalité d'Ancien Régime s'intéresse aussi, et peut-être d'abord, à l'âme ? Le repentir, la souffrance salvatrice, l'honorable patience face aux tourments imposés par le bourreau, la honte et l'infamie marquées dans les chairs, toutes ces pratiques visaient bien à corriger, redresser et, ce qui est très rarement souligné, amender.

Comme Durkheim, Foucault voit dans l'avènement de la prison pénale une actualisation des techniques pénales à la suite des évolutions politiques et sociales. Mais à la différence du philosophe, le sociologue n'attire pas prioritairement l'attention sur les fonctions de la peine, mais sur l'évolution de ses modalités, conséquence de celle des représentations communes relatives aux crimes. À se focaliser sur les fonctions de la peine (rétribution, exemplarité, amendement, domination politique...), le risque est d'écrire une histoire caricaturale du droit pénal : l'amendement succède à la rétribution, la prison aux supplices. Or, comme le souligne très justement Kelsen, la fonction d'une peine est de l'ordre du discours politique de justification d'une peine, elle n'en est jamais concrètement l'essence[28]. La prison amende-t-elle ? L'écartèlement de Damiens paye-t-il

27 *Idem*, p. 238.

28 H. Kelsen, *Théorie pure du droit...*, *op. cit.*, p. 151.

à sa juste valeur la petite blessure reçue par Louis XV à son bras ? Pour comprendre l'évolution pénale, l'attention doit se porter sur un autre aspect : la qualification d'actes en crimes (et inversément leur disqualification) et les modalités socialement acceptables des peines qui les sanctionnent. Seule la modalité de la peine rend visible les valeurs structurantes d'une société et les moyens efficaces, parce que socialement acceptés, utilisés par l'État. La modalité de la peine, ici la nature de l'emprise sur le corps (supplices, mutilations, mesures privatives de liberté), doit, pour être comprise, être mise en rapport avec la structure même de l'État (ses moyens d'actions et de contrôle, les contre-pouvoirs, la place de la bureaucratie et de l'écrit dans la gestion du territoire et de la population), car autant que les évolutions des représentations, l'existence d'institutions ou organes sociaux internes ou externes à l'État vient contraindre et limiter ses moyens d'action. Par exemple, dans la pratique pénale contemporaine, pèsent sur l'État des normes conventionnelles qui interdisent les atteintes pénales au corps des prévenus et des condamnés. L'article 3 de la *Convention européenne des droits de l'Homme* dispose que « Nul ne peut être soumis à la torture ni à des peines ou traitements inhumains ou dégradants ». La *Convention européenne pour la prévention de la torture et des peines ou traitements inhumains ou dégradants* institue un Comité chargé, par le moyen de visites, d'examiner « le traitement des personnes privées de liberté en vue de renforcer, le cas échéant, leur protection contre la torture et les peines ou traitements inhumains ou dégradants » (article 1er). Les traces de l'emprise pénale sur le corps doivent être les moins profondes, les moins graves, les moins remarquables possibles. Les normes internes garantissent également l'intégrité physique du condamné. L'article 22 de la loi du 24 novembre 2009 dispose que « l'administration pénitentiaire garantit à toute personne détenue le respect de sa dignité et de ses droits ». L'article D. 189 du Code de procédure pénale prévoit qu'à « l'égard de toutes les personnes qui lui sont confiées par l'autorité judiciaire, à quelque titre que ce soit, le service public pénitentiaire assure le respect de la dignité inhérente à la personne humaine ». Dans le même mouvement de sacralisation juridique et judiciaire de la dignité et du corps, le juge administratif ne cesse d'étendre son contrôle de légalité des mesures prises par l'administration pénitentiaire à l'égard des personnes détenues. Une loi du 30 octobre 2007 institue même un Contrôleur général des lieux de privation de liberté chargé du contrôle du respect de la dignité humaine en détention. Autrement dit, les garanties constitutionnelles, légales et judiciaires qui protègent le corps des prévenus et des condamnés limitent de manière effective l'emprise pénale sur le corps. Par la force symbolique du droit, la dignité s'impose et impose la représentation d'un corps sacralisé. Cette limitation adressée à l'État prend sa source dans la bascule révolutionnaire. Le code pénal de 1791 a entamé la réduction des marques pénales sur le corps des prévenus et condamnés, consacrant dans le droit une représentation construite, diffusée et défendue depuis les années 1750-1760 au moins. Représentation selon laquelle la mutilation exagérée des corps n'est d'aucune utilité sociale. Beccaria l'affirmait avec force, dénonçant dans son brûlot « la profusion inutile des supplices[29] ». À sa suite, peu avant que la Révolution gronde et renverse l'ordre pénal établi, *L'Encyclopédie méthodique* associait les supplices à la « barbarie » et à la « cruauté ». Inutile souffrance physique donc : « Gouverner par les supplices, c'est vouloir faire faire aux supplices ce qui n'est pas en leur pouvoir, je veux dire, de donner des mœurs[30] ». Il ne s'agit plus de faire souffrir, de torturer, d'imprimer sur le corps la marque de la domination politique, mais de priver durablement pour forcer l'amendement. Dans son célèbre *Rapport sur le projet de code pénal*, Le Pelletier de Saint-Fargeau rend explicite les nouvelles représentations dominantes de la peine dans ses rapports au corps coupable : « Je dis que les peines doivent être durables, et j'entends par cette expression qu'une suite prolongée de privations pénibles, en épargnant à l'humanité l'horreur des tortures, affecte beaucoup plus le coupable, qu'un instant passager de douleur trop souvent bravé par une sorte de courage et de philosophie[31] ».

Derrière le discours politique de justification portant sur l'amendement prend place une nouvelle donne sociale et, donc, la consécration de nouvelles valeurs désormais dominantes que le droit rend communes. Le recul et la simplification des supplices et, inversément, la création de la prison pénale objectivent un abaissement du caractère répulsif de certains crimes contre

29 C. Beccaria, *Traité des délits et des peines, traduit de l'Italien [par André Morellet] d'après la troisième édition revue et augmentée par l'auteur*, Philadelphie, 1766, p. 96. Sur le contexte de production et les traductions de *Dei delitti et delle pene*, voir la préface de Xavier Tablet dans Cesare Beccaria, *Des délits et des peines*, trad. Alessandro Fontana et Xavier Tablet, Paris, Gallimard, coll. Bibliothèque de philosophie, 2015.

30 *Encyclopédie méthodique, ou par ordre de matière, par une société de gens de lettres, de savans et d'artistes : Jurisprudence*, Paris, Panckoucke, Liège, Plomteux, 1787, t. 7, p. 682.

31 *Rapport sur le projet du Code pénal, présenté à l'Assemblée nationale, au nom des comités de Constitution et de législation criminelle, par M. Le Pelletier de Saint-Fargeau, Imprimé par ordre de l'Assemblée nationale*, Paris, 1791.

l'État, contre la religion et contre la famille, dans une société qui promeut la liberté de l'individu et l'égalité entre les hommes et entre les citoyens. Pour autant, le corps reste l'objet principal de la peine. Ce qui change avec la bascule révolutionnaire, c'est d'abord le mode pénal d'apprentissage, mais non le lieu, le réceptacle de la douloureuse et pénible leçon. Le passage accéléré par la Révolution d'une société traditionnelle fondée « sur le seul discours oral à un mode d'accumulation fondé sur l'écriture et, au-delà, tout le processus de rationalisation que rend possible, entre autres choses, l'objectivation dans l'écrit, se sont accompagnées d'une transformation profonde de tout le rapport au corps[32] ». La production, le stockage, la diffusion et la plus facile mobilisation de l'écrit ont favorisé la reformulation de l'emprise pénale sur le corps en modifiant certaines pratiques (marque, exposition des cadavres aux fourches patibulaires, don des cadavres aux médecins et chirurgiens, économie du spectacle judiciaire…). Comprendre le rapport pénal au corps c'est donc aussi tenter de percer le rapport de la peine et du corps à la place et aux fonctions assignées à l'écrit dans une société et un temps donnés. Le corps en peine ne saurait se comprendre qu'à la lueur de cette prémisse : le corps en soit ne dit rien s'il n'est relié à ce qui le fabrique, l'utilise, l'exploite, l'articule, le commande, en un mot, lui donne sens. Malgré le changement des techniques administratives et pénales, le corps, comme le rappelle Louis Pinto, « offre un des lieux privilégiés de reproduction de l'ordre[33] ». Par cette formule, le sociologue exprime ici l'idée chère à Pierre Bourdieu qu'on apprend par corps[34]. Le corps fonctionne comme un pense-bête dans le sens où s'inscrivent en lui les structures du monde social. Il est le réceptacle des injonctions sociales, des classements sociaux et des limites. Incorporées, ces injonctions, classements et limites agissent à travers lui et rendent naturel l'ordre social. Le fameux frontispice du *Léviathan* de Thomas Hobbes, dans lequel le corps de l'État-roi est constitué par les corps des individus et les corps des individus sont ordonnés par le corps de l'État-roi, en est une représentation frappante : l'ordre est une incorporation.

On l'aura compris, les présents actes entendent interroger un sens commun qui semble réduire l'histoire pénale à la trajectoire des corps

32 P. Bourdieu, *Le sens pratique*, Paris, Les Éditions de Minuit, 1980, p. 124.

33 L. Pinto, *Pierre Bourdieu et la théorie du monde social*, Paris, Points, coll. Essais, 2e éd., 2002, p. 218.

34 P. Bourdieu, *Méditations pascaliennes*, *op. cit.*, p. 152-193.

spectaculairement suppliciés aux corps anonymement enfermés. La perspective est résolument pluridisciplinaire dans le sens où le corps et les peines qui lui sont adressées sont observés depuis différents angles, dont le croisement implicite doit permettre de rendre compte de la complexe fabrique du corps pénal. Il n'est pas inutile de rappeler que le caractère pluridisciplinaire ne se confond en rien avec l'ambition d'une explication illusoirement exhaustive, ni avec la naïve car impossible fusion des divers regards dans un syncrétisme qui ignorerait ce que chaque discipline a de propre (son histoire, sa structure, ses enjeux scientifiques) et qui contraint le dialogue interdisciplinaire. La forme d'actes de colloque est donc l'écrin le plus approprié à ce type de discussion, en ce qu'il évite ces deux écueils et qu'il ne fait que proposer des comparaisons et des dialogues, supposer des rapprochements disciplinaires, ouvrir des questionnements épistémologiques à partir d'un objet commun : comprendre dans le temps et les espaces l'emprise pénale sur le corps. Pour éclairer cette problématique, trois thématiques sont abordées. Une première porte attention à la manipulation légitime du corps pénal : qui est habilité à la faire, à quelles conditions, selon quels usages et savoir-faire ? Une deuxième porte plus directement sur le corps comme réceptacle de la peine, que ce soit dans les représentations (littérature, images…) ou dans les pratiques pénales. Une dernière problématise l'ensemble de l'ouvrage en ce quelle ouvre sur une double dynamique : les enjeux des luttes disciplinaires ou professionnelles pour la manipulation du corps du condamné et la délimitation d'un espace social et géographique des corps supplicié ou relégué. Cette dernière partie aborde la question des frontières matérielles ou symboliques propres au corps pénal.

Martine CHARAGEAT
Université Bordeaux Montaigne

Mathieu SOULA
Université Paris-Nanterre

PREMIÈRE PARTIE

MANIPULER LES CORPS

AGENTS ET OUTILS DE L'EMPRISE JUDICIAIRE

Commençons par ces métiers si souvent oubliés par une historiographie centrée sur les rituels judiciaires car presque invisibles dans les archives : les agents de la peine, ceux qui, comme le bourreau (ou quel que soit son nom) reçoivent de l'autorité politique le droit de s'emparer et de manipuler le patient qui s'apprête à subir la question ou la peine. « Individualiser la machine », comme le notait sous forme d'injonction Simone Weil dans *La Pesanteur et la Grâce*, tel est la perspective que se proposent les contributions qui forment cette première partie. Comprendre qui sont ces agents qui manipulent le corps des victimes et des condamnés, quelles contraintes pèsent sur leur office, quel savoir-faire doivent-ils maîtriser, et plus simplement qui sont-ils, comment sont-ils désignés, engagés voire dégagés ? Autant de questions qui posent la première problématique du corps comme lieu pénal, c'est-à-dire comme enjeu de l'expression de la violence physique légitime à travers la matérialisation d'une emprise judiciaire absolue.

Le bourreau est bien celui qui, au nom et pour le compte de la communauté, reçoit le pouvoir d'exposer, de flétrir, de meurtrir, d'infliger tourments et mort, et donc de rendre visible le degré de rejet que doivent inspirer le crime et le criminel. C'est lui qui traduit dans les chairs la violence symbolique d'une justice qui revendique le monopole du châtiment et celui de la vérité criminelle. Pour autant, sa violence n'est légitime qu'à condition qu'elle soit socialement acceptée, c'est-à-dire si le bourreau n'excède pas les pouvoirs qui lui sont donnés, transformant l'exécution en pur acte barbare. Métier à risque car il engage l'institution judiciaire tout entière. Finalement, s'il exerce une violence légitime, c'est parce qu'elle est en grande partie réglée par le droit. Cette fonction particulière fait-elle du bourreau un membre à-part de la communauté ? Représente-t-il cette justice vengeresse dans les temps où les exécutions se font rares ou entre deux exécutions ? Rien n'est moins sûr, comme le montrent certaines des contributions réunies ici. Le bourreau n'est pas le seul agent en capacité de manipuler corps violentés ou à violenter. Il peut tout aussi bien cumuler d'autres fonctions qui lui procurent diverses sortes de profits. Voilà qui permet de poser des jalons pour comprendre les ressorts de la professionnalisation de cette fonction depuis le Moyen Âge et la place, et partant la fonction sociale, des exécutions qui n'ont pas toujours été regardées comme le plaisir exclusif de la « plus ville canaille » (Dufort de Cheverny, *Mémoires*).

EL VERDUGO Y EL CUERPO SUPLICIADO DE LOS REOS EN LA CORONA DE CASTILLA (SIGLOS XIII-XVI)

El ejemplo del país vasco[1]

ALGUNAS CUESTIONES SOBRE EL CASTIGO CORPORAL Y SU APLICACIÓN

La aplicación del dolor, uno de los mecanismos de intervención del poder a escala micro sobre los sujetos (ámbito de la microfísica del poder), contribuye a cosificar a los ciudadanos, pues les despoja de su dignidad y de su condición de personas, para convertirlos en objetos pasivos de ese poder que al activarse los disciplina, moldea o elimina según su criterio para erradicar desafectos o lograr individuos dóciles[2].

---

1 Este artículo ha sido realizado en el marco del proyecto de investigación *De la Lucha de Bandos a la Hidalguía Universal. Transformaciones sociales, políticas e ideológicas en el País Vasco (siglos XIV-XVI)*, financiado por el Ministerio de Economía y Competitividad (ref. HAR2013-44093-P); y del grupo de investigación del Sistema Universitario Vasco *Sociedad, poder y cultura (siglos XIV a XVIII)* (ref. IT896-16).

2 Sobre el disciplinamiento social, como categoría historiográfica basada en los planteamientos teóricos de Max Weber, Norbert Elias o Michel Foucault, se puede consultar, entre otros, en los siguientes títulos : P. Prodi (éd.), *Disciplina dell'anima, disciplina del corpo e disciplina della società tra Medievo ed Età Moderna*, Bologna, 1994, especialmente W. Reinhard, « Disciplinamento sociale, confessionalizzazione, modernizzazione. Un discorso storiografico », p. 101-123 ; F. Palomo, « Disciplina cristiana. Apuntes historiográficos en torno a la disciplina y el disciplimnamiento social como categoría de la historia religiosa de la Alta Edad Moderna », *Cuadernos de Historia Moderna*, nº 18 (1997), p. 119-136 ; H. Schilling, « El disciplinamiento social en la Edad Moderna : propuesta de indagación interdisciplinar y comparativa », J. I. Fortea, J. E. Gelabert y T. A. Mantecón (éd.), *Furor et rabies. Violencia, conflicto y marginación en la Edad Moderna*, Santander, 2002 (el artículo se publicó por primera vez en 1999), p. 17-45 ; VV. AA, « Confessionalization and social discipline in France, Italy and Spain », *Archiv für Reformationgeschichte – Archive for Reformation History*, vol. 94 (2003), p. 276-319 ; T. A. Mantecón, « Formas

Así, el cuerpo se convierte en blanco de la represión penal : es supliciado, marcado y expuesto[3].

El cuerpo como protagonista del castigo[4] se reactivaría a partir del siglo XIII con el proceso de construcción de un nuevo régimen judicial, en el que el poder público asumiría el monopolio punitivo y lo ejercitaría contra los transgresores del ordenamiento jurídico. El castigo se escenificaba ante toda la comunidad ; no se ocultaba, todo lo contrario, se publicitaba y se obligaba a presenciarlo, por ello se elegían días festivos para las ejecuciones. De esta forma la ceremonia penal podía alcanzar su finalidad y transmitir su mensaje[5], que se expone a continuación.

a) El reo condenado actuaba como pregonero de su propia culpa y transgresión, y la ciudadanía comprobaba que satisfacía el daño ocasionado (retribución penal) y, de este modo, se restituía la paz (orden) social rota con la acción criminal (penalidad restitutiva).

b) El reo era sometido a un proceso de degradación y humillación pública (infamia) desde el momento en que se proclamaba la sentencia condenatoria hasta su ejecución ante la ciudadanía, pasando por su traslado desde la cárcel hasta el cadalso. Se escenificaba de este modo el discurso político del enemigo social vencido (vindicta pública) y se fortalecía la imagen de la monarquía, que quedaba apuntalada con la institucionalización de la gracia o perdón real, poniendo de manifiesto

---

de disciplinamiento social, perspectivas históricas », *Revista de Historia social y de las mentalidades*, vol. 14, nº 2 (2010), p. 263-295.

3 Algunos estudios sobre la tipología de las penas, incluidas las corporales, aplicadas en la España medieval y los delitos que se purgaban con ellas son, entre otros : A. Guallart de Viala, *El derecho penal histórico de Aragón*, Zaragoza, 1977 ; F. Tomás y Valiente, *El derecho penal de la monarquía absoluta (siglos XVI-XVII-XVIII)*, Madrid, 1992 ; J. L. de las Heras, *La justicia de los Austrias en la Corona de Castilla*, Salamanca, 1991 ; A. Planas Roselló, *El derecho penal histórico de Mallorca (siglos XIII-XVIII)*, Palma de Mallorca, 2001 ; P. Zambrana, « Rasgos generales de la evolución histórica de la tipología de las penas corporales », *Revista de Estudios Histórico-Jurídicos*, XXVII (2005), p. 197-229 ; L. Iglesias-Rábade, « Las penas corporales en el derecho hispánico e inglés de la Edad Media. Estudio comparado », *Revista de Estudios Histórico-Jurídicos*, XXXVIII (2016), p. 123-147.

4 Sobre el concepto de castigo desde el punto de vista sociológico y penal pueden consultarse, por ejemplo, D. Garland, *Castigo y sociedad moderna. Un estudio de teoría social*, Madrid, 1999 (1ª ed. 1990) y J. Lalinde, *Las culturas represivas de la humanidad*, Zaragoza, 2 vol., 1992.

5 Algunas consideraciones al respecto en I. Bazán, « La utilidad social del castigo del delito en la sociedad medieval : 'para en exemplo, terror e castygo de los que lo ovyesen' », E. López Ojeda (coord.), *Los caminos de la exclusión en la sociedad medieval : pecado, delito y represión*, Logroño, 2012, p. 447-475.

el poder del soberano sobre la vida y la muerte de los súbditos[6]. En resumen, la administración de justicia era un medio de propaganda del poder real[7].

c) La ceremonia punitiva tenía la función de transmitir una lección moral al público asistente : disuadirle de perpetrar en el futuro delitos semejantes, mediante el miedo a sufrir castigos similares (pedagogía del miedo). De este modo se disciplinaba a la ciudadanía, creando una uniformidad de pensamiento (modelo ideológico) y de comportamiento sobre la base de unas verdades compartidas y fundadas en un orden natural que afectaba a todo lo creado y que había que respetar[8]. Y también de este modo el poder público gobernaba, ya que era incapaz de anticipar y remediar las causas de la delincuencia. A lo largo de los siglos XIII al XV, cuando se construye el sistema judicial público, no existió una política de justicia social que evitara situaciones que condujeran al mundo de la delincuencia, porque los mecanismos preventivos y de control social no estaban todavía articulados, y porque la capacidad de acción de la policía era muy limitada e ineficaz en la persecución del delito[9].

d) En el caso de reos sometidos a penas corporales (excluida la capital) se generaban antecedentes penales : primero, con la asistencia del público que presenciaba la ejecución y que quedaba como testigo para el futuro ; y, segundo, con las pruebas del castigo grabadas en el cuerpo

6 C. Gauvard, « Grâce et exécution capitale : les deux visages de la justice royale française à la fin du Moyen Âge », *Bibliothèque de l'École des Chartes*, 153, nº 2 (1995), p. 275-290. Sobre el perdón en la Castilla medieval puede consultarse Mª I. Rodríguez Flores, *El perdón real en Castilla (siglos XIII-XVIII)*, Salamanca, 1971 ; R. González Zalacain, *El perdón real en Castilla a fines de la Edad Media*, Bilbao, 2013.

7 J. M. Nieto Soria, *Fundamentos ideológicos del poder real en Castilla (siglos XIII-XVI)*, Madrid, 1988 ; J. M. Nieto Soria (coord.), *Orígenes de la monarquía hispánica : propaganda y legitimación (ca. 1400-1520)*, Madrid, 1999 ; R. Jacob, *Imagen de la justice. Essai sur l'iconographie judiciaire du Moyen Âge à l'âge classique*, Paris, 1994 ; M. Haro, *Imagen del poder real a través de los compendios de castigos castellanos del siglo XIII*, London, 1996.

8 En el caso de la Corona de Castilla, sobre este particular se expresan las leyes 1 y 11 del título 31 de la VII *Partida* de Alfonso X el Sabio.

9 Algunas consideraciones al respecto en A. Prosperi, « Esecuzioni capital e controllo sociale nella prima età moderna », *Politica del diritto*, XIV (1983), p. 165-182 ; R. Muchembled, *Le temps des supplices. De l'obéissance sous les rois absolus (XVe –XVIe siècle)*, Paris, 1992 ; F. Tomás y Valiente, « El derecho penal como instrumento del gobierno », *Estudis : Revista de historia moderna*, nº 22 (1996) p. 249-262 y I. Bazán, « Control social y control penal : la formación de una política de criminalización y de moralización de los comportamientos en las ciudades de la España medieval », S. Castillo y P. Oliver (coords.), *Las figuras del desorden. Heterodoxos, proscritos y marginados*, Madrid, 2006, p. 255-283.

y reconocibles por la sociedad, como por ejemplo las marcas en forma de nueve o cruz en la frente de los condenados por bigamia, según se estableció en las cortes de Briviesca en 1387[10].

En definitiva, y fundamentalmente, la aplicación pública de un castigo que ocasionara aflicción al cuerpo del reo tenía la función de reprimir delitos, de escarmentar delincuentes, de restituir el orden social roto, de intimidar a futuros delincuentes, de disciplinar pensamientos y comportamientos, y de suplir las carencias y las incapacidades de la acción de gobierno. Con objeto de alcanzar estos fines, el sistema judicial elaboraría una compleja ceremonia punitiva, cargada de símbolos[11]. Una ceremonia que se representaba los días festivos, para conseguir una mayor afluencia de público, y en lugares emblemáticos de la localidad, como la plaza del mercado[12], donde se construían escenografías, desde un simple rollo o picota hasta impactantes patíbulos engalanados con paños, escudos… Esta ceremonia teatralizada tenía dos protagonistas principales, el verdugo y el reo, acompañados por otros actores secundarios, como eran las autoridades judiciales, el escribano público, los alguaciles, los religiosos…. Se representaba en tres actos : el primero correspondía con el traslado del reo al cadalso ; el segundo con la

10 *Cortes de los Antiguos Reinos de León y de Castilla*, Madrid, t. II, 1863, p. 378 (3e apartado, ley nº 14).

11 L. Puppi, *Lo splendore dei supplizi : liturgia delle esecuzioni capitali e iconografia del martirio nell'arte europea dal XII al XIV secolo*, Milano, 1990 ; D. Balestracci, « Il gioco dell'esecuzione capitale. Note e proposte interpretativa », G. Ortalli (coord.), *Gioco e giustizia nell'Italia di Comune*, Roma, 1993 ; A. Zorzi, « Rituali e cerimoniali penali nelle città italiane (secc. XIII-XVI) », *Riti e rituali nelle società medievali*, Spoleto, 1994, p. 141-157 ; C. Gauvard, « Pendre et dépendre à la fin du Moyen Âge : les exigences d'un rituel judiciaire », *Riti e rituali…*, p. 191-211 ; P. Schuster, « Le rituel de la peine capitale dans les villes allemandes à la fin du Moyen Âge : ruptures et continuités », J. Chiffoleau, C. Gauvard et A. Zorzi (dir.), *Pratiques sociales et politiques judiciaires dans les villes de l'Occident à la fin du Moyen Âge*, Rome, 2007, p. 689-712 ; I. Bazán, « La pena de muerte en la Corona de Castilla en la Edad Media », *Clio & Crimen. Revista del Centro de Historia del Crimen de Durango*, nº 4 (2007), p. 306-352.

12 En Bilbao, por ejemplo, según señalaba en una sentencia el corregidor del Señorío de Vizcaya pronunciada el 12 de junio de 1500, había tres horcas : una el alto de Archanda, una segunda en el alto de Castrejana y la tercera en la cuesta de Larreagaburu. No obstante, en ocasiones se levantaba un cadalso en la plaza mayor, también denominada del mercado. T. Guiard y Larrauri, *Historia de la Noble Villa de Bilbao*, Bilbao, 1971, t. I, p. 96. T. Guiard y Larrauri, *Historia de la Noble Villa de Bilbao*, Bilbao, 1971, t. I, p. 219-220. Un estudio sobre el escenario urbano en el que tenían lugar las ejecuciones es el de V. Novak, « Le corps du condemné et le tissu urbain. Exécution, pouvoir et usages de l'espace à Paris aux XVe-XVIe siècles », *Histoire Urbaine*, nº 47 (nov. 2016), p. 149-166.

ejecución ; y el tercero con la exposición y contemplación del cadáver o partes del mismo. Aunque había un preámbulo que se desarrollaba en las dependencias judiciales : la lectura de la sentencia y la preparación del alma del condenado para la ejecución. Esta ceremonia moral hundía sus raíces en el didactismo medieval[13].

Entre los elementos simbólicos que entraban en juego en estas ceremonias[14] se encontraba la forma de conducir a los reos desde la cárcel hasta el cadalso y pertenecía al primero de los actos de estas representaciones punitivas. Esa forma podía ser con una soga de esparto al cuello y a lomos de una montura, para que los penados fueran visibles por todos los ciudadanos que se agolpaban en el recorrido y poder ser abucheados. De este modo quedaban infamados públicamente. Pero también podían ser introducidos en un saco y arrastrados por equinos. A esta forma se recurría en casos de delitos especialmente graves, como la traición, la lesa majestad o el asesinato alevoso, y con ella se iniciaba la aplicación del castigo, ya que los suelos por los que eran arrastrados eran pedregosos. Los reos podían vestir con prendas que aludieran a la institución que les hubiera condenado (camisa verde de la Hermandad o el sambenito de la Inquisición). El pregonero proclamaba la vindicta pública sobre los malhechores al señalar a voz en cuello la culpa del reo y el castigo impuesto, ya fuera sólo o con ayuda de trompetas, tambores o con la presencia del pendón con las armas de la jurisdicción. Se trataba del recorrido triunfal de la justicia que se desarrollaba por las calles principales.

---

13 V. Adelantado Soriano, « La pena de muerte como espectáculo de masas en la Valencia del quinientos », J. L. Sierra (ed.), *Estudios sobre el teatro medieval*, Valencia, 2008, p. 15-24.

14 Ejemplos de la Corona de Castilla que evidencian los argumentos que se exponen a continuación pueden consultarse en C. Barros, *Mentalidad justiciera de los irmandiños, siglo XV*, Madrid, 1990 ; I. Bazán, *Delincuencia y criminalidad en el País Vasco en el tránsito de la Edad Media a la Moderna*, Vitoria-Gasteiz, 1995 ; L. Rubio García, *La vida licenciosa en la Murcia bajomedieval*, Murcia, 1991 ; E. Cabrera, « Crimen y castigo en Andalucía durante el siglo XV », *Meridies*, nº 1 (1994), p. 9-37 ; R. Córdoba de la Llave, *El homicidio en Andalucía a fines de la Edad Media*, Granada, 2007 ; R. Izquierdo Benito, *Un espacio desordenado : Toledo a fines de la Edad Media*, Toledo, 1996 ; J. M. Mendoza Garrido, *Delincuencia y represión en la Castilla bajomedieval : los territorios castellano-manchegos*, Granada, 1999 ; J. M. Mendoza Garrido *et al.*, « Delincuencia y justicia en la Chancillería de Ciudad Real y Granada (1495-1510). Primera parte. Estudio », *Clio & Crimen. Revista de Historia del Crimen de Durango*, nº 4 (2007), p. 354-488 ; O. López Gómez, *La sociedad amenazada. Crimen, delincuencia y poder en Toledo a finales del siglo XV*, Toledo, 2007 ; R. González Zalacain, *El perdón real en Castilla a fines de la Edad Media*, Bilbao, 2013.

Otro de esos elementos simbólicos era la forma de aplicar la pena corporal, segundo de los actos de la ceremonia penal. Se tenía en cuenta la condición social del reo, por ejemplo a la hora de aplicar la pena de muerte : los nobles eran degollados o empozados y el resto ahorcados. Algunos delitos tenían su forma de ejecución al margen de la condición social del reo : la sodomía se penaba con la hoguera, la traición con la horca, los falsarios con la extracción de sus dientes, los blasfemos con sus lenguas mutiladas o enclavadas en la picota, los parricidas eran encubados, los bígamos marcados en la frente... Algunas instituciones judiciales disponían de su propia forma de ajusticiar, como la Hermandad mediante saetas o la hoguera en el caso de los herejes relajados al brazo secular por la Inquisición. En los delitos de adulterio era el marido quien desempeñaba el cometido del verdugo. En efecto, a partir del último cuarto del siglo XV se modificó en la Corona de Castilla la legislación para evitar que el marido, ejerciendo su legítimo derecho, matara a su mujer y a su amante al sorprenderlos *in fraganti* o tener noticia de ello. Se pretendía que el marido refrenara su impulso vengativo y llevara a los adúlteros ante la justicia. Si ésta dictaminaba su culpabilidad, entonces sí podía hacer con ellos lo que quisiera, desde perdonarles la vida hasta ejecutarlos con sus propias manos. Para ello se introdujo el incentivo de que quienes procedieran de este modo podrían quedarse con la dote de la mujer adúltera y en caso contrario no. En 1478 Martín Sánchez, vecino de la localidad sevillana de Dos Hermanas, sorprendió a su mujer Ana López con Juan Alfonso cometiendo adulterio. Los detuvo y los condujo ante la justicia y el juez dictaminó su culpa. La pareja adúltera fue entregada en el cadalso al marido ultrajado y allí, ante la presencia de los vecinos congregados, los degolló para castigarlos y restituir su honor[15].

En 1465 fueron ejecutados Andrés García y Alonso Garrido por abrir las puertas de la ciudad de Jaén y facilitar la entrada a las tropas enemigas que la tenían cercada. Fueron sacados de la cárcel municipal y conducidos hasta el cadalso metidos en un saco, atados a la cola de una mula y arrastrados por las calles ; fueron ahorcados y después descuartizados. Los despojos fueron expuestos en los caminos y puertas de

15 I. Bazán, « Las venganzas de honor en los caos de adulterio : el uxoricidio honoris causa », P. Díaz, G. Franco y Mª J. Fuente (éd.), *Impulsando la Historia desde la Historia de las mujeres*, Universidad de Huelva, Huelva, 2012, p. 254.

la ciudad para que se activara la funcionalidad y mensaje punitivo para cuantos los vieran[16].

El público que asistía a estas ceremonias punitivas no siempre soportaba el exceso en la aplicación del suplicio sobre el cuerpo del reo[17]. Cuando se sobrepasan ciertos límites, ya fuera por la condición social de la persona condenada, su sexo, su edad o por las circunstancia inherentes al delito, entonces se protestaba y se exigía que se pusiera fin a la acción del verdugo. Un ejemplo al respecto es la ejecución de la sentencia corporal pronunciada contra Jato Tello en 1485. Este judío fue acusado por el alcalde de la ciudad de Vitoria, Juan Fernández de Paternina, por haber renegado de Dios. Dado que se trataba de un delito extremadamente grave y que la condición social de Jato Tello no le eximía de padecer tortura judicial, fue sometido a un terrible y cruel tormento, como él mismo expresó, para que confesara su culpabilidad. A pesar de que el alcalde no consiguió arrancar su confesión, no por ello lo liberó, sino todo lo contrario, ya que lo condenó a la siguiente pena : mutilación de lengua, cien azotes y pérdida de la mitad de sus bienes. Sin embargo, la pena fue moderada debido al ruego que ciertos vecinos honrados, quienes influyeron en el ánimo del alcalde. Así, la mutilación de la lengua fue sustituida por ser atravesada con una hoja de metal y de esta forma permanecer durante varias horas en la picota ; y los cien azotes fueron rebajados a cincuenta. Una vez que la lengua fue clavada esos mismo vecinos realizaron un nuevo ruego ante el alcalde para que fuera desclavada, a lo que consintió[18].

---

16 VV. AA., *Relación de los hechos del muy magnífico e más virtuoso señor, el señor don Miguel Lucas, muy digno condestable de Castilla*, Jaén, 2001, p. 226.

17 Las más impactantes serían las que pertenecen al tipo de ejecuciones denominadas "*hanged, drawn and quartered*" ("ahorcado, arrastrado y descuartizado"), véase, por ejemplo, W. Andrews, F.R.H.S., *Old-Time punishments*, London, 1890 ; J. G. Bellamy, *The Tudor law of treason : an introduction*, London, 1979 ; J. Briggs, *Crime and punishment in England : a introductory history*, London, 1996. En el caso de la Corona de Castilla puede traerse a colación, como un ejemplo de una forma similar de aplicar la pena capital, caso ya mencionado de Alonso García y Alonso García. También Juan Cañamares fue supliciado de forma cruel por haber atentado contra la vida de Fernando el Católico en 1492. Una descripción de la ejecución puede consultarse en E. de Garibay, *Los quarenta libros del compendio historial de las chronicas y universal historia...*, Barcelona, 1628, t. II, lib. XIX, cap. I, p. 679a.

18 I. Bazán, « El proceso judicial contra Jato Tello (Vitoria 1485) : ¿error judicial o empleo de la justicia penal en la política antijudía? », *Temas medievales*, 13 (2005), p. 41 s.

EL VERDUGO, UN OFICIAL SUBALTERNO DE LA JUSTICIA[19]

A medida que se recepciona el derecho justinianeo o *ius commune* y que el poder público asumía el monopolio de la acción penal[20], especialmente a partir del siglo XIII, se haría necesaria la intervención de una figura para ejecutar las sentencias, ya fueran las interlocutorias de tortura o las definitivas de penas corporales : el verdugo. Por tanto, el verdugo actuaría sobre los cuerpos en dos momentos diferentes : en primer lugar, sobre el de los procesados, sometidos a tortura para alcanzar la verdad de los hechos que se juzgaban y purgar los indicios de culpabilidad[21] ; y, en segundo lugar, sobre el de los condenados al patíbulo, con objeto de someterlos a un escarmiento que sirviera para purgar el daño causado y para activar el disciplinamiento social. En consecuencia, el verdugo se convertiría en uno de los engranajes de la nueva administración de justicia que se organizaría en los siglos bajomedievales, ya que sería el encargado de ejercer la violencia institucional del poder público sobre los transgresores de la norma. El correcto desempeño del principal cometido de este oficial subalterno de la justicia, esto es, la administración del tormento y de las penas corporales, era fiscalizada, como en el caso de Vitoria, por el alguacil mayor, quien, en palabras del cronista de finales del siglo XVI fray Juan de Victoria, « asiste a los tormentos, hace que los verdugos ni excedan ni falten de lo sentenciado y van con ellos hasta que la justicia está acabada,

19 El verdugo en la Edad Media no cuenta con monografías específicas que analicen su figura en toda su dimensión. Si que existen estudios de carácter general que abordan desde una perspectiva diacrónica su figura. Como ejemplos pueden traerse a colación los franceses de J. Delarue, *Le métier de bourreau : du Moyen Âge à aujourd'hui*, Paris, 1979 y de F. Armand, *Les bourreaux en France : du Moyen Âge à l'abolition de la peine de mort*, Paris, 2012 ; o como el español de D. Suerio, *Los verdugos españoles. Historia y actualidad del garrote vil*, Madrid, 1971 y de J. Eslava, *Verdugos y torturadores*, Madrid, 1993.

20 Al respecto, entre otros títulos : J. M. Font Rius, *La recepción del derecho romano en la Península Ibérica durante la Edad Media*, Montpellier, 1967 ; A. García y García, *Derecho común en España. Los juristas y sus obras*, Murcia, 1991 ; A. Iglesia Ferreirós, *La creación del derecho. Una historia del derecho estatal español*, Madrid, 1996, 2 vols.

21 I. Bazán, « La tortura judicial en la Corona de Castilla (siglos XIII-XVI). Entre el discurso probatorio y la purga de los indicios" (en prensa).

ejecutándola hasta el fin. Hace castigar a los verdugos si exceden o no quieren ejecutar las sentencias[22] ».

Que el verdugo adquiriera ese protagonismo no quiere decir que con el sistema judicial precedente no se hubiera recurrido a individuos que realizaran las labores que en el futuro le serían encomendadas. En efecto, también los jueces encomendaron torturar y ejecutar penas corporales a los sayones y a los andadores de los concejos mientras estuvo en vigor la penalidad vindicativa, propia de un sistema judicial retributivo individualizado, que resarcía los intereses privados lesionados mediante la avenencia y la composición (indemnización o compensación económica), y subsidiariamente, en los casos de delitos especialmente graves, mediante la venganza de sangre. Sobre esta cuestión abunda Miguel Pino Abad, al señalar que en los fueros municipales anteriores a la recepción del derecho romano-canónico se encomendaba a los andadores ejecutar las penas de efusión de sangre subsidiarias pronunciadas por los jueces. Así, por ejemplo, se observa en el fuero de Cáceres, donde se establecía que el causante de lesiones con objetos punzantes disponía de un plazo de nueve días para satisfacer la caloña impuesta por el daño ocasionado y que una vez pasado sin cumplir el andador le cercenaría la mano[23]. En el fuero de Alcalá de Henares se señalaba que si los andadores se negaban a realizar esa ejecución sería sancionados con siete veces el daño ocasionado. En el fuero extenso de Soria (s. XIII) ya se advertía que entre las obligaciones de los andadores se encontraba : « Guarden los presos que por calonia o por alguna otra culpa fueren preseos, et justiçien los malfechores[24] ».

El verdugo, a quien en la documentación medieval también se menciona como sayón, merino chico, borrero o ministro ejecutor de la justicia[25], tenía como cometido principal aplicar tormento a los

22 I. Bazán e I. Estornés, « Verdugo », *Enciclopedia General Ilustrada del País Vasco*, San Sebastián, 2001, vol. LI, p. 259.

23 M. Pino Abad, « Los andadores de concejo en los fueros municipales castellano-leoneses », *Cuadernos de Historia del Derecho*, nº 6 (1999), p. 285-287 y 297.

24 G. Sánchez, *Fueros castellanos de Soria y Alcalá de Henares*, Madrid, 1919, art. 87, p. 36.

25 S. de Covarrubias, *Tesoro de la lengua castellana, o española*, Madrid, 1674 (1ª ed. 1611) y *Diccionario de Autoridades*, Real Academia Española, t. VI, 1739 [*vid.* http://web.frl.es/DA.html ; consulta realizada el 13 de junio de 2017]. Sebastián de Covarrubias aclara la etimología del vocablo : « Dixose verdugo delos verdugos, o vastagos verdes, aludiendo a la costumbre antigua de los Romanos, que los Litores que hazian este oficio lleuauan vnas achuelas, o segures atadas con vnas coyundas en medio de vnas varas verdes, con

reos procesados y ejecutar las penas corporales (capital, mutilación de miembro, marcas corporales o azotes) y de vergüenza pública. Pero también se le encomendaron otros quehaceres, que a la postre se convirtieron en su actividad diaria, ya que la activación del engranaje jurídico-penal en su dimensión más represora se limitaba a los casos de delitos graves que acontecían de forma excepcional. Lo cual no quiere decir que frente a la pequeña y más cotidiana delincuencia, ocasionada por vagabundos, hurtadores, rufianes, prostitutas y gente de similar laya, no actuara propinando azotes antes de que fueran desterrados por mandato judicial.

¿Cuáles era esas otras funciones encomendadas al verdugo al margen de las de « execuçion de la justicia », como denominaban las Juntas de la Hermandad alavesa en 1504[26] ?. En el plano de oficial subalterno de la administración de justicia también notificaba y ejecutaba los mandamientos judiciales, como cobro de multas o embargos de los bienes de los fugitivos de la justicia (encartados), según se precisaba en el contrato suscrito entre la villa vizcaína de Marquina y Juan de Amoroto en 1512 para ejercer el « ofiçio de ser çayon e merino e verdugo chico[27] ». En algunas localidades se le encomendaban labores de vigilante, ya fuera nocturno (velador), de heredades o del mercado a modo de jurado. Es el caso las cláusulas incluidas en el contrato realizado entre la villa vizcaína de Lequeitio y los verdugos Juan de Mendaro y García Posadillo en 1528[28]. Pero al margen de estos quehaceres relacionados con la justicia, también desempeñaba el oficio de pregonero público, quien comunicaba a la comunidad vecinal las disposiciones adoptadas por las autoridades municipales[29]. Es más, el oficio de pregonero en muchas localidades se encontraba inevitablemente asociado

las quales açotauan al delinquente, atándole manos y pies con la coyunda : y si avia de execuatar pena de muerte, le descabeçaua con la segur ».

26 I. Bazán, *La cárcel de Vitoria en la Baja Edad Media (1428-1530). Estudio etnográfico*, Vitoria, 1992, p. 49.

27 J. Enríquez Fernández, *Colección documental del Archivo Municipal de Marquina (1355-1516)*, San Sebastián, 1989, doc. nº 45.

28 J. M. Ugartechea Salinas, « La vida cuotidiana en los siglos XVI y XVII », *Lekeitio*, Bilbao, 1992, p. 89.

29 Sobre el oficio de pregonero en la Baja Edad Media véase, por ejemplo, el trabajo de J. M. López Villalba, « Estudio diplomático de los testimonios de pregón del concejo medieval de Guadalajara (1454-1500) », *Espacio, Tiempo y Forma, Serie III, Historia Medieval*, t. 8 (1995), p. 135-141.

al de verdugo[30]. Eso suponía una fuente de constantes conflictos y quebraderos de cabeza para las autoridades municipales para proveer el empleo de vocero público, ya que ejercer simultáneamente de ejecutor no era algo que admitieran fácilmente los candidatos al puesto. Más adelante se abordará esta problemática.

La hacienda municipal destinaba para el verdugo una quitación anual que rondaba a comienzos del siglo XVI los 1.000 maravedís, a la que se añadía generalmente la cesión o el pago del alquiler de una vivienda. En el contrato ya mencionado entre la villa de Marquina y Juan de Amoroto se precisaba que se le concedía como parte de su salario la posesión de la casa y casería de Acoda. Juan de Amoroto venía a sustituir a Juan de Acoda, quien ya no podía ejercer de verdugo por estar « perdido e ciego e tal que no podia vsar el dicho ofiçio ». Por tanto, las autoridades despojaron de la posesión de la vivienda al invidente verdugo Acoda, quien la abandonó junto a su mujer María Pérez y sus dos hijas, Teresa e Charia[31].

A parte del salario anual, el verdugo era retribuido por cada una de sus intervenciones, que estaban tasadas. En el caso de las penas corporales y de exposición del reo a la vergüenza el valor de la retribución iba *in crescendo* desde la menor cuantía por la aplicación de esta última hasta la mayor por la ejecución capital. La cantidad estipulada por la aplicación de la pena de muerte era siempre la misma, con independencia de que se tratara de una degollación, un empozamiento o un ahorcamiento. Igual ocurría con las mutilaciones, pues ya se tratara de cercenar una mano, un pie, una oreja, una lengua, los dientes o los testículos los derechos a satisfacer al verdugo eran los mismos. Las ejecuciones capitales llevaban un suplemento que consistía en las ropas que vistiera el reo en el momento de ser ajusticiado. Por otro lado, la cuantía concedida por los pregones variaban según la importancia de lo comunicado. Así, se asignaba un valor económico mayor a un pregón general, que podía consistir en notificar alguna ordenanza municipal a los vecinos ; y un menor valor a pregones para requerir la comparecencia ante la justicia o para convocar una subasta de bienes. A continuación se muestra un cuadro con estas remuneraciones realizado a partir de contratos para desempeñar el oficio de verdugo.

30 Sobre la asociación de los oficios de pregonero y verdugo véase G. Illades Aguiar, « Esbozo del pregonero en la Edad Media española », *Medievalia*, 47 (2015), p. 43-53.

31 J. Enríquez Fernández, *op. cit.*

Concepto	Localidades		
	Bilbao (finales siglo XV)[32]	Vitoria y Hermandad provincial de Álava (1504)[33]	Lequeitio (Vizcaya) (1528)[34]
Salario anual	—	1.000 mrs.	1.000 mrs. + alquiler de la vivienda
Aplicar pena capital	300 mrs. + ropa del reo	445 mrs. (1 dobla de oro)	Entre 750-1.500 mrs. (2-4 ducados) + ropa del reo
Azotar	150 mrs.	170 mrs. (5 reales)	375 mrs. (1 ducado)
Mutilar miembro	150 mrs.	256 mrs. (1 florín)	375 mrs. (1 ducado)
Llevar a la vergüenza	—	5 mrs.	187, 5 mrs. (0.5 ducado)
Pregonar	Según la importancia de lo pregonado : entre 1 y 30 mrs.	Según la importancia de lo pregonado : entre 4 y 30 mrs.	—

FIG. 1 – Fuente : elaboración propia[35].

El elevado salario y gratificaciones adicionales por ejecuciones o pregones pretendían hacer atractivo un oficio que frecuentemente quedaba desierto. En efecto, los procuradores de las ciudades y villas castellanas congregados en las Cortes de Madrid de 1435 hicieron partícipe del problema al monarca Juan II : « Sepa vuestra alteza que en muchas

32 T. Guiard y Larrauri, *Historia de la Noble Villa de Bilbao*, Bilbao, 1971, t. I, p. 163-164.

33 Acta de la Junta de Hermandad celebrada el 22/11/1504 : « Nombramiento del pregonero de Vitoria como verdugo y pregonero de la provincia, asignación de su salario anual y fijación de las condiciones laborales y de remuneración para cada trabajo que desempeñase », http://www.jjggalava.eus/ActasHistoricas/acta/showAsunto?idActa=504005&idSesion=11&idAsunto=2, [consulta realizada el 25/09/2017].

34 J. M. Ugartechea Salinas, « La vida cuotidiana en los siglos XVI y XVII », *Lekeitio*, Bilbao, 1992, p. 89.

35 La conversión monetaria se ha realizado siguiendo los valores establecidos en la pragmática de Medina del Campo de 1497. Sobre el particular M. A. Ladero Quesada, *La hacienda real de Castilla en el siglo XV*, La Laguna, 1973 ; *Id.*, « La política monetaria en la Corona de Castilla (1369-1497) », *En la España Medieval*, nº 11 (1988), p. 79-123 ; A. Casillas Rollón, « Medina del Campo 1497 : análisis de la reforma monetaria de los Reyes Católicos », *Ab Initio*, nº ext. 2 (2012), p. 57-89 ; sobre la reforma monetaria de los Reyes Católicos hay diversos artículos en las III *Jornadas científicas sobre documentación en la época de los Reyes Católicos*, Madrid, 2004.

çibdades e villas e logares delos vuestros rregnos e sennorios non ay nin se puede auer oficial que sea verdugo para executar e fazer la justicia criminal ». Entre las razones que justificaban esta situación se argumentó que era « por cabsa del ofiçio ser tal e de tal condiçion commo es » ; es decir, que repugnaba desempañarlo. Pero también, que era necesario incentivarlo con exenciones fiscales, « por rrazon dello non ha libertad nin esençion alguna » ; lo que el monarca aceptó[36].

A pesar del importante sueldo y de los incentivos fiscales el empleo de verdugo contaba con un fuerte rechazo social que dificultaba encontrar personas dispuestas a desempeñarlo, ya que, como se ha señalado, repugnaba y, además, era considerado uno de los oficios que infamaba a quien lo desempeñara[37]. En 1597 lo recordaba Jerónimo Castillo de Bobadilla en su tratado sobre la práctica de los corregidores : « Se tuvo por cosa abominable el oficio de Verdugo, y Carnicero de hombres, y se vino á tener por oficio vil, odioso é infame[38] ». Y así se incorporó al diccionario confeccionado por Sebastián de Covarrubias e impreso en 1611 : « Fue simpre un oficio infamante[39] ».

Un ejemplo del proceso de exclusión social al que se veían sometidos los verdugos es el protagonizado por Martín de Azpeitia en la década de los noventa del 1400. Martín aceptó el oficio de pregonero de la villa de San Sebastián, pero con la condición expresa de que no se viera en la obligación de ejercer de verdugo. Mientras no realizó ninguna ejecución la sociedad donostiarra toleró su presencia y trato ; sin embargo, desde el momento en que « por fuerza y contra su voluntad » el concejo municipal le exigió « esecutar e dar azotes a algunos culpantes » quedó privado de toda comunicación social : « Le han separado y evitado de la comunicación y trato social, cuanto sería habido y recibido si no hubiese usado y usase el dicho oficio de verdugo ». Incluso su sola presencia causaba gran pavor a los vecinos, como cuando acudía a alguna casa a entregar alguna notificación y se temían lo peor, al punto que « algunas mugeres preñadas en cuyas casas entraban abortaban y movían sus criaturas ». Curiosamente,

36 *Cortes de los antiguos reinos de León y de Castilla*, Real Academia de la Historia, Madrid, 1866, t. III, cap. 39, p. 237.

37 J. Le Goff, « Métiers licites et les métiers illicites dans l'occident médiéval », *Pour un autre Moyen Âge. Étude sociale*, Paris, 1978.

38 J. Castillo de Bobadilla, *Política para corregidores…*, Madrid, 1775, t. II, lib. III, cap. XV, p. 363.

39 *Tesoro de la lengua castellana, o española*, Madrid, 1674 (1ª ed. 1611).

y paradójicamente, entre los que evitaban el trato de Martín de Azpeitia estaban los propios miembros del concejo municipal que le habían obligado a ejecutar la pena de azotes : « Algunos de los oficiales del dicho Concejo recibían y habían congoja, y por la dicha violencia [la de ajusticiar] nos les recibían según que de primero[40] ». Es decir, a las propias autoridades que se encargaban de la administración de justicia en la villa de San Sebastián les repugnaba el contacto con el verdugo que estaba a su servicio para desarrollar la misión punitiva ; mientras que esa comunicación no se rehuía mientras sólo ejerció de pregonero.

Esta situación de exclusión era común a Bilbao, donde al colega de Martín de Azpeitia no le estaba permitido participar en las comidas que realizaban los miembros de la corporación municipal : « Que no vaya el dicho pregonero a comer a ninguna yantar de concejo donde los oficiales comieren salvo que le den veinte mrs. e coma en su casa[41] ». Igualmente el verdugo de Bilbao debía señalar con una vara los alimentos que quería adquirir en el mercado : « Que el dicho pregonero traya en la mano con la que señale la vianda e non toque con la mano una bara de codo e medio e en otra manera no toque en vianda alguna sopena de cinco mrs[42]. ». Las manos de los verdugos, con las que derramaba la sangre de otros seres humanos en el patíbulo, contaminaban todo lo que tocaban y la comunicación social con ellos infamaba a quienes la cultivaban.

Esta infamia y terror que suscitaba el verdugo era común a otras regiones europeas. Por ejemplo en Bayona (Francia) el verdugo también debía abstenerse de tocar las vituallas directamente con sus manos a fin de evitar su corrupción, que disuadía a otros vecinos a adquirir esos productos[43]. En Polonia si alguien era tocado por el verdugo en la cámara donde ejercía su oficio de atormentar reos, debía solicitar a posteriori, aunque hubiera resultado inocente de la pesquisa, un documento oficial para recuperar su honor[44]. Por ello la vara y los guantes[45] que llevaba

40 T. González, *Colección de cédulas, cartas-patentes, provisiones, reales órdenes y otros documentos concernientes a las provincias vascongadas*, Madrid, 1829-1833, vol. 3, p. 119.

41 T. Guiard y Larrauri, *Historia de la Noble Villa de Bilbao*, Bilbao, 1971, t. I, p. 163-164.

42 *Ibidem.*

43 I. Bazán e I. Estornés, "Verdugo"..., *op. cit.*, vol. LI, p. 262.

44 "Marginados", *Diccionario razonado del Occidente Medieval*, J. Le Goff y J.C. Schmitt (eds.), Madrid, 2003 (1ª ed. 1999), p. 494.

45 En 1386, por ejemplo, el concejo de Falaise en Francia, adquiría para el verdugo unos guantes por la suma importante de 10 sueldos. Véase M. Pastoureau, *Una historia simbólica de la Edad Media occidental*, Buenos Aires, 2006, p. 34.

el verdugo eran importantes para soslayar los riesgos de deshonrar y contaminar.

Esa exclusión social del verdugo en ocasiones se mantenía a perpetuidad, trascendiendo su propia muerte. Así, por ejemplo, en Vitoria su sepultura era de piedra negra y se encontraba a la entrada de la iglesia de San Vicente, desplazada de los lugares donde estaban situadas las del resto de vecinos ; no sólo se le excluía del espacio de inhumación central y preferente de una iglesia, situándole en la periferia, sino que incluso se le enterraba junto a los ajusticiados[46].

En estas condiciones, y a pesar de que el oficio de verdugo estaba integrado en el engranaje de la justicia y contaba con un gran incentivo salarial y fiscal, no se proveía con facilidad, ya que no se encontraban personas dispuestas a ejercer de ejecutores de la justicia o de « carnicero de hombres », en palabras de Castillo de Bobadilla. ¿Cómo resolvían las justicias la falta de verdugo para ejecutar sus condenas? Una solución extrema sería la adoptada por el alcalde de Bilbao, si se cree lo que señala fray Diego de Ayala en su crónica *Anales breves de Vizcaya*, compuestos hacia 1452 o 1490. Al parecer en 1419 Alfonso Fernández de León, alcalde del rey, realizó una pesquisa sobre ciertos desórdenes y encontró culpables a Sancho López de Marquina y a Ochoa de Landaburu, por lo que los condenó a pena de muerte. La familia Leguizamón, a cuyo bando pertenecían los condenados, secuestró al verdugo para evitar la ejecución, « por lo que el Alcalde ejecutó con sus propias manos a los dos culpables[47] ». La documentación muestra otros expedientes menos drásticos a los que recurrieron las justicia para solventar la ausencia de candidatos para ocupar la plaza de verdugo.

Entre esos expedientes se puede mencionar uno que contaba con una larga tradición en la Corona de Castilla y que resultaba relativamente sencillo de materializar : comprar un esclavo musulmán o negro. Esta solución fue adoptada, por ejemplo, por las Juntas Generales de la Hermandad de Guipúzcoa : « Este día platicando como en esta provincia había falta de berdugo, asentaron e mandaron que de los próximos dineros que vendrían de la corte de los que estaban en poder de Miguel Saiz de Araiz se sacase e diputase diez mil maravedís para comprar un negro para el dicho oficio[48] ».

46 J. Colá y Goitia, *La ciudad de Vitoria*, Vitoria, 1883, p. 32.

47 T. Guiard y Larrauri, *Historia de la Noble Villa de Bilbao*, Bilbao, 1971, t. I, p. 96.

48 *Actas de Juntas Generales de Guipúzcoa*, San Sebastián, 1927, p. 19 (Junta de San Sebastián de 1524).

La Hermandad de Guipúzcoa resolvió de esta forma la provisión de un oficio difícil de proveer, pues esta medida de 1524 ya se había tomado con anterioridad en 1518 y se volvería a recurrir a ella con posterioridad en 1536.

Otro ejemplo de este recurso, pero referido a otro ámbito espacial castellano, lo proporciona la ciudad de Murcia. En julio de 1486 el juez pesquisidor, enviado por la Corona, se encontraba con el dilema de no poder ajusticiar a un reo por carecer la ciudad en ese momento de un verdugo. Los miembros del concejo murciano recomendaron al juez pesquisidor adquirir un esclavo musulmán, ya que de ese modo era como tradicionalmente solucionaban ese problema : « Los dichos sennores regidores e jurados dixeron que la costunbre desta çibdad es, quando non ay verdugo que los juezes que gobiernan la justicia, suelen tomar un moro cautivo de la judería[49] ». Es más, el recurso a esclavos musulmanes sería tan común que la iconografía castellana los adoptó como imagen del verdugo por excelencia y así eran quienes flagelaban a Cristo durante la Pasión, decapitaba a san Juan Bautista o martirizaban a otros santos y santas, a pesar de la incongruencia cronológica[50].

La compra del esclavo o la contratación directa del verdugo podía compartirse entre varias jurisdicciones, lo que evitaba el engorro de que todas ellas se enfrentaran al problema de conseguir proveer la plaza de ejecutor de la justicia y de pagar el elevado coste que suponía para las arcas públicas su salario y derechos que cobraba por cada una de sus intervenciones. La documentación ofrece ejemplos de esa contratación compartida y del pago solidario del salario, como en el caso de la justicia extraordinaria de la Hermandad de villas de Vizcaya y la ordinaria de la villa de Bilbao en el último cuarto del siglo XV[51], o la justicia extraordinaria de la Hermandad provincial de Álava y la ordinaria de la ciudad de Vitoria en 1504[52].

---

49 L. Rubio García, *Los judíos de Murcia en la Baja Edad Media (1350-1500)*, Murcia, 1997, p. 1240.

50 I. Monteira Arias, « Los musulmanes como verdugos de los personajes sagrados en la iconografía románica. Una interpretación actualizada para combatir el Islam en la Edad Media », *Codex Aquilarensis*, 23 (2007), p. 66-87.

51 T. Guiard y Larrauri, *Historia de la Noble Villa de Bilbao*, Bilbao, 1971, t. I, p. 163-164.

52 Ambas jurisdicciones contrataron a maese Martín de las Indias en la referida fecha. http://www.jjggalava.eus/ActasHistoricas/acta/showAsunto?idActa=504005&idSesion=11&idAsunto=2 [consulta realizada el 25/09/2017].

La solución más sencilla para una localidad cuando se veía en la tesitura de necesitar los servicios del verdugo era recurrir a otros concejos o jurisdicciones que sí contaban con él para que se lo prestaran. En el padrón de los gastos efectuados por la villa de Lequeitio en 1516 se constata que el 22 de julio « se truxo de Marquina el berdugo a açotar la moça ladrona por mandamiento de los del regimiento », por lo que percibió la cantidad de 818 mrs.[53]. Como se puede comprobar, la villa de Lequeitio solicitó a la de Marquina que le prestara los servicios de su verdugo, que por aquellas fechas era Juan de Amoroto, y los remuneró con la generosa cantidad de 818 mrs., ya que los azotes estaban tasados en una menor cuantía : por ejemplo, en 1528, según se ha señalado, ascendían a 375 mrs.

Un expediente más, encaminado a contar con un verdugo, era el de que el oficio pasara de padres a hijos. Uno de los ejemplos más destacados lo protagonizaría la saga familiar de los Sason en Francia, donde entre mediados del siglo XVII y XIX siete generaciones ejercieron el oficio. Entre sus integrantes estuvo Charles Henri Sanson, quien ejecutaría a célebres protagonistas de la Revolución francesa[54]. En tierras vascas se localiza el caso de la familia Acoda, de la que al menos tres de sus miembros, padre, hijo y nieto, desempeñaron consecutivamente oficio de ejecutor de la justicia en la villa vizcaína de Marquina : « Pedro de Acoda e su hijo, que en gloria sean, e otros que avían seido, e que agora seruian Juan de Acoda". Este último, en 1512 perdió la vista, por lo que fue reemplazado por el ya mencionado Juan de Amoroto[55].

Además de comprar un esclavo, de compartir un contrato entre jurisdicciones, de prestarse el verdugo entre localidades o de permanecer el oficio en una misma familia durante generaciones, también se presentaron ocasiones puntuales en las que un reo de muerte aceptaba ejercer el oficio a cambio del indulto o que se ocupara para sortear una situación de apuro económico y poder sobrevivir con un buen sueldo. Ahora bien, a pesar de que el verdugo erar un instrumento necesario

53 J. Enríquez *et al.*, *Libro de visitas del corregidor (1508-1521) y libro de fábrica de Santa María (1498-1517) de la villa de Lequeitio*, San Sebastián, 1993, p. 61.

54 H. Sanson, *Sept générations d'exécuteurs, 1688-1847. Mémoires des Sanson, mis en ordre, rédigés et publiés par H. Sanson, ancien exécuteur des hautes oevres de la Cour de Paris*, Paris, 1862.

55 J. Enríquez Fernández, *Colección documental del Archivo Municipal de Marquina (1355-1516)*, San Sebastián, 1989, doc. nº 45.

para ejercer la violencia legal, atraía sobre su persona la infamia que a la postre significaba una especie de muerte social por quedar excluido del trato vecinal, como si fuera un apestado. Por ello, desde finales del siglo XV se observa cómo las personas contratadas para ejercer de pregoneros-verdugos eran reticentes a la hora de cumplir con la faceta de ejecutor cuando eran requeridas para ello. Es decir, querían zafarse de la condición de verdugo y quedarse en exclusividad con la de pregonero. El ya mencionado Martín de Azpeitia en San Sebastián fue uno de los primeros en solicitar la escisión de empleos en dos personas distintas y lo consiguió. Los Reyes Católicos dispusieron en 1491 que « no use del dicho oficio de verdugo, ni a ello pueda ni deba ser apremiado por ningunos jueces[56] ».

Ahora bien, esta decisión real no se generalizó al resto de villas y cada una tuvo que buscar su propia salida al problema. En el caso de la villa de Lequeitio se recurrió una solución imaginativa y fue ensayada en el contrato formalizado con García de Posadillo en julio de 1528. En ese contrato se especificaba que García de Posadillo actuaría únicamente como pregonero, pero cuando se necesitaran los servicios de un verdugo, él sería responsable de buscarlo y traerlo a la villa en el plazo de tres días. Pasado ese tiempo, si no localizaba a ningún verdugo él mismo debería desempeñar el oficio de ejecutor en el patíbulo o sala de tortura :

> en los tienpos que ouiere de hazer e executar en la dicha villa en los que se condenare a pena corporal por sus magestades o por otro juez e justicias que tenga cargo el dicho García de (traer) al berdugo e ynstrumento para ello [...]. E sy por caso de ventura no traxiere dentro destos tres días al dicho berdugo el dicho García, que el mismo García luego en la misma ora syn otra escusa ni dilación alguna cunpla e haga todo el oficio que el berdugo avía de hazer, e la justicia se execute en la tal persona conplidamente so pena de sy no lo quisiere hazer el mismo García padesca la misma pena que el condenado avía de padecer [...], e con esta condición de traer el dicho berdugo o de lo conplir él mismo le davan los dichos cargos e oficios susodichos, e non de otra manera.

Un mes más tarde de rubricado este acuerdo con las autoridades municipales de Lequeitio, García de Posadillo no tuvo más remedio que cumplir como verdugo y azotar a Sancha Longa[57]. En el caso de Bilbao,

56 T. González, *Colección de cédulas...*, *op. cit.*, vol. 3, p. 117-120.

57 J. M. Ugartechea Salinas, « La vida cuotidiana en los siglos XVI y XVII », *Lekeitio*, Bilbao, 1992, p. 83-84.

por ejemplo, todavía en 1696, Joseph Rodríguez, que desempeñaba al mismo tiempo el oficio de pregonero público y de ejecutor de la justicia real, solicitaba ser simplemente pregonero[58].

Iñaki BAZÁN
Universidad del País Vasco /
Euskal Herriko Unibertistatea

58 M. Basas, *Antiguos oficios concejiles de Bilbao*, Bilbao, 1987, p. 11.

BOURREAU ET MANIPULATION DES CORPS EN ARAGON (XVe-XVIe S.)

Alors que le système judiciaire pénal se met en place progressivement dans l'Europe du XIIIe siècle, voire un peu avant dans l'Italie communale, les bourreaux feraient leur apparition au même moment comme le rappelle entre autre Pierre Braun[1]. Ils deviennent des agents indispensables au bon fonctionnement de ce nouvel ordre judiciaire. Mais le personnage du bourreau est loin d'être l'individu le mieux connu de tous les protagonistes de la justice pénale médiévale. En effet, sur un plan historiographique, il n'a pas beaucoup attiré l'attention des historiens du crime et de la violence, même lorsque ceux-ci travaillent sur les rituels d'exécutions judiciaires et leur mise en scène publique. Pourtant il en est bien l'un des acteurs principaux, au service de l'accomplissement des sentences pénales, de mort ou de mutilation corporelle, à caractère afflictif ou mortel[2]. La figure du bourreau est ainsi minorée à la fois comme

1 P. Braun, « Variations sur une potence et le bourreau. À propos d'un adversaire de la peine de mort en 1361 », *Histoire du droit social. Mélanges en hommage à Jean Imbert*, Paris, PUF, 1989, p. 95-133.

2 Très peu d'ouvrages de synthèse existent pour le Moyen Age ou incluant une partie du Moyen âge. Pour les plus récents nous renvoyons à F. Armand, *Les bourreaux en France du Moyen Âge à l'abolition de la peine de mort*, Paris, 2012 ; P. Bastien, *Une histoire de la peine de mort. Bourreaux et supplices-Paris, Londres 1500-1800*, Paris, Seuil, 2011 ; H. Klemettilä, *Epitomes of Evil. Representations of executionners in Northern France and the lows countries in the Late Middle Ages*, Turnhout, 2006, (Studies in European Urban History 8) ; E. Guerra, *Una eterna condanna. La figura del carnefice nelle società tardomedievale*, Milan, 2003. H. Zaremska, *Niegodne rzemiosto. Kat w spoleczenstwie Polski XIV-XVI*, Varsovia, 1986. On pourra consulter avec intérêt le chapitre que consacre Pieter Spierenburg aux bourreaux dans *The spectacle of suffering. Execution and Evolution of Repression : From a Preindustrial Metropolis to the European Experience*, Cambridge, 1984, p. 13-42. Quelques articles de fond permettent d'en savoir un peu plus à travers l'Europe. N. Lonza, « The figure of executioner in Dubronik between social acceptance and rejection (Fourteenth to eighteenth century) », *Dubrovnik Annals*, 20 (2016), p. 93-108 ; A. Wintzen, « Scharfrichter und henker in der frühen Neuzeit im GroBraum Stade », *Stader Jahrbuch*, vol. 105 (2015), p. 299-314 ; B. Paradis, « De petits serviteurs de l'État : les bourreaux de Provence au XIVe siècle », P. Boglioni, R. Delort, C. Gauvard (éd.), *Le petit peuple de l'Occident médiéval : terminologies, perceptions, réalités*,

protagoniste de la procédure de torture lorsque celle-ci est engagée, du fait même d'un fréquent silence des sources à son endroit, et comme ultime intervenant en aval du circuit judiciaire, même si le condamné peut encore être sauvé ou gracié au pied du gibet ou de l'échafaud[3]. Il est le dernier maillon de la chaîne justicière et il agit comme une interface entre le juge et le public, entre le criminel condamné et la société des honnêtes gens, mais aussi entre les morts et les vivants s'il doit faire mourir celui que la justice lui remet. Dernier visage de justice que tous observent, il est l'agent le plus exposé, celui qui doit réussir son œuvre du premier coup s'il ne veut pas se retrouver malmené ou pire par la foule[4]. L'histoire des bourreaux ordinaires du Moyen Âge reste donc en grande partie à faire, sans doute parce qu'il est un monsieur très discret dans les sources comme l'affirme Frédéric Armand[5].

En effet, il n'est pas facile de trouver le bourreau dans la documentation archivistique car les données sont fragmentaires et éparpillées dans différents corpus d'archives, de la pratique judiciaire, administrative et comptable[6], ou encore notariale. *A contrario*, les sources narratives et iconographiques semblent plus éloquentes à son sujet, confondant à l'occasion et à dessein la figure de l'exécuteur des sentences criminelles et celle du tourmenteur du Christ et des saints[7]. Il n'est pas toujours

---

Paris, 2002, p. 311-322 (Série histoire ancienne et médiévale, 71). La péninsule ibérique n'offre pas de travaux de synthèse en la matière à ce jour mais on pourra néanmoins lire avec profit l'article exhaustif de J. Sans y Riera, « Saig, morrodevaques, botxí. The executioner and his names in the medieval catalan-speaking lands », *Recerques* 68 (2014), p. 7-27 ; F. Sabaté « La pena de muerte en la Cataluña bajomedieval », *Clio & Crimen*, 4 (2007), p. 117-276. Voir également la contribution d'Iñaki Bazán Díaz dans le présent ouvrage.

3 J. Hoareau Dodineau, « Une demande en mariage sous la potence. La Souterraine, 1416 », *Mémoires de la Société des Sciences Naturelles et Archéologiques de la Creuse*, vol. 47 (1999-2001), p. 502-510. Cl. Gauvard, *De grace especial. Crime, État et Société à la fin du Moyen Âge*, Paris, 1991, p. 181-182.

4 A. Zorzi., « Le esecuzioni delle condanne a morte a Firenze nel Tardo Medioevo tra repressione penale e ceremoniale pubblico », *Simbolo e realtà della vita urbana nel tardo medioevo. Atti del v Convegno Storico Italo-Canadese Viterbo 11-15 maggio 1988* M. Miglio dir., Rome, 1993, p. 153-223. F. Vazzoler (ed.), *La maschera del boia. Testi litterari italiani del XVIe XVIIe secolo sulle carnefice*, Genève-Ivrea, 1982.

5 F. Armand, *Les bourreaux en France du Moyen Âge à l'abolition de la peine de mort, op. cit.*

6 Voir la contribution de Mathieu Vivas consacrée aux bourreaux de Périgueux.

7 B. Morel, *Une iconographie de la répression judiciaire. Le châtiment dans l'enluminure en France du XIIIe au XVe siècle*, Paris, CTHS, 2007 ; H. Klemettilä, *Executionners in late medieval french culture*, Turku, 2003 (Annales Universitatis Turkuensis, Saria- Ser. B Osa- tom 268) ; I. Seltmann, *Handwerker, Henker, Heilige : Bilder erzählen vom Leben im Mittelalter*, Ostfildern, 2005.

aisé d'identifier qui torture, inflige les supplices ou la peine de mort, et qui manipule les cadavres des criminels. Pour brouiller encore plus les pistes, il semble d'ailleurs que ce ne soit pas systématiquement le bourreau qui intervienne, même lorsque celui-ci existe avec ce statut au sein d'une juridiction[8]. Cela fait partie des zones d'ombre qui affectent encore la connaissance de ce personnage ambivalent, mal aimé et pourtant nécessaire à l'exercice d'autorité et de communication que la justice pénale remplit au profit de ses détenteurs jusque dans la manipulation des corps des criminels.

IDENTIFIER LE BOURREAU DANS LES ARCHIVES

Pour trouver des informations sur les bourreaux en péninsule ibérique, le chercheur doit surmonter une difficulté de taille, liée au lexique employé pour l'identifier comme tel, au-delà de son identité patronymique encore plus difficile à connaître parfois, pas avant le XVe siècle en Aragon par exemple. Au XIIIe siècle c'est encore très souvent l'anonymat qui frappe celui chargé d'accomplir les supplices et autres peines corporelles, un anonymat patronymique et une absence de titulature particulière. Ce constat s'impose dans les registres de comptabilité de Navarre, où les frais de pendaison sont systématiquement payés à « un homme » (*a un omne*), sans autre précision que la somme versée en rétribution de la tâche accomplie[9]. Autrement, ils sont directement imputés aux condamnés sans aucune information à propos de qui a procédé à l'action de pendre. Dans le Royaume d'Aragon, la manière de désigner le bourreau varie

8 La participation du bourreau à l'application de la douleur physique au cours des procédures de torture n'est pas acquise de manière systématique. F. Harang, *La torture au Moyen Âge*, Paris, Puf, 2017, p. 129-140 ; M. Lesne Ferret, L. Otis Court, « La torture dans le Midi de la France au Moyen Âge », B. Durand, L. Otis Court (éd.), *La torture judiciaire : approches historiques et juridiques*, 2 vol., Lille, 2002, vol. 1, p. 421-449.

9 Un homme qui a pendu le prisonnier Domingo Martin a reçu pour cela 6 sous et six deniers en 1280 « *Por Domingo Martin de Sant Martin, que iogo en la preson* VL *meses et meyo, costo la mision de su comer* LX *s.* VIII *d. A un omne porque lo enforco,* VI *s.* VI *d.* » dans J. Zabalo Zabalegui, *Archivo General de Navarra. Sección de comptos. Registro nº 2 (1280)*, Donostia, 2000, p. LI.

dans le temps comme partout ailleurs. À Saragosse, il est désigné par le terme *morrodevacas* au XVe siècle et sans doute avant aussi, équivalent au *morrodevaques* des Catalans. On pourrait traduire le terme par « groin » ou « museau de vache ». *Morrodevacas* ou *morrodevaques* sont bien les termes générique par lesquels on désigne, dès le XIVe siècle en Catalogne, l'exécuteur des peines corporelles. Cette terminologie lexicale est propre à l'aire géopolitique que constituent les territoires de la Couronne d'Aragon, de Perpignan à Valence et de Barcelone à Saragosse, par delà les seules terres où l'on parlerait catalan[10]. En Castille, du moins dans le langage de la chancellerie, le bourreau est plutôt désigné par le terme de *verdugo*. C'est le terme employé dans l'ordre donné par les Rois Catholiques à la ville de Palencia, de recruter et de salarier un bourreau, sans quoi la justice royale ne pouvait être correctement exercée si l'on en croit la plainte du juge royal sur place[11].

Quant à l'identité patronymique des bourreaux, elle n'est pas toujours révélée. Lorsque c'est le cas, dans les actes de la pratique judiciaire notamment, il est intéressant d'observer de quelle manière les agents de justice et les témoins se réfèrent à lui, et s'ils le font en des termes similaires. En 1497, le bourreau municipal de Saragosse s'appelle Peret. On découvre son nom dans un procès que le procureur de la capitale aragonaise instruit contre des bonnetiers qui ont empêché la pendaison de l'un des leurs, Johan Ortiz, lequel avait pourtant été condamné à mort par le juge municipal (*zalmedina*). Le procureur raconte dans l'acte d'accusation comment ledit Peret a dû affronter l'opposition des bonnetiers, le désignant alors par le nom de la fonction, *morrodevacas*. Il est un exécutant et, en tant que tel, responsable du condamné depuis la prison jusqu'au moment où Johan Ortiz pose le pied sur l'échelle pour être exécuté. Peret est également simple artisan de la mort pénale lorsqu'il

10 J. Sans i Riera, « Saig, morrodevaques, botxí. The executioner and his names in the medieval catalan-speaking lands », *Recerques* 68 (2014), p. 7-27.

11 Archivo General de Simanca / Registro. General del Sello-VIII-1493, f° 289, « (…) *Sepades quel licenciado Carlos de Molina nuestro juez e pesquisidor de residençía en la dicha çibdad nos hizo relación por su petiçion diziendo que algunas veces en la dicha çibdad se dilata e estorva la esecuçion de la nuestra justicia a cabsa de no aver verdugo salariado por la dicha çibdad e diz que como quiera que muchas vezes vos ha requerido que tomasedes verdugo para que esecutase la dicha nuestra justicia e le nombrasedes salario conveniente para ello que lo non aveys querido faser, por ende que nos suplicava çerca dello mandasemos proveer por manera que luego se tomase e tome verdugo para esecutar la dicha nuestra justiçia mandandole nombrar e señalar salario conveniente para ello* (…) ».

est évoqué manipulant ou touchant l'équipement requis, tels que le gibet (*horca*), l'échelle et les diverses cordes ou liens (*cabestro*, *dogal*) qui servent à mener le condamné au gibet puis à l'y pendre. Il est toujours le *morrodevacas* quand le procureur l'associe au geste technique de pendre, une fois le condamné en haut de l'échelle, et qu'il s'agit alors de « le faire tourner » (*darle la vuelta*) et le « faire basculer » dans le vide (*derribarlo*)[12].

Mais dans ce même récit, il (re)devient Peret quand le cours tranquille de la justice est interrompu sous l'action des bonnetiers qui, sentant les choses leur échapper malgré le soutien de la foule, recourent à la force et à la menace contre lui pour l'empêcher d'exécuter le prisonnier[13]. En redonnant au bourreau son patronyme, le procureur « réhumanise » ou désinstitutionnalise l'exécuteur et peut ainsi exprimer combien il était difficile pour le bourreau, réincarné en simplement Peret, de faire face, seul, aux armes brandies sous son nez par plusieurs hommes. Finalement, renommer le bourreau dans le récit judiciaire traduit ou trahit une émotion politique liée aux troubles et à l'émeute, du moins dans l'esprit du procureur. Du coté des témoins, leurs dépositions reprennent partiellement cette double articulation entre le bourreau et les événements, entre le technicien de la mort pénale et la foule des spectateurs. Il est Peret selon l'étape du récit à laquelle il est cité et selon le degré de familiarité que certains témoins entretiennent avec lui. Pour le courtier Juan Julian ou le tisserand Miguel Ortin, il est exclusivement Peret, peut-être parce qu'ils sont habitués à le côtoyer. En revanche il est complètement ignoré du lancier maître Andres de Sans qui s'attache à montrer comment lui-même a contribué à éviter que les évènements ne dégénèrent en émeute incontrôlable au moment où les bonnetiers s'emparaient de leur ami. Il est seulement *morrodevaquas* pour Johan Despunya, sergent des alguazils

---

12 AHMZ, Procesos, 1497, caja 007286 / 173, fol. 5r, extrait de l'acte d'accusation : « (…) *Et assi la dicha sentencia por el dicho çalmedina dada in plena curia ffue el dicho Joan Ortiz condemnado levado por el morrodevacas con el cabestro al cuello y con los corredores cridando delante del publicament la dicha sentencia y de los yendo el lugartenient de çalmedina con otros officiales notables y personas de la dicha ciudat more solito por las carreras publicas y assuetas de la dicha ciudat y ffue traido a la forca del mercado de la presente ciudat y por el dicho morrodevacas fue puesto en la scalera que estava arrimada a la dicha forca del mercado en presencia del lugarteniente de çalmedina y de los otros officiales que ally stavan mandando exsequyr la dicha sentencia y quisiendo el dicho morrodevacas dar la vuelta al dicho condemnado y derribarlo de la scalera* (…) »

13 *Ibid.*, fol. 5r « (…) *stonces llegaron y fizieron llegar los susodichos acusados a otros muchos a la dicha forca y los unos con spaldas se pusieron a la scalera descreyendo de Dios y de sus sanctos que si Peret no le dexava ellos le darian vinte cuchilladas al Peret* (…) ».

du régent, qui se distingue ainsi de lui dans la hiérarchie des personnels subalternes affectés au maintien de l'ordre public. Mais le lieutenant du juge urbain, Miguel de Villagrassa, cité comme témoin, module à son tour la narration des faits en réservant bien le terme de *morrodevaquas* aux actions en lien avec la dimension professionnelle du métier de bourreau, tant que ce dernier est encore dans son office, jusqu'au moment de sa reddition lorsqu'il relâche le condamné contre l'avis du témoin d'ailleurs[14]. Notre lieutenant, représentant du juge, laisse alors passer le patronyme Peret dans une même phrase dans un double but. Il cherche à distinguer une dynamique de communication arrimée aux cris que la foule adresse au bourreau pour l'encourager à relâcher le condamné, et une dynamique gestuelle exprimée par l'acte de délier le prisonnier par un bourreau vaincu, incarnant l'échec de l'autorité du détenteur de la justice représenté ici par le témoin lui-même[15]. Peret sert alors à désigner juste un homme, comme dépouillé de son statut de bourreau puisque n'ayant pu mener à bien son office. C'est Peret qui redescend de l'échelle avec un condamné échappant provisoirement à l'exécution, il n'est plus le *morrodevacas* à cette étape du récit des faits[16]. Il en va de même dans le témoignage du portier royal Joan de Bercedo. Voilà qui fait réfléchir sérieusement par ailleurs à la dimension infâme du métier de bourreau qui ici, dans ces micro-récits judiciaires, disparaît au profit d'une reconnaissance professionnelle et/ou d'une familiarité exprimées par divers témoins hommes. Cette capacité à désigner le bourreau par son titre ou par son nom, voire en alternant les deux, se poursuit au siècle suivant tout en intégrant une nouvelle titulature. Ainsi il est *borrero*, *verdugo* et *bochin* au XVIe siècle ou encore *executor de sentencias* associé au titre de maître comme il apparaît pour *maestre* Bertolomeo Mosquito au tout début du XVIe siècle[17]. La variation des termes est difficile à

14 *Ibid.*, fol. 13 r, extrait de la déposition du lieutenant du juge : « *Dize el present testimonio deposant seyer verdat que hun dia del mes de julio mas cerqua passado yndo con Joan Ortiz al mercado que lo levavan a enforcar y legado que huvieron al mercado y estuviendo el dicho Joan Ortiz alto en la escalera con el morro de vaquas* (...) »

15 *Ibid.*, fol. 14r, « (...) *huvo muchos e grandes vozes dixeron al Peret que lo desligasse como de fecho el dicho morro de vaquas lo desligo* (...) ».

16 *Ibid.*, fol. 14r « (...) *el dicho Joan Ortiz con el Peret ensemble baxo de la dicha escalera* (...) »

17 Le 12 janvier 1519, Bartolomeo Mozquito reconnaît avoir reçu 100 sous, soit un des trois versements par lesquels la ville lui paie son salaire s'élevant à 300 sous annuels, en tant qu'exécuteur des sentences criminelles : « (...) *Yo Bartholomeo Mozquito executor de las sentencias criminales de la ciudad de Çaragoça de grado et de mi cierta sciencia atorgo haber* (...) *recibido del honrado don Pedro Bolas mercader ciudadano e mayordomo que es de la dicha*

expliquer. *Verdugo* renvoie au terme castillan tandis que *berdugo* en aragonais désigne de l'osier torsadé[18]. *Borrero* est très proche du terme français « bourrel » mais qui, au même moment en France, ne désigne plus vraiment la fonction par ce terme, tandis que *bochin* n'est pas sans rappeler le catalan *botxi*[19]. Enfin, la terminologie lexicale désignant les bourreaux aragonais aux XVIe-XVIIe siècles se réduit de plus en plus à la formule de *executor de sentencias*. Cette évolution nous renvoie à une institutionnalisation de l'office certes, mais aussi à une double histoire : celle des représentations de la justice et celle de l'acceptation de la peine de mort par les justiciables et leurs dirigeants.

Toutefois, la titulature des exécuteurs ne varie pas que dans le temps. En effet, on s'aperçoit que le même individu peut-être employé par deux juridictions différentes, dans une même ville, pour exercer les mêmes tâches mais tout en étant désigné par des termes distincts. La variation lexicale tient à des raisons inconnues si ce n'est le changement de juridiction et de juge dont la culture et l'origine favorisent peut-être cette variation terminologique. À Saragosse, au XVe siècle, on parle du *morrodevacas* dans les archives municipales, mais on l'appelle *borguin* ou *bochin* dans celles de la confrérie des éleveurs, alors qu'il s'agit vraisemblablement du même individu[20]. S'il est d'origine catalane alors le terme de *bochin* pourrait y faire référence, de l'initiative même du bourreau susceptible d'être étranger, c'est-à-dire non aragonais. En revanche, *borguin* est plus curieux d'autant qu'en aragonais, le terme le plus proche de *borreguin* désigne le mouton de moins d'un an et plutôt rachitique[21]. Le vocabulaire ovin coïnciderait alors avec la nature de la confrérie. La qualification ici peu valorisante du mouton correspondrait à une perception dépréciative du bourreau ou de quiconque est appelé à manipuler les corps vifs ou morts des criminels.

---

ciudat (...) son a saber cient sueldos en salario paga e porrata del salario deldicho mi officio (...) », AHPN 4538, notaire Lope Lopez, année 1519, lig 28/1.

18 R. Andolz, *Diccionario Aragonés*, Saragosse, 1992, p. 62 (art. Berdugo).

19 Jaume Riera Sans montre que l'émergence du terme *botxi* n'a pas fait pas disparaître celui *morrodevaques* resté en usage jusqu'au XVIe siècle.

20 Voir *infra* note 24.

21 R. Andolz, *Diccionario Aragonés*, Mira Editores, Saragosse, 1992, p. 74 (art. borreguin).

LE BOURREAU ET LA QUESTION DU CORPS DES CONDAMNÉS

Au XIIIe siècle, la peine de mort fait un retour progressif dans l'arsenal des peines judiciaires mais pour autant il n'est jamais facile de trouver un volontaire, même après une certaine institutionnalisation de la fonction. L'exemple d'une ville comme Majorque qui peine à trouver un maître des hautes œuvres en 1421 est édifiant à cet égard[22]. La répugnance des candidats et l'effroi suscité par la peine de mort si contraire au cinquième commandement expliquent les difficultés à rendre la justice[23]. Les condamnés s'entassent à la prison et les exécutions prennent du retard. Il est tellement difficile de trouver un volontaire que les autorités urbaines de Majorque se décident à employer un français emprisonné au même moment en faisant éponger sa dette privée par les pouvoirs publics, en échange de quoi il est libéré pour procéder aux exécutions.

Ce sont les juridictions importantes qui nous laissent lire ce rapport privilégié entre le bourreau, le corps des condamnés et la mort pénale au sens large, qu'elle soit physique ou seulement sociale tout en marquant les corps. Prenons l'exemple de la juridiction de la confrérie des éleveurs de Saragosse (*Casa de ganaderos*) qui élisent leur propre juge (*justicia*), lequel dispose pour toute la période médiévale du *merum et mixtum imperium*. Les éleveurs possèdent également leur propre fourche patibulaire localisée en dehors des murs de la ville de Saragosse[24]. Si cette dernière a dressé la sienne sur la place du marché, les deux juridictions se prêtent volontiers leurs équipements respectifs. En revanche, les éleveurs n'ont pas de bourreau attitré et leur juge a recours à celui de la ville pour exécuter les sentences qu'il promulgue. En matière de manipulation des corps du vivant des condamnés, c'est pour le bourreau

22 P. A. Sancho, « El verdugo en Mallorca en 1421 », *Boletín de la Sociedad Arqueológica Luliana*, 1889-1990, p. 305-306.

23 Cl. Gauvard, « Les oppositions à la peine de mort dans le royaume de France : théorie et pratique (XIIe-XVe siècles) », *Clio & Crimen*, n° 4 (2007), p. 22-46. *Ead.* « Justification and Théory and the Death Penalty at the Parlement of Paris in the Late Medieval Ages », C. Allmand, *War, government and power in the late medieval France*, Liverpool, 2003, p. 190-208.

24 D. Gracia Armisén et D. Ramos Amigot, « Una manifestación de poder en el Aragón del quinientos : la horca de los ganaderos », *Rev. Zurita*, 75 (2000), p. 133-158.

de Saragosse accomplissant son travail au service de la confrérie des éleveurs que nous récoltons le plus d'informations. Toutefois les sources sont souvent de deuxième main, à travers des compilations d'archives médiévales réalisées aux XVIe et XVIIe siècles, comme les procès-verbaux d'exécutions renvoyant à l'activité du juge des éleveurs au XVe siècle.

Par exemple, il n'apparaît pas toujours clairement que lors d'une exécution le bourreau accompagne le condamné du lieu où il est gardé jusqu'au gibet, ou encore qu'il soit présent sur la totalité du parcours emprunté par le criminel, quand celui-ci n'est pas condamné à mort. Le 21 janvier 1473, Salbador de Barragina, sergent de la confrérie des éleveurs de Saragosse, confirme qu'il a fait fouetter par le *borguin* un dénommé Guillen Sardet lequel, ensuite, a été conduit par les rues habituelles jusque sur la place du marché. Là ledit sergent lui a fait subir l'essorillement, laissant penser que c'est le *borguin* qui y a procédé. L'amputation a eu lieu sous le gibet municipal auquel les oreilles ont été clouées. Pour finir le condamné a été sorti de la ville par le quartier de la Triperie où il lui fut intimé la peine d'exil de dix années sous peine de mort s'il venait à contrevenir à son bannissement[25]. Mais le rôle du sergent et celui du bourreau ne sont pas clairement distingués dans le récit exception faite pour la flagellation.

Autrement, le travail du bourreau ne s'arrête pas aux exécutions et aux supplices corporels. Déplacer et exposer les cadavres font partie des tâches qu'il est susceptible d'accomplir, pendant ou après l'exécution. Il lui incombe parfois de manipuler les dépouilles jusqu'au moment de leur éventuel ensevelissement, au pied des fourches patibulaires comme l'ont constaté Pavlina Maskova et Daniel Wojtucki en Pologne et en Tchéquie[26].

25 « *A beynte y un dias del mes de janero del anyo* MCCCCLXXIII, *en Çaragoça, debant el senyor don Lois de Palomar, Justicia de los Ganaderos, present yo Martin de Peralta, notario, Salbador de Barragina, berguero de la Casa, fizo relaçion que por mandado del senyor Justicia e de los senores conselleros avia feyto açotar al borguin (sic) a Guillen Sardet, montanés preso en la carcel y que lo havian lebado por la calles acostumbradas fasta el mercado y que alli, bajo la forca del dito mercado le avia feyto quitar las orellas y las finco en la forca con un clau y endespués lo saco por la Triperia abajo el rio y l'entimo el destierro de diez anyos, a pena de muert si no lo guardaba o lo quebrantaba.* », extrait du *Libro registro de la corte del justicia de Ganaderos de Zaragoza (1472-1494)* fol. 115(ACGZ, caja 60/lig. 18).

26 Ces pratiques sont avérées par exemple en basse Silésie. Voir P. Maskova et D. Wojtucki « L'archéologie des lieux d'exécution en République Tchèque et Basse Silésie (Pologne) », *Criminocorpus* [En ligne], *Les Fourches Patibulaires du Moyen Âge à l'Époque moderne.*

QUAND LE BOURREAU N'EST PAS LE SEUL EXÉCUTANT

Il arrive que la fonction d'exécution des châtiments puisse être occasionnellement « empruntée » à celui qui fait office de bourreau lorsqu'il existe. Dans une enquête judiciaire menée au sein du comté d'Arles entre 1269 et 1270, les témoins se souviennent que le fils de la victime conduisait la mule qui traînait par les rues de la ville l'assassin attaché à la queue de l'animal ; et Martin Aurell d'écrire la chose suivante : « Cette sorte de vendetta institutionnalisée montre peut-être que la justice communale fait des concessions à la haine familiale afin d'étouffer dans l'œuf une logique vindicative interminable[27] ». Voilà une dimension de délégation des fonctions d'exécutant qui est intéressante en terme de gestion de l'apaisement des conflits. Sous Ferdinand le Catholique, en Castille, à la fin du Moyen Âge, on retrouve ce souci de court-circuiter les logiques vindicatoires et le désir de faire passer sous le contrôle de la justice publique la résolution mortelle de certains crimes. Ainsi, pour obtenir que les hommes dénoncent en justice leurs épouses adultères et cessent de venger leur honneur dans le sang à leur compte, le roi propose, en échange du recours au procès, que les maris soient autorisés par les juges à décider du sort de leur épouse et à exécuter publiquement la peine de mort eux-mêmes s'ils choisissent cette option[28]. On peut alors concevoir ces maris comme des bourreaux de substitution[29]. D'autres raisons amènent à écarter tout bourreau titulaire de sa charge, contracté à l'année ou à la tâche, en raison de modalités particulières d'exécution de la peine capitale et propres à certaines juridictions. Il en va ainsi dans le cadre des *hermandades* en Castille, où la mort par flèche (*pena de muerte por saeta*) suscite un déroulement du rituel d'exécution distinct de celui de

---

Approche interdisciplinaire, Communications, mis en ligne le 19 novembre 2015, consulté le 22 novembre 2017. URL : http://criminocorpus.revues.org/3115.

27 M. Aurell, « Le roi et les baux, la mémoire et la seigneurie (Arles, 1269-1270) », *Provence Historique*, fasc. 195-196 (1999), p. 47-59.

28 I. Bazán Díaz, « La pena de muerte en la Corona de Castilla en la Edad Media », *Clio & Crimen*, n° 4 (2007), p. 306-352.

29 M. Charageat, « Notes introductives sur la peine de mort en Occident. État de la question », J.-P. Allinne, M. Soula (dir.), *La mort pénale. Les enjeux historiques et contemporains de la peine de* mort, Rennes, 2015, p. 83-94.

la pendaison ou de la décapitation et de tout autre châtiment corporel[30]. Il s'agit de la mort par flèche pour laquelle un peloton d'exécution est rassemblé et au sein duquel les arbalétriers interviennent en lieu et place d'un bourreau. Mais, d'après Juan José Batalla Rosado, la mise à mort par flèche relevait davantage du concours d'adresse, auquel quiconque pouvait s'inscrire, et où les flèches tirées étaient récompensées selon l'endroit du corps qu'elles atteignaient : 24 maravédis pour le cœur, un castillan d'or pour les autres parties du corps difficiles à atteindre[31].

Les conséquences des exécutions impliquent également un certain nombre de gestes et d'actes supplémentaires en matière de manipulation des corps, pour lesquels les bourreaux cessent parfois d'intervenir seuls ou de manière exclusive. Les sources ne sont pas toujours aussi éloquentes que dans le cas agenais informé par le compte rendu des années 1575-1576 d'un collecteur de taille aux consuls. L'homme y signale que Maurice, maître des hautes œuvres, a reçu 40 sous, pour avoir enlevé et enseveli les cadavres « pandu ez potances et patibulaires de ladite ville, quy sont près de la porte du Pin » lesquels répandaient l'infection dans le quartier[32]. Le sort des dépouilles mortelles par delà les expositions aux fourches patibulaires à titre dissuasif suppose aussi de trouver un lieu de dépôt pour ceux qui n'accèdent pas toujours ou pas immédiatement à une sépulture en terre consacrée, pour des raisons sanitaires ou parce que la peine d'exposition arrive à son terme. Mais que les bourreaux soient assistés ou se partagent un certain nombre de tâches avec d'autres intervenants n'est pas toujours chose aisée à

---

30 Les *hermandades* sont des associations intercommunautaires sous forme de ligues unissant des villes, des villages et tout type de collectivité. De nature collaborative, ces ligues s'associent sur le plan juridictionnel lorsque leur but est de lutter plus efficacement contre la violence et la criminalité, en particulier contre les bandits de grand chemin et les guerres privées. Pour la peine de mort par flèche dans ce contexte précis des *hermandades*, voir A. Guillaume-Alonso, « Corps reclus et corps suppliciés à travers les archives de la *Santa Hermandad* », A. Redondo (éd.), *Le corps dans la société espagnole des* XVI*e et* XVI*e* siècles, Paris, 1990, p. 173-184 (Travaux du Centre de recherche sur l'Espagne des XVIe et XVIIe siècles, V) ; R. Córdoba de la LLave, « La implantación de la Hermandad y su actuación contra el crimen en Andalucía a fines del siglo XV », *Clio & Crimen*, n° 3 (2006), p. 168-194.

31 J. J. Batalla Rosado, « La pena de muerte durante la colonia – siglo XVI – a partir del análisis de las imágenes de los códices mesoamericanos », *Revista española de antropología americana*, n° 25 (1995), p. 71-110 ; C. Redondo Jarillo, « Delincuencia civil y criminal en las comunidades judías entre el Duero y el Tajo a fines de la Edad Media. Primera parte. Estudio », *Clio & Crimen*, n° 7 (2010), p. 244-342.

32 AD47, E Sup. Agen, CC 310. Je remercie Sandrine Lavaud pour m'avoir communiqué cette référence au cours de ses propres recherches dans les archives agenaises.

distinguer. Ainsi, le 3 mai 1493, un sergent de la confrérie des éleveurs de Saragosse rapporte au juge qu'il a bien fait extraire de prison par le bourreau de Saragosse un homme condamné à mort, conduit ensuite au Ligallo devant l'église Notre-Dame de Sainte-Marie la Majeure, puis pendu au gibet de la place du marché. Le cadavre a été ensuite mené à la fourche patibulaire du Cascallo, celle des éleveurs, où il est resté suspendu[33]. Les phases successives du châtiment sont précisément rapportées, seulement voilà, aucun indice ne permet d'affirmer que le bourreau assiste et agit à toutes les étapes de ce circuit pénal qui court de la prison municipale en la ville jusqu'au gibet des éleveurs hors les murs de Saragosse.

Différentes raisons peuvent expliquer que le bourreau ne soit pas l'intervenant principal ou unique, plus encore après la mort du condamné. Répartir les tâches en confiant les plus ingrates ou celles ne requérant aucune compétence technique à des hommes « ordinaires » s'ajoute à des considérations de type économique. À Périgueux, en 1325-1326, un larron a été enterré aux fourches d'Écornebœuf. Pour cela, un valet a reçu la somme de dix-huit deniers pour avoir creusé la fosse, les sergents de la ville ont été rétribués dix sous pour avoir amené et enseveli le corps aux fourches tandis qu'un dénommé maître Bru, peut-être le bourreau du moment, a touché cinq sous tournois pour l'achat du matériel et de l'âne nécessaire au transport de la dépouille[34]. À Barcelone, en 1357, quatre maures dépendent un faux monnayeur et amènent son cadavre à Montjuich pour une période indéterminée d'exposition. Le bourreau de la capitale, écrit Flocel Sabaté, se bat en 1375 pour essayer d'accaparer ce travail dans le but d'augmenter ses revenus[35]. On peut

33 « *A III del mes de mayo del anyo MCCCLXXXXIII en Çaragoça, en presencia del muyt magnifico senyor don Pedro Torellas, Justicia de los Ganaderos de Çaragoça, fizo relacion Grabiel de Magallon, berguero de la Casa, present yo Martin Moya notario, que por el borg (ileg) de la ciudad avia sacado de la carçel a Arnau de Albierge, condenado a muert por el senyor Justicia y por los senyores conselleros y que por mandado de ellos lo avia lebado por debant del portegado de Nuestra Senyora de Santa Maria La Mayor, do (e) staba el Ligallo, y por otras calles a la forca del Mercado, en do fue enforcado. Y après, fue lebado el cadaber a la Forca del Cascallo, que es de los ganaderos de Çaragoça, en do quedo colgado, como yo el dito notario y otra muyta gent muy bien lo viemos* » extrait du *Libro registro de la corte del justicia de ganaderos de Zaragoza (1472-1494)* fol. 115v. (ACGZ, caja 60/lig. 18)

34 M. Vivas, « les lieux d'exécution comme espaces d'inhumations. Traitement et devenir du cadavre des criminels (XIIe-XIVe) », *Revue Historique*, n° 670 (2014), p. 295-312.

35 F. Sabaté, « Les fourches patibulaires en Catalogne au bas Moyen Âge », *Criminocorpus* [En ligne], *Les Fourches Patibulaires du Moyen Âge à l'Époque moderne. Approche interdisciplinaire*,

noter une présence récurrente des maures au XIVe siècle dans la gestion des corps des criminels produits par la justice pénale des chrétiens dans les terres de la couronne d'Aragon. Cette association contribue à générer un degré supplémentaire d'altérité dépréciative et stigmatisante à l'endroit des musulmans, mais se veut peut-être plus infâmante encore à l'égard du condamné et plus préjudiciable à son âme pendant que sa dépouille manipulée par des non-chrétiens est privée des traditionnels rites liturgiques et funéraires[36]. Rappelons qu'à Saragosse, le *morrodevacas* a dû être un musulman pendant très longtemps. Le castillan Fernando de Antequera s'en offusque à son arrivée au pouvoir sur le trône de la Couronne d'Aragon[37]. Dans une ordonnance de 1414, il explique qu'il est honteux qu'un musulman verse le sang des chrétiens. Il n'ose cependant pas exiger explicitement que le prochain bourreau soit chrétien, conscient des difficultés à trouver des candidats pour cette fonction, mais seulement que la ville veille à recruter un homme *habil*, terme qui sous-entend l'idée d'une recrue en adéquation avec les exigences de la fonction, rénovées par l'ordonnance en soi[38].

Toutes les juridictions exerçant la justice pénale n'ont pas de bourreau à leur service, ou pas à l'année, pour des raisons économiques et pratiques : soit que les communautés d'habitants ont des revenus insuffisants pour recruter ce genre d'officier, soit que l'activité pénale ne soit pas suffisamment nourrie pour occuper un bourreau à l'année. À défaut de posséder leur propre exécuteur, nombre de villes et de juridictions empruntent celui de la ville ou de la juridiction voisine. C'est

---

Communications, mis en ligne le 19 novembre 2015, consulté le 22 novembre 2017. URL : http://criminocorpus.revues.org/3062.

36 M. Vivas, « L'inhumation des condamnés à mort aux fourches patibulaires (Moyen Âge-époque moderne) », M. Lauwers, A. Zemour (dir.), *Qu'est-ce qu'une sépulture ? Humanités et systèmes funéraires de la Préhistoire à nos jours*, Antibes, 2016, p. 241-259 ; *Id.* « *Prope aut juxta cimiterium* : un espace d'inhumation pour les "mauvais morts" (XIe-XVe siècle) », C. Treffort (dir.), *Le cimetière au village dans l'Europe médiévale et moderne*, Toulouse, 2015, p. 193-206 (Flaran 35).

37 M. I. Falcón Pérez, *Organización municipal de Zaragoza en el siglo XV*, Saragosse, 1978, p. 252-254.

38 « *Por evitar el abuso passado redundant en oprobrio de la religion xristiana cassamos qualquiere costumbre o privilegio por el qual moro alguno era costrenyhido las sentencias corporales exeguir e derramar sangre de los xristianos. E ordenamos que sia puesto en la dita Ciudat un hombre abil aquel quel Çalmedina e los jurados haver poran e del qual se concordaran pora executar actualment por sus manos todas las sentencias criminales* (...) », *Ordinaciones de la ciudad de Çaragoça*, Manuel Mora y Gaudó, 2 vols, Saragosse, 1908, p. 344.

une solution classique que l'on retrouve en Allemagne, en Espagne, en France et en Italie. Mais elle suppose une certaine activité diplomatique car la rareté des bourreaux fait qu'on ne le prête ni facilement, ni sans garantie. La ville qui requiert le service d'un bourreau doit assumer les frais supplémentaires que cela occasionne, c'est-à-dire les dépenses du voyage, de l'escorte qui accompagne le bourreau pour qu'il soit en sécurité au cours de son déplacement, et les frais de séjours qui s'ajoutent encore à ceux de l'exécution proprement dite[39]. Le prêt du bourreau illustre d'abord la pénurie de ces professionnels avant d'être motivé aussi par l'exigence de la qualité d'expert du geste pénal et de la connaissance des corps. Ce n'est pas une situation unique. Laurence Bucholzer-Remy fait ressortir des considérations similaires à propos d'autres arts, dans son étude sur la ville de Nuremberg à la fin du Moyen Âge[40]. Les villes allemandes se prêtent des artisans et le niveau d'expertise et de renommée est déterminant dans leur circulation entre les unes et les autres.

CONCLUSION

La tâche à mener est encore vaste pour mieux connaître ces bourreaux du bas Moyen Âge en péninsule ibérique et ailleurs. Les informations sont laconiques et dispersées. Si le maître des hautes œuvres a souvent l'apanage du geste mortel, le partage des tâches n'est pas toujours rigoureusement rapporté par les sources. Il en ressort que ce n'est pas systématiquement ni exclusivement lui qui prend en charge au pénal le traitement des corps des criminels, vifs ou morts, entiers ou démembrés. Les archives les plus bavardes sont souvent les registres comptables où l'on découvre les frais d'exécution occasionnés par l'exercice de la justice criminelle. Les intervenants y sont mentionnés, parfois identifiés par leur patronyme, avec l'inscription de leur salaire à l'année ou à la tâche, et la nature de leur intervention. On y lit aussi le montant des frais

39 B. Paradis, « De petits serviteurs de l'État : les bourreaux de Provence au XIVe siècle », P. Boglioni, R. Delort, C. Gauvard (éd.), *Le petit peuple de l'Occident médiéval : terminologies, perceptions, réalités*, Paris, 2002, p. 311-322 (Série histoire ancienne et médiévale, 71)

40 L. Buchholzer-Rémy, *Une ville en son réseau : Nuremberg à la fin du Moyen Âge*, Paris, 2006.

d'entretien ou de construction des équipements et du matériel nécessaires à la bonne réalisation de l'œuvre de justice. La figure de ces agents de la mort pénale, esquissée par la fiscalité et complétée par les sources du judiciaire, révèle l'essor de cette catégorie du personnel judiciaire et ses modes d'action à l'endroit du corps des criminels lors du passage de la vie à la mort et après la mort. Parallèlement, c'est aussi l'essor de la peine de mort que l'on peut mesurer à l'aune de celui de son artisan principal, même si ce dernier demeure pendant tout le Moyen Âge un agent très polyvalent.

Martine Charageat
Université Bordeaux Montaigne

LE BOURREAU EN CATALOGNE AU BAS MOYEN ÂGE

Le bourreau, bien réglementé et établi dans la Catalogne du bas Moyen Âge, catalyse dans sa propre figure les divers indicateurs qui s'entrelacent dans l'exercice de la justice : l'insertion bien réglementée des peines physiques dans la justice ordinaire romaniste, les valeurs d'hygiène morale partagées par la cohésion sociale chrétienne ou l'emboîtage entre les pouvoirs locaux et le titulaire de la souveraineté, entre autres[1].

LE MÉTIER DE BOURREAU

La capacité judiciaire, avec l'exaction, définit le pouvoir souverain. En Catalogne, la réception du droit romain au XIIe siècle et, après cela, le déploiement des cours juridictionnelles sous les paramètres romanistes sur tout le territoire tout au long du XIIIe siècle, conduisent à un modèle qui combine la signification juridictionnelle et la professionnalisation de l'exercice de la fonction judiciaire. Le titulaire de la juridiction désigne le responsable judiciaire qui émettra une sentence à partir de connaissances juridiques professionnelles, fondées sur la formation juridique du juge ou des conseillers juridiques[2]. En même temps, le maintien de certains systèmes judiciaires entre les mains des pouvoirs

1 Abréviations : ACA, Arxiu de la Corona d'Aragó ; ACBC, Arxiu Comarcal del Baix Camp ; ACBE, Arxiu Comarcal del Baix Ebre ; ACS, Arxiu Comarcal de la Segarra ; ADPO, Archives Départementales des Pyrénées-Orientales ; AHCG, Arxiu Històric de la Ciutat de Girona ; AML, Arxiu Municipal de Lleida ; AMSJA, Arxiu del Monestir de Sant Joan de les Abadesses ; AVV, Arxiu del Veguer de Vic ; MR, Reial Patrimoni, Mestre Racional.

2 F. Sabaté, « *El veguer a Catalunya. Anàlisi del funcionament de la jurisdicció reial al segle* XIV », *Butlletí de la Societat Catalana d'Estudis Històrics*, VI, (1995), p. 147-157.

municipaux, précisément en raison de la force des gouvernements locaux respectifs, fera l'objet de négociations avec le souverain, peu avant que ne s'achève le XIIIe siècle, justement pour que les formules traditionnelles et les garanties romanistes puissent s'emboîter[3]. Dans ce cadre, tant les sentences judiciaires que les ordonnances municipales les plus graves peuvent aboutir à des sanctions physiques, en général avec quatre possibilités, qui peuvent apparaître séparément ou se compléter : être soumis de façon infamante à l'outrage public en traversant les rues sous les cris et les coups de la population (*córrer la vila, rodar la vila*) ; subir des amputations de certaines parties du corps ; être exposé au pilori ; ou être soumis à la peine capitale.

Une fois la sentence ferme établie, appliquer la peine physique correspondante n'est qu'une tâche exécutive, bien qu'elle soit communément connue comme « faire justice » : *fer la justícia*[4]. C'est une activité de très basse considération sociale, c'est pour cela qu'elle est exécutée par le personnel auxiliaire de catégorie inférieure de la cour judiciaire, les *saigs* (sergents de justice), peut-être aidés par des auxiliaires engagés exprès, comme les *macips* ou *sirvents* (serviteurs) de bas niveau social. Dans la Catalogne du XIVe siècle le ratio annuel d'application de peines de mort est de l'ordre de 12,48 cas dans la première moitié du siècle et de 17,74 dans la seconde moitié, avec de grandes différences régionales : il est élevé dans les grandes villes et très faible dans les zones rurales[5]. De toute façon, la recrudescence d'applications et, surtout, des exigences tant d'adresse dans les amputations que d'habileté dans la punition de l'inculpé au milieu des cris de la foule, conduisent à une estimation de la professionnalisation du métier de bourreau.

En ce sens, faire allusion non au sergent mais au bourreau, quand il applique une peine, implique un plus haut degré de professionnalisation, comme cela se produit en 1378 quant à Puigcerdà on décrit *al botxí*

---

3 F. Sabaté, « *El veguer i la vegueria de Tortosa i Ribera d'Ebre al segle* XIV », *Recerques*, 2 (1997), p. 115-141 ; S. Riera, « *La potestat del consell de cent de Barcelona en material de justíca criminal : el juí de prohoms' (1442-1515)* », XVII *Congrés d'Història de la Corona d'Aragó. El món urbà a la Corona d'Aragó del 1137 als decrets de Nova Planta*, S. Claramunt, éd. Barcelone, 2003, vol. 3, p. 789-902 ; F. Sabaté, « *L'exercici judicial a Catalunya durant l'antic règim. Model i particularismes », Els Llibres de crims de la Ciutat de Lleida. La justícia local a Catalunya*, Lérida, sous presse.

4 ACA MR 1528, f°232 r°, 233 r° ; parmi d'autres exemples.

5 F. Sabaté, « *La pena de muerte en la Cataluña bajomedieval* ». *Clio & Crimen*, IV, (2007), p. 180-181.

qui baté un condamné à courir les rues[6]. Cette même ville s'emploie à trouver des exécuteurs des peines physiques qui soient de bons professionnels. Ainsi, en 1389, en mettant en pratique la sentence du juge qui soumet deux accusés à subir la colère populaire dans la rue (*lo dit jutge hagués condempnats ab sa sentència a córrer la vila* II *homens stranys que delats eren de alguns furts*) ils ont connaissance que dans le bourg proche de Llivia se trouve un étranger originaire du royaume de Valence, où il a exercé le métier de bourreau, (*com se digués que a Lívia havia algún hom estranger qui havia usat de offici de botxí*), et c'est pour cela que le 25 juin de cette année le sous-viguier et un messager se déplacèrent jusqu'à ce bourg, où ils l'identifient comme *Johan Duran de Sent Matheu de la terra de València*, et ils rentrèrent avec lui. Deux jours plus tard il avait déjà accompli son travail et perçu pour cela 3 livres et 12 sous et demi[7], qui concorde avec le montant qui est payé pour ce travail tout au long des dernières années[8].

On sollicite donc les services d'un professionnel pour réaliser la tâche d'exécution. Pour cela, peu importe d'aller l'engager dans une autre juridiction. La même ville royale de Puigcerdà entretient des liens étroits d'ordre socioéconomique avec la cité voisine de la Seu d'Urgell, de juridiction épiscopale[9], et n'hésite pas à solliciter les services du bourreau de cette cité, comme cela arrive explicitement quand, entre 1360 et 1363, celui-ci se déplace jusqu'à Puigcerdà pour couper les oreilles à un voleur : « *Al more de vaques de la Seu d'Urgel que·l veguer feu venir per tolre les oreyles a* I *ladra*[10] ». De toute façon, la capitalité supérieure que Perpignan exerce sur l'ensemble des comtés de Roussillon et de Cerdagne, en incluant par conséquent la ville lointaine de Puigcerdà[11], oblige qu'on aille chercher fréquemment le bourreau à Perpignan. Dans ces cas, la cour ordinaire couvre le coût du déplacement du professionnel, ainsi que celui de son accompagnateur, étant donné que, afin d'accentuer le lien avec le siège régional, il voyage souvent en compagnie d'un messager du

6 ACA MR 1500, f°71 v°.

7 ACA MR 1502, f°83 r°.

8 ACA MR 1500, f°72 r°.

9 C. Batlle, « *Les relacions entre La Seu d'uUrgell i Puigcerdà a l'edat mitjana* ».*Urgellia*, I (1978), p. 349-362.

10 ACA MR 1499, f°62 r°.

11 F. Sabaté, « *Perpinyà, capital baix medieval dels comtats de Rosselló i Cerdanya* », L. Assier Andrieu et R. Sala (éd.), *La Ville et les Pouvoirs*, Perpignan, 2000, p. 182-197.

siège judiciaire de Perpignan. C'est ce qui se produit en 1378, quand la cour du viguier de Puigcerdà paye le déplacement, depuis le Roussillon, « *de Julià Brugera del Castell d'Albages botxí per ço com penyà en Ramon Johan e n'Andreu Fabre delats de diverses furts*, avec *Bernat del Oliu misatgé e la cort de Perpenyà per menar lo dit botxí a Puigcerdà*[12] ».

En réalité, la normalisation des peines physiques dans les réglementations pénales, la professionnalisation de l'action judiciaire et, aussi, le mépris social sur celui qui applique les peines physiques mènent à la définition d'un métier spécifique pour le bourreau, connu en catalan médiéval, indifféremment, comme « botxí » (bourreau) ou comme « morrodevaques » (littéralement : museau de vaches) : *botxinus sive morredevaques*[13]. Il atteint ainsi une pleine stabilité en premier lieu à Perpignan et à Barcelone, où les figures sont bien établies au XIVe siècle, tandis qu'à Lérida il faudra attendre le XVe siècle pour qu'il se singularise par rapport aux *saigs*, mentionné comme *botxí* ou, ultérieurement, *executor de sentències criminals*[14]. Dans d'autres grandes villes, comme Tortosa et Gérone les *saigs* demeurent normalement à la charge de ces tâches[15]. En se professionnalisant, certains bourreaux se déplacent avec leur habileté spécifique, ce qui facilite des embauches temporelles et des désignations occasionnelles dans des villes et des bourgs moyens, comme c'est le cas de la Seu d'Urgell.

L'accentuation de l'aspect professionnel libère le bourreau de conditions juridictionnelles et explique sa participation à diverses cours judiciaires. La consolidation du bourreau à Perpignan – *nos Alfonsus botxinus sive morrodevaques ville Perpiniani* par exemple – s'explique aussi par la vitalité socioéconomique dans une capitale qui centralise trois cours juridictionnelles : celle du bailli sur la ville, celle du viguier sur la viguerie du Roussillon et encore celle du gouverneur des comtés de Roussillon et de Cerdagne. Cette pleine réglementation de métier à Perpignan comporte son affectation parmi le personnel de la prison, c'est-à-dire *la carcelleria de la vila de Perpinyà*, tel que cela est spécifié : « *fos tengut tenir en la dita casa* [de la prison] *botxí per fer les justícies*[16] ». Sa tâche consiste à « *ffer les*

12 ACA MR 1500, f°72 r°.

13 ADPO 1B-210, f°38 r°.

14 M. Camps, *El turment a Lleida (segles XIV-XVII)*, Lérida, 1998, p. 45.

15 À Gérone on explique, dans une narration littéraire qu'*un saig lo pres de continent / e va-li lligar / les mans, e fortment estacar / alt al costell* (F. de la Via, « Llibre de Fra Bernat », *Blandín de Cornualla i altres narracions en vers dels segles XIV i XV*, éd. A. Pacheco, Barcelone, 1983, p 301)

16 ADPO 1B-190, f°3 v°.

justícies qui per los officials Reays seran ordenades e totes altres coses que botxí sia tengut de fer[17] ». Parmi celles-ci l'application de la torture n'est pas comprise. Cette tâche à Perpignan donne lieu à un officier spécifique, le *tortor*[18], tandis que dans d'autres endroits elle demeure entre les mains des *saigs*. De toute façon, le tourment était rarement appliqué dans l'exercice judiciaire ordinaire[19], respectant les constitutions du Parlement ou *Corts* de 1228, soulignées en 1333[20], qui imposent une *conexença de jutge o manament de príncep*[21] préalable, au moyen d'une sentence interlocutoire – *interloquotoriam tormentorum*[22], et respectant les exemptions en raison de privilèges locaux – comme à Reus[23] ou à Gérone[24] – ou d'états, sur des nobles et des barons[25], et discutant encore les réticences des municipalités avec accès à l'exercice judiciaire qui affichent un plus grand recours au tourment[26], par *costuma antiga*[27].

Le bourreau, par conséquent, centre son activité sur l'exécution publique des sentences dans les rues et sur les places urbaines. Dans cette tâche, il n'a pas de salaire fixe et ses émoluments sont calculés en fonction des actions effectuées. Ces revenus sont alléchants, et dans la seconde moitié du XIVe siècle le roi désigne des titulaires de charge dans les grandes villes, comme Barcelone. De toute façon les paiements continuent à dépendre du nombre d'exécutions : dans la capitale catalane à la fin du XIVe siècle le paiement est fixé à 22 sous pour chaque exécution et à 11 sous pour chaque déplacement de cadavre, chiffres qui admettent des nuancements[28]. Onze sous, c'est aussi ce que payent d'ordinaire à la même époque des cours juridictionnelles comme celles de Puigcerdà pour des actions plus petites comme battre l'inculpé tandis qu'il court à travers la ville[29].

---

17 ADPO 1B-186, f°45 v°.

18 ADPO 1B-186, f°45 v°.

19 F. Sabaté, *El veguer a Catalunya. Anàlisi del funcionament de la jurisdicció reial al segle XIV* (thèse de doctorat), Barcelone, 1993, vol. I, p. 973-978.

20 *Cortes de Catalunya*, Madrid, 1896, vol. I, p. 309.

21 *Constitucions y altres drets de Catalunya*, Barcelona, 1995, lib. I, tit. XL VIII, cap. VI, p. 117.

22 AVV Processos criminals, liasse 2, pli 1372, non numéroté, parmi d'autres.

23 ACBC Pergamins, carpeta diplomes, 16, 21.

24 C. Guilleré, ed. *Llibre Verd de la ciutat de Girona (1144-1533)*, Barcelone, 2000, p. 48.

25 AHCG I.1.2.1, liasse 1, livre 2, f°99 r° ; *Cortes de Catalunya*, Madrid, 1901, vol. IV, p. 213.

26 AML Llibres de crims, reg. 764, f°14 r°.

27 ACS Fons municipal de Cervera, llibre del consell 1332-1333, f°98 r°-99 v°.

28 ACA MR 1549, f°60 r°.

29 ACA MR 1500, f°71 v°.

Étant donné que le condamné à mort perd la condition de sujet *sui iuris* et que, par conséquent, il ne peut pas faire de testament ni même disposer de ses biens[30], tout ce qu'il a sur lui (en général on envisage qu'une personne porte usuellement des vêtements, des chaussures, une ceinture et un couteau) est d'ordinaire offert à celui qui a appliqué l'exécution. Ainsi l'indique-t-on à Tortosa en faveur des sergents (*saigs*) :

> *Nul hom no pert ne deu perdre vestedures ne altres coses per nul crim de què sia acusat ne condempnat, si doncs no és condempnat a mort e que muira. Car ladoncs, con és condempnat a mort e mor penjan o tiragassan, o en altra manera, les vestedures totes e el coltell, e lla corrégia e les çapates e tot so que porta, ecceptat diners, són e deven ésser dels saygs*[31]

La consolidation du métier de bourreau lui garantit ces biens, comme cela arrive, par exemple en France[32]. Dans les comtés de Roussillon et de Cerdagne, on peut considérer que ces biens sont déjà confisqués avant l'exécution : seulement 4,5 % des suppliciés sont arrivés à l'échafaud avec leur propre vêtement, le reste arrive vêtu d'une chemise et de braies confectionnées exprès et payées par la cour juridictionnelle[33].

La condition sociale du bourreau demeure dans des strates inférieures : il fréquente des affranchis et des gens sans trop d'égards, parfois dans des endroits conflictuels comme les bordels et les tripots. Certains ont des noms qui semblent dénoter des origines dans cette même ligne, comme Miquel Turc, bourreau de Barcelone à la fin du siècle XIVe[34].

Dans la plupart des villes, le bourreau reçoit un logement, qui dans sa réitération séculaire peut finir par singulariser la rue, comme cela se produira à Lérida, où au XVIIe siècle se stabilisera le dénommé *carrer del botxí*[35]. D'une façon plus généralisée, le domicile offert au bourreau

30 L. De Carbonnieres, « La peine de mort devant la chambre criminelle du Parlement de Paris sous Charles VI », *La peine. Discours, pratiques, représentations*, J. Hoareau-Dodinau, P. Texier, éds., Limoges, 2005, p. 72.

31 « Nul homme ne peut et ne doit perdre ses vêtements ni aucune autre chose pour aucun crime dont il est accusé ou condamné, sauf s'il est condamné à mort et qu'il meurt. Ainsi celui qui est condamné à mort et soit par pendaison soit jeté dans le vide, ou d'une autre manière, tous les vêtements et le couteau, la ceinture et les chaussures et tut ce que le condamné porte sur lui, sauf l'argent, reviennent et doivent revenir aux sergents (exécuteurs) » ; J. Massip, ed. *Costums de Tortosa*, Barcelone, 1996, lib. IX, rub. II, cap IX, p. 416.

32 N. Gonthier, *Le châtiment du crime au Moyen Âge*, Rennes, 1990, p. 132.

33 F. Sabaté, « *La pena de muerte* », *op. cit.*, p. 211-212.

34 ACA MR 1549, f°59 r°-61 r°.

35 J. Lladonosa, *Els carrers i places de Lleida a través de la història*, Lérida, 2007, p. 417.

était situé dans une dépendance d'une tour de la muraille, en général proche d'endroits d'exposition de cadavres, comme à Cardona[36], comme cela était aussi courant dans d'autres villes de la Couronne d'Aragon, comme Segorbe[37]. À Barcelone, le bourreau était logé dans la tour de la porte de la Boqueria. Tout au long du XVe siècle ce même endroit fut célèbre parce que le bourreau compensait son salaire avec la licence pour installer un tripo – un *taulell de joch en la Rambla*[38] –, jusqu'à ce qu'il ait été supprimé par arrêté municipal, en apportant une compensation économique correspondante : *a 30 de abril de 1467, deliberan dar al botxí per son sustento 15 lliuras cascun any ab que no puga tenir taulell de joch, ni tafureria*[39]. Dans ce contexte il s'agit de fixer *una tatxació de* XXIIII *lliures les quals foren tatxades als dits botxins per sostentació de llur vida*[40].

L'EXERCICE DU MÉTIER

La littérature du procès proche du Moyen Âge situe le bourreau dans la chambre de torture. L'inquisiteur Francisco Peña, au XVIe siècle fait l'éloge de la torture – « je loue l'habitude de torturer les accusés » – mais ne souhaite pas se prononcer sur les nombreux types de torture, car élucubrer sur ces précisions appartiendrait aux bourreaux et non aux intellectuels parmi lesquels il se situe : « ce type d'érudition me semble relever davantage du bourreau que de celui des juristes et des théologiens que nous sommes[41] ». De toute façon, dans les cours catalanes, le bourreau professionnel cède l'espace de torture aux *saigs*, au geôlier ou au tortionnaire officiel là où il est bien défini[42].

36 A. Galera, *Cardona Medieval. Itinerari per la vila i la seva història*, Cardona, 2008, p. 62.

37 < http://www.arteguias.com/castellon/segorbe-castellon.htm>.

38 F. Carreras y Candi, *Geografia General de Catalunya. La ciutat de Barcelona*, Barcelone, sans date, p. 381.

39 G. Bruniquer, *Ceremonial dels Magnífichs Consellers y Regiment de la Ciutat de Barcelona (Rúbriques de Bruniquer)*, éds. F. Carreras Candi, B. Gunyalons Bou, Barcelone, 1913, vol. II, p. 336.

40 F. Schwartz, F. Carreras, eds. *Manual de novells ardits vulgarment apellat dietari del antich consell de Barcelona*, Barcelone, 1893, vol. II, p. 479-480.

41 N. Eymerich, F. Peña, *Le manuel des inquisiteurs*, éd. L. Sala-Molins, Paris, 2001, p. 263.

42 ACA MR 1527, f°281 v°, 285 v°.

Le boureau se charge d'appliquer les peines judiciaires physiques dans la rue, dans des endroits centraux devant la population, avec laquelle il interagit quand il rend propice sa participation au moyen des cris. Quand il s'agit de « córrer la villa » le bourreau peut recevoir l'inculpé du geôlier, avec les mains déjà liées[43], bien qu'en général il supervise ce premier moment ou le réalise lui-même, en appliquant la *corda fina* qui dans ce but lui fournit la cour juridictionnelle[44]. Ainsi le recueille parfois l'écriture comptable : « *dona lo dit vaguer a mestre Ffrancesch morro de vacha per cordes ab què fo liguat Ramon Martí de Limós layronat qui correch la vila de Perpenyà e fo batut,* indique-t-on à Perpignan en 1375[45] ». Par la suite, le bourreau, seul et parfois avec l'aide de *saigs*, doit l'attiser tandis qu'il parcourt la rue, c'est-à-dire qu'il doit *fustigar*[46], *stobar*[47] o *batre*[48] l'inculpé, qui traverse, avec les mains liées, la voie publique[49], *batut*[50] ou soumis à *rodar*[51].

Si l'inculpé doit être exposé au pilori (*posats au costell*), le bourreau se charge aussi de l'attacher convenablement sur ce point d'exhibition, situé dans un endroit central de la ville ou bourg[52]. Très souvent, le bourreau appliquera aussi un fouettement, comme on l'indique dans l'écriture comptable de la corde acquise pour amarrer, à Perpignan en 1357, le Gascon qui doit être fouetté pour blasphème : « *Item paga lo dit veguer an Bernat morredevaques per cordes ab què fo ligat Domingo Vascó del Matarra, gascó, qui fo assotat en torn lo pou per so com avia dit mal de Nostra Dona,* VI *diners*[53] ». Certaines ordonnances municipales, comme celles de Barcelone, ordonnent de marquer au fer rouge des récidivistes spécifiques, comme les proxénètes, tâche qui échoit aussi aux compétences du bourreau dans un cadre similaire[54].

L'outrage public, parcourant la voie publique, précède aussi l'application d'amputations et de peines capitales. Dans tous les cas le bourreau attache

43 ACA MR 1527, f°255 v°.
44 ACA MR 1528, f°273 r°, 276 v°-r°.
45 ACA MR 1524, f°339 r°.
46 ACA MR 1528, f°273 r° ; 1549, f°61 v°.
47 ACA MR 1549, f°59 r°.
48 ACA MR 1500, f°71 v° ; 1523, f°81 r°.
49 ACA MR 1549, f°60 r°, 61 v°.
50 ACA MR 1524, f°339 r°.
51 ACA MR 1547, non numéroté ; 1548, non numéroté.
52 ACA MR 1548, non numéroté.
53 ACA MR 1522, f°321 r°.
54 F-L. Cardona, « *La ciudad de Barcelona en el siglo XIV a través de sus ordenanzass municipales* », *Cuadernos de Hsitoria Económica de Cataluña*, XVII (septembre 1977), p. 73.

l'inculpé et ensuite lui-même participe à sa circulation au milieu des cris de la foule jusqu'à l'endroit de l'exécution[55]. Les amputations s'effectuent après avoir fustigé l'inculpé (*al botxí, per tolre les orelles e batre 1 hom*[56]). Le bourreau doit faire preuve d'un bon maniement des instruments d'amputation. L'une des amputations les plus courantes, la perte d'un poing, s'effectue avec la hache, qu'il doit manier le plus adroitement possible. C'est pour cela que son état doit toujours être préalablement examiné et dans la plupart des cas elle doit être affûtée, le coût de cette opération est à la charge de la cour judiciaire : « *fer esmolar la destral de la cort*[57] ».

Ce qui est encore plus habituel, c'est l'amputation des oreilles – *tolre les orelles*[58] –, spécialement appliquée aux voleurs : « *En Miquel Turch morro de vaques de la ciudad de Barcelona per fustigar e tolre les orelles en Johan Fuster delat de furts*[59] ». Dans la seconde moitié du XIVe siècle les amputations de langue pour blasphème augmentent. Dans ces cas il faut un couperet aiguisé (*raor*). Il n'est pas inhabituel que les amputations soient combinées, comme cela arrive à Barcelone en 1471, en appliquant, dans un endroit central, la condamnation de couper plus d'un membre : « *Levat lo puny e la lengua a la rambla al portal de la Bocaria*[60] ». En 1369 la cour du viguier de Barcelone doit louer un couperet afin d'amputer adéquatement une langue[61], dénotant la faible fréquence de la pratique. De toute façon, on préfère chaque fois que cela est possible utiliser de nouveaux instruments, comme cela est expliqué à Perpignan en 1399 pour une amputation d'oreilles (*lo coltell que fon comprat per tolre li les dues orelles*[62]) et en 1457 quand, afin d'égorger une femme accusée d'assassinat, « *comprí un coltell lo quall serví per degolar la dita dona*[63] ».

Quand la sentence combine des amputations et la peine capitale, l'inculpé doit subir les premières intercalées dans son parcours dans les rues jusqu'à l'endroit du dernier supplice. C'est ce qui arrive avec des accusés qui perdent des oreilles[64] ou, surtout, des poings[65] ou, plus

55 ACA MR 1548, non numéroté.
56 ACA MR 1528, f°235 v°.
57 ACA MR 1547, f°98 r°.
58 ACA MR 1549, f°60 r°.
59 ACA MR 1549, f°61 r°.
60 Schwarts, Carreras Candi, *Manual de novells ardits*, vol. II, p. 561.
61 ACA MR 1547, f°100 r°.
62 ACA MR 1528, f°235 r°.
63 ACA MR 1569 A-2, non numéroté.
64 ACA MR 1547, f°99 v°; 1549, f°61 r°.
65 ACA MR 1523, f°78 v°, 80 v°.

singulièrement, avec le pédéraste qui à Lérida en 1380 perd le membre avec lequel il avait commis le viol[66]. La même mise en scène d'une application dans la rue ambulante au milieu du parcours doit être appliquée par le bourreau quand, avec l'aide des sergents, il doit perforer la langue du condamné pour blasphème avec un fer – « *I fust de fferra en la lengua* » –, tandis qu'il a les mains attachées dans le dos[67], étant de cette façon conduit à travers la ville jusqu'à l'endroit de l'exécution.

Dans l'application de la peine capitale, au moyen de l'habituelle pendaison, le bourreau se soucie de disposer le corps de l'inculpé adéquatement et de le jeter dans le vide depuis l'échelle afin qu'il s'étouffe en étant suspendu avec la corde autour du cou : « *fou pendut per son coyll*[68] ». C'est clairement *el morro de vaques qui penya* l'inculpé[69]. Le bourreau est responsable de toute l'infrastructure inhérente bien que le coût soit toujours assumé par la cour ordinaire correspondante. La cour du viguier du Roussillon offre au bourreau en 1399, par exemple, les 3 sous nécessaires pour le déplacement de l'échelle avec lequelle sera appliquée une peine capitale : « *per al botxí per portar la scala per penjar los dits* II *homens*[70] ». Il a préalablement vérifié tous les éléments, y compris l'échelle, dont la réparation, si elle est nécessaire, sera aussi assumée par la cour judiciaire[71]. Dans les comtés de Roussillon et de Cerdagne les inculpés sont exécutés avec un chaperon spécifique – *I capell*[72] –, parfois mentionné comme *coffa*[73], qui en général leur couvrait le visage, le bourreau devant aussi prendre en charge cette tâche. Un autre type d'exécutions sont aussi effectuées par le bourreau, comme cela se produit avec les morts sur le bûcher[74], comme on l'indique à Barcelone en 1396 : « *Miquel Turch, morro de vaques per cremar n'Anthoni, sclau d'en Ffrancesch Peres*[75] ».

On considère comme étant exemplaire le fait d'exécuter les inculpés sur le lieu où ils ont commis le délit, tant à l'intérieur de la ville, qu'occasionnellement à l'extérieur de celle-ci[76]. Ceci, rattaché à un

66 AML Llibres de crims, reg.788, f°105 r°.
67 ACA, MR 1547, f°110 r°.
68 ACA, MR 1524, f°305 r°.
69 ACA MR 1548, non folioté.
70 ACA MR 1528, f°232 r°.
71 ACA MR 1522, f°371 r°.
72 ACA MR 1525, f°73 v°.
73 ACA MR 1527, f°263 r°.
74 ACA MR 1528, f°233 r°.
75 ACA MR 1549, f°61 v°.
76 F. Sabaté, « *La pena de muerte* », art. cité, p. 205-206.

intérêt évident pour montrer la capitalité juridictionnelle, encourage des déplacements régionaux. À cet effet, dans les comtés de Roussillon et de Cerdagne on combine le transfert d'inculpés à la capitale et le déplacement sur le territoire. Celui-ci donne lieu à des cortèges dans lesquels le bourreau ne manque pas, comme cela se réalise en 1360 en se déplaçant à Estagel[77] ou en 1399 à Pià pour appliquer la peine capitale à deux inculpés que « *havia fets penjar al terme d'Apià en I olivar* ». Pour pouvoir effectuer cette exécution, il faut transporter toute l'infrastructure depuis Perpignan, y compris l'échelle que le bourreau utilisera pour appliquer la peine[78]. Le fait que le gouverneur des comtés de Roussillon et de Cerdagne installe son siège à Perpignan permet des déplacements à l'occasion d'appels : en 1374 un condamné à mort pour vol de bétail arrêté à Bellver, la capitale de la sous-viguerie de Baridà, à l'extrême ouest de la viguerie de Cerdagne, fait appel à la cour du gouverneur, si bien qu'il est transféré à Perpignan, où la sentence lui sera confirmée, pour être ensuite rendu à la capitale de la viguerie de Cerdagne, Puigcerdà, afin d'y être exécuté. Il effectue le trajet de retour accompagné de l'huissier, de quatre *saigs* de la cour du viguier du Roussillon et du bourreau, qui exercera ses fonctions une fois parvenus à leur destination[79].

En général, après que la peine capitale a été appliquée dans un endroit central de la ville, le corps du supplicié était transporté jusqu'à des fourches patibulaires placées hors de la ville, afin qu'il soit exposé sur des hauteurs et visibles depuis les chemins proches des changements de juridiction[80]. Ce transfert était toujours réalisé par des hommes de basse extraction : « *IIII moros que·l despenjaren e·l portaren a Muntjuhic* », comme on l'explique à Barcelone en 1357[81]. Malgré cette extraction sociale, et essayant de compléter leur salaire, les bourreaux, dans la seconde moitié du XIVe siècle, notamment dans les endroits avec un plus grand nombre d'exécutions, réclament que toute la manipulation du corps de l'inculpé condamné lui appartient en droit. Cela est ainsi établi à Barcelone au début de l'antépénultième décennie du XIVe siècle,

77 ACA MR 1522, f°368 v°.

78 ACA MR 1528, f°233 r°.

79 ACA MR 1512, f°68 r°-v°.

80 F. Sabaté, « Les fourches patibulaires en Catalogne au bas Moyen Âge », *Criminocorpus. Revue Hypermédia. Histoire de la Justice, des crimes et des peines*, 8 (2015), <http://criminocorpus.revues.org/306>.

81 ACA MR 1475-1, f°79 v°.

de telle sorte que seul le bourreau peut transférer le corps d'un supplicié depuis les fourches patibulaires de l'intérieur de la ville jusqu'à celles *de ffora*[82] pour qu'il y soit exposé de façon permanente[83], avec la seule exception d'être indiposé de façon manifeste. En 1394 il est indiqué explicitement que la maladie du bourreau titulaire de Barcelone, Miquel Turc, oblige à ce que cette tâche soit effectuée par une autre personne, qui est engagée parmi des individus de faible reconnaissance, comme un simple affranchi, d'origine tartare comme beaucoup d'autres esclaves dans la Catalogne de cette époque-là[84] : « *Boy Johan de linatge de tartres franch, per ço com muda en Ramon Ricart qui fo penjat al carrer dels Vigatans a les forques deffora e fo per ço lo morro de vaques era malalt*[85]. » Bien qu'il soit souvent aidé par des sergents, à l'occasion, le bourreau ne prend pas en charge le coût de *loguer d'omens* qui l'aident dans le transport du corps du supplicié qui est donc assumé par la cour juridictionnelle[86] .

La détérioration progressive des corps exposés facilite leur vulnérabilité face aux intempéries ou face aux bêtes nuisibles et à la vermine. Il peut aussi faire l'objet de manipulations indues, en lien avec le vol ou, plus habituellement, avec les conflits de bandes. Ceux qui dépendirent un cadavre dans les environs de Barcelone en 1376 sont qualifiées de *males persones.* Dans ces cas, on ordonne de pendre de nouveau le cadavre, en essayant de le ligoter aussi solidement que possible au moyen d'un *dogal e una corda per collar*, tâche également assumée par le bourreau dans les villes où cette charge existe[87].

Le bourreau doit aussi agir avec pleine compétence dans les cas d'exceptionnelle gravité où a été prononcé la sentence de l'écartèlement de l'inculpé et l'exposition de ses fragments. L'exposition exemplaire des fragments qui d'habitude suit l'exécution est effectuée par des sergents qui transportent les fragments de l'inculpé dans des récipients en sparterie, comme les trois simples sergents aidés par une bête de somme louée qui attachent les fragments tel qu'on le décrit à Perpignan en 1399[88]. De toute façon, dans les cas d'extrême gravité et de grande

82 ACA MR 1549, f°59 v°.

83 ACA MR 1548, non numéroté.

84 F. Sabate, « Gli schiavi davanti alla giustizia nella Catalogna bassomedievale », *Schiavitú e servaggio nell'economia europea secc. SI-XVIII*, S. Cavaciocchi, éd. Florence, 2014, p. 389-406.

85 ACA MR 1549-1, f°60 v°.

86 ACA MR 1547, f°98 v°.

87 ACA MR 1548, non numéroté.

88 ACA MR 1528, f°246 r°.

dispersion, on y mêle d'ordinaire le bourreau. Ainsi le constate-t-on en 1426, quand le gouverneur des comtés de Roussillon et de Cerdagne ordonne que le corps d'une femme accusée d'empoisonner son mari soit exposé de façon fragmentaire là où elle a commis le délit et dans trois points de grande visibilité dans la région où elle habite, la sous-viguerie du Vallespir : dans la capitale de la démarcation, Amélie-les-Bains (« los Banys » à cette époque-là), dans un point très fréquenté sur le chemin entre Codalet et Arles, et au Boulou, à côté du chemin public très fréquenté entre Barcelone et le Roussillon. Pourvu des clous, des crochets et des rondelles correspondants, et aidé par deux sergents et deux serviteurs, le bourreau se déplace depuis Perpignan pour exécuter la sentence, accompagné par l'officier juridictionnel, le sous-viguier du Vallespir, comme le raconte ce dernier :

> *Ané al loch del Voló ab lo dit botxí portar un corter de la dita dona, com axí fos ordenat per mossèn lo governador que los IIII corters de la dita fembra fosen divisits e posats quatre lochs e fo posat e penyat un corter al terme de l dit loch del Voló al camí Reall qui va a Barchinona, alà hon havia ffet lo mall e les altres II corters ffosen posats lo un dins en lo terme dels Banys e altre el terme de Codalet pres la vila d'Arles*[89]

Toutes ces actions impliquent un contact personnel entre le bourreau et les suppliciés, ce qui ouvre des considérations immédiates relatives à l'hygiène morale.

L'HYGIÈNE MORALE

Malgré la pleine normalité avec laquelle les peines physiques sont insérées tant dans la législation que dans l'expérience civique urbaine[90], le corps du bourreau est considéré comme porteur de l'impureté. C'est

89 « Je suis allé au lieu du Volo avec ledit bourreau porter un morceau de la dite femme, comme il fut ordonné par le gouverneur que les 4 morceaux de ladite femme fussent répartis et posés en quatre lieux et fut posé et mis un fragment à Voloo, sur le chemin royal qui va à Barcelone, là où fut commis le crime, et les deux autres fragments furent placés l'un à Banys et l'autre à Codalet, près de la ville d'Arles » ; ACA MR 1569 C-2, non numéroté.

90 A. Zorzi, « La pena di norte in Italia nel Tardo Medioevo », *Clio&Crimen*, IV, (2007), p. 56-62.

pour cette raison que diverses ordonnances municipales, comme celles de Valence, le comparent aux deux autres collectifs impurs par excellence : les prostituées et les juifs[91]. À ceux-ci, pour des raisons d'hygiène morale, certaines ordonnances municipales de la Catalogne et du sud de la France[92] leur imposent de ne pas toucher les aliments sur les marchés s'ils ne les achètent pas[93], ou de devoir les montrer avec une baguette[94], ainsi que de leur imposer le port des gants pour éviter leur contamination[95]. Ce que les trois collectifs ont en commun ce n'est pas la saleté ni non plus le péché : c'est l'impureté[96]. En entrant en contact avec le condamné à mort, le bourreau est contaminé par l'impureté[97].

En ce sens, à Perpignan on prétend protéger l'hygiène morale du bourreau au moyen de gants qui empêchent de toucher le corps du supplicié[98]. Les gants sont toujours dans la liste d'éléments dont doit se munir la cour judiciaire respective pour appliquer une exécution[99]. Les bourreaux les utilisent en appliquant toutes les peines physiques,

---

91 F. Sevillano Colom, *València urbana amedieval a través del oficio de Mustaçaf*, Valence, 1957, p. 50.

92 M. Kriegel « Un trait de psychologie sociale dans les pays méditerranéens du bas Moyen Âge : le juif comme intouchable », *Annales. Économies, Sociétés, Civilisations*, 31/2 (1976), p. 326-329.

93 F. Carreras y Candi, *L'aljama de juhéus de Tortosa*, Barcelone, 1928, p. 35-36.

94 AML, Llibres d'actes del Consell General 399, f°24 r°-v°.

95 J. Riera, « *La conflictivitat de l'alimentació dels jueus medieval (segles XII-XV)* », *Alimentació i societat a la Catalunya Medieval*, Barcelone, 1988, p. 301.

96 Santiago Riera en 1983 interprétait, à partir de ces mesures, que la population rattachait le bourreau à la saleté : « *Són curioses les disposicions sobre el botxí de la ciutat. Considerat un individu brut i repugnant, havia d'anar al mercat amb guants i una vareta amb la qual assenyalava les viandes que volia comprar* » (S. Riera, « *El mostassaf i el control del consum (s. XIII-XVIII)* », *L'Avenç* 60 [mai 1983], p. 391). En revanche, Jaume Riera soulignait déjà, en 1988, que la clé se situe dans l'hygiène morale et sociale, qu'il interprétait en fonction de ce que les trois collectifs partageaient la condition des pécheurs : « *Jueus, prostitutes i botxins no tenien en comú la brutícia, naturalment, ni la infecció morbosa, com algún historiador materialista ha afirmat, sinó que configuraven tres categories de persones que notòriament vivien en pecat* » (Riera, « *La conflictivitat de l'alimentació dels jueus* », p. 301). De toute façon, on considérait à proprement parler que le juif vivait dans l'erreur, et le bourreau ne tombait pas dans le péché par l'exercice de son métier. En ce sens, déjà Maurice Kriegel, en 1976, parla d'impureté : « Le pain touché par les juifs est impur » (M. Kriegel « Un trait de psychologie sociale dans les pays méditerranéens », p. 328).

97 Quelques réflexions utiles sur le concept d'impureté : N. Jaspert, « *An Introduction to Discourses of Purity in Transcultural Perspective* », M. Bley, N. Jaspert and S. Köck (ed.), *Discourses of Purity in Transcultural Perspective (300–1600)*, Leyden, 2015, p. 1-20.

98 ACA MR1569 A-2, non numéroté.

99 ACA MR 1527, f°263 r°.

soit la fustigation d'un inculpé[100], des amputations comme les essorillements répétées[101], ou les peines capitales, soit l'habituelle pendaison ou des formules plus inhabituelles, comme le bûcher. Il s'agit toujours de gants neufs[102], qui coûtent d'ordinaire entre 10 et 12 deniers[103] au XIVe siècle, somme élevée jusqu'à 18 deniers au XVe siècle[104], et qui sont détruits après usage. Ce sont « *los guants a ops del morro de vaques*[105] » ou « *a opts del botxí*[106] », bien que cela puisse être bien explicite : « *uns gants al botxí per fer la justícia*[107] » acquis par la cour juridictionnelle correspondante à un gantier juste quand on doit appliquer la condamnation, comme on l'indique en 1389 : « *A la dona na Fornosa per I parell de gans al morre de vaques*[108] » ; ou en 1399 : « *An Arnau Gris, ganter per uns gants qui serviren al botxí per fer la justicia*[109] ». S'il faut effectuer deux exécutions consécutives, le bourreau reçoit deux paires de gants : « *II parels de gans*[110] », bien que, quand il s'agit d'exécutions simultanées et souvent sur la même fourche patibulaire, une seule paire de gants soit suffisante, parce que ceux-ci seront immédiatement jetés sans toucher aucune autre chose[111].

Le bourreau perpignanais recevra aussi les gants correspondants dans n'importe quelle situation qui implique toucher le corps du suplicié, comme la distribution de fragments de corps pour leur exposition ou pendre de nouveau un corps tombé inconvenablement des fourches d'exhibition. Ainsi le raconte-t-on à Perpignan en 1375 en consignant l'écriture comptable :

> *Dóna lo dit veguer al morro de vaques per I hom apellat Thomeu Mir, que havien de nits despenyat de les forques de Vernet e aquell havien despuyllat, lo qual era stat penyat per la dota cort, ne après fou tornat en les forques per lo dit morro de vaques, per les cordes que·l dit morro de vaques havia comprades ab què l'a tornat*

100 ACA MR 1528, f°273, 276 v°.
101 ACA MR 1527, f°267 r°; MR 1528, f°235 v°.
102 ACA MR 1522, f°371 r°; MR 1523, 78 r°, parmi de nombreux autres exemples.
103 ACA, MR1528, f°236 r°; MR 1524, f°373 r°; MR 1527, f°281 v°.
104 ACA MR 1169 A-2, non numéroté.
105 ACA MR 1524, f°297 v°.
106 ACA MR 1527, f°307 v°.
107 ACA MR 1528, f°236 r°.
108 ACA MR 1523, f°81 r°.
109 ACA MR 1528, f°232 r°.
110 ACA MR 1522, f°367 r°.
111 ACA MR 1528, f°263 r°.

> *penyar en les dites forques de Vernet, costa entre guans, de dogals per montar alt a la forqua,* VI *sous*[112]

La prudence consistant à détruire immédiatement les gants, avant de toucher n'importe quelle autre chose, révèle que la source de contamination sont les corps des inculpés. De toute façon, le bourreau se situe, d'ordinaire, au niveau des personnes méprisables, continuatrices, d'une certaine façon, de celles qui appliquaient les tourments aux saints, toujours représentées avec des tons désagréables dans la peinture qui décore les églises[113]. L'origine sociale des bourreaux, en général parmi les strates inférieures, certifie une position qu'ils alimentent d'habitude eux-mêmes avec un comportement fréquemment situé à la limite de la moralité, comme le certifie parfaitement le mentionné *taulell dels botxins* de Barcelone en guise de célèbre maison de jeu, une activité facilement rattachée au blasphème et aux bagarres. Précisément, quand en 1467, comme nous l'avons indiqué, ce tripot tenu par le bourreau est supprimé, il rentre dans « *certes ordinacions del jugar e jurar de Déu*[114] ». Au cours des siècles suivants, on continuera à rencontrer des bourreaux liés à tout type de désordres moraux, comme la sorcellerie[115]

Dans ce cadre, si toutes les exécutions publiques exercercent une attraction et favorisent la participation de la population[116], le cas singulier que le supplicié soit le bourreau exercera un intérêt beaucoup plus grand. C'est ce qui arriva à Barcelone en 1418. Son corps fut exposé dans le palais épiscopal, profitant du fait qu'il avait été inculpé d'hérésie et de blasphème, ce qui généra tellement de curiosité que des

112 « Ledit viguier a donné au bourreau pour un homme appelé Thomeu Mir, qu'on avait de nuit dépendu des fourches de Vernet et qu'on avait dépouillé, lequel avait été pendu par la dite cour, et fut remis aux fourches par ledit bourreau, pour les cordes que le dit bourreau avait acheté et avec lesquelles il l'a remis à pendre aux fourche de Vernet, coûte avec les gants, les cordes pour hisser haut au gibet, 6 sous » ; ACA MR 1524, f°299 v°.

113 Parmi d'autres représentations : F. Ruiz Quesada, *Bernat Martorell, el Mestre de Sant Jordi*, Barcelone, 2002, p. 57, 59, 64, 78 ; F-P. Verrié, « La trajectòria artística de Bernat Martorell », J. Molina (éd.), *Bernat Martorell i la tardor del gòtic català. El context artistic del retaule de Púbol*, Gérone, sans date, p. 10 ; F. Ruiz Quesada, « *Bernat Martorell. Retaule de Santa Llúcia* », *Bernat Martorell*, p. 28 ; J. Molina, « *Bernat Martorell. Retaule de Sant Pere de Púbol* », *Bernat Martorell*, p. 110 ; J. Molina, « '*...e de fin atzur e fines colors així com se pertany de bon retaule'. L'apoteosi de sant Pere en el retaule de Púbol* », *Bernat Martorell*, p. 135.

114 Schwarts, Carreras Candi, *Manual de novells ardits*, vol. II, p. 479-480.

115 M. Camps, *Torrefarrera i el seu entorn historic*, Lérida, 1996, p. 248.

116 J. D. Domènech, *L'espectacle de la pena de mort*, Barcelone, 2007, p. 9-11.

écrasements se produisirent parmi la population amassée, entraînant une grave confusion – beaucoup de femmes perdirent leurs chaussures et leur coiffe – et provoquant une victime mortelle :

> *Dichmenge a* XXVII *de ffabrer del any* MCCCCXVIII, *fonch posat en la scala devant la porta del palau del reverend bisbe de Barchinona en Jacme Prima, moro de vaques de Barchinona, per heretge e blasfemador de Déu. E ajustà-s·i tanta de gent per veure'l, que un hom veyll hi mataren, e sclafaren-hi molts hòmens e dones, entre los quals fonch lo fill d'en Jacme Isern, notari e moltes dones qui·y perderen los mantells e los tapins*[117].

L'OBJET DE TRAVAIL
Le corps du condamné

La raison d'être du bourreau est d'avoir une incidence sur le corps d'un autre, conformément à la législation et après son expression d'interprétation juridique maximale, une sentence judiciaire. Au moyen de son action, le bourreau fera justice sur une personne concrète à travers son corps, comme le décrit le sous-viguier du Vallespir quand en 1426 il réclame les services du bourreau de Perpignan pour procéder sur une femme condamnée pour avoir empoisonné son mari : « *Ané a* VI *de ffebrer altra vegada a Perpenyà per menar lo botxí e açò per fer justícia de la persona de la dita na Ffranceschα*[118] ». Le corps demeure ainsi soumis à des interprétations et à des actions étrangères à la volonté de sa personne[119].

D'abord, la diffusion du droit romain à partir du XIIe siècle permet d'articuler la société sous des critères de double domaine, soit la propriété,

117 « Dimanche 17 février de l'année 1418, fut mis à l'échelle devant la porte du palais du révérend évêque de Barcelone, Jacme Prima, bourreau de Barcelone, pour hérésie et blasphème divin. S'assemblèrent tant de gens pour le voir qu'un vieil homme en est mort, se piétinèrent nombre d'hommes et de femmes, parmi lesquels était le fils de Jacme Isern, notaire, et nombre de femmes y perdirent les mantels et les coiffes. » ; J. Safont, *Dietari o Libre de jornades (1411-1484)*, éd. J. M. Sans, Barcelone, 1992, p. 9.

118 ACA MR 1469 C-2, non numéroté.

119 Suivant Jacques Le Goff et Nicolas Truonc, qui précisent le corps comme un chemin de la vie et de la mort, le corps civilisé et le corps comme métaphore (J. Le Goff, N. Truong, *Une histoire du corps au Moyen Âge*, Paris, 2003), il faudrait ajouter « le corps cédé » pour pouvoir expliquer adéquatement le corps des condamnés.

avec l'emphytéose, soit la juridiction, moyennant le *merum et mixtum imperium*. Quiconque possédait le *merum imperium* jouissait de la juridiction supérieure, laquelle, précisément se définissait par la capacité d'avoir une incidence sur les corps. Assurément, quiconque jouit de la pleine juridiction sur un endroit précis est celui qui peut traiter un « *crim on pertangés de mort o de mutilació*[120] », c'est-à-dire qui jouit du pouvoir suprême d'appliquer sur les corps des habitants, si leur culpabilité est judiciairement prouvée, la « *motilació de membres ne mort corporal*[121] », à savoir la « *pena corporal o mutilació de membra o mort*[122] », conformément à l'expression réitérée utilisée par n'importe quel seigneur qui possède la pleine juridiction, qu'il soit noble, ecclésiastique ou roi. Le titulaire de cette capacité est le seul d'où peut émaner l'autorité exercée par l'officier ordinaire ou pour un délégué spécial. C'est ainsi qu'agit le roi Martin en 1410 en désignant des délégués spécifiques capables de poursuivre des malfaiteurs et, s'il le faut :

> *in facinorosos culpables seu delinquentes delatos se inculpatos animadversione condigna insurgere et ipsos ultimo suplicio condempnare et iuxta delictorum et excessum predictorum speciem et qualitatem corrigere, punire et castigare ad membrorum mutilacionem vel aliam penam quantumcumque crudelem tam corporalem quam pecuniariam facinorosus predictis infligendam et excecucioni debite deducere possitis*[123].

Conséquemment, les « *signa denotantia merum et mixtum imperium et omnimodam aliam iurisditionem*[124] » sont des « *patibula, furchas, medias furchas, costellos et pexias*[125] ». Les fourches patibulaires, l'instrument le plus réitéré dans l'application de la peine capitale, devient, ainsi, un référent qui s'empare complètement du paysage, afin de symboliser les changements de juridiction, justement dans un pays érigé en une mosaïque juridictionnelle comme l'est la Catalogne[126].

---

120 AMSJA, Documents sobre la jurisdicció de l'abat en la veguería de La Ral, f°2 r°.

121 ACBC, Privilegis, liasse 1, n° 12, f°2 r°.

122 Josep Maria Pons Guri, éd. *Llibre de la Universitat de Blanes*, Blanes, 1969, p. 171.

123 « Et aux criminels coupables ou aux délinquants dénoncés et inculpés infliger le châtiment convenable et les condamner au dernier supplice et les punir en vertu des délits et le caractère et la qualité desdits excès, punir et hâtier par la mutilation des membres ou autre peine la plus cruelle qu'il soit tant corporelle que pécunière et amener le criminel dûment à l'exécution des peines qui doivent lui être infligées » ; ACA, Cancelleria, reg. 2221, f°98 r°.

124 ACA, Cancelleria, reg. 1702, f°100 r°.

125 ADPO 1B-207, f°60 r°.

126 F. Sabaté, « Limites et villes dans la Catalogne médiévale », N. Baron, S. Boisellier, F. Clement, F. Sabaté (éd.), *Reconnaître et delimiter l'espace localement au Moyen Âge*, Lille, 2016, p. 174-177.

La capacité juridictionnelle suprême est régulée par le droit. Le format du procès romaniste s'étend au XIIIe siècle, déléguant les procédures aux juges et aux conseillers juridiques formés en droit et avec les codes détaillant les peines prévues pour chaque délit – « *Pro furto membrum abscindintur, vel ultimum suplicium infertur* », comme on l'indique à Lérida[127] –, laissant au cas où un éventail de possibilités que le jugement précisera selon la gravité et la condition et la catégorie du coupable et de la victime, comme le recueillent les coutumes de Miravet : « *Per furt correch hom vila o toll hom membres o a la per fi es hom jutgat a mort segons la quantitat o la qualitat del feyt, si és ladre manifest*[128] ». Ainsi, la qualité du délit se combine avec la catégorie de l'accusé et de la victime, ce qui permet de graduer les peines avec très peu d'arbitraire mais s'occupant d'un ordre social dans lequel les strates inférieures alimentent la peine capitale, dont s'échappent, en revanche, les niveaux supérieurs, même dans des cas considérés comme graves comme l'homosexualité masculine, si on les considère comme politiquement pertinente[129].

L'inclusion des peines de mutilation et de mort dans les codes législatifs et dans les mandats royaux possède un caractère intimidatoire. Il vise à atteindre l'ordre dans la société au moyen de la peur de subir un dommage, majeur ou permanent, sur le corps. Le Moyen Âge révolu, l'inquisiteur Francisco Peña précisera « que la finalité première du procès et de la condamnation à mort n'est pas de sauver l'âme de l'accusé, mais de procurer le bien public et de terroriser le peuple. Or le bien public doit être placé bien plus haut que toute considération charitable pour le bien d'un individu[130] ». Bien que cette phrase surgisse du contexte inquisiteur du XVIe siècle, elle développe plusieurs éléments déjà présents dans la mise en œuvre de la punition au bas Moyen Âge : la subordination de l'individu aux intérêts qui sont prétendus pour le bien commun de la *res publica* et le recours au sentiment – de terreur – pour inciter le comportement social. Le point de départ est l'insertion de l'individu dans le collectif[131], la même mise en œuvre qui

127 P. Loscertales de Valdeavellano, éd. *Costumbres de Lérida*, Barcelone, 1946, p. 66 ; *Els Costums de Lleida*. Lérida, sans date, p. 109.

128 F. Valls I Taberner, éd. *Els Costums de Miravet*, Saragosse, 1992, p. 43.

129 Sabaté, « *La pena de muerte* », art. cité, p. 184-185.

130 Eymerich, Peña, *Le manuel des inquisiteurs*, *op. cit.*, p. 169.

131 F. Sabaté, « *El naixement medieval d'una identitat urbana i burgesa* », F. Sabaté (éd.), *L'Edat Mitjana. Món real i espai imaginat*, Catarroja-Barcelone, 2012, p. 117-121.

facilite des réactions conjointes de solidarité attestées juridiquement, comme les procès de *sometent* et *marca*[132], dans une société très attentive à la visualisation de l'expressivité, avec une ostentation explicite des sentiments[133]. Sur cette base, tous les agents sociaux invoquent la *terror* afin de mobiliser la société[134], et les souverains partagent les mêmes stratégies[135], toujours nuancées par l'adéquation obligée entre pouvoirs selon les circonstances de chaque Couronne[136].

Dans ce contexte, au XIVe siècle les dispositions du roi de la Couronne d'Aragon ont souvent recours à la menace de décapitation en cas de désobéissance – *sub pena amissionis capitis* –, comme on le proclame en faisant connaître les dispositions royales à la population : « *sots pena de cap a perdre*[137] ». L'expression, réitérée à la fin du siècle dans les ordres que Jean Ier donne à ses officiers, se fonde sur la capacité suprême du souverain, est liée à l'invocation de la colère royale – *sots pena de sa ira e indignació*[138] – et se situe parmi les stratégies du souverain pour montrer la capacité suprême du roi au moyen de l'intimidation – *per pena de morir*[139] – et la banalisation de l'invocation par l'usage réitéré de l'expression[140].

De toute façon, les codes et les réglementations incorporent la peine de mort pour assurer l'ordre social, en espérant que la même application de la peine dissuade le reste de la population face à la tentation de commettre un délit, comme l'expriment explicitement les autorités locales à Tortosa en 1340 : « *Sia de necessitat que sobre aytals et tants maleficis sia provehit en manera que·ls dits malfaytors sien per penes a açò bastants castigats*

132 F. Sabaté, *El sometent a la Catalunya medieval*, Barcelone, 2007, p. 9-25.

133 F. Sabaté, *Vivir y sentir en la Edad Media. El mundo visto con ojos medievales*, Madrid, 2011, p. 75-91.

134 F. Sabaté, « Por política, terror social », *Por política, terror social*, Flocel Sabaté, éd., Lérida, 2013, p. 12-14.

135 F. Foronda, *El espanto y el miedo. Golpismo, emociones políticas y constitucionalismo en la Edad Media*, Madrid, 2013, p. 9-141.

136 F. Sabaté, « L'abus du pouvoir dans la Couronne d'Aragon (XIIIe-XIVe siècles) : pathologie, corruption, stratégie ou modèle ? », P. Gilli (éd.), *La pathologie du pouvoir : vices, crimes et délits des gouvernants. Antiquité, Moyen Âge, époque moderne*, Leyden – Boston, 2016, p. 319-320.

137 Guilleré, *Llibre Verd de la ciutat de Girona*, *op. cit.*, p. 341.

138 AML Secció de consells generals, reg. 460, f°27.

139 Pere el Ceremoniós, *Crònica*, chap. IV. 40 (*Les quatre grans cròniques*, éd. Ferran Soldevila, Barcelone, 1983, p. 1020).

140 F. Sabaté, « L'abus du pouvoir dans la Couronne d'Aragón (XIIIe-XIVe siècles) », art. cité, p. 307-314.

et els altres ne prenguen eximpli[141] ». Faisant appel à ce même raisonnement, on prétend que la peine capitale limite la récidive grave, comme cela arrive quand à Barcelone, dans le contexte de la crise frumentaire de 1375[142], le gouvernement municipal ordonne l'expulsion des clochards et des vagabonds spécifiant une gradation en cas de récidive : d'abord ils seront expulsés ; si on les reprend à mendier ils seront roués de coups dans la rue et s'ils recommencent une troisième fois on leur appliquera la peine de mort par pendaison à la fourche patibulaire[143]. Les sentences peuvent être graduées dans le même sens : toujours à Barcelone, un proxénète fut condamné « *a desterro de la Ciutat y de sos termens, y que si tornava primera vegada fos escobat, com ho fou, y si segona, fos penjat* », c'est la raison pour laquelle en parvenant à ce niveau de récidive, en 1442, il fut immédiatement exécuté sans qu'un nouveau jugement soit nécessaire[144].

Des peines physiques comme la mutilation ont été souvent le point culminant des gradations établies par les ordonnances municipales[145]. Ainsi précise-t-on à Lérida en 1349 pour essayer de mettre de l'ordre sur la place du marché : « *qui contra farà la primera vegada sirà caygut en ban de* X *sous barhinonenses, e la segona en ban de* XX *sous, e la terça sirà·li tolt lo puny ho pagarà mil sous per reençò d'aquel*[146] ». L'équivalence entre l'imposition d'une somme élevée ou une mutilation est en réalité réservée pour des délinquants pauvres. D'emblée, sans devoir attendre la récidive, nombre d'ordonnances prévoient des sanctions fondées sur des peines pécuniaires élevées qui, si elles ne peuvent pas être satisfaites par l'accusé, seront immédiatement transformées en une peine de perdre le poing ou le pied comme cela est indiqué à Barcelone au début du XIVe siècle : « *e si pagar no.ls pot que perdra lo puny o el peu qual mils se vula*[147] ». C'est une sanction qui est centrée sur le fait de perdre le poing : « *e si pagar no pora los dits ban que per naffra de la cara perda lo puny*[148] ». Les sentences peuvent établir la même gradation,

141 F. Carreras i Candi, « *Ordinacions o establiments de Tortosa (anys 1340-1344)* », *Boletín de la Real Academia de Buenas Letras de Barcelona*, XI, (1923-1924), p. 406.

142 C. Carrère, *Barcelona : 1380-1462. Un centre econòmic en època de crisi*, Barcelone, 1978, vol. 2, p. 141.

143 AHCB Fons municipal, B-I, livre 24, f°133 r°.

144 Bruniquer, *Ceremonial dels Magnífichs Consellers*, 1914, vol. III, p. 41.

145 AML Llibres d'actes del Consell General, reg. 398, f°26 r°-27 r° ; 400, f°35 v°-r°.

146 AML Llibres d'actes del Consell General, reg. 398, f°39 v°-40 r°.

147 AHCB Fons municipal B-I, livre 2, f°2 v°.

148 AHCB Fons municipal B-I, livre 9, f°6 r°.

comme cela a lieu à Lérida en 1312 : « *Jutgam que·l dit Ramon de Palau pach per rahó car acordament vench contra lo dit P. d.Orcau* L *morabatins, e si.ls* L *morabatins pagar no pora, que perde lo puny, segons l'ordenament e.l establiment de la Ciutat*[149] ».

Les amputations qui ne comportent pas de peine capitale transforment le corps en haut-parleur perpétuel de la condition malhonnête et vile de la personne amputée, celle-ci faisant ainsi l'objet de l'outrage public et populaire. Cela est mis en évidence par les fréquentes amputations d'oreilles aux voleurs, transformant ces derniers en un méprisable *exorillat* permanent ou, s'il s'agit d'une femme, en une *exorellada* (« essorillée »)[150]. L'attitude de la population concorde toujours avec la sanction, tant pendant son application que postérieurement.

Le fait de se rapporter aux exécutions comme une fête populaire est devenu un lieu commun, mais, en revanche, l'historiographie n'a pas insisté sur la signification inhérente à l'application des peines dans les rues et parmi la population y prennant part activement. En réalité, au moyen de ces actions explicites, les membres de l'identité urbaine partagent la répudiation de celui qui a transgressé l'ordre social cautionné par Dieu et remarquent la récupération de la normalité, et s'il y a lieu la réconciliation avec le responsable suprême du treillis social, au moyen d'une action, qui implique l'insertion de la sanction dans le tracé urbain de la ville avec une pleine participation populair : « *Açotat per les places acostumades* ». C'est pourquoi, dans tous les cas, l'inculpé doit explicitement, « *córrer la vila* », c'est-à-dire être « *rodat* » et « *açotat per la ciutat*[151] » ou, d'une façon encore plus expressive « *açotat per les places acostumades*[152] ». Bourreau et inculpé sont insérés à l'intérieur urbain, comme cela se visualise à Perpignan en 1389 en décrivant le « *morrodevaques qui baté en Montrial Layre qui correc la vila*[153] ». Cette insertion dans le tracé urbain représentatif de la ville est maintenue quand des amputations intercalées sont appliquées tout au long du parcours, que l'inculpé doit continuer à effectuer soit avec un fer dans la langue, avec un moignon ouvert dans la main ou avec le pénis

149 AML Llibres de Crims, reg. 764, f° 6r.

150 M. Camps, *El turment a Lleida*, *op. cit.*, p. 107.

151 F. Cortiella, *Una ciutat catalana a darreries de la baixa edat mitjana : Tarragona*. Tarragone, 1984, p. 399.

152 M. Montanya, *El tribunal de coltellades. Alguns aspectes processals*, Lérida, 2007, p. 199.

153 ACA MR 1523, f°81 r°.

pendu au cou. La participation populaire joue un rôle significatif dans l'expression du refus social au mal et à la rupture sociale que l'inculpé représente. C'est pour cela que souvent l'intervention collective est stimulée par le ton festif et solennel que les musiciens apportent lors de certaines exécutions – « *los trompadors que tromparen per la vila lo dia que penjaren en Segarra* » comme on l'indique à Cervera en 1337[154] – et aussi par les sergents, qui dans les cas graves doivent montrer du doigt l'accusé et rappeler, au moyen de cris explicites dans les rues, le crime horrible de l'accusé. Ainsi prévoit-on, dans la même sentence, comment la peine doit être appliquée sur un pédophile à Tortosa en 1392 :

> *Condempnam axí que menat de la casa de la cort cavalcan per la croera e per lo carrer dels Sastres e d'allí per la plaça de les Cols e depuys tro a la lotja e d'allà en tornan per la pescateria e per lo carrer dels Cambis tro a la porta del Pont, lo saig cridant : 'aquest és aquell qui ha forçat los fadrins' ; e d'allí, ço és, de les portes del pont passan lo pont a les eres, que allí viu, en foch sia lo dit Domingo cremat per tal que la pena del dit Domingo do terror als altres semblants cases volents assajar*[155] .

Cette même sentence résume son objectif à inspirer la terreur – *do terror* – afin d'éviter que des délits comme celui qui est puni se répètent. Une terreur qui dissuade de commettre un délit mais qui à la fois unit la population pour éviter d'être l'objet de la colère de Dieu. Le réalisme avec lequel la religion est vécue dans les derniers siècles médiévaux fait craindre la colère d'un Dieu antropomorphe[156], dont la colère se manifeste dans les cataclysmes de la nature[157], justement contre des populations qui ont toléré les ennemis de Dieu, comme les blasphèmes ou, d'une manière distinguée, ceux qui attentent contre la nature par Lui créée comme les homosexuels masculins. Les prêcheurs soulignent le devoir des

---

154 ACS Fons municipal de Cervera, clavaria, 2, f°22 r°-v°.

155 « Condamné à être mené depuis tribunal ils chevauchent par la croix et par la rue des tailleurs et de là par la place des Cols et puis jusqu'à l'échafaud et là ils tournent par le quartier des poissoniers et par la rue des Cambis jusqu'à la porte du Pont, le sergent criant : 'c'est celui qui a forcé les enfants' ; et de là donc, ils passent les portes du pont et là vivant, ledit Domingo soit brûlé dans le feu, en sorte que la peine dudit Domingo fasse peur à tous ceux qui voudraient commettre les mêmes crimes » ; ACBE Paeria i Vegueria II, 61, f°152 v°-153 r°.

156 F. Sabaté, « *L'Església secular catalana al segle* XIV. *La conflictiva relació social* », *Anuario de Estudios Medievales*, XVIII, (1998), p. 776-778.

157 J. Ducos, « Le temps qu'il fait, signe de Dieu ou du mal. La météorologie du Bourgeois de Paris », N. Nabert (éd.), *Le mal et le diable. Leurs figures à la fin du Moyen Âge*, Paris, 1996, p. 101-103 ; C. Olivera, A. Riera, J. Lambert, E. Banda, *Els terratrèmols de l'any 1373 al Pirineu, efectes a Espanya i França*, Barcelone, 1994, p. 64-117.

autorités de régir selon les critères chrétiens, comme il est remarqué dans les mots de Vincent Ferrier : « *Axí com regidors de viles e açò contra sis coses o peccats que hy han a provehir e si no, vindrà la ira de Déu sobre ells e encara sobre la vila que·u sosté*[158] ». Conséquemment, le corps de l'inculpé doit souffrir jusqu'à ce qu'il dissuade celui qui a songé à commettre un délit et, à la fois, il doit attirer la colère partagée des membres de la société qui doivent manifester leur adhésion à l'ordonnance voulue par Dieu.

Le mépris ainsi projeté sur le corps de l'inculpé coïncide avec la faible reconnaissance de celui-ci. Sur le nombre total d'exécutés en Catalogne au XIVe siècle seulement 4,5 % est constitué par des esclaves, des captifs ou des serviteurs, mais le gros se situe aux niveaux les plus pauvres et avec une faible formation, et dans n'importe quel cas les délits qui engendrent un plus grand refus social mènent à la peine capitale des groupes d'abstraction inférieure évidente, c'est la raison par laquelle les exécutions pour sodomie sont notamment alimentés par des esclaves et par des « maures[159] ». La valeur de cette population est inférieure dans tous les aspects : dans un jugement sa parole est reléguée après le témoignage offert par la population qui mérite une plus grande reconnaissance[160], et face à n'importe quelle accusation, l'une des questions à résoudre est s'il s'agit de personnes ayant une bonne ou une mauvaise réputation[161], ce qui conduit à une certaine graduation dans l'estimation des personnes conformément à leur *fama pública*[162], qui laisse en mauvaise posture des personnes dont la conduite est considérée comme désordonnée comme les parjures, les blasphèmes, les adultères ou ceux qui ont été excommuniés[163]. Si ceux qui sont situés dans ces stades sont finalement condamnés à une peine physique, la réussite du mépris initial sera confirmée.

Dépourvus de respect, les corps soumis à la justice peuvent avoir une utilité comme référent pour éviter la réitération du mal. Leur exposition permanente concorde avec ce but et avec la définition juridique du condamné à mort. Celui-ci a cessé d'être un sujet *sui generis*, il manque de tout droit, comme la possession de biens et seulement le titulaire de la juridiction a le pouvoir de décision sur son destin. En cohérence avec le point de vue

158 V. Ferrer, *Sermons*, éd. G. Schib, Barcelone, 1975, p. 13.
159 F. Sabaté, « *La pena de muerte* », art. cité, p. 190-192.
160 ACBE Paeria i Vegueria I, 69, f°6 r°.
161 AVV Processos criminals, liasse 2, pli 3, non numéroté.
162 C. Gauvard, « La 'fama', une parole fondatrice », *Médiévales*, XXIV, (printemps, 1993), p. 7.
163 AVV, processos criminals, liasse 2, pli 1372, non numéroté.

social, le mépris par les fragments du corps condamné est absolu. Cela est rendu évident dans l'inattention avec laquelle, sans aucune cérémonie, le sergent enterre sans aucun soin les restes qui ne soutiennent plus en exposition permanente[164], un traitement, d'autre part, pas très différent de celui dispensé aux corps de victimes de considération sociale futile[165]. C'est le même mépris appliqué aux restes de ceux qui sont brûlés sur le bûcher, qu'on prétend initialement réduire au maximum au moyen d'une bonne combustion, comme cela est indiqué à Barcelone en 1359 en appliquant « *I somada de leya al cap vespre per tal com fos ben cremat*[166] », restant toujours des cendres qui dans certains cas sont enterrées de n'importe quelle façon, comme cela est prévu à Lérida en 1458 (« *la pòlvora, si n·i aurà, sie soterrada*[167] ») et qui de manière plus généralisée sont ramassées sans soin et jetées là où l'on jette tous les immondices urbains, soit, selon les cas, dans la mer, dans la rivière ou dans le *rec* qui, remplissant les fonctions de cloaque, parcourt les villes, comme on le raconte à Tortosa en 1390 quant à « *tres saigs que plegaren la cendra de la fembra cremada e gitaren-la al rech*[168] ».

Le mépris et la cruauté dont fait montre le bourreau sur les corps des inculpés est, en définitive, cohérent et réclamé par la catégorie inférieure qui est octroyée à l'accusé ; la colère partagée par la société contre quiconque altère l'ordre social et mette, avec son comportement, en danger la même société en exaspérant Dieu ; l'inclusion de la terreur dans le langage politique ; et la perception de l'individu inséré et soumis au collectif social. C'est un ensemble qui cautionne l'exercice et l'ostentation de la cruauté sur la personne au nom du bien commun de la société.

Flocel Sabaté
Université de Lleida

164 ACA MR 1496, f°12 r°.
165 ACA MR 1527, f°304 v°.
166 ACA MR 1475-1, f°88 r°.
167 M. Camps, *El turment a Lleida*, p. 107.
168 ACBE Fons municipal Tortosa, clavaria 27, f°131.

LE BOURREAU ET L'ACCUSÉ

Le corps à l'épreuve de l'instruction pénale (XIVe-XVIIIe siècles)

« Les executions se font diversement par le bourreau (…) : à sçavoir par le feu, l'espée, la fosse, l'escartelage, la roue, la fourche, le gibet (…) & autres manières infinies[1] ». L'exécuteur, également connu sous le nom de maître de la haute et basse justice ou de de maître des hautes et basses œuvres, est ainsi principalement connu comme l'agent chargé d'infliger l'ensemble des peines prononcées par voie de justice. Il s'avère être plus qu'un simple exécutant puisque son action en aval du procès confère une réelle sacralité à la mise en œuvre des sanctions pénales.

Toutefois, le rôle du maître de la haute justice ne se limite pas à cela car ce dernier peut également intervenir en amont de toute sentence en participant à divers procédés relevant de l'instruction. De par ses attributions découlant de compétences empiriques, cet auxiliaire de justice démontre une réelle polyvalence et contribue à la découverte d'indices de culpabilité. L'activité du bourreau dépasse alors le simple cadre de l'application pénale pour s'étendre à celui de l'enquête ; son action y est pleinement intégrée et ses gestes sont encadrés par une abondante réglementation. En concourant à la recherche de la vérité, le maître des hautes œuvres interagit directement auprès des prévenus et le rapport qu'il entretient avec leurs corps n'a plus le caractère répressif usuel de sa fonction.

Dès le XIVe siècle, l'exécuteur est amené à participer à l'instruction lors de la torture judiciaire ou question. Dans les années 1330, les comptes judiciaires de la ville de Draguignan révèlent que le bourreau fait couler de la graisse de lard bouillante sur le corps nu des accusés

1 J. De Damhoudere, *Practique judiciaire es causes criminelles tres utiles necessaire a tout baillifz, prevôts, seneschaux, escoutettes, maires, drossartz, et autres justiciers et officiers de toutes provinces*, Anvers, J. Bellere, 1564, p. 218.

afin d'obtenir leurs aveux[2]. Toutefois, à cette époque, il ne détient pas de monopole en la matière et n'importe quel agent peut remplir ce rôle : tortionnaire spécialisé, sergent, geôlier, etc.[3]. Le responsable de la géhenne varie selon les lieux et les époques ainsi que suivant les modes de torture.

À la fin de l'Ancien Régime, l'intervention du bourreau en la matière est davantage délimitée. L'*Ordonnance criminelle* de Saint-Germain-en-Laye de 1670 consacre la dichotomie jurisprudentielle entre la question préparatoire, menée dans le cadre de l'enquête afin de faire avouer le prévenu ; et la torture préalable, infligée au condamné à mort afin d'obtenir le nom de ses complices[4]. Si la question préparatoire doit être mise en œuvre par des tortionnaires spécialisés appelés « tourmenteurs jurés » ou « questionnaires[5] », la question préalable doit l'être uniquement par le maître de la haute justice. En effet, les auteurs considèrent à tort que si ce dernier touche un simple suspect lors de la torture préparatoire, il le rend infâme prématurément avant sa potentielle sentence[6]. Le postulat erroné selon lequel le bourreau est infâme serait à l'origine de cette théorie[7].

Toutefois, la frontière entre les deux métiers de tourmenteur et d'exécuteur s'avère ténue et cette répartition de compétences est une

2 C. Arnaud, « Organisation administrative & judiciaire de la ville de Draguignan jusqu'à la réunion de la Provence à la France », *Société académique du Var*, (1873), t. VI, p. 244-245. De même qu'en 1347, à Valenciennes, le bourreau inflige la « jehine », M. Bauchond, *La justice criminelle du magistrat de Valenciennes au Moyen Âge*, Paris, A. Picard et fils, 1904, p. 114-115.

3 M. Lesne-Ferret, L. Otis-Cour, « La torture dans le Midi de la France au Moyen Âge », B. Durand (dir.), *La torture judiciaire : approches historiques et juridiques*, t. I, Centre d'histoire judiciaire, Lille, 2002, p. 446 et *suiv.* ; *Registre des parlements de Beaune et de Saint-Laurent-les-Chalons*, Paris, Sirey, 1927, p. 210 ; G. Cayron, *Le parfait praticien françois*, Toulouse, A. Colomiez, 1665, p. 187, É. Bondurand, *Les coutumes de Saint-Gilles,* XIIe-XIVe *siècles*, Paris, A. Picard, 1915, p. 61-62 ; G. Charency, *Nouvelle pratique judiciaire, tant criminelle que civile, reçue et observée au Parlement de Dauphiné & autres cours inférieures de ladite province*, Grenoble, P. Charvys, 1658, p. 85.

4 « Ordonnance criminelle » Saint-Germain-en-Laye, 1670 dans N. Decrusy, F.-A. Isambert, A. Jourdan, *Recueil général des anciennes lois françaises depuis l'an 420 jusqu'à la Révolution de 1789…*, t. XVIII, Paris, Plon, 1821-1833, p. 412.

5 Archives Nationales (ci-après A. N.), Y. 10555, *Lettre de provision de Nicolas Charles Gabriel Sanson en tant que questionnaire de la vice prévôté et vicomté de Paris (1779).*

6 Par exemple : D. Diderot, J. D'Alembert, *Encyclopédie ou dictionnaire raisonné des sciences, des arts et des métiers*, t. VI, *Exécuteur de la haute justice*, Paris, Briasson, David, Le Breton, Durand, p. 230, b-p. 231, a.

7 C. Chamot, *Le bourreau, Entre symbolisme judiciaire et utilité publique (*XIIIe-XVIIIe *s.)*, Thèse, Université Panthéon-Assas (Paris II), 2017, p. 161 et *suiv.*

règle de principe difficile à respecter dans la pratique. Il est ardu pour les justices d'entretenir au sein d'une même juridiction deux spécialistes de la douleur. Par exemple, en 1677, l'avocat général de Marmande requérant l'envoi d'un bourreau aux consuls de la ville d'Agen, demande également aux consuls d'Agen que « si vous aviez un gehenneur pour donner la question, nous serions bien aises qu'il peut venir avec luy[8] ». D'autres justices emploient quant à elles le maître des hautes œuvres à la place du questionnaire et inversement, ces deux agents paraissant interchangeables. De nombreux exemples témoignent de la participation de l'exécuteur à la question préparatoire[9] et de celle du tourmenteur comme bourreau[10]. Quelques juristes entérinent cette confusion et intègrent ce dernier à la question préparatoire[11].

Du fait de cette instabilité, en 1634, maître Annibal Galien, conseiller du parlement de Grenoble, s'interroge sur la qualité de la personne compétente pour donner la question préparatoire. Cette Cour confirme le principe mentionné plus haut : « Le Bourreau ne doit bailler la question mais ou un Sergent ou un Valet du Concierge[12] ». L'interchangeabilité établie *de facto* entre exécuteur et tortionnaire est officiellement prohibée. Cependant, cette réponse n'est pas pleinement acceptée ou n'est pas toujours applicable puisque trente ans plus tard, en 1664, le parlement de Grenoble réitère sa décision[13]. La majorité de la doctrine de la fin de l'Ancien Régime consacre ce point : l'application de la torture par un

8 Archives Municipales d'Agen, AA. 37, *Courrier d'un avocat général de Marmande concernant l'emprunt du bourreau d'Agen (1677).*

9 En Dauphiné, G. Charency, *Nouvelle pratique judiciaire…*, *op. cit.*, p. 93 ; en Bretagne, V. Pinson-Ramin, « La torture judiciaire en Bretagne au XVIIe siècle », *RHD*, t. LXXII, (1994), p. 552 ; en Lorraine, Archives Départementales de Meurthe-et-Moselle, B. 9566, *Mention comptable concernant l'accord d'embauche du bourreau de Sainte-Croix (1600) ;* à Paris, M. Marais, *Journal et mémoires de Mathieu Marais, avocat au Parlement de Paris, sur la régence et le règne de Louis XV (1715-1737)*, t. III, Paris, Librairie de Firmin Didot frères, fils et Cie, 1864, p. 95.

10 En 1726, à Paris, Georges Hérisson, « questionnaire » exerce temporairement la fonction de bourreau, A. N., V[1]540, *Lettre de provision d'office de l'exécuteur de Paris (31 août 1726).*

11 P.-F. Muyart de Vouglans, *Instruction criminelle suivant les loix et ordonnances du Royaume divisée en trois parties*, Paris, L. Cellot, 1767, p. 465 ; G. Cayron, *Le parfait praticien françois…*, *op. cit.*, p. 187.

12 J.-G. Basset, *Recueil de plusieurs notables arrests de la cour de parlement, aydes et finances de Dauphiné*, Grenoble, F. Provensal, 1686, p. 88.

13 Il faut « que la question [soit] donnée par l'exécuteur (…) aux criminels condamnés à peine inflictive au corps, lesquels seront condamnés d'estre appliqués a la question avant que d'être executés. Et pour les autres, lad. question leur sera donnée par un des guichetiers

exécuteur au cours de l'enquête constitue une irrégularité de procédure et elle doit alors être infligée par un autre agent[14]. Cette controverse ne sera définitivement réglée qu'en 1780 et en 1788 par Louis XVI grâce aux abolitions respectives des questions préparatoire et préalable[15].

Quelles que soient les époques, lorsque le bourreau inflige la torture, il doit respecter une certaine réglementation et doit notamment le faire le plus « humainement » possible en faisant preuve d'indulgence[16]. Les sources françaises traitent peu de cette exigence, mais la coutume luxembourgeoise de Saint-Hubert mentionne que lorsque l'exécuteur procède à la géhenne, on « luy enjoi[n]t de se comporter avec modération et modestie à l'esgard du patient[17] ».

Aux XVIe et XVIIe siècles, cet auxiliaire peut se contenter de se montrer et de préparer la torture pour que l'inculpé apeuré avoue ses crimes. La doctrine considère cette apparition dissuasive comme le premier stade de la question. Jean Bodin précise ainsi qu'avant cette dernière, il faut « faire contenance de préparer des instruments en nombre, & des cordes en quantité, & des serviteurs pour (...) geyner [les prévenus], & les tenir quelque temps en ceste frayeur & langueur[18] ». Cette forme d'intimidation est observée notamment dans le nord-est de la France[19]. En 1670, elle est limitée par l'*Ordonnance criminelle* qui dispose que seuls les parlements

des prisons de la conciergerie », Archives Départementales de l'Isère, B. 2139, *Arrêt du parlement de Grenoble concernant l'administration de la question (1664).*

14 « Il n'est pas juste de livrer entre les mains d'un bourreau un accusé qui peut être renvoyé absous », F. Serpillon, *Code criminel ou commentaire sur l'ordonnance de 1670*, t. I, Lyon, Frères Perisse, 1767, p. 927. La question préalable doit par exemple être donnée par « les mains des sergens », V. Tagereau, *Le très-parfaict praticien françois*, Paris, C. Besongne, 1654, p. 92.

15 « Déclaration concernant l'abolition de la question *préparatoire* », 24 août 1780, F.-A. Isambert *et alii, Recueil général des anciennes lois françaises..., op. cit.*, t. XXIV, p. 373 et « Déclaration relative à l'ordonnance criminelle », 1er mai 1788, *Idem*, t. XXVIII, p. 526-532.

16 « *Nisi & admoneantur judices, ne carnificum crudelitati nimis indulgeant* », J. Bodin, *Diputatio juridica de abusu et usu torturae*, Magdebourg, Krebs, 1697, p. 19.

17 M. Leclerq, *Coutumes des pays, duché de Luxembourg et comté de Chiny*, t. I, Bruxelles, F. Gobbaerts, 1867, p. 351.

18 J. Bodin, *De la démonomanie des sorciers*, Paris, J. du Puys, 1582, p. 171. Toutefois, cette pratique est critiquée par certains : « On leur a fait voir les bourreaux & tout l'attirail de cette cruelle boucherie », A. Nicolas, *Si la question est un moyen seur a verifier les crimes secrets*, Amsterdam, A. Wolfgang, 1682, p. 79 et p. 132.

19 En 1629, à Moriviller, l'exécuteur a « fait voir les appareils de la torture », à sa patiente, les juges l'ont ensuite « interrogée et intimidée des tourments d'icelle » ; H. Lepage, *Les Communes de la Meurthe : journal historique des villes, bourgs, villages, hameaux et censes de ce département*, t. II, Nancy, A. Lepage, 1853, p. 66.

peuvent se contenter de présenter un accusé à la question sans qu'il la subisse ensuite[20]. Si celui-ci s'obstine en dépit de ces menaces, l'exécuteur procède alors à son déshabillage véritable ; cette nudité contribuant à sa fragilisation et à son humiliation[21].

Le maître des hautes œuvres peut ensuite progressivement infliger la torture *per se*. À partir du XVIe siècle, la question est généralement subdivisée en plusieurs étapes allant *crescendo*, une dichotomie étant traditionnellement faite entre la question ordinaire et extraordinaire. Cette distinction a des répercussions d'ordre matériel : la première, plus douce, constitue généralement un prélude à la seconde, plus rigoureuse[22]. Même lorsque cette division procédurale n'est pas opérée au sein de certaines cours, l'intensité de la question est croissante. En 1608, à Barbonville dans le Nord-Est, l'exécuteur doit d'abord « faire sentir les grésillons, mais avec médiocrité » à Guillaume Renard, suspecté de sorcellerie[23].

Lors de l'application de la question, le bourreau doit se conformer au résultat fixé par le juge sans que ce dernier s'attarde pour autant sur les détails afin d'éviter toute assimilation à son subordonné[24]. Le maître de la haute justice bénéficie donc d'une relative marge de manœuvre en matière de torture, d'un pouvoir d'appréciation en tant que spécialiste de la douleur. En 1739, en Belgique, à l'occasion d'une séance de géhenne, cet agent prend ainsi quelques initiatives et le médecin en charge se réfère même à son opinion afin de mesurer le seuil de douleur supportable[25].

---

20 « Défendons à tous juges, à l'exceptions de nos cours seulement, d'ordonner que l'accusé sera présenté à la question sans y être appliqué », « Ordonnance criminelle » Saint-Germain-en-Laye, 1670 dans F.-A. Isambert *et alii, Recueil général des anciennes lois françaises…*, *op. cit.*, t. XVIII, p. 412.

21 On ordonne « aux bourreaux de lui ôter ses vêtements », N. Eymeric, *Le manuel des inquisiteurs*, éd. et trad. L. Sala-Molins, Paris, A. Michel, 2001, p. 204 ; « pour l'exécution [de la torture], le criminel est despouillé par le bourreau », A. D'Espeisses, *Les œuvres de Maître Antoine D'Espeisses*, t. II, Lyon, Frères Huguetan, 1666, p. 630 a ; M. Janin-Thivos, « Torture inquisitoriale et nudité : la pudeur en question », *Rives nord-méditerranéennes*, t. XXX, (2008), p. 74.

22 D. Jousse, *Traité de la justice criminelle de France*, t. II, Paris, Debure père, 1771, p. 426-427.

23 H. Lepage, *Les Communes de la Meurthe…*, *op. cit.*, t. I, p. 100.

24 « *Item debet judex advertere, ne reum torqueri faciat modis exquisitis, & non consuetis, nam judices, qui talia faciunt, potius sunt carnificibus, quam judicibus comparandi* », J. Clarus, *Opera omnia, sive Practica civilis atque criminalis, Genève, Samuelis Chouët, 1666, lib.* V, § *finali*, *quaest.* LXXVII, *num* 9, p. 751.

25 « Le Bourrau, interrogé à cet égard, dit ouvertement qu'il étoit inutil de prolonger la torture […] : de quoy tous les spectateurs, commis à ce sujet, parurent très convincus », E. Hubert, *La torture aux Pays-Bas autrichiens pendant le XVIIIe siècle : son application, ses partisans et ses adversaires, son abolition*, Bruxelles, J. Lebègue, 1897, p. 140.

Cependant, afin de prévenir toute erreur judiciaire, la doctrine limite la confiance que le juge accorde au bourreau ; le premier ne peut laisser l'accusé seul entre les mains du second[26] dont l'action se voit réglementée. Par exemple, dans le cadre de la torture de la corde, l'exécuteur doit recevoir un ordre pour chaque tour liant les mains de l'accusé, « afin qu'on voye que rien n'est accompli sans commandement de droit & equité[27] ». En 1535, le parlement de Paris condamne maître Marine, bourreau des lieux, pour ne pas avoir attendu vingt-quatre heures afin d'exiger la libre réitération d'aveux obtenus une première fois sous la question[28]. Cet auxiliaire est d'ailleurs sanctionné s'il blesse trop profondément ou handicape le prévenu. En 1337, à Paris, une femme est « navrée ès cuisses et en l'ainne, pour la navreure de laquelle nous teinsmes prisonnier Colart Provignon, bourrel de Paris[29] ». Toutefois, le juge est aussi fréquemment considéré comme responsable en cas d'accidents ou d'excès survenus lors de la question[30].

Le maître de la haute justice peut également agir au cours de l'instruction en tant qu'expert du corps humain dans le cadre de la chasse aux sorcières des XVIe et XVIIe siècles. Ses compétences anatomiques sont ainsi sollicitées afin d'inspecter les corps des prévenus suspectés du crime de sorcellerie. Le bourreau doit y déceler les *stigmae diabolicae*, ou marques du diable, imprimées par le malin dans la chair de ses serviteurs

26 « *Curet itaque judex diligenter [...] fraude carnificum* », J. Oldekop, *Observationes Criminales Practicae*, Breum, J. & J. Khöleros, 1654, p. 252. « *reus furori solius carnificis relinquendus non est* », S. Stryk, *Specimen usus moderni Pandectarum*, t. IV, Magdebourg, Sumtibus Orphanotrophii, 1738-1746, p. 832.

27 R. Gonzales-Montes, *Histoire de l'Inquisition d'Espagne, exposée par exemples pour estre mieux entendue par ces derniers temps*, Genève, J. Crespin, 1568, p. 69.

28 J. Papon, *Recueil d'arrests notables des courts souveraines de France*, Paris, J. Macé, 1568, p. 521.

29 « Registre criminel de Sainte-Geneviève », dans L. Tanon, *Histoire des anciennes églises et communautés monastiques de Paris, suivie des registres inédits de Saint-Maur-des-Fossés, Sainte-Geneviève, Saint-Germain des-Prés et du registre de Saint-Martin-des-Champs*, Paris, L. Larose et Forcel, 1883, p. 497. On suppose que cette blessure est infligée dans le cadre de la question, notamment à travers le biais de l'estrapade. L'exécuteur n'aurait pu blesser une criminelle de cette manière au cours d'une peine corporelle et n'aurait pas été sanctionné pour cela lors d'une peine capitale.

30 Par exemple : B. Automne, *La conférence du droict françois avec le droict romain*, t. I, Paris, C. Chastelain, 1644, p. 628. Sur ce point : R. Telliez, *Per potentiam officii les officiers devant la justice dans le royaume de France au* XIVe *siècle*, Paris, Honoré Champion, 2005, p. 458 et *suiv.* et Y. Bongert, « Question et responsabilité du juge au XIVe siècle d'après la jurisprudence du Parlement », *Hommage à Robert Besnier*, Paris, SHD, 1980, p. 23-55.

afin que ce dernier les reconnaisse ou confirme son emprise sur eux[31]. Cette signature possessive se matérialise sous de nombreuses formes : grains de beauté, cicatrices, tâches, etc.[32]. L'exécuteur doit procéder de manière minutieuse à cette inspection et peut même examiner les parties intimes et muqueuses des potentiels sorciers. La marque du diable peut ainsi se trouver « dans les parties les plus secrettes, et voire jusques aux plus honteuses (…) et quelquefois aussi aux coins des yeux[33] ». Cette étape procédurale s'avère donc particulièrement dégradante et intrusive, d'autant plus que les criminels suspectés de sorcellerie sont généralement de sexe féminin.

Les *stigmae diabolicae* peuvent être plus discrets car se manifestant par des insensibilités en certains endroits du corps. Le bourreau, alors surnommé « piqueur », les révèle par des aiguilles qu'il enfonce dans la chair de ses « patient(e)s » afin d'observer leurs douleurs feintes ou absentes ainsi que l'écoulement de sang. Toute réaction anormale est alors perçue comme un signe de culpabilité[34]. Au XVIIe siècle en Franche-Comté, une femme est « treuvée marquée le col et l'espale senestre d'une marque extraordinaire et incougneue et incensible et sans que (…) en soit issu aucune goutte de sang, encore que maître Symon Maistrot, maître exécuteur de la haute justice, y ait planté une longue espingle[35] ».

Le bourreau peut repérer ces marques plus aisément en procédant au rasage des suspects, ce qui renforce leur humiliation. En 1583, à Fou, cet

31 « *Sagaces oculi accurate & dictinctuim manus carnificum observantes talia, & forte similia deprehendent* », J. Oldekop, *Observationes Criminales…*, *op. cit.*, p. 252. Les suspects sont visités « par tout le corps par le maistre des haultes œuvres pour recognoistre si, dessus son corps, il y avait point la marque que le diable a accoustumé de faire aux sorciers », J. Pasquier, *Mémoires de Jean du Pasquier, procureur sindic de la cité de Toul*, Toul, Lemaire, 1878, p. 101. M. Ostorero, « Les marques du diable sur le corps des sorcières (XIVe-XVIIe siècles) », *Micrologus*, t. XIII, (2005), p. 368-369.

32 Elle « est ordinairement une tache noire et presqu'invisible et mesme insensible », J. Pasquier, *Mémoires de Jean du Pasquier…*, *op. cit.*, p. 101.

33 *Idem*, p. 101 ; l'exécuteur « passe ses doigts dans la bouche, & autres parties externes », G. Cayron, *Le parfait praticien…*, *op. cit.*, p. 188.

34 « Les sorciers ne sentent point les poinctures, quand on les perce jusques aux os au lieu de la marque », J. Bodin, *De la démonomanie…*, *op. cit.*, p. 80.

35 L'épaule « senestre », gauche, étant associée au diable, J. Finot, *Procès de sorcellerie au baillage de Vesoul de 1606 à 1636*, Marseille, Lafitte, 1983, p. 23. De même que l'exécuteur « mettout et fischoit une fort longue et grosse espingle, laquelle si elle entroit entirement dans lad. tache ou marque […] : aussi comme led. sorcier n'en avoit rien senti, le cy-devant denommé luy faisoit retirer lad. espingle que l'on voyoit touiours estre sans aulcune goutte de cent », J. Pasquier, *Mémoires de Jean du Pasquier…*, *op. cit.*, p. 101.

auxiliaire de justice est rémunéré pour avoir procédé à l'exécution d'une sorcière « et au précédent avoir fait (...) ostez les poilz de dessus [son] corps[36] ». L'exécuteur détruit par la même occasion des charmes de protection qualifiés de sorts de taciturnité[37] ou de « remède d'enchanterie[38] » cachés dans la chevelure ou ailleurs sur le corps des suspects. Ces sortilèges leur permettraient de ne pas avouer leurs crimes et d'être immunisés contre la torture[39].

Les stigmates diaboliques constituent une preuve de sorcellerie et leur recherche est fondamentale dans le cadre de la procédure inquisitoire[40]. *A contrario*, leur absence n'est pas une garantie d'innocence, car le malin peut toujours effacer ses traces[41]. La force probante de ces marques est donc purement arbitraire et leur interprétation dépend du bon vouloir des enquêteurs. À titre d'exemple, au XVIIe siècle, le juriste toulousain Gabriel Cayron relate l'inspection par un exécuteur d'un homme suspecté de sorcellerie : en dépit du constat de cet agent avouant n'avoir « rien trouvé », les juges ne sont pas convaincus et continuent à exhorter le suspect à la confession de ses crimes[42]. Le bourreau est régulièrement et officiellement mandé dans cette optique « par ordre de la cour[43] ». Il

---

36 Archives Départementales de la Meuse, B 2293, fol. 33 v°, *Rémunération du maitre des hautes œuvres pour avoir rasé et exécuté une sorcière (1583)*. De même, à Bar-le-Duc, en 1587, le pendeur est chargé d'exécuter une sorcière, « qui lauroit rasée » préalablement, AD de la Meuse, B. 1606, fol. 64, *Rémunération du bourreau de Bar-le-Duc pour l'exécution d'une sorcière (1587)*. En 1594, à Metz, une femme est « delivrée entre les mains de l'executeur (...), pour par luy estre razee par toutes les parties de son corps, les ongles des mains et pieds de prest coupés », A. Brule, *Sorciers et guérisseurs à Metz et en pays Messin (XVIe-XVIIe siècle)*, Paris, Harmattan, 2009, p. 82. « L'on faisoit raser le criminel par touttes les parties de son corps où il y avoit poils », J. Pasquier, *Mémoires de Jean du Pasquier...*, *op. cit.*, p. 101.

37 H. Boguet, *Discours des sorciers avec six advis en faict de sorcellerie et une instruction pour un juge en semblable matière*, Lyon, P. Rigaud, 1610, p. 308.

38 J. De Damhoudere, *Practique judiciaire es causes criminelles...*, *op. cit.*, p. 38 *v°*.

39 Par exemple, en 1448, un sorcier, Pierre Chavaz, confesse que le démon est caché dans ses cheveux et qu'il l'empêche d'avouer son crime, il est rasé pour cela, M. Ostorero, *Les marques du diable...*, *op. cit.*, p. 384. L'exécuteur déshabille ainsi un criminel et le rase, « pour voir s'il auroit point aucuns brevets de magie », G. Cayron, *Le parfait praticien...*, *op. cit.*, p. 188.

40 Ou « demie preuve », selon certains, R. Muchembled, *Les derniers bûchers : un village de Flandre et ses sorcières sous Louis* XIV Paris, Ramsay, p. 60 ; « c'estoit un des indices pour le faire juger [...] par ce moyen plusieurs fois lesd. sorciers ont-ils confessés leur crime », J. Pasquier, *Mémoires de Jean du Pasquier...*, *op. cit.*, p. 101.

41 B. Rochelandet, *Sorcières, diables, bûchers*, Besançon, Cêtre, 2007, p. 31.

42 G. Cayron, *Le parfait praticien...*, *op. cit.*, p. 188.

43 P. Laurent, E. Senemaud, *Inventaire des archives départementales antérieures à 1790 : Ardennes*, t. I, Charleville, F. Devin et A. Anciaux, 1890, p. 390 b.

est considéré comme un véritable spécialiste en matière de détection de *stigmae diabolicae* par une majorité des auteurs et des praticiens. Henry Boguet, magistrat et démonologue du XVIIe siècle mentionne que « l'on a practiqué de tout temps ceste façon de faire contre les sorciers[44] ». Ces examens effectués par le maître des hautes œuvres sont ancrés dans la procédure et légitimés par leur ancienneté. Ils sont observés du XVIe au XVIIIe siècle, particulièrement dans le nord-est de la France[45]. L'exécuteur apparaît comme un personnage surnaturel apte à contrer la magie noire grâce à sa propre appartenance au monde de l'au-delà[46].

Une partie de la doctrine critique toutefois le fait de « faire porter les mains, la sonde & le rasoir des bourreaux » notamment sur des femmes et de porter ainsi atteinte à leur pudeur[47]. François Hotman, juriste du XVIe siècle, recommande le recours à des personnes du même sexe, notamment à la bourrelle, afin de constater l'existence de marques de sorcellerie[48]. Quelques rares affaires révèlent également la recherche de stigmates par des matrones. En 1600, est rémunérée « une quidam femme barbiresse de Douay, pour avoir razé, tant por hault que par bas, lesdites prisonnières, auparavant d'estre mises sur la question[49] ». Friedrich Spee Von Langenfeld, prêtre jésuite du XVIIe siècle dénonce également la trop grande liberté et la rapacité de l'exécuteur en la matière. Il énonce un certain nombre de directives aux juges visant à encadrer l'action de ce dernier : il faut « qu'ils ne se fient point au

44 H. Boguet, *Discours des sorciers…*, *op. cit.*, p. 308. De même que cet agent « en ce temps s'entendoit fort bien à cela », J. Pasquier, *Mémoires de Jean du Pasquier…*, *op. cit.*, p. 101.

45 P. Villette, *La sorcellerie et sa répression dans le nord de la France*, Paris, La pensée universelle, 1976, p. 205-206 ; « Apparut, aussi grosse qu'une verrue, sur la cuisse gauche, une tâche : le bourreau y enfonça de toutes ses forces un poignard, mais il n'arracha aucun cri à la femme et il ne fit pas s'écouler de la blessure la moindre goutte de sang », N. Remy, *La démonolâtrie*, Nancy, PUN, 1998, p. 66.

46 Le bourreau est ainsi « peut être luy même sorcier », F. Spee Von Langefeld, *Advis aux criminalistes sur les abus qui se glissent dans les procès de sorcelerie*, Lyon, Claude Prost, 1660, p. 245.

47 A. Nicolas, *Si la torture est un moyen seur…*, *op. cit.*, p. 142.

48 « *Si forte magnifici domini judices a torturae decreto abhorrerent, adhiberi vel carnificis uxorem, vel unam aut alteram mulierem, quae mercede proposita ad verificandum illud flagitium adhibe-retur* », F. Hotman, *Consilia tum in Civilibus, tum in Criminalibus Causis exposita*, Genève, E. Vignon, 1586, p. 296.

49 *Souvenirs de la Flandre wallonne : Recherches historiques et choix de documents relatifs à Douai et au nord de la France*, t. VII, Douai et Paris, Crépin et Dumoulin, 1867, p. 53. De même qu'en 1609, une prévenue de Fressie est examinée par « deux matrones », P. Villette, *La sorcellerie et sa répression…*, *op. cit.*, p. 206.

bourreau ou autre visiteur de l'interest duquel il s'agit, & est souvent méchant & fourbe[50] ». Cet agent ne doit pas non plus avoir recours à des procédés fallacieux, notamment des aiguilles trafiquées qui font semblant de pénétrer dans la chair, afin de manipuler les résultats de son examen[51]. De telles recommandations font suite aux excès d'exécuteurs trop enclins à toucher les gains issus de la découverte de sorcières[52]. La fonction de « piqueur » constitue en effet une source non négligeable de revenus pour eux puisqu'ils reçoivent une double rémunération pour la condamnation d'une sorcière : une première découlant de l'expertise exploratoire[53] et une seconde pour le bûcher en cas de culpabilité[54]. L'exécuteur a donc tout intérêt à découvrir une marque suspecte sur le corps des prévenus qui passent entre ses mains.

Cette prérogative des maîtres des hautes œuvres devient une pomme de discorde avec les médecins et les chirurgiens, ces différentes professions s'affrontant afin d'obtenir le monopole de l'inspection des sorciers[55]. Ces fonctions sont concurrencées au point que certains suspects de sorcellerie peuvent parfois faire l'objet de plusieurs examens successifs par ces spécialistes distincts. C'est notamment le cas en Flandre où, en 1659, maître Heren, l'exécuteur lillois, établit un diagnostic sous la supervision attentive de deux chirurgiens qui corroborent ses dires : « lesquels ont déclaré sous serment que le rapport de l'officier prénommé est véritable en tous points, ayant vu faire les piqures, et vu aussi l'insensibilité de la

50 H. Boguet, *Discours des sorciers…*, *op. cit.*, p. 245.

51 Le bourreau ne doit pas non plus se servir « d'aucun enchantement, pour arrêter le sang, & oster le sentiment à la partie », F. Spee Von Langenfeld, *Advis aux criminalistes…*, *op. cit.*, p. 248.

52 « Un bourreau a esté découvert & executé pour avoir advoué de [s']estre servi » de procédés trompeurs, *ibid.*

53 Le bourreau de Cambrai perçoit un « proufict qu'il tiroit de diverses visites qu'il estoit accoustumé de faire des personnes suspectées de sortilèges », E. Bouly De Lesdain, *Dictionnaire historique de la ville de Cambrai, des abbayes, des châteaux forts et des antiquités du Cambrésis*, v° *Justice criminelle*, Cambrai et Paris, Les principaux libraires et Dumoulin, 1854, p. 292 a.

54 En 1681, « Jacques Galopin, M[re] des hauttes œuvres de Mons at receu (…) la somme de soixante-deux livres huict sols pour avoir esté employez à la visitation de la marque de Jacqueline Bireman reputée sorcière et pour luy avoir donné la question tout d'un an ». Il touche deux semaines plus tard, « la some de trente troy livres douze sols pour avoir exécuté » cette même sorcière, F.-A. Reiffenberg, *Nouvelles archives historiques des Pays-Bas*, t. V, Bruxelles, C. J. de Mat, 1830, p. 127-128.

55 P. Pillement, « Histoire de la médecine légale en Lorraine », *Revue médicale de l'Est*, t. XXXVII, (1905), p. 213.

prisonnière[56] ». Leur contrôle est la manifestation d'une relative défiance des juges à l'égard de ce premier expert.

Toutefois, les opinions des maîtres de la haute justice et des professions médicales peuvent également se contredire. En octobre 1601, à Gand, un maître de la haute justice déclare coupable de sorcellerie une de ses patientes mais l'examen des chirurgiens jurés effectués deux mois plus tard réfute son rapport. Du fait de cette incertitude, en février 1602, la prévenue est soumise à la question ; faute d'aveux, elle est finalement relaxée. Les juges accordent donc la même importance aux deux consultations et recourent finalement à la torture judiciaire afin de trancher la question[57]. Ce n'est qu'en 1660 que le Conseil de Flandre adopte une décision conférant aux seuls médecins et chirurgiens le monopole du droit de déceler ces marques de sorcellerie, excluant définitivement le bourreau de cette activité[58].

Cet agent est également susceptible de jouer le rôle d'expert médical au cours d'enquêtes portant sur des crimes de droit commun. Ses compétences peuvent notamment être requises pour examiner les récidivistes ; les mutilations ainsi que la flétrissure au fer chaud qu'ils ont pu encourir permettent de marquer leurs chairs et de les identifier en tant qu'anciens *malefactores*[59]. Leurs corps flétris servent donc en quelque sorte de "casier judiciaire" et de preuve. Du fait de ses attributions judiciaires, le maître des hautes œuvres s'avère naturellement qualifié pour identifier ces cicatrices laissées par des peines antérieures.

---

56 « Laquelle visite a été faite par Me Jean Heren, officier de justice des hautes œuvres [...] ; lequel [...] a déclaré avoir trouvé sur ladite » suspecte diverses marques. « Pour plus grand appaisement et assurance du juge, avaient été appelé présens à cette visite [deux] chirurgiens », A. Dinaux, A. Leroy, *Archives historiques et littéraires du Nord de la France et du Midi de la Belgique*, t. IV, (1834), p. 519. De même qu'en 1665, au parlement de Flandre, on constate les deux diagnostics d'un bourreau et d'un médecin concernant un suspect de sorcellerie, P. Villette, *La sorcellerie...*, *op. cit.*, p. 206. Aux Pays-Bas, en 1681, un exécuteur est rémunéré pour l'inspection d'une sorcière ayant déjà fait l'objet d'un examen par les « docteurs et serurgiens [...] employez à la visite de la marque », F.-A. Reiffenberg, *Nouvelles archives historiques...*, t. V, p. 128.

57 J. Cannaert, *Olim : procès des sorcières en Belgique, sous Philippe II et le gouvernement des archiducs*, Gand, C. Annoot – Braeckman, 1847, p. 23 et p. 98-101.

58 « Les docteurs et chirurgiens sont souvent en désaccord d'opinion avec les bourreaux concernant le *stigma diabolici*, ordonne qu'à l'avenir on n'emploiera plus pour cette besogne et la recherche de ce signe, [...] aucuns bourreaux, mais seulement des docteurs et des chirurgiens neutres et non suspects », A. O., « De la profession d'avocat en Belgique avant la domination française », *La Belgique judiciaire : gazette des tribunaux belges et étrangers*, t. II, n° 98, (7 novembre 1844), p. 1604-1605.

59 J.-M. Carbasse, *Histoire du droit pénal et de la justice criminelle*, Paris, PUF, 2000, p. 294.

Cette fonction de l'exécuteur est déjà observée au cours de l'année 1357-1358 à Avignon[60]. En 1526, en Normandie, lors de l'information menée à l'encontre d'un coupeur de bourses ayant sévi dans une église, un bourreau est chargé de l'inspecter afin d'attester de l'absence de marques de récidive. Il constate alors « qu'il avoit les oreilles entières, et aussi avons fait regarder s'il avoit la merche aux larrons, et a dit l'exécuteur qu'il avoit une fleur-de-lis sur l'espaulle ». Cet auxiliaire de justice considère donc que le voleur n'a pas déjà été condamné à l'essorillement, mais il découvre une cicatrice douteuse qui implique une sentence antérieure de flétrissure au fer chaud. Le suspect invoque pour sa défense une blessure d'origine non pénale. Les juges sont partagés entre le doute suscité par l'expertise du maître de la haute justice et la version du voleur qui persiste dans sa version des faits sous les lanières du fouet alors utilisées en lieu et place de la torture judiciaire. L'aveu étant la reine des preuves, les juges décident finalement de l'élargir, sous peine de la corde en cas de récidive[61]. Le rapport de l'exécuteur a donc une valeur limitée et est écarté faute d'indices complémentaires.

Cette consultation du maître des hautes œuvres en tant qu'expert médical ne figure qu'au sein des actes de la pratique, seuls des arrêts et des mentions comptables évoquant cette possibilité[62]. Son domaine de compétence, initialement d'ordre pénal s'est donc élargi *de facto*. Cependant, tout comme en matière de sorcellerie, de telles prérogatives médicales sont limitées jurisprudentiellement. Un arrêt du 12 janvier 1701 interdit ainsi au « Lieutenant Général de Pontoise, de faire visiter par l'exécuteur de la Haute-Justice, les accusés qui auront été repris de justice ; & qu'en cas de visite elle sera faite par les chirurgiens ». Jousse, qui signale cette décision, ajoute que « c'est un abus de faire faire ces sortes de visites par l'exécuteur[63] ». Cette prohibition est donc totale car elle s'étend même à l'égard d'anciens condamnés déjà infâmes du fait

60 Cette année-là, l'exécuteur se déplace pour inspecter des criminels emprisonnés, J. Chiffoleau, *Les justices du pape : délinquance et criminalité dans la région d'Avignon au quatorzième siècle*, Paris, La Sorbonne, 1984, p. 67.

61 Archives Départementales de la Seine Maritime, G. 3379, *Information contre un coupeur de bourse visité par l'exécuteur (1526)*.

62 Par exemple en 1767, Maître Ferey de Rouen affirme avoir « visité par ordre prevotalle » deux hommes et une femme, Archives Départementales de la Seine Maritime, 1 B. 5326, *Mémoires des peines infligées par l'exécuteur de Rouen (1756-1767)*.

63 On ignore quelle instance rend cette décision, D. Jousse, *Traité de la justice…*, *op. cit.*, t. II, p. 257.

d'une sanction antérieure. Au XVIIIe siècle, Jean-François Joly de Fleury, entérine cet arrêt dans ces travaux personnels mais le nuance toutefois en autorisant seulement le recours au bourreau si les criminels visités sont déjà flétris[64]. Propos qui parait cependant contradictoire car c'est la visite initiale de l'exécuteur qui permet de constater l'existence de marques pénales. Du fait de ces critiques répétées, les chirurgiens vont progressivement être exclusivement chargés de cette inspection[65].

L'exécuteur est perçu comme un expert médical aux compétences variées et est également mandé en tant que médecin légiste. Il est ainsi le responsable de l'examen des cadavres de personnes suspectées de s'être suicidées. En 1675, à Barr, en Alsace, un bourreau est amené à inspecter le corps d'une enfant suspectée de s'être noyée intentionnellement. On ignore à quelle méthode il a recours – autopsie, examen physique… – mais il en déduit qu'elle ne s'est pas donnée la mort. Toutefois, en dépit de cette conclusion, l'administration ordonne à cet agent de l'enterrer en dessous du gibet et présume qu'elle a bien commis un « homicide d'elle-même ». On constate qu'une fois de plus, la justice consulte le maître de la haute justice mais qu'elle n'est pour autant aucunement liée par son rapport. Cependant, le père de cette enfant revendique la validité de son expertise et obtient que l'affaire soit ré-ouverte afin de faire enterrer sa fille dans un cimetière régulier[66].

En 1761, au cours de la célèbre affaire Calas, le maître des hautes œuvres est également consulté dans un cadre médico-légal. Le capitoul David de Beaudrigue, enquêtant alors sur la réalité du suicide de Marc-Antoine Calas, charge officieusement le bourreau en titre de Toulouse, Mathieu Bourideu, de rechercher les causes de sa mort. Ce dernier après avoir mené des expériences et procédé à des mesures, conclut à l'impossibilité technique du suicide. Toutefois, son intervention soulève de nombreuses protestations au point d'être qualifiée d'irrégularité de procédure par Voltaire qui s'est saisi de l'affaire. Dans un premier temps, c'est la compétence même de l'exécuteur en tant que médecin

64 Le bourreau « par les mains duquel il est défendu de faire passer les accusés, ne fussent que pour les faire visitter s'ils n'ont point eu la fleur de lïs », BNF, ms. JDF 2192, fol. 24, *Procédure civile & criminelle : Mémoires, projets & recherches sur la matière (1738-1788), Mélanges.*

65 Au parlement du Dauphiné, le juge « fait raser le poil de toutes les parties du corps [du criminel] par un chirurgien » puis qu'il « visit[e] diligemment les bras & les jambes du prévenu », G. Charency, *Nouvelle pratique judiciaire…*, *op. cit.*, p. 85 et p. 90.

66 Archives Municipales de Strasbourg, VI 33/5, fol. 189, *Courrier du bailliage de Barr concernant le suicide d'une enfant (1675).*

légiste que l'on remet en cause. « Ce misérable ne connaissait que ses opérations » pénales et s'est trompé alors que « l'homme le moins instruit » en aurait jugé autrement[67]. Une telle appréciation des capacités du bourreau est influencée par le préjugé qui le frappe à cette époque. Dans un second temps, c'est l'objectivité même de maître Bourideu qui apparait comme discutable en ce qu'il ne pouvait qu'aller dans le sens souhaité par son supérieur.

Par conséquent, le bourreau bénéficie du statut d'expert dans l'art de donner la douleur et d'inspecter les corps au cours de l'enquête. Il peut donc s'immiscer légalement et directement dans l'intimité des accusés, son toucher contribuant à la dégradation de leur intégrité tant physique que morale. Cependant, si certains ressorts judiciaires n'hésitent pas à recourir à ses services à ce stade de la procédure, d'autres considèrent alors son action comme illégitime.

Cyrielle CHAMOT
Université Paris II, Panthéon-Assas

67 « Quel était cet expert ? Pourra-t-on le croire ? C'était le bourreau. On lui demanda si un homme pouvait se pendre aux deux battants de la porte du magasin », Voltaire, *Mémoire de Donat Calas pour son père, sa mère et son frère*, [s.l.], [s.n.], 1762, p. 27 ; « Le bourreau déclara qu'on ne pouvait pendre un homme de la façon dont Marc-Antoine se serait [...] suspendu. Mais on n'a pas le droit de tenir son opinion pour nulle », M. Chassaigne, *L'affaire Calas*, Paris, Perrin, 1929, p. 183.

LE BOURREAU DANS LES REGISTRES DE COMPTABILITÉ DE PÉRIGUEUX (XIVe-XVIIIe S.)[1]

> Mais il vous y employe, tout ainsi qu'on faict les hommes perdus, aux executions de la haute justice, charge autant utile comme elle est peu honeste.
> Michel DE MONTAIGNE, *Essais*, Livre III, Chapitre 1 : *De l'Utile et de l'Honneste.*

En 1941, Charles Aublant est le premier chercheur à s'intéresser au bourreau de Périgueux[2]. Son article concerne un arrêté municipal de 1789 régissant les droits que le bourreau était autorisé à percevoir sur des marchandises entrant dans la ville. Il est toutefois l'occasion de rappeler qu'un bourreau existait déjà au Moyen Âge. Aucune synthèse n'est cependant dédiée à ce personnage ; seules quelques mentions sporadiques apparaissent dans les *Bulletins de la Société Historique et Archéologique du Périgord* et dans des ouvrages consacrés à Périgueux. Outre demeurer « un monsieur très discret[3] », le bourreau pétrocorien souffre d'une image faite de présupposés et de fantasmes populaires. Dans son article, Charles Aublant évoque ainsi la « triste besogne » d'un « personnage peu sympathique », ou encore sa « robe rouge destinée à protéger ses

1 Cet article est le résultat d'une recherche effectuée dans le cadre du LabEx Sciences Archéologiques de Bordeaux, programme financé par l'ANR – n°ANR-10-LABX-52.

2 Aublant 1941.

3 Formulation empruntée à la communication de Frédéric Armand – « Un monsieur très discret. Le bourreau dans les sources historiques » – présentée lors du Workshop *Le bourreau en question. Actualité d'une recherche interdisciplinaire (Moyen Âge – Époque moderne organisé à Bordeaux).* Tenue le 14 mars 2016 à Pessac, cette journée d'étude était organisée par Martine Charageat, Mathieu Soula et Mathieu Vivas.

habits des éclaboussures du sang des suppliciés[4] ». En focalisant son attention sur une profession de mort et de sang, il réduit ainsi le métier de bourreau à la « violence » d'une pratique pénale et à l'« ignominie » de sa charge[5]. Si le bourreau est indéniablement une figure historique des peines corporelles et de mort aux époques médiévales et modernes[6], n'est-il pour autant qu'un infâme agent de « l'éclat des supplices » ?

Artisan certes de la peine capitale, le personnage du bourreau de Périgueux doit avant tout être replacé au sein d'un contexte judiciaire. Depuis le deuxième quart du XIIIe siècle, la ville double de Périgueux possède le privilège de pleine justice[7]. À partir de cette date, et malgré quelques conflits, le maire et les consuls appliquent leur droit à l'intérieur de la Cité et du Puy Saint-Front [fig. 1], mais également dans une juridiction aux limites fluctuantes jusqu'au XVIIIe siècle[8]. Afin de corriger et de punir, la justice municipale a recours à l'exposition corporelle, à la question, au bannissement, à la mutilation, à l'énervation, au fouet, à la pendaison, à la noyade, au bûcher et à l'enterrement vivant. Toutes ces peines sont publiquement rendues à l'Hôtel du Consulat et appliquées dans des lieux de justice situés *intra muros* – comme le pilori de la place de la Clautre – ou *extra muros* – comme les fourches patibulaires dressées sur la colline d'Écornebœuf [fig. 1][9]. Si ces éléments sont connus grâce à divers types de sources écrites, les registres de comptabilité de la ville offrent des renseignements sur les pratiques judiciaires et pénales.

À partir du XIVe siècle, la municipalité se dote en effet d'un organe comptable : classés par année, les registres débutent généralement par

4 Aublant 1941, p. 346 et 347.

5 Cette image est historiographiquement tenace en Europe. Les quelques ouvrages dédiés aux bourreaux – souvent des synthèses proposant un aperçu du métier entre le Moyen Âge et l'Époque contemporaine – rapportent tous la même image. Voir, par exemple, Delarue 1979 ; Klemettilä 2003 et 2006 ; Armand 2012 ; Wojtuki 2014 ; Charageat 2016.

6 Pour un aperçu historique sur la peine de mort, sur les crimes et sur leurs punitions, voir – par exemple – Gonthier 1998 ; Gauvard 2005 ; Bastien 2011 ; Charageat 2015.

7 Elle paye annuellement la somme de 20 livres au comte du Périgord pour jouir de cette prérogative. Sur ce point, voir : Dessalles 1883-1885, p. 310 ; Villepelet 1908, p. 16 et suiv.

8 Plusieurs confirmations de privilèges viennent entériner cette décision. Pour de plus de détails, voir Dessalles 1883-1885 ; Villepelet 1908 ; Vivas 2012, p. 478 et suiv.

9 Voir les fiches « piloris » et « fourches patibulaires » qui seront publiées en fin d'année 2017 dans *l'Atlas de Périgueux* : Gaillard H. & Mousset H. (coord.) (à paraître 2017) : *Atlas historique de la ville de Périgueux*, Pessac. Sur les fourches et espace d'inhumation patibulaires d'Écornebœuf, voir Vivas 2014 et 2016.

les noms du maire, des consuls, du comptable et des différents agents municipaux, avant de poursuivre sur les recettes et les dépenses de la ville. Ces documents fournissent également le nom de plusieurs bourreaux, ainsi que les sommes engagées pour l'achat et la confection de leur costume ou encore pour leur salaire[10]. Notre investigation a ainsi été menée sur 103 registres et pièces justificatives, documents couvrant une période allant de 1314 à 1789, soit 475 ans. L'absence de plusieurs registres réduit toutefois l'investigation à 121 années et à une quarantaine de registres mentionnant le bourreau entre 1330 et 1783. Afin de compléter le tableau, nous avons effectué des sondages dans d'autres documents conservés aux archives départementales, comme les registres paroissiaux ou les registres de délibérations municipales [annexe 1].

Loin d'être exhaustive, notre investigation permet toutefois de présenter une première synthèse et, par une relecture de quelques sources écrites médiévales et modernes, de réinterroger l'exclusion socioprofessionnelle du bourreau de Périgueux. Ces quelques pages amènent alors à discuter son identité nominale et visuelle (1) avant d'analyser la diversité, la complexité et la rémunération des travaux et des tâches que le maire et les consuls lui confient (2). Enfin, son insertion sociale sera également questionnée dans le but de réajuster l'image portée par l'historiographie traditionnelle du bourreau marginal et exclu (3).

10 Ces registres ont surtout été étudiés dans un but démographique et économique. Parmi plusieurs publications, nous renvoyons ici à Higounet-Nadal 1978. Dès 1889, M. Villepelet – le secrétaire général de la société – mentionnait que les archives de Périgueux pouvaient fournir « les noms des bourreaux depuis le XIVe ou le XVe siècle, et des détails sur la condition de leur existence, leurs gages, leur logement aux dépens de la communauté, etc. », (Séance du jeudi 3 janvier 1889, Bulletin de la Société Historique et Archéologique du Périgord, 16, p. 45).

IDENTITÉ NOMINALE ET IDENTITÉ VISUELLE DU BOURREAU DE PÉRIGUEUX

DÉSIGNATION LEXICALE ET PATRONYMIQUE

Sans qu'il ne soit encore possible de comprendre l'évolution lexicale de la titulature du bourreau, on s'aperçoit que plusieurs termes sont employés entre le XIVe et le XVIIIe siècle [annexe 1].

Dès 1330, les premières mentions écrites du bourreau se dévoilent sous la forme de *borrelier*. Étymologiquement proche du verbe *bourrer* qui signifie maltraiter – et donc voisin du mot actuel de *bourreau*[11] – l'appellation *borrelier* semble oubliée après 1336. Jusqu'à la fin du XVe siècle, le terme de *servicial* est le plus fréquemment utilisé. Ce substantif masculin occitan pourrait être traduit par *serviteur* ou *servant*. Il se rapproche en cela de l'unique terme de *servidor*, mais également de l'appellation *sirvens* utilisée pour désigner les sergents municipaux. On trouve également quelques occurrences de *pendart*, sans qu'elles ne correspondent forcément à l'action de pendre[12]. À partir de 1464 apparaît les appellations occitane *Mestre de las altas obras* et française *Maître des hautes-œuvres*. Utilisées jusqu'au premier quart du XVIIIe siècle, elles sont évincées par la titulature d'*exequudor/exécuteur* de la justice ou de la haute justice et, à partir du moment ou *Maître des hautes-œuvres* disparaît, par celle d'*exécuteur des hautes-œuvres*. Si l'historiographie différencie les hautes et les basses-œuvres, la dernière appellation n'apparaît jamais dans les sources pétrocoriennes, même lorsqu'il s'agit de tâches éloignées de la justice (voir *infra*)[13].

À partir de 1434, le titre de *Maître* apparaît dans les registres de comptabilité. Il est d'abord accolé au patronyme du bourreau puis, trente ans plus tard, à la fonction elle-même. S'il reste difficile d'expliquer l'apparition de cette titulature, on suppose qu'un apprentissage ou une professionnalisation de la charge en est à l'origine. S'il est impossible

11 Le mot bourreau n'apparaît qu'une seule fois dans les registres de comptes aux années 1569-1570 (*La tour du bourreau*), A.D. 24, CC 102, E DEP 5028, f° 37v°.

12 En 1447-1448, le *Pendart* Maître Copi l'Alaman est ainsi chargé de l'essorillement d'un voleur. Voir : *Registres des comptes de la ville de Périgueux*, années 1447-1448, A.D. 24, CC 87, E DEP 5025, f° 3r°.

13 Sur ces points, voir la deuxième partie de l'article.

de certifier que le titre est honorifique, il pourrait toutefois marquer la reconnaissance d'une technicité et d'un savoir-faire. Bien qu'au XVIIe siècle « maîtres-bourreaux » et « simples bourreaux » se rencontrent dans la documentation comptable, la maîtrise n'apparaît plus à partir de 1727. Cette disparition ne trouve pas encore d'explication.

Sur les quatre siècles investis, la documentation textuelle médiévale et moderne fournit 24 noms de bourreau [annexe 1]. Tantôt désigné par son nom et son prénom, tantôt par son prénom ou son nom uniquement, il est le plus souvent désigné par sa charge. Il n'y a ici aucune marque d'infamie : d'autres agents de la ville – comme par exemple le *trompador*, le *torrier* ou encore le *penhedor* – ne sont également mentionnés que par la charge qu'ils occupent. S'il reste difficile de mener une enquête prosopographique – les données n'étant pas assez disertes – quelques éléments peuvent toutefois être notés. Les bourreaux ne semblent ainsi pas investir leur poste de manière pérenne ; seuls Johan (1371-1376), Peyrot (1397-1401), Henri Captal (1608-1613) et Guillaume Chastain/Castan (1666-1668) le conservent plus d'une année. À ce titre, aucune lignée de bourreaux ne paraît voir le jour à Périgueux et, si les fils de bourreaux le deviennent parfois eux-mêmes, ils prennent un emploi dans une autre ville (voir *infra*).

Régulièrement, la place de bourreau reste inoccupée. Ceci invite à se demander si la municipalité de Périgueux avait besoin d'un exécuteur à temps complet, d'autant plus que les *sirvens* de la ville se chargent à l'occasion d'appliquer les peines corporelles et de mort[14]. La place de bourreau demeure-t-elle alors vide parce qu'il est difficile de recruter un homme qualifié ? Les registres des années 1447-1448 rapportent que le maire et les consuls n'avaient pas de bourreau pour essoriller un voleur : l'exécution a alors été faite par un *pendart* étranger. Appelé Me Copi l'Alaman, son nom renvoie indéniablement à un espace germanique[15].

La mobilité professionnelle du bourreau semble donc de mise : dans le Bordeaux de l'Époque moderne, des bourreaux sont en effet originaires de Dordogne[16]. Cette mobilité est probablement la conséquence d'un

14 Vivas 2012, p. 478 et suiv.

15 *Registres des comptes de la ville de Périgueux*, années 1447-1448, A.D. 24, CC 87, E DEP 5025, f° 3r°. Le prêt de bourreau est assez courant pour l'époque médiévale, voir Charageat 2016.

16 En reprenant l'article de Pierre Harlé (Harlé 1913), Joseph Durieux mentionnait que plusieurs exécuteurs bordelais sont d'origines périgordines ; à savoir Pierre Gantet (1665), Antoine Royère (1675) et Arnaud Pignot (1675). Voir : Durieux 1914.

travail qui ne paye pas assez (voir *infra*) et d'un travail très longtemps marqué du sceau de l'infamie. L'historiographie a en effet véhiculé cette image en s'appuyant tout particulièrement sur le costume que l'exécuteur revêtait : la couleur et le motif des tissus étaient alors considérés comme des marques hautement négatives.

LE COSTUME DU BOURREAU : UNE IDENTITÉ VESTIMENTAIRE ET VISUELLE ?

Les registres de comptabilité permettent de prolonger la discussion sur l'identité visuelle du bourreau : les matières, les couleurs et les types de vêtements dont il se pare sont des éléments que certains documents fournissent. Si en 1941 Charles Aublant évoque la « robe rouge destinée à protéger [l]es habits [du bourreau] des éclaboussures du sang des suppliciés[17] », notre relecture des sources textuelles invitent, d'une part, à restituer un costume plus complexe et évoluant entre le XIVe et le XVIIIe siècle et, d'autre part, à se demander si le bourreau se démarque par un uniforme qui lui est propre. À ce titre, notre recherche s'est intéressée au costume des sergents de la ville (*sirvens*), et parfois même à celui du *torier* et du *trompedor*[18]. La ville de Périgueux prend en effet en charge l'achat des uniformes de tous ceux qui composent le corps municipal, qu'il s'agisse du maire, des consuls, du comptable, du porte bannière, du trompette, des valets, du *torier*, des sergents, du bourreau, *etc.*

Classées par année, toutes les informations concernant les éléments vestimentaires ont été intégrées dans un tableau comparatif [annexe 2]. Si cet outil permet une vue d'ensemble sur le costume du bourreau et sur celui des autres agents, la confrontation est toutefois tributaire d'un élément essentiel : rien ne permet de savoir si la ville dotait annuellement tous ses agents de vêtements ou si, au contraire, elle ne rachetait que ceux qui étaient usés. Bien que la comparaison des costumes année par année reste ainsi à réaliser avec précaution, plusieurs observations peuvent toutefois être présentées.

Le premier constat est qu'il n'y a pas de différence significative entre les sommes engagées pour l'habillement du bourreau et des autres agents[19].

---

17 Aublant 1941, p. 346.

18 Le comptable rapporte pour certaines années l'achat d'un costume pour plus d'une quinzaine d'agents municipaux : face à ces trop nombreuses mentions, nous n'avons pu mener une étude exhaustive.

19 Nous laissons ici de côté le costume d'apparat plus riche du maire et des consuls.

La municipalité n'hésite ainsi pas à acheter des tissus venant de Dinan (Côte-d'Armor)[20], de Malines (Belgique)[21], de Nogent (probablement Nogent-le-Rotrou en Eure-et-Loir)[22], d'Angleterre, du Poitou[23] ou de Toulouse[24]. Les mêmes matières sont également acquises pour tous les agents, qu'il s'agisse par exemple de laine (*mesclat*), de toile de bure (*grella*) ou de draps de *tanet* (?). La ville prend également en charge l'achat du fil de couture ainsi que la fabrication des vêtements (tonte et découpe des pièces de tissu) qu'elle confie très probablement à des couturiers de la ville[25].

Si les registres comptables rapportent la confection de plusieurs types de vêtements, ceux-ci ne constituent pas non plus des éléments permettant d'individualiser l'uniforme du bourreau [annexe 2]. Pour l'ensemble des agents, il y a tout d'abord une dotation en « vêtements de dessus » : *argauts*, *sobrecots* et *gona* sont ainsi mentionnés, sans que l'on ne sache si ces termes renvoient à des vêtements précis ou s'ils sont tous synonymes. On remarque toutefois que l'achat principal reste la robe (*rauba/e*) et les chausses (*chaussas*). Le chaperon (*chapeyro*) ou chapeau acheté certaines années au bourreau est également acquis pour les autres agents municipaux. Seul le bourreau semble bénéficier de chaussures (*souliers*), de bottines (*bottinas*), de sabots (*soccas*) et de savates (*sabatas*).

L'une des seules différences vestimentaires tient peut-être aux motifs et aux couleurs. Les registres rapportent en effet l'achat de tissus à rayures (*vetat*, *vergay*) – dont on ne sait si elles sont horizontales ou verticales – et de quelques-uns à carreaux (*eschaguat*) ; motifs (trop) souvent interprétés comme négatifs et infamants[26]. Toutefois, si certaines années le bourreau

20 *Registres de comptes de la ville de Périgueux*, années 1330-1331, A.D. 24, CC50 E DEP 5020, f° 1v° ; années 1336-1337, A.D. 24, CC55 E DEP 5020, f° 4r°.

21 *Registres de comptes de la ville de Périgueux*, années 1436-1437, A.D. 24, CC80 E DEP 5025, f° 2r°.

22 *Registres de comptes de la ville de Périgueux*, années 1335-1336, A.D. 24, CC54 E DEP 5020, f° 3r°.

23 *Registres de comptes de la ville de Périgueux*, années 1371-1372, A.D. 24, CC66 E DEP 5022, f° 20v°.

24 *Registres de comptes de la ville de Périgueux*, années 1435-1436, A.D. 24, CC79 E DEP 5025, f° 2v°.

25 *Registres de comptes de la ville de Périgueux*, années 1382-1383, A.D.24, CC68 E DEP 5023, f° 2v° ; années 1400-1401, A.D. 24, CC70 E DEP 5023, f° 3r° ; années 1435-1436, A.D. 24 CC79 E DEP 5025, f° 2v°.

26 Voir, par exemple, Pastoureau 2014. Sur les interprétations abusives du costume coloré du bourreau, voir Charageat 2016.

se pare de carreaux et les sergents de rayures (par exemple en 1340-1342), le gardien de la tour du Consulat (*torier*) revêt les mêmes motifs que le *borrelier* (1332-1333). Par ailleurs, tous les agents municipaux ont à plusieurs reprises le même uniforme, comme par exemple en 1339-1340, en 1434-1435 ou en 1461-1462 [annexe 2]. Il en va de même pour les coloris des costumes : si certaines années ils paraissent différencier les agents (et leur charge), la large palette de couleurs est utilisée pour l'ensemble des employés municipaux [annexe 2].

L'ensemble des éléments qui vient d'être présenté ne permet donc pas de définir une identité vestimentaire propre au bourreau. S'il est certain que celui-ci est doté d'un uniforme payé par la ville, la comparaison avec le costume des autres agents municipaux ne rend en effet pas significative une identité visuelle. Par ailleurs, rien dans les registres comptables ne permet de savoir si le bourreau est tous les jours paré de son costume ou, au contraire, s'il ne le revêt que pour les exécutions judiciaires ou les autres tâches qui lui incombent.

QUELS REVENUS POUR « LES MÉTIERS » DU BOURREAU ?

Les revenus du bourreau, tout comme ceux de l'ensemble des agents de la ville de Périgueux, sont divisés en deux catégories : les gages et les salaires [annexe 3].

Les gages – nommés *gatges* ou *stipendia* dans les registres – sont perçus à titre de récompenses annuelles. Fixés par le maire et les consuls, ils sont en général payables par quartier aux grandes fêtes chrétiennes (Pâques, Saint-Jean, Toussaint, Noël), mais également par moitié ou par tiers [annexe 3]. Si les agents les plus importants reçoivent des gages plus élevés (le chef des *sirvens*, le *torier*, *etc.*), l'ensemble des employés municipaux perçoit la même somme[27], comme par exemple 20 sous payables par quartier jusqu'au début du XVe siècle, puis environ 8 livres

27 Les registres de comptabilité rapportent que le bourreau reçoit également les cadeaux – le plus souvent des denrées alimentaires – que la ville offre à ses agents en fin d'année. Au même titre que les *sirvens*, il les reçoit lors repas festifs auxquels il est convié.

à partir de cette date[28]. Au XVIIIe siècle, les gages du bourreau semblent d'ailleurs fixés à 47 livres 10 sous.

Perçus pour chaque tâche, les salaires semblent quant à eux évoluer selon le travail effectué et les années. Il est vrai que le bourreau est un agent polyvalent qui, entre peines corporelles et tâches d'intérêt public, n'est pas rétribué de la même façon.

L'ARTISAN DES PEINES JUDICIAIRES

Entre le XIVe et le tout début du XVIe siècle, le bourreau est régulièrement associé aux peines corporelles et de mort dans les registres de comptabilité[29]. Il est alors affecté à des peines précises (voir *infra*) et son salaire d'artisan de la justice y est dévoilé pour chaque exécution. Ces éléments ont été consignés dans un tableau récapitulatif et comparatif : tout comme pour son costume, il s'agissait de mieux circonscrire le travail du bourreau en le comparant à celui des *sirvens* [annexe 3]. Il est vrai que le bourreau n'est pas le seul agent à appliquer les peines corporelles et de mort. En effet, les années où il n'y a pas de bourreau à Périgueux, les *sirvens* et d'autres agents municipaux appliquent la justice corporelle et capitale[30]. Par ailleurs, lorsqu'il est mentionné pour la première fois en 1330-1331, le *borrelier* n'est pas directement lié à une exécution pénale, même si on retrouve bien ses gages de 5 sous dans la comptabilité[31]. Construit à partir des seules années où un bourreau est mentionné dans la documentation comptable, le tableau récapitulatif et comparatif doit donc être pris en tenant compte de ces nuances.

Le bourreau intervient essentiellement pour l'application de deux catégories de peines corporelles : celles qui n'entraînent pas la mort et celles à but létal. Parmi les sentences qui n'aboutissent pas au décès du criminel, il est appelé pour amputer des poings et essoriller (jusqu'au

28 J. Maubourguet pense également que les différences de gages sont dues aux fonctions des agents : voir Maubourguet 1934.

29 Pour un aperçu plus large sur les XVIe-XVIIIe siècles, il faudrait également se tourner vers les sentences criminelles. Face à l'ampleur de la tâche, nous n'avons pu l'entreprendre dans le cadre de cet article.

30 Aux années 1323-1324, le scribe a rapporté que le *torier* s'est chargé de la noyade d'une femme. *Registres des comptes de la ville de Périgueux*, années 1323-1324, A.D. 24, CC 45 E DEP 5019, f° 19v°.

31 *Registres des comptes de la ville de Périgueux*, années 1331-1332 : *Item baylem V s. al borrelier lo divendres apres la sancta lucia*, A.D. 24, CC 50 E DEP 5020, f° 1v°.

XVIe siècle), mais également pour fouetter et battre (à partir du XVe siècle). Pour l'application de ces peines – à chaque fois que nous avons pu le vérifier dans les registres – le bourreau est toujours accompagné des *sirvens* et il est rémunéré à la même hauteur qu'eux [annexe 3]. Quand il s'agit de donner la mort, le bourreau intervient essentiellement pour pendre, et cela jusqu'à l'extrême fin du XIVe siècle[32]. Les registres rapportent ainsi que les meurtriers et les voleurs passent entre ses mains, sans fournir d'informations précises quant à la technique, la pratique ou le rituel de pendaison[33]. Les mentions du salaire des *sirvens* invitent à conclure que le bourreau n'agissait pas seul au moment de gérer ce type d'exécution capitale. Ces conclusions s'appliquent également à ses interventions pour noyer, décapiter et mettre au bûcher les criminels [annexe 3].

Ainsi, même pendant les périodes où il est qualifié de « maître » dans les registres, le bourreau n'est pas plus rémunéré qu'un autre agent municipal. De fait, il semble que son « art » ne soit pas particulièrement reconnu. Deux points le différencient toutefois des *sirvens* : il n'intervient pas pour les prises de corps, les courses des adultères et les bannissements[34] et la ville le dote de fournitures nécessaire aux exécutions. À partir du XVe siècle, les registres rapportent en effet que des paires de gants ont été achetées pour certaines exécutions[35]. Aucune mention n'est toutefois faite sur un outillage spécifique aux sentences corporelles exécutées par le bourreau (épée, hache, *etc.*)[36], ni même à celui des autres tâches qu'il réalise.

---

32 La pendaison est la peine de mort la plus répandue dans le royaume de France à la fin du Moyen Âge, voir Gauvard 1994.

33 Seules les mentions d'achat de cordes et d'échelles apparaissent. Voir Vivas 2012, p. 490 et suiv.

34 Si les registres le mentionnent pour certains bannissements, c'est qu'il applique avant l'exclusion du criminel une sentence corporelle, voir annexe 3.

35 *Registres des comptes de la ville de Périgueux*, années 1454-1455, A.D. 24, CC 86 E DEP 5026, f° 5r° ; années 1498-1499, A.D. 24, CC 95 E DEP 5027, f° 4r°-6r° ; années 1500-1501, A.D. 24, CC 96 E DEP 5027, f° 9r°-9v° ; années 1504-1505, A.D. 24, CC 97 E DEP 5027, f° 3r°.

36 Contrairement à Bergerac (Dordogne) où les registres des Jurades mentionnent à plusieurs reprises au cours du XVIe siècle la *doladoyre* (hache) du bourreau. Voir *Recueil des Jurades de Bergerac*, éd. Charrier1892. Seule la mention d'une barre de fer achetée pour le *mestre* est à noter, sans qu'on ne puisse toutefois en connaître l'utilisation : voir *Comptes de la ville de Périgueux*, années 1500-1501, A.D. 24, CC 96 E DEP 5027, f° 12v°.

LE BOURREAU : UN AGENT POLYVALENT

Les registres de comptabilité rapportent que le bourreau, outre gérer les sentences pénales, s'occupent de diverses tâches que l'historiographie ancienne et récente qualifie de « basses-œuvres » [annexe 4].

Parmi ces tâches, certaines sont en lien avec la justice. En 1340-1341, il est ainsi dépêché à Bergerac pour acquérir des menottes auprès du bourreau de la ville[37]. Payé 4 sous pour ce déplacement, son salaire est équivalent à celui qu'il perçoit pour les sentences corporelles qu'il applique. En 1504-1505, le bourreau est également un exécuteur de justice dans deux affaires de faux et usages de faux : il brûle devant l'Hôtel du Consulat les poids falsifiés et la cire qui était mêlée à de la résine[38].

Le bourreau semble aussi affecté à la gestion des cadavres de criminels et d'animaux. C'est par exemple le cas en 1335-1336 où Johan Escheli est rémunéré pour enterrer des « charognes » qui étaient pendues aux fourches patibulaires d'Écornebœuf quand celles-ci se sont écroulées[39]. Il est payé 5 sous pour cette tâche, autrement dit le même salaire qu'il perçoit pour des pendaisons. À plusieurs reprises, il ôte et enterre également les cadavres d'animaux se décomposant dans les rues de Périgueux[40]. Il occupe donc une tâche d'intérêt public, comme lorsqu'il achète du tissu pour vêtir les *sirvens* (1340-1341)[41], lorsqu'il porte du bois et qu'il aide à la réparation de la barbacane des Plantiers (1366-1367)[42], lorsqu'il enlève des ormes et des ronces dans les douves

37 *Registres des comptes de la ville de Périgueux*, années 1340-1341 : *Item baylem al servicial per unas maniotas que comprem del pendart de Brageyrac son companho que avia aportat de fora, tornes IIII* s., A.D. 24, CC 54 E DEP 5021, f° 17°.

38 *Registres des comptes de la ville de Périgueux*, années 1504-1505, A.D. 24, CC 97 E DEP 5027, f° 2r° et 5r°.

39 *Registres des comptes de la ville de Périgueux*, années 1335-1336 : *Item baylem a Joh. Escheli servicial de la viela per que sostares las charonhas qui eren en las forchas quan foren chaygudas, V s.*, A.D. 24, CC 54 E DEP 5020, f° 6r°.

40 *Registres des comptes de la ville de Périgueux*, années 1477-1478, A.D. 24, CC 91 E DEP 5026, f° 6v° (pour un chien); années 1492-1493, A.D. 24, CC 94 E DEP 5027, f° 7v° (pour 1 chien et 1 truie); années 1500-1501, CC 96 E DEP 5027, f° 16v° (pour 1 chien de garde); années 1504-1505, A.D. 24, CC 97 E DEP 5027, f° 2v°, 6v° et 8 r° (pour 1 porc, 1 cheval et 2 chiens).

41 *Registres des comptes de la ville de Périgueux*, années 1340-1341, A.D. 24, CC 59 E DEP 5021, f° 17r°.

42 *Registres des comptes de la ville de Périgueux*, années 1366-1367, A.D. 24, CC 64 E DEP 5022, f° 57v°.

ou qu'il apporte une poutre au Consulat (1382-1383)[43], qu'il refait la toiture du four à chaux (1397-1398)[44] ou qu'il rejointoie la barbacane de Tornepiche (1477-1478)[45].

Si certains passages des registres de comptabilité prouvent donc que le bourreau est un agent polyvalent, ils amènent toutefois à se demander pourquoi il accepte d'effectuer des tâches aussi différentes les unes des autres. Ces documents invitent alors à s'intéresser aux avantages et aux inconvénients du métier de bourreau et, par-là même, à sa vie quotidienne.

LA VIE QUOTIDIENNE DU BOURREAU DE PÉRIGUEUX

ENTRE PRIVILÈGE ET PAUVRETÉ : LES AVANTAGES ET LES INCONVÉNIENTS DU MÉTIER DE BOURREAU

L'historiographie véhicule l'image d'un bourreau jouissant d'exemptions et de droits de prélèvements sur les denrées alimentaires[46]. Quelques paragraphes des registres de comptabilité invitent pourtant à réévaluer les « privilèges » du bourreau en s'interrogeant sur sa prise en charge financière et spirituelle par la ville de Périgueux.

On s'aperçoit ainsi que la municipalité assume les frais médicaux du bourreau. Aux années 1397-1398, le comptable rapporte que Peyrot le *servicial* s'est cassé l'épaule à cause de l'effondrement du toit d'une maison dans laquelle il dormait. La ville paye alors un certain Sadolet pour les pansements et les onguents utilisés pour le soigner[47], et achète

43 *Registres des comptes de la ville de Périgueux*, années 1382-1383, A.D. 24, CC 68 E DEP 5023, f° 21v° et 31v°.

44 *Registres des comptes de la ville de Périgueux*, années 1397-1398, A.D. 24, CC 69 E DEP 5023, f° 3v°.

45 *Registres des comptes de la ville de Périgueux*, années 1477-1478, A.D. 24, CC 91 E DEP 5026, f° 15v°.

46 Le droit de havage, dit aussi doit de havée, est l'exemple le plus souvent repris.

47 *Registres des comptes de la ville de Périgueux*, années 1397-1398 : *Item baylem lo premier jorn de Janier que la maygo del chaufforn ont lo dich Peyrot jazia, tot lo cubertitz se layschet tombar sobre lo dich Peyrot lo qual era al liech que de nuech tombet e rompet li leypalla e fezem lo pensar*

de quoi remplacer son lit[48]. L'année suivante, le trésor public endosse encore les frais de cet accident[49].

Cette prise en charge financière peut également être poussée jusqu'à la charité. Ainsi, entre le XIVe et le XVe siècle, le bourreau ne semble pas vivre décemment : la ville lui offre donc quelques sous et deniers. Aux années 1366-1367, le comptable mentionne ainsi que le *servicial* n'a pas de quoi vivre et, alors qu'il est qualifié de *paubres* aux années 1382-1383, c'est par « amour de Dieu » qu'on lui fait la charité en 1434-1435[50]. Certaines années, il semble tellement pauvre que la ville l'aide à s'acquitter de son loyer (1382-1383)[51] et participe même à ses obsèques (1608-1609)[52]. Cette prise en charge funéraire se double peut-être d'un souci salutaire : en 1434-1435, la municipalité paye en effet la confession du *servicial* lors de la semaine Sainte[53].

Cette image d'un bourreau financièrement démuni s'éloigne donc de celle d'un privilégié jouissant d'exemptions multiples, qui plus est pour l'époque médiévale. Toutefois, s'il est vrai qu'il peut à partir de l'Époque moderne prélever des denrées alimentaires sur les marchés, c'est très probablement parce que la ville se soucie du bien-être d'un de ses agents. Ainsi, les 3 et 4 juillet 1739, la municipalité profite du recrutement d'un bourreau pour fixer les prélèvements qu'il pouvait effectuer sur les marchandises entrant dans la ville les jours de foire et

a Sadolet al qual ne pagem per onguens e per son trabalh e tot so que y mes, monta : IX s. VII d., A.D. 24, CC 69 E DEP 5023, f° 3v°, voir également f° 52r°.

48 *Registres des comptes de la ville de Périgueux*, années 1397-1398 : *Premieyramen baylem per lo dich Peyrot que comprem una costia e un cuyschi e quatre linsols e una cuberta e VII fays de gluey per far un liech en qué lo dich Peyrot jagues e la costia e lo cuyschi e la cuberta e lu dels linsols costet XXXIII s. IIII d. mealha peregorzis e li III autre linsol costeren XII s. VI d. peregorzis e lo fays del gluey XII d. mealha peregorzis, monta tornes a peregorzis II ll. VI s. XI d., valen tornes : I ll. XVII s. VI d. m.*, A.D. 24, CC 69 E DEP 5023, f° 3v°.

49 *Registres des comptes de la ville de Périgueux*, années 1398-1399, A.D. 24, CC 69bis E DEP 5023, f° 36r°.

50 *Registres des comptes de la ville de Périgueux*, années 1366-1367 : *Item donem al servicial quar no avia de que visques lo fort a XX s. : X s.*, A.D. 24, CC 64 E DEP 5022 f° 15r° ; années 1382-1383 : *Item baylem que donem al servicial lo qual es paubres per viore monta : VI s. VIII d.*, A.D. 24, CC 68 E DEP 5023 f° 4v° ; années 1434-1435 : *Item beylem que donem per amor de Diou a Me Johan lo servicial : VIII d.*, A.D. 24, CC 78 E DEP 5024, f° 3r°.

51 *Registres des comptes de la ville de Périgueux*, années 1382-1383 : *Item donem al servicial per pagar la maygo que te logada monta : VIII s.*, A.D. 24, CC 68 E DEP 5023, f° 10r°.

52 *Registres des comptes de la ville de Périgueux*, années 1608-1609, CC 104 E DEP 5028, f° 22r°.

53 *Registres des comptes de la ville de Périgueux*, années 1434-1435 : *Item beylem en la Semmana Senhta, que donem a Me Johan lo servicial per que se anès cofessar : VIII d.*, A.D. 24, CC 78 E DEP 5024, f° 2v°.

de marché. Afin qu'il n'outrepasse pas ses droits – ce que le document laisse supposer pour les années passées – et que tous les habitants les connaissent, l'arrêté est affiché à la porte du pont de Tournepiche, juste à côté de la *loge dudit exécuteur*[54].

Face à de menus avantages, le poste de bourreau ne semble pas vraiment attractif et reste souvent inoccupé [annexe 1]. Les déménagements de bourreaux sont-ils alors la conséquence d'un faible salaire et de conditions de vie laborieuses ? Est-ce pour ces raisons que le bourreau Jean Durand, en 1770, quitte la ville de Périgueux sans donner de raison et en emportant les gages qui lui avaient été versés[55] ? En mettant en lumière la difficile situation financière du bourreau, les registres de comptabilité portent la réflexion sur un autre point de la vie quotidienne du bourreau : il est également un homme devant assumer les exigences d'une vie de famille.

MARI, PÈRE, AMI ET COLLÈGUE : DANS L'INTIMITÉ DU BOURREAU DE PÉRIGUEUX

À première vue, il peut être étonnant de chercher des informations sur la vie privée du bourreau dans les registres de comptabilité. Pourtant, quelques folios fournissent des éléments sur sa famille et son logement. Complété par d'autres sources d'archives, comme par exemple les registres paroissiaux, le tableau familial se dévoile un peu plus.

Les registres des années 1336-1337 signalent ainsi que la veuve du *pendart* reçoit 2 sous pour les gages que la ville devait à son défunt mari[56]. Cette petite occurrence indique donc que le bourreau pouvait se marier, union que l'on retrouve de façon plus détaillée dans les registres paroissiaux de l'Époque moderne[57]. Jean Berger et Margueritte Guerre se marient ainsi le 9 juin 1661 et, le 18 mai 1666, ce sont Guillaume Chastan et Marguerite La Boyrie qui reçoivent la bénédiction nuptiale[58].

---

54 *Registre des délibérations*, années 1739-1740, A.D. 24, BB28 E DEP 5012, f° 21r°-23v°. Sur ce texte, voir Aublant 1941.

55 *Délibérations et arrêtés de Jurade*, A.D. 24, BB 37 E DEP 5014, f° 49r°.

56 *Registres des comptes de la ville de Périgueux*, années 1336-1337 : *Item baylem lo jorn desus a la molher del pendart qui morit per razo daycho que hom lhi devia de temps passat : II s.*, A.D. 24, CC 55 E DEP 5020, f° 5r°.

57 Trop nombreux pour être tous étudiés, les registres paroissiaux conservés aux archives départementales de la Dordogne n'ont été consultés que par sondages.

58 *Registres paroissiaux de Périgueux (paroisse de Saint-Front)*, A.D. 24, GG 61 E DEP 5087, f° 24v° et 49v°.

Deux ans plus tard, le registre des baptêmes permet de s'immiscer un peu plus dans la vie privée du bourreau et mentionne que Guillaume et Margueritte font baptiser leur fille Catherine. Si ce fond archivistique permet de connaître le nom des enfants du bourreau, il dévoile également celui du parrain et de la marraine [annexe 5]. L'évocation de cette parenté spirituelle permet de prolonger la discussion sur l'insertion du bourreau et de sa famille dans la société. À ce titre, on remarque que les parrains travaillent dans la ville de Périgueux (avec un exemple de maître apothicaire) et parfois même comme agents municipaux (un exemple d'archer), c'est-à-dire aux côtés du bourreau [annexe 5]. Le parrainage, véritable parenté spirituelle, permet donc de resserrer les liens entre les bourreaux : en 1613, Arnaud Captal est le filleul d'Arnaud Dauviniaud, le maître des hautes-œuvres de Brive-la-Gaillarde[59].

La création de familles de bourreaux se perçoit également dans les mariages contractés. En 1739, Jean Jacquineau est le nouveau bourreau de Périgueux : fils du bourreau de la ville de Langres, il était marié à la fille de l'exécuteur de Troyes[60]. Dans un contrat de mariage daté du 20 mai 1752, on apprend l'union de Mathieu Varenne, bourreau de Sarlat et fils du bourreau de Périgueux, et de Pétronille Verdié, la fille du bourreau de Bordeaux[61]. Dès le XIVe siècle, il semble en effet que les bourreaux se connaissent et forment peut-être un réseau : les registres comptables de 1340-1341 qualifie en effet le bourreau de Bergerac de *companho* du *servicial* de Périgueux[62]. Cette mention fait-elle référence à un compagnonnage effectué avec le bourreau bergeracois ou tout simplement à une amitié liant les deux hommes ? Rien pour le moment ne nous permet de trancher.

Les registres de comptabilité et la documentation paroissiale – essentiellement pour l'époque moderne – permettent également de dévoiler le lieu de résidence du bourreau. Les registres de mariages et de baptême

59 Actuelle sous-préfecture de Corrèze, à environ 80 kms à l'Est de Périgueux.

60 Avant d'être recruté à Périgueux, Jean Jacquineau exerce à Chalon-sur-Saône puis, en 1742, à Angoulême ; ville dans laquelle il décède la même année. Voir Aublant 1941.

61 Cette mention est donnée par le Docteur Dusolier lors de la séance du jeudi 3 avril 1941 tenu à la Société Historique et Archéologique du Périgord (*Bulletin de la Société Historique et Archéologique du Périgord*, 1941, p. 158). L'acte de mariage censé être conservé aux archives départementales de la Gironde n'a pour le moment pas pu être retrouvé.

62 *Registres de comptes de la ville de Périgueux*, années 1340-1341 : *Item baylem al servicial per unas maniotas que comprem del pendart de Brageyrac son companho que avia aportat de fòra tornes : IIII s.*, A.D. 24, CC 59 E DEP 5021, f° 17v°.

indiquent ainsi le nom des églises dans lesquelles ont lieu les célébrations religieuses : si tous habitent la paroisse Saint-Front, seul Mathieu Pradal habite la paroisse Saint-Silain [annexe 5]. Pour plus d'informations, il faut toutefois se tourner vers les registres de comptabilité et de délibérations. Le 10 novembre 1759, le maire et les consuls de Périgueux ainsi que le recteur et le syndic du Collège des Jésuites passent un accord pour la reconstruction d'une maison destinée à l'exécuteur de la haute justice. Il s'agit en effet de remplacer celle que le bourreau occupe et qui doit être laissée en toute propriété à l'établissement religieux[63]. Cet accord fait suite à un contrat signé en 1640 et resté sans suite. Depuis plus de 100 ans, le bourreau logeait donc dans une maison située dans l'enclos du Collège des Jésuites. Deux ans plus tard, cette affaire n'est toujours pas terminée puisqu'un autre contrat, signé le 29 juin 1761, demande que la maison du bourreau soit reconstruite à l'identique par les Jésuites[64].

À la fin du XVIIIe siècle, le bourreau ne paraît pas toujours loger dans une maison. Le 3 mai 1770, Jean Durand, juste embauché par la ville, reçoit en effet *la clef de la chambre dans laquelle logoient ordinairement les exécuteurs*[65]. En 1782-1783, le registre des comptes mentionne sans plus de précisions que 30 sous ont été dépensés pour des travaux de serrurerie dans *la maison de l'exécuteur de la haute justice*[66]. Les délibérations des 7-9 novembre 1789 signalent également que l'exécuteur doit être délogé de son habitation située sur la porte Taillefer – deux commissaires sont alors désignés pour lui rechercher un autre logement –, car elle doit servir à stocker de la farine[67]. Si ces textes ne facilitent pas les recherches sur le logement du bourreau, ils certifient toutefois que l'agent municipal déménage régulièrement.

---

63 A.D. 24, GG 172 E DEP 5113, pièce papier n° 31. Sur les Jésuites à Périgueux, voir Lambert 1927.

64 A.D. 24, BB 33 E DEP 5013, f° 19v°-20v°. L'acte donne une description précise de la maison du bourreau (nombre de pièces, dimensions, matériaux, *etc.*)

65 *Délibérations et arrêtés de Jurade*, A.D. 24, BB 37 E DEP 5014, f° 49r°.

66 *Registres de comptes de la ville de Périgueux*, années 1782-1783, A.D. 24, CC 135 E DEP 5030, f° 8r°.

67 Fournier de Laurière 1942, p. 252-254.

CONCLUSION

Au terme de ces quelques pages, les bourreaux de Périgueux s'éloignent donc de cette image de « peu sympathiques mais nécessaires personnages » que C. Aublant leur affublait en 1941[68]. En effet, la relecture attentive de la documentation comptable invite non seulement à remettre en question l'exclusion d'un homme, mais également à discuter l'évolution d'un métier entre le Moyen Âge et le XVIIIe siècle. Si des traits sont ainsi communs au bourreau médiéval et au bourreau de l'Époque moderne, il semble que des évolutions soient en effet notables, tant au niveau du champ lexical que de la charge.

Certains domaines restent toutefois à explorer, comme par exemple celui de la professionnalisation du bourreau. Il est vrai que l'apparition au XVe siècle de la titulature de « maître » et sa disparition au XVIIe siècle interrogent toujours. Par-là même, les mentions aux XVIIe et XVIIIe siècles de valets et d'aides-bourreau posent également la question d'un apprentissage auprès d'un maître exécuteur. Ces points doivent par ailleurs être mis en lien avec la création de lignées familiales de bourreaux à partir de l'Ancien Régime. L'étude de la vie quotidienne du bourreau de Périgueux permet de dresser aujourd'hui le portrait d'un mari et d'un père de famille inséré dans un réseau social englobant des bourreaux, des collègues de travail et des habitants de la ville dans laquelle il réside. Ces éléments remettent donc aujourd'hui en doute l'exclusion d'un homme.

La présente étude a donc fait émerger les différents visages du bourreau entre le XIVe et le XVIIIe siècle. Loin d'être exhaustive, elle gagnerait toutefois à être étoffée par une étude documentaire plus large. Si nous n'avons ainsi opéré que de petits sondages dans les registres paroissiaux – baptêmes et mariages uniquement – il conviendrait de faire une recherche plus poussée dans cette documentation, en prenant par exemple en compte les actes de décès du bourreau et de sa famille. Il faudrait également reprendre l'ensemble des registres de délibérations municipales ainsi que les sentences criminelles prononcées par la sénéchaussée et le

---

68 Aublant 1941, n. 2 p. 353.

présidial de Périgueux. Ces recherches complémentaires permettraient ainsi de compléter le tableau et d'ouvrir le champ des comparaisons avec d'autres aires géographiques.

Mathieu Vivas
Université de Lille 3
Institut de Recherches Historiques du Septentrion

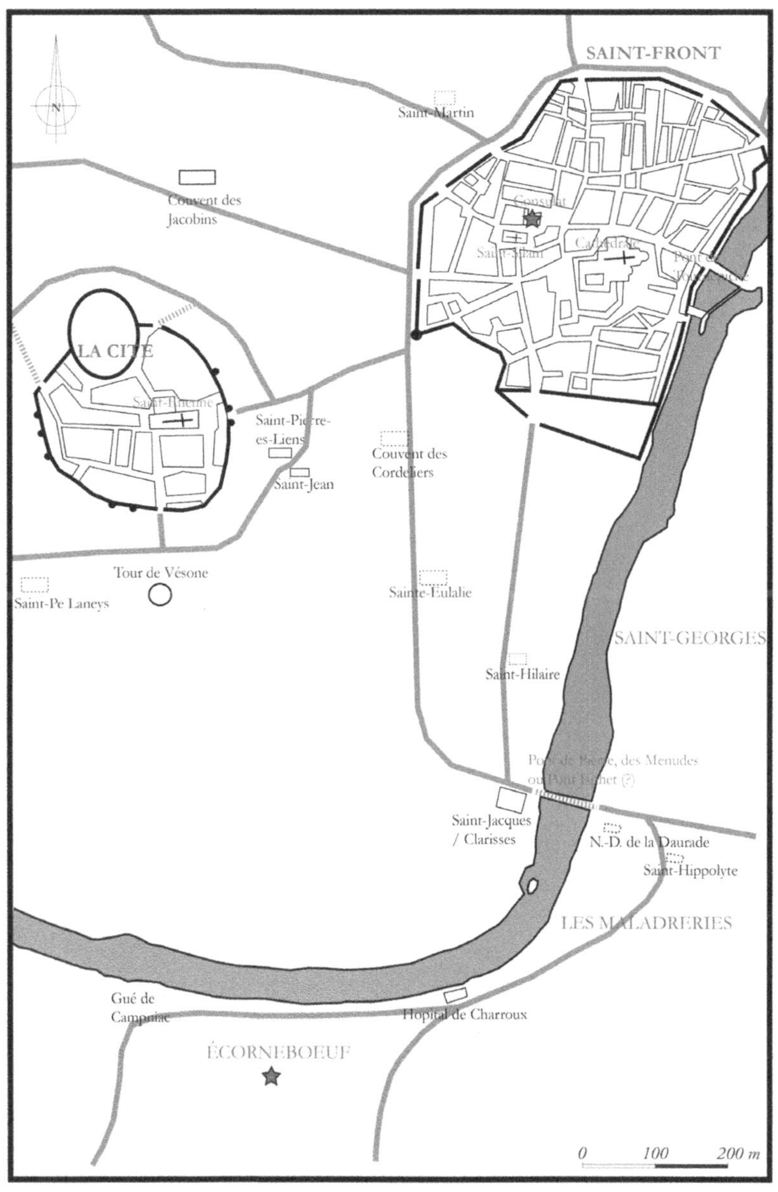

FIG. 1 – Plan de la ville de Périgueux au XIVe siècle (cartographie M. Vivas, d'après Higounet-Nadal 1978, p. 485).

ANNEXE 1
Mentions du bourreau dans les registres comptables et de la ville de Périgueux

Siècles	Années	Côte	Nombre de mentions	Numéros du/des folio(s)	Désignation	Nom
XIVe s.	1330-1331	CC50 E DEP 5020	1	1v°	Borrelier	
	1331-1332	CC51 E DEP 5020	2	2v°, 5v°	Borreliers Pendart	
	1332-1333	CC52 E DEP 5020	2	2v°, 5v°	Borrelier Borreliers	
	1334-1335	CC53 E DEP 5020	10	1v°, 2r°, 3r°, 3v°, 4v°, 6r°, 7r°, 7v°, 8r°	Servicial	
	1335-1336	CC54 E DEP 5020	4	1v°, 2v°, 3r°, 6r°	Servidor de la ville Borelier de la ville Servicial	Johan Escheli
	1336-1337	CC55 E DEP 5020	8	1v°, 3r°, 4r°, 5r°, 48r°	Pendart Servicial	
	1338-1339	CC57 E DEP 5021	1	2r°	Servicial	
	1339-1340	CC58 E DEP 5021	5	1r°, 4r°, 9r°	Servicial	
	1340-1342	CC59 E DEP 5021	11	1v°, 13r°, 15v°, 16r°, 17r°, 17v°	Servicial	Itier Chatuel
	1346-1347	CC60 E DEP 5021	5	f° 2v°, 6v°, 15v°, 16r°	Servicial	

	1366-1367	CC64 E DEP 5022	5	f° 3v°, 4r°, 15r°, 20r°, 57v°	Servicial	
	1371-1372	CC66 E DEP 5022	3	1v°, 8v°, 20v°	Servicial	Johan
	1375-1376	CC67 E DEP 5023	4	1v°, 2r°, 4r°, 28v°	Servicial	Johan
	1382-1383	CC68 E DEP 5023	10	1v°, 2v°, 4r°,4v°, 10r°, 17r°, 18r°, 21v°, 23r°, 31v°	Servicial Pendart	
	1397-1398	CC69 E DEP 5023	7	3v°, 18r°, 52r°	Servicial	Peyrot
	1398-1399	CC69bis E DEP 5023	2	2v°, 36r°	Servicial	Peyrot
	1400-1401	CC70 E DEP 5023	1	3r°	Servicial	Peyrot
XVe s.	1434-1435	CC78 E DEP 5025	5	2v°, 3r°, 3v°, 4r°	Servicial	Me Johan
	1435-1436	CC79 E DEP 5025	1	2v°	Servicial	
	1436-1437	CC80 E DEP 5025	1	2r°	Servicial	Me Johan
	1447-1448	CC83 E DEP 5025	2	2r°, 3r°	Pendart	Me Copi l'Alaman
	1454-1455	CC86 E DEP 5026	2	5r°, 20r°	Servicial Servissial	Me Masse

	1461-1462	CC87 E DEP 5026	3	2r^{o}, 3r^{o}, 10v^{o}	Servissial	Me Pierre
	1464-1465	CC88 E DEP 5026	3	2r^{o}, 2v^{o}, 3r^{o}	Maître des hautes-œuvres	
	1467-1468	CC90 E DEP 5026	1	3r^{o}	Servicial	
	1477-1478	CC91 E DEP 5026	5	3r^{o}, 3v^{o}, 5r^{o}, 6v^{o}, 15r^{o}	Maître des hautes-œuvres Servicial	Me Laurens
	1488-1489	CC92 E DEP 5026	2	2r^{o}, 17r^{o}	Servicial Exécuteur de la Justice	Me Pierre
	1492-1493	CC94 E DEP 5027	4	2v^{o}, 3v^{o}, 5r^{o}, 7v^{o}	Maître des hautes-œuvres Maître Servicial des hautes-œuvres	
	1498-1499	CC95 E DEP 5027	3	4r^{o}, 6r^{o}	Maître des hautes-œuvres	
	1500-1501	CC96 E DEP 5027	8	3r^{o}, 5v^{o}, 9r^{o}, 9v^{o}, 12r^{o}, 12v^{o}, 16v^{o}, 27v^{o}	Maître des œuvres. Maître des hautes-œuvres	
XVIe s.	1504-1505	CC97 E DEP 5027	10	1v^{o}, 2r^{o}, 2v^{o}, 3r^{o}, 5r^{o}, 6v^{o}, 8r^{o}, 14v^{o}	Maître des hautes-œuvres	Me Johan
	1509	BB14 E DEP 5009		89r^{o}	Maître des hautes-œuvres	Me François Gondisseur

	1547-1548	CC100 E DEP 5028	2	46v°	Maître des hautes-œuvres	
				39v°	Maître des hautes-œuvres	Me Jehan Gonteyrou
	1561	FF 174 E DEP ?	1	89r° (copie du XVIIIe s.)	Exécuteur de la haute justice	
	1569-1570	CC102 E DEP 5028	2	36v°	Maître des hautes-œuvres	
				37v°	Bourreau	
XVIIe s.	1605-1606	CC103 E DEP 5028	1		Exécuteur de la haute justice	
	1608-1609	CC104 E DEP 5028	5	11v°, 12r°	Exécuteur de la haute justice	
				19v°, 22r°	Maître des hautes-œuvres	Me Henri Captal
	1613	GG41 E DEP 5083	1	115r°	Maître des hautes-œuvres	Me Henri Captal
	1620-1621	BB105 E DEP ?	1	?	Exécuteur de la haute justice	
	1626	GG46 E DEP 5084	1	118r°	Maître des hautes-œuvres	Me Arnaud Passega
	1661	GG61 E DEP 5087	1	24v°	Exécuteur de la haute justice	Jean Berger

	1666	GG61 E DEP 5087	1	49v°	Exécuteur de la haute justice	Guillaume Chastain
	1668	GG65 E DEP 5088	1	48v°	Exécuteur de la haute justice	Guillaume Castan
	1686	GG74 E DEP 5090	1	109v°	Maître exécuteur de la justice	Me Pierre Laporte
XVIIIe s.	1703	CC 141 E DEP 5030	1		Maître des hautes-œuvres	Jean Bergier dit Petit-Jean-La-Mort
	1711	CC108 E DEP 5029	1	3r°	Maître des hautes-œuvres	
	1726-1727	CC111 E DEP 5029	1	3r°	Maître des hautes-œuvres	
	1727-1728	CC112 (2) E DEP 5029	1	3r°	Exécuteur	
	1738-1739	CC126 E DEP 5029	1	6r°	Exécuteur de la haute justice	Jean Jacquineau
	1739-1740	BB28 E DEP 5012	1	21r°-23v°	Exécuteur des hautes-œuvres	
	1744-1745	CC128 E DEP 5029	1	3v°	Exécuteur des hautes-œuvres	Jean Varènes
	1745	CC141 E DEP 5030	1	feuillet volant du 21 novembre 1745	Exécuteur des hautes-œuvres	Jean Varènes
	1756-1759	CC138 E DEP 5030	1	3r°	Exécuteur des hautes-œuvres	

1759	GG172 E DEP 5113	1	Pièce papier n° 31	Exécuteur de la haute justice	
1759-1760	CC129 E DEP 5029	1	5r°	Exécuteur des hautes-œuvres	
1761	BB33 E DEP 5013	1	19v°-20v°	Exécuteur des hautes-œuvres	
1770	BB38 E DEP 5014	1	49r°	Exécuteur des hautes-œuvres	Jean Durand
1775	GG132 E DEP 5106	1	116v°-117r°	Exécuteur de la haute justice	Mathieu Pradal
1782-1783	CC135 E DEP 5040	1	8r°	Exécuteur de la haute justice	

FIG. 2 – Mentions du bourreau dans les registres comptables et de la ville de Périgueux et dans d'autres sources textuelles conservées aux Archives Départementales de la Dordogne (A.D. 24).

ANNEXE 2
Tableau comparatif des costumes du bourreau et des agents municipaux

Siècles	Années	Bourreau		Agents municipaux (sirvens)	
		Vêtement et matière	Imprimé et motif	Vêtement et matière	Imprimé et motif
XIVe s.	1330-1331	Tunique de dessus Chaperon	Rayures	Robe Tunique pour le *torier*	
	1331-1332	Tunique de dessus	Carreaux	Robe	
	1332-1333	Tissu	Carreaux	Robe Tunique pour le *torier*	Carreaux – Vert
	1334-1335	Drap		Robe	
	1335-1336	Surcot	Carreaux	Robe de tissu et de drap de laine	Rayures
	1336-1337	Robe de drap de laine		Robe de tissu et de drap de laine Tunique de tissu pour le *torier*	Rayures Rayures
	1339-1340	Robe en drap		Robe en drap	
	1340-1342	Robe de tissu	Carreaux	Robe de tissu Robe pour le *torier*	Rayures – Vermeil, jaune Vermeil
	1346-1347	Robe de tissu	Rayures	Robe de plusieurs tissus	Rayures
	1366-1367	Robe de draps		Robe de tissu et de drap de laine Chaperon pour le *torier*	Rayures

	1371-1372	Robe de tissu Chaperon en toile de bure	Carreaux		
	1375-1376	Robe en toile de bure		Robe Chaperon	Bleu, blanc, vermeil Ble, blanc
	1382-1383	Robe en toile de bure		Robe Chaperon	Vermeil, gris Gris
	1397-1398	Tunique de dessus Chaperon	Bleu, blanc, orange Bleu, blanc, orange	Robe de bure Chaperon	Orange
	1398-1399	Robe en toile de bure Chausses en toile de bure Bottines Sabots	Rouge, blanc Blanc	Robe Chaperon	Vermeil, bleu Bleu
	1400-1401	Tunique de dessus Savates	Bleu, vert	Robe	Noir, vert
XVe s.	1434-1435	Robe	Vert, vermeil	Robe	Vert, vermeil
	1435-1436	Robe en *rosset* de Toulouse		Robe Chaperon (pour certains)	Rouge, vert Bleu
	1436-1437	Robe en tissu de Malines		Robe Chaperon (pour certains)	Bleu, vert Bleu
	1461-1462	Robe	Gris, vert	Robe Chaperon pour le *trompedor*	Gris, vert

	1464-1465	Robe en tissu	Violet	Robe Chaperon Chausses Chaperon pour le *trompedor*	Bleu, violet Violet Violet Bleu
	1467-1468	Vêtement		Robe Chausses de *rollet* d'Angleterre Chaperon pour le *comtador*	Rouge Rouge Bleu
	1477-1478	Chausses en drap de *tanet* et en tissu	Blanc	Robe en drap de Malines	Gris
	1488-1489	Robe Chausses		Robe	Bleu, rouge
	1492-1493	Robe Chausses en maroquin	Rouge Rouge, jaune	Robe en drap de *tanet*	Bleu
	1498-1499	Manteau Chausses	Rouge Rouge		
	1500-1501	Vêtement de draps de *tanet*	Rouge		
XVIe s.	1504-1505	Vêtement de draps de *tanet*	Bleu, rouge		
	1547-1548	Robe Chausses Doublure.	Rouge, bleu, jaune, blanc Rouge, bleu, jaune, blanc		

XVIIe s.	1605-1606	Souliers			
	1608-1609	Robe de draps Doublure en toile Chapeau avec un cordon et un grand panache	Rouge, bleu, blanc Rouge	Robe de draps Doublure en toile Chapeau avec un cordon et un grand panache	Rouge, bleu, blanc Rouge
	1620-1621	Chapeau avec un cordon et un grand panache	Rouge		

FIG. 3 – Tableau comparatif des costumes du bourreau et des agents municipaux (d'après les registres de comptabilité uniquement).

ANNEXE 3
Tableau comparatif des gages et des exécutions de justice payées au bourreau et aux sergents

Siècles	Années	Bourreau		Sirvens	
		Gages	Exécutions de justice (et salaire)	Gages	Exécutions de justice
XIVe s.	1330-1331	20 s. par ¼ (?)	?	20 s. par ¼ (?)	Pendaison Prise de corps Bannissement Question Course des adultères Mutilation (poing) . salaire entre 5 et 10 s.
	1331-1332	20 s. par ¼ (?)	Pendaison (20 s.)	20 s. par ¼ (?)	Pendaison Bannissement Question Course des adultères . salaire entre 5 et 20 s.
	1332-1333	20 s. par ¼	2 pendaisons (10 s.)	20 s. par ¼	Pendaison Énervation . salaire 5 s.
	1334-1335	20 s. par ¼	4 Pendaisons (entre 5 et 10 s.) 1 Essorillement (5 s.)	20 s. par ¼	Pendaison Essorillement . salaire 5 s.
	1335-1336	20 s. par ¼	2 Pendaisons (10 s.)	20 s. par ¼	Pendaison Bannissement . salaire 5 s.

1336-1337	20 s. par ¼	2 Pendaisons (5 s.)	20 s. par ¼	Pendaison Bannissement Course des adultères Prise de corps . salaire 5 s.
1338-1339	?	Aucune exécution	20 s. par ¼	Aucune exécution
1339-1340	20 s. par ¼	3 Pendaisons (entre 5 s. et 10 s.) 1 Noyade (5 s.) 1 Bûcher (5 s.)	20 s. par ¼	Pendaison Noyade Bûcher Bannissement Course des adultères . salaire entre 5 s. et 10 s.
1340-1341	12 s. par ⅓	6 Pendaisons (4 s.) 1 Essorillement (2 s.) 2 charrettes de l'infamie (4 s.) Décapitation 1 Mutilation (poing) (8 s.)	12 s. par ⅓	Pendaison Essorillement Charrette de l'infamie Décapitation Mutilation Course des adultères Bannissement . salaire 4 s.
1346-1347	20 s. par ¼	50 Pendaisons (4 s.) 1 Essorillement (4 s.) 1 Noyade (4 s.)	20 s. par ¼	Pendaison Essorillement Noyade Bannissement Course des adultères . salaire entre 8 et 12 s.

	1366-1367	20 s. par ¼	1 Pendaison (5 s.) 1 Noyade (5 s.)	20 s. par ¼	Pendaison Noyade Prise de corps . salaire 5 s.
	1371-1372	20 s. par ¼	1 Pendaison (5 s.)	20 s. par ¼	Pendaison Question Garder des prisonniers . salaire 5 s.
	1375-1376	20 s. par ¼	1 Pendaison (5 s.)	20 s. par ¼	Pendaison . salaire 5 s.
	1382-1383	20 s. par ¼	3 Pendaison (12 s.)	20 s. par ¼	Pendaison Prise de corps . salaire entre 5 et 12 s.
	1397-1398	20 s. par ¼	1 Décapitation, 1 Question et 1 Pendaison (10 s. 5 d.)	20 s. par ¼	Pendaison Prise de corps Amener à l'exécution Question Décapitation . salaire entre 5 et 12 s.
	1398-1399	12 l. 2 s. 8 d.	Salaire hebdomadaire de 4 s. 8 d. t. malgré aucune exécution	?	Aucune exécution
	1400-1401	12 l. 2 s. 8 d.	Salaire à la journée : 8 d. malgré aucune exécution	?	Aucune exécution
XVe s.	1434-1435		Aucune exécution	?	Aucune exécution
	1435-1436	8 d.	Aucune exécution	?	Aucune exécution
	1436-1437	?	Aucune exécution	?	Aucune exécution

	1447-1448	?	Essorillement (1 s. 8 d.)	?	
	1454-1455	8 l. t.	Fouet (20 s.)	?	
	1461-1462	8 l. 5 s.	Mise au pilori (13 s. 9 d. t.)	?	Aucune exécution
	1464-1465	?	½ écu, 2 mois et demi de travail soit 1 écu, 4 s. 9 d. t. (Aucune exécution)	?	Aucune exécution
	1467-1468	?	Aucune exécution	?	Aucune exécution
	1477-1478	?	Fouet, Battre, Bannissement : 2 s. t.	?	Aucune exécution ?
	1488-1489	6 s.	Aucune exécution	?	Aucune exécution
	1492-1493	6 l. t.	Fouet (10 s.)	?	Fouet Amener un meurtrier au Parlement de Bordeaux
	1500-1501	?	3 Fouets + 1 Essorillement (14 s. 6 d. t.)	?	?
	1504-1505	?	Fouet (17 s. 10 d.)	?	?
	1498-1499	?	Fouet (8 s.)	?	Fouet Prise de corps . salaire entre 5 et 8 s.
XVIe s.	1547-1548	7 l. 10 s.		?	?
	1569-1570	?	1 Mise au poteau + 1 mutilation + 1 fouet (47 s. 6 d. t.)	?	?

XVIIe s.	1608-1609	7 l. 10 s.	?	?	?
XVIIIe s.	1711	47 l. 10 s.	?	?	?
	1726-1727	47 l. 10 s.	?	?	?
	1728-1729	67 l. pour l'ensemble des agents ?			
	1738-1739	47 l. 10 s. par ¼	?	?	?
	1744-1745	47 l. 10 s.	?	?	?
	1745-1746	47 l. 10 s.	?	?	?
	1756-1759	47 l. 10 s.	?	?	?
	1759-1760	47 l. 10 s. par ½	?	?	?

FIG. 4 – Tableau comparatif des gages et des exécutions de justice payées au bourreau et aux sergents (d'après les registres de comptabilité uniquement).

ANNEXE 4
Tableau récapitulatif des autres fonctions du bourreau

Siècles	Années	Exécutions en justice	Autres tâches (et salaires)
XIVe s.	1330-1331	X	
	1331-1332	X	
	1332-1333	X	
	1334-1335	X	
	1335-1336	X	**Enterrer les cadavres qui étaient pendus aux fourches patibulaires (5 s.)**
	1336-1337	X	
	1338-1339		
	1339-1340	X	
	1340-1341	X	**Achat d'une paire de menottes au pendart de Bergerac, son compagnon (4 s.)** Achat de tissu pour vêtir les sirvens (25 l.)
	1346-1347	X	
	1366-1367	X	3 jours de travail pour porter du bois (2 s. 6 d. x jour / total 7 s. 6 d.)
	1371-1372	X	
	1375-1376	X	
	1382-1383	X	Enlever des ormes et des ronces dans les douves Porter une poutre de bois au Consulat
	1397-1398	X	Refaire la toiture du four à chaux
	1398-1399		
	1400-1401		
XVe s.	1434-1435		
	1435-1436		
	1436-1437		
	1447-1448	X	

	1454-1455	X	
	1461-1462	X	
	1464-1465		
	1467-1468		
	1477-1478	X	Ôter le cadavre d'un chien qui puait place de la Claustre (6 d. t.) Rejointoiement de la barbacane de Tornepiche (pour 2 jours 5 s.)
	1488-1489		
	1492-1493	X	Mettre en terre un chien mort porte Limogeanne (15 d.) Ôter une truie morte dans la ville (12 d. t.)
	1498-1499	X	
	1500-1501	X	Enlever un chien de garde mort
XVIe s.	1504-1505	X	**Faire brûler des faux poids devant le Consulat (5 s. 4 d.)** **Brûler de la cire devant le Consulat** (3 s.) Ôter un porc mort dans la ville (12 d.) Ôter un cheval mort à l'écluse de Saint-Front et un chien mort sur la place de la Claustre (2 s. 8 d.) Ôter un chien mort devant le juge-maire (10 d.)

Fig. 5 – Tableau récapitulatif des autres fonctions du bourreau (d'après les registres de comptabilité uniquement).

ANNEXE 5
Tableau des mentions du bourreau et de sa famille dans les registres paroissiaux

Date du baptême	Prénom de l'enfant	Parents	Parrain (métier)	Marraine	Référence des registres paroissiaux et des folios
10/10/1613	Arnaud	Henri Captal	Arnaud Dauviniaud (bourreau de Brive)	Catherine Marisal	Paroisse de Saint-Front, A.D. 24, GG 41 E DEP 5083, f°115r
24/06/1626	Pierre	Arnaud Passega Ysabeau Ostriry	Pierre Pissot (?)	Catherine Conte	Paroisse de Saint-Front, A.D. 24, GG 46 E DEP 5084, f°118ro
04/11/1668	Catherine	Guillaume Chastan Margueritte LaBoyrie	Simon Deveaux (Me apothicaire)	Catherine Verail	Paroisse de Saint-Front, A.D. 24, GG 64 E DEP 5088, f°48v
10/09/1686	Margueritte	Pierre Laporte	Jean Taulac (cordonnier)	Margueritte Vincent	Paroisse de Saint-Front, A.D. 24, GG 74 E DEP 5090, f°109v°
30/10/1775	Pétronille	Mathieu Pradal Marie Rogue	Jean Perrot (archer de la ville)	Pétronille Robert	Paroisse de Saint-Silain, A.D. 24, GG 132 E DEP 5106, f°116v°-117ro

FIG. 6 – Tableau récapitulatif des autres fonctions du bourreau (d'après les registres de comptabilité uniquement).

SOURCES ÉCRITES

Recueil des Jurades de Bergerac, éd. Charrier G., *Les Jurades de la ville de Bergerac tirées des registres de l'Hôtel de Ville*, Bergerac, Imprimerie Générale du Sud-Ouest, 1892.

Registres de comptes de la ville de Périgueux, A.D. 24, E DEP 5015 (CC47) à E DEP 5031 (CC147). Il faut rajouter à ces archives les comptes des années 1318-1319 éditées dans en 1775 dans le *Recueil de titres et autres pièces justificatives employés dans le Mémoire sur la constitution politique de la Ville & Cité de Périgueux, servants à établir & faire connaître l'Origine, le Caractère & les droits de la Seigneurie qui lui appartient, & de laquelle ses Citoyens & Bourgeois sont tous & un chacun Propriétaires par indivis.* En ligne : http://www.guyenne.fr/Publications/Titres_Perigueux.htm.

Registres paroissiaux de Périgueux, A.D. 24, GG 41 E DEP 5083 (années 1604-1614) ; GG 46 E DEP 5084 (années 1615-1626) ; GG 64 E DEP 5088 (années 1661-1670) ; GG 74 E DEP 5090 (années 1685-1688) ; GG 132 E DEP 5106 (années 1741-1780).

BIBLIOGRAPHIE

ARMAND, F., *Les bourreaux en France. Du Moyen Âge à l'abolition de la peine de mort*, Paris, Perrin, 2012.

AUBLANT, C., « *Droits du bourreau de Périgueux* », *Bulletin de la Société Historique et Archéologique du Périgord*, 68 (1941), p. 346-354.

BASTIEN, P., *Une histoire de la peine de mort. Bourreaux et supplices. Paris, Londres, 1500-1800*, Paris, Seuil, 2011.

CHARAGEAT, M., « Notes introductives sur la peine de mort en Occident médiéval. État de la question », ALLINNE, J.-P. & SOULA, M. (dir.), *La mort pénale. Les enjeux historiques et contemporains de la peine de mort*, Rennes, Presses Universitaires de Rennes, 2015, p. 83-94.

CHARAGEAT, M., « Les bourreaux au Moyen Âge : entre représentation et réalité », communication présentée à la Cour de Cassation le

15 décembre 2016 dans le cadre du cycle de conférences organisées par l'Association Française pour l'Histoire de la Justice (AFHJ), [En ligne : https://www.courdecassation.fr/venements_23/colloques_4/colloques_videos_6111/cycle_histoire_7885/ge_entre_35808.html]

DELARUE, J., *Le métier de bourreau. Du Moyen Âge à aujourd'hui*, Paris, Fayard, 1979.

DESSALLES, L., *Histoire du Périgord*, Périgueux, R. Delage et D. Joucla, 1883-1885, 3 vol.

DURIEUX, J., « Notes sur les bourreaux de Bordeaux dont certains au XVIIe siècle portent des noms périgourdins », *Bulletin de la Société Historique et Archéologique du Périgord*, 41 (1914), p. 40.

FOURNIER DE LAURIERE, R., « Résumé analytique des délibérations du conseil permanent des communes de Périgueux du 30 juillet 1789 au 16 mars 1790 », *Bulletin de la Société Historique et Archéologique du Périgord*, 69 (1942-1944), p. 244-256.

GAUVARD, C., « Pendre et dépendre à la fin du Moyen Âge : les exigences d'un rituel judiciaire », CHIFFOLEAU, J., MARTINES, L., PARAVICINI BAGLIANI, A. (éd.), *Rites et rituels dans les sociétés médiévales (XIIIe-XVIe siècles), Riti e rituali nelle società medievali, Erice, sept. 1990*, Spolète, Biblioteca di Medioevo latino, 1994, p. 5-25.

GAUVARD, C., *Violence et ordre public au Moyen Âge*, Paris, Picard, 2005.

GONTHIER, N., *Le châtiment du crime au Moyen Âge*, Rennes, Presses Universitaires de Rennes, 1998.

HARLÉ, P., « Le bourreau de Bordeaux avant la Révolution », *Revue Historique de Bordeaux et du Département de la Gironde*, 6 (1913), p. 23-35.

HIGOUNET-NADAL, A., *Périgueux aux XIVe et XVe siècles. Études de démographie historique*, Bordeaux, CNRS,1978.

KLEMETTILÄ, H., *The Executioner in late Medieval French Culture*, Turku, Turun Yliopisto, 2003.

KLEMETTILÄ, H., *Epitomes of evil. Representations of Executioners in Nothern France and the Low Countries in the late Middle Ages*, Turnhout, Brepols, 2006.

KLEMETTILÄ, H., « The Physiognomy and Mental Equipment of Late-Medieval Hangman : A Chapter in Anthropological History », *Fifteenth-Century Studies*, 31 (2006), p. 144-163.

LAMBERT, C., « Le Collège de Périgueux des origines à 1792 », *Bulletin de la Société Historique et Archéologique du Périgord*, 54 (1927), p. 72-85.

MAUBOURGUET, J., « La chronique de Périgueux au temps de Louis XI », *Bulletin de la Société Historique et Archéologique du Périgord*, 61 (1934), p. 136-164.

PASTOUREAU, M., *L'étoffe du diable. Une histoire des rayures et des tissus rayés*, Paris, Seuil, 2014 [1991].

VILLEPELET, F., *Histoire de la ville de Périgueux et de ses institutions municipales jusqu'au traité de Brétigny (1360)*, Périgueux, Imprimerie de la Dordogne, 1908.

VIVAS, M., *La privation de sépulture au Moyen Âge. L'exemple de la province ecclésiastique de Bordeaux (Xe-début du XIVe siècle)*, Thèse sous la direction de C. Treffort et d'I. Cartron, Université de Poitiers, 2012.

VIVAS, M., « *Les lieux d'exécution comme espaces d'inhumation. Traitement et devenir du cadavre des criminels (XIIe-XIVe s.)* », *Revue Historique*, n° 670 (avril) (2014), p. 295-312.

VIVAS, M., « *Les fourches patibulaires médiévales et modernes : un lieu d'inhumation pour les condamnés à mort* », LAUWERS M. & ZEMOUR A. (dir.), *Qu'est-ce qu'une sépulture ? Humanités et systèmes funéraires de la Préhistoire à nos jours, Actes du colloque international tenu les 13-15 octobre 2015 à Antibes*, Antibes, Éditions APDCA, 2016, p. 253-271.

WOJTUCKI, D., *Kat i jego warsztat pracy na Śląsku, Górnych Łużycach i w hrabstwie kłodzkim od początku XVI do połowy XIX wieku*, Varsovie, Wydawnictwo DIG, 2014.

DE L'IDENTIFICATION À L'INHUMATION

Les vicissitudes du corps des victimes dans la pratique judiciaire d'Ancien Régime

Que ce soit à l'occasion de son arrestation, de ses différents interrogatoires, au cours de son incarcération, ou encore lors de l'application de son châtiment, les travaux historiques se penchant sur la manipulation et le traitement du corps liés à la pratique pénale s'attachent volontiers à observer les gestes autour du suspect ou du criminel convaincu. Or, il est étonnant de constater que le corps violenté de ses victimes semble laissé pour compte, alors même que les procédures criminelles conservées dans les archives offrent une documentation autrement plus abondante et plus précise sur les violences subies par les victimes que sur celles promises à leurs agresseurs. Prenant là un contre-pied, cette communication veut aborder un corps souvent négligé dans le champ de la recherche : celui de la victime. Par victime, nous entendons ici n'aborder que le cas des personnes décédées dans des circonstances violentes ou suspectes, laissant volontairement de côté la cohorte des blessés à l'occasion d'excès plus ou moins violents[1]. Il ne sera ici question que de victimes qui ne survivent pas à leur agression, qu'il s'agisse des suites d'un meurtre avéré, d'un duel, d'un suicide ou d'un accident. Certains de ces malheureux ne décèdent pas immédiatement, et il faut quelquefois que la justice attende plusieurs jours, semaines, voire des mois entiers, avant qu'une plainte initiale pour cas excès réels soit désormais poursuivie pour meurtre.

Notre champ d'étude se concentre majoritairement sur la ville de Toulouse, à travers les procédures de la justice criminelle des capitouls entre 1670 et 1790. À ce corpus, nous avons adjoint un certain nombre de cas de morts violentes observées dans des communautés et bailliages

---

1 Ces victimes sont pourtant elles aussi sujettes à un certain nombre de manipulations imposées par la justice lors de l'instruction du procès qu'elles intentent contre leurs propres agresseurs.

de la région de Chartres, autorisant ainsi une certaine comparaison entre les pratiques liées à un monde urbain ou périurbain et celle d'une aire géographique plus rurale et inévitablement éloignée des zones de pouvoir et des cours de justice. Dès la découverte d'un corps, mort dans des circonstances dramatiques ou supposées telles, la justice s'approprie la dépouille de cette victime, la reléguant ainsi en quelque sorte au rang de pièce à conviction dont la conservation s'avère nécessaire pour la réparation du crime et la poursuite des meurtriers. Le but de cette communication est donc de diriger notre attention vers cette victime depuis l'instant de la découverte de son corps, jusqu'à son inhumation éventuelle. Les abondantes sources d'archives nous permettent de suivre les magistrats dépêchés sur les lieux, leurs commis, les suppôts de police, et l'ensemble des personnes qui peuvent intervenir tout au long de la procédure. Les pièces écrites de la procédure nous livrent de précieux indices, tant sur le regard porté par chacun sur ce corps désormais sans vie, que par les mots utilisés pour le décrire, et surtout par la gestuelle mise en œuvre autour de ce cadavre.

Nous avons choisi de porter notre attention sur plusieurs de ces actions « subies » par les corps de ces hommes et femmes et quelquefois enfants. Dans le déroulement d'une procédure pour cas de meurtre, elles suivent une cohérence chronologique qui peuvent être scandée en trois temps principaux :

- en premier lieu, dès le moment de la découverte du corps, il s'agit de le regarder et le toucher ; puis, de le déplacer ;
- ensuite, vient le temps de l'inquisition. Pour le corps de la victime, cela s'accompagne de gestes plus marqués, qui conduisent souvent à l'exposer puis à l'ouvrir. Il s'agit-là d'actions intrusives et violentes, autant physiquement que symboliquement ;
- enfin, le dernier temps est celui où la justice va disposer de ces corps en les rendant à leurs familles. Or cette restitution n'est pas toujours définitive ; en effet la procédure peut pousser les magistrats réclamer ces dépouilles et les faire exhumer pour les examiner à nouveau.

CE CORPS QUE L'ON DÉCOUVRE

REGARDER LE MORT : LE CORPS MORT, UNE DÉPOUILLE QUE L'ON REGARDE, QUE L'ON OBSERVE, QUE L'ON DÉTAILLE, QUE L'ON SCRUTE.

Dès l'instant de sa découverte le corps est avant tout regardé. Il est d'abord imposé au regard effaré ou seulement étonné de son découvreur. Celui-ci, à l'en croire, ne l'aura ni touché ni manipulé[2]. Cette personne va généralement avertir un dizenier (responsable de quartier) qui, à son tour, se charge d'aller dénoncer le crime ou l'accident à la justice, ici les capitouls. Une fois que Justice se rend sur les lieux, le corps est livré au regard du magistrat, de son greffier, d'un chirurgien et de l'ensemble des suppôts de justice emmenés à leur suite. Là, le regard se veut neutre, en quelque sorte détaché, tout en restant inquisiteur et précis. Le greffier qui dresse le procès verbal ne se laisse aller à aucun commentaire superflu ; il rapporte ce que voit le capitoul ou son assesseur, sans jamais laisser poindre le moindre sentiment ou tressaillement. Il reste pourtant évident que les sources écrites gomment les possibles défaillances des uns et des autres devant l'horreur de la situation. Les premiers soins sont de noter la position dans laquelle est découvert ce corps. En 1735, le greffier note ainsi : « sommes entrés dans une salebasse à rais-de-chaussée ; où étant, avons veu un jeune enfant mort, étendu sur un lit, la face tournée vers le ciel[3] ». Puis le regard s'attarde sur les effets vestimentaires de la victime et des éventuels objets trouvés autour de la scène et qui pourraient apporter un éclairage sur le crime, ses circonstances, ainsi que sur l'identité du défunt. Le cadavre du premier danseur de la comédie, Dézaubry, est observé puis décrit « étendu par terre, la face tournée vers le ciel, paroissant un jeun'homme d'environ vingt-cinq ans, portant ses cheveux châtins, gravé de la petit vérolle, habillé d'une redingotte grise de drap et une veste aussy de drap tirant sur le bl[e]u, une chemise, une cravatte noire à son col, une culotte de calamandre couleur de feu, de bas de soye blancs avec leurs

---

2 À l'exception de ceux des corps trouvés sur l'eau qui sont ramenés par les pêcheurs, bateliers et autres.

3 Archives municipales de Toulouse (*désormais* A.M.T.), FF 779/5, procédure # 137, du 30 novembre 1735.

jerrettières sous le genou, et des boucles de jarrettières de simil'or, des souliers en escarpins avec leurs boucles quarrées à brilland[4] ». Le regard seul participe de cette action, un regard devenu plus précis, un regard qui détaille chaque élément visible.

TOUCHER LE MORT : CE CORPS QUE L'ON TOURNE, QUE L'ON SOULÈVE ET QUE L'ON DÉPLACE

Après les premières observations, le regard doit faire place à certains gestes. Il devient nécessaire de toucher la victime, de la manipuler. Cette tâche revient souvent à un soldat du guet, puis évidemment au chirurgien appelé sur les lieux. Dans un premier temps, on doit en recourir au toucher afin de finir de détailler l'apparence générale de la victime, surtout lorsqu'elle a été trouvée face contre terre, ou bien encore à moitié immergée dans un fossé ; ce premier geste est donc de la retourner afin de rendre le visage visible. Dans certains cas, il nécessaire d'apprêter sommairement le corps avant de pouvoir procéder à sa description ; ainsi en 1744 ce nourrisson trouvé dans les latrines que l'assesseur Fitte fait d'abord laver et nettoyer avec l'eau du puits[5]. Puis, vient une première fouille de l'inconnu ; il s'agit là d'une nouvelle intrusion à laquelle procède le magistrat enquêteur[6]. Mais le geste reste léger, le contact avec le corps lui-même est comme évité, on se limite à toucher ses vêtements, à retourner ses poches de la culotte, de veste, etc. Cette action donne lieu à des découvertes qui ne cessent de surprendre par l'incongruité apparente de certains objets et surtout par ces poches qui semblent sans fond tellement elle peuvent contenir une multitude d'effets.

Ainsi, en mars 1701, un jeune étudiant qui vient de se battre à l'épée est recueilli par des voisins et expire peu avant que les magistrats n'arrivent sur les lieux. L'assesseur le trouve couché sur le lit où il vient de rendre son dernier souffle[7]. Il précise alors qu'ayant :

4 A.M.T., FF 806/2, procédure # 036, du 29 mars 1762.

5 A.M.T., FF 788 (*en cours de classement*), procédure du 13 mars 1744.

6 La tâche est généralement confiée à un tiers. Ainsi en 1730, le capitoul précise bien qu'il enjoint à un soldat du guet de procéder à la fouille des poches. S'il ne s'y aventure pas lui-même, il précise toutefois que ledit soldat le fait en sa présence. A.M.T., FF 774/4, procédure # 129, du 26 août 1730. Nous n'avons pu trouver aucun cas où il apparaisse clairement que le magistrat procède lui-même à la fouille.

7 A.M.T., FF 745/1, procédure # 025, du 8 mars 1701.

donné nos ordres pour fouiller dans les habits dont ledit cadavre estoit encore vestu, il auroit esté trouvé en notre présance dans les poches desditz habits : un petit livre des *Institutes* de Justinien …, un mouchoir toille peinte, un escritoire de poche de peau rouge, un cayer papier de leçons de droit sur lequel est escrit huit pages et demy, la dernière leçon dudit cayer estant escritte *Ad titulum de military testamento*, une paire de gants blancts vieux coupés aux doits, une petitte flutte ou flajoulet d'ivoire, un[e] autre flutte de buis d'un pam et demy longueur, une père de petits cizeaux émoussés, une petitte clef d'armoire ou coffre, un petit livret intitulé *Le jeu de l'hombre*, un cinturon de marroquin noir et un petit courdon de fil noir servant pour un chapeau.

Vient ensuite le moment de soumettre ce corps à un chirurgien afin qu'il procède aux constatations d'usage. La première desquelles étant de bien confirmer la mort du sujet, pour ensuite s'essayer à déterminer rapidement les causes de ce décès. Le chirurgien ouvre la chemise, palpe, estime que telle ou telle plaie visible est la cause probable ou certaine du décès. Ses gestes sont encore limités, il semble agit plus par son regard que par un toucher qui semble encore rester délicat. Rares sont les cas dans lesquels le chirurgien pousse ses observations jusqu'à sonder une blessure.

Toujours étendus sur le lieu de leur découverte, certains corps subissent ensuite une action d'une portée symbolique très forte : ils sont marqués. Non pas au fer rouge comme certains condamnés, mais au moyen d'un cachet de cire, le même qui sert à poser des scellés sur une pièce à conviction. Par ce geste, le corps devient la propriété de la justice. En effet, une déclaration du roi, datée de septembre 1712, indique qu'il faudra « appliquer le sceau sur le front » des corps suspectés d'être morts de causes non naturelles. En 1722, Louis Guyard, lieutenant général de police du bailliage de Maintenon est appelé auprès d'un corps sans vie trouvé étendu sur le grand chemin allant de Chartres à Epernon, il fait apposer le cachet de ses armes « sur un morceau de cire rouge apliqué au millieu du frond dud. cadavre[8] ». En mars 1762, le danseur Dézaubry (qui n'est pas encore identifié comme tel) est lui aussi cacheté. Le verbal précise que « l'avons laissé revêtu de ses dits habits, l'avons fait marquer d'un cachet, en deffaut d'autre, gravé de trois fleurs supporté par trois palmes, à la partie supérieure du front[9] ». Si l'exemple précédent fait

8 A.D. Eure-et-Loir, B 235, procédure du 23 janvier 1722, faite à la requête du procureur fiscal du bailliage de Maintenon.

9 A.M.T., FF 806/2, procédure # 036, du 29 mars 1762.

encore hésiter entre l'emploi d'un cachet apposé comme une empreinte, directement sur la peau, ou d'un cachet à la cire ardente, un cas trouvé en 1770 lève le doute lorsque le magistrat précise : « et de suitte avons fait apposer sur le front du cadavre dudit Torrofabes le sceau de nos armes avec cire rouge et avons fait transporter ledit cadavre dans une chambre de l'hôtel de ville[10] ». Il convient de noter que sur la cinquantaine de cas qui composent le corpus de cette étude, seuls cinq cadavres ont été marqués au front par un tel cachet[11].

Y a-t-il un cachet officiel ? Le lieutenant de police de Maintenon se sert d'un cachet qu'il dit être à ses armes, tout comme l'assesseur des capitouls en 1770. Celui apposé sur le front du danseur Dézaubry est décrit, et on précise qu'il est utilisé à défaut d'un autre. Il semblerait donc que l'action de la marque du corps soit plus importante que la figure précise avec laquelle cette marque se fait. D'ailleurs, on retrouve des figures variées de cachets lorsqu'il s'agit d'apposer les scellés sur des objets. Ainsi, en janvier 1710, la maison d'Arnaud Julia est mise sous scellés et le capitoul appose « cinq sceaux à l'entour empreins d'une teste antique sur cire rouge ardente[12] ». Pour le moment rien ne nous permet de pouvoir définir l'utilisation d'un cachet régulier sinon officiel[13].

Vient enfin le temps d'emporter le corps. On va donc devoir le saisir, l'empoigner, le soulever, puis le placer dans une chaise à porteur[14], le jucher sur un cheval[15], le coucher sur une charrette… Le mode de transport n'est pas toujours indiqué mais la charrette à bras ou à cheval semble le moyen le plus usité. À l'exception de la chaise à porteur qui assure une discrétion toute particulière[16], nous ne savons pas si les corps ainsi transportés restent visibles, s'ils sont couverts d'un linceul ou au contraire exposés à la vue de ceux qui vont croiser ce cortège funèbre à lors qu'il se dirige vers l'hôtel de ville. À Toulouse, l'hôtel de ville est

10 A.M.T., FF 814/3, procédure # 047, du 13 mars 1770.

11 D'autres ont très bien pu l'être sans que ce soit mentionné dans le verbal.

12 A.M.T., FF 753 (*en cours de classement*), procédure du 30 décembre 1709.

13 Une étude sur l'ensemble des cachets conservés sur bandes de papier dans les procédures des capitouls, provenant de restes de scellés, serait envisageable ; l'état d'avancée du classement de ce fonds allant de 1670 à 1790, fait déjà apparaître environ trente cachets plus ou moins lisibles.

14 A.M.T., FF 769/2, procédure # 061, du 13 août 1725.

15 A.M.T., FF 809/1, procédure # 005, du 5 janvier 1765.

16 La chaise à porteur est régulièrement employée afin de permettre à ceux des suspects appréhendés de ne pas être injustement notés d'infamie avant leur procès.

généralement le lieu où le corps des victimes est déposé dans un premier temps. Mais des exceptions peuvent apparaître.

Le 13 août 1725, Jean-Guillaume Belbèze est tué dans une auberge[17]. Après les constations faites sur place par la justice, un de ses parents et le dizenier du quartier demandent à pouvoir « faire porter son cadavre dans sa maison d'habitation, attendue qu'il est conneu et qu'il est de règle qu'en mattière de m[e]urtre commis en la personne des habitans de la présent ville on les fait transporter dans leurs maisons, soit à cause qu'il est plus séant que la levée du corps se fasse par le Sr curé dud. deffunt, que pour éviter le concours de la populace et l'escandalle qui pourroit arriver dans led. logis qui redonderoit contre la mémoire du deffunt ». Leur requête est favorablement accueillie ; en revanche deux soldats du guet devront veiller le cadavre, « sans y désemparer », jusqu'à ce que l'on ait procédé à l'autopsie. En août 1730, la veuve du baron de Garrane[18], tué sur le pont Neuf, précise en fin de sa requête en plainte que « l'usage est dans certains cas d'en faire emporter le cadavre à l'hôtel de ville ; mais comme ce n'est point icy le cas, que la dame exposante et son mary sont domicilliés ». La formulation employée là peut laisser à penser que seuls les corps d'inconnus sont transportés à l'hôtel de ville, or il n'en n'est rien, et rares sont les exemples où les familles ont ainsi pu recueillir le corps sans vie d'un parent avant son autopsie.

UN CORPS QUI A PERDU SES DROITS

MONTRER LE MORT : LE LIVRER EN PÂTURE AU REGARD DU PUBLIC

Lorsque ce cadavre reste inconnu, si son état le permet, il est alors exposé à la vue de tous dans l'espoir que l'on puisse l'identifier. À Toulouse, la pierre morne est le lieu d'exposition des corps d'inconnus[19]. Il s'agit d'un lit de pierre, posé sur un socle, dans une basse cour de l'hôtel

17 A.M.T., FF 769/2, procédure # 061, du 13 août 1725.

18 A.M.T., FF 774/4, procédure # 129, du 26 août 1730.

19 Voir G. de Lavedan, Archives municipales de Toulouse, « Morne pierre, la pierre morne », *Dans les bas-fonds*, (n° 1) janvier 2016, publication en ligne [CC BY-SA 3.0 FR].

de ville. Les cadavres sont présentés au public, aux passants, aux curieux. Nous n'avons pas de trace que le dépôt d'un nouveau corps à identifier sur la pierre morne soit annoncé, crié de par la ville. Toute personne pensant pouvoir reconnaître le corps exposé peut le faire sous serment. Il ne semble pas y avoir de limite aux témoignages reçus. Nous trouvons même l'exemple de Géraud Poumel, en 1765[20], reconnu par plusieurs personnes, et donc enlevé de la pierre morne pour être remisé dans la chambre de la géhenne. Là, plus tard dans la journée, une jeune fille demande à son tour à pouvoir voir le corps, pensant elle aussi connaître la victime. Après lui avoir fait prêter serment, elle est effectivement introduite dans la pièce où il vient d'être placé, et un assesseur prend sa déposition – qui confortera les précédentes. Sur la pierre morne, on y montre des corps entiers, mais aussi des vestiges : une tête seule en 1709-1710 (elle sera même volée par le meurtrier, avant d'être retrouvée dans les latrines de l'hôtel de ville)[21], une jeune fille sans tête en 1766 (qui ne sera jamais identifiée)[22]. La durée d'exposition des corps varie en fonction de la vitesse avec laquelle on arrive à les identifier, mais aussi certainement de la saison et de l'avancée du processus de décomposition. On observe que les temps d'exposition peuvent aller de deux heures à deux jours. Lorsqu'ils sont exposés, les hôtes de la pierre morne sont gardés ; d'ailleurs l'affaire de la tête volée envoie en prison le soldat du guet inattentif qui avait quitté son poste pour aller se réchauffer au corps de garde. Puis, lorsque vient le soir, ces corps sont remisés dans la chambre de la torture.

Évidemment, l'identification des inconnus n'est pas limitée à la seule pierre morne de Toulouse, chaque juridiction procède certainement d'une façon plus ou moins similaire. En quelques lieux, on sait que l'exposition publique des corps à identifier est faite au-devant l'église ; par exemple ce vagabond inconnu que la justice des capitouls impose de laisser à la vue de tous pendant une journée devant l'église de Montaudran dans le gardiage de Toulouse[23]. Ailleurs, comme à Maintenon, c'est « sous les halles, lieu ordinaire de l'exposition des pareils cadavres[24] ». Ce dernier

20 A.M.T., FF 809/1, procédure # 005, du 5 janvier 1765.

21 A.M.T., FF 753 (*en cours de classement*), procédure du 30 décembre 1709.

22 A.M.T., FF 810/1, procédure # 015, du 2 février 1766.

23 A.M.T., FF 784/2, procédure # 053, du 19 avril 1740.

24 A.D. Eure-et-Loir, B 235, procédure du 23 janvier 1722, faite à la requête du procureur fiscal du bailliage de Maintenon.

exemple indique même que le cadavre est dépouillé de ses vêtements, ce qui semble étonnant car les effets vestimentaires sont pourtant une composante indissociable du signalement des individus et leur absence dans ce cas pourrait perturber l'identification. En revanche, en cette occasion précise, nous pouvons déduire que seul le visage est présenté à la vue de tous, le reste du corps serait donc recouvert et caché par un linceul.

FOUILLER DANS LES ENTRAILLES DES CORPS : CE CORPS QUE L'ON OUVRE POUR LIRE SON HISTOIRE

Lorsqu'il n'a pas été décidé d'une inhumation immédiate (qui reste toutefois une pratique assez courante pour les noyés, les corps putréfiés ou ceux dont les causes de la mort semblent sans équivoque possible) le cadavre de la victime est finalement livré aux chirurgiens et médecins assermentés qui doivent désormais l'interroger dans ses chair afin de rechercher les causes précises de sa mort. Les autopsies ne nécessitent pas toujours d'ouvrir les corps. Il arrive que les experts se limitent à étudier le corps ou les restes humains sans procéder à d'autre manipulation que celle de tourner et retourner la dépouille. Par exemple, cet homme sorti de la rivière en 1750, posé sur deux planches et livré au médecin et au chirurgien qui se contentent de le regarder, d'observer les traces visibles, sans que cela ne nécessite de gestes intrusifs[25].

On n'ouvre que les parties nécessaires à la découverte des causes directes ou indirectes de la mort : la poitrine si un coup d'épée a été donné au cœur, le bas ventre s'il y a une indication qu'on puisse trouver là les causes du décès, ou encore la tête seulement, en prenant soin de la raser préalablement, comme le fait le chirurgien Delpech en 1751[26]. Les corps étrangers trouvés dans plaie sont retirés ; il s'agit généralement de cas de blessures par arme à feu. Ainsi en 1694, on extrait « une balle de plomb du calibre d'un pistolet de selle » du corps d'Étienne de Prime[27] ; puis en 1786, ce sont neuf fragments d'une charge de pistolet qui sont retirés du cou du malheureux Cailhol[28] : des clous, des pièces métalliques de boutons ouvragés, et… une perle de chapelet !

25 A.M.T., FF 794/2, procédure #043, du 24 avril 1750.

26 A.M.T., FF 795 (*en cours de classement*), procédure du 2 août 1751.

27 A.M.T., FF 738/3, procédure # 038, du 18 juillet 1694.

28 A.M.T., FF 830 (*en cours de classement*), procédure du 21 mars 1786. Ces neuf fragments sont toujours conservés.

Dans certains cas l'autopsie peut aussi ressembler à une véritable dissection d'école de chirurgie ou de théâtre de médecine. C'est d'ailleurs le mot « dissection » qu'utilise Delpech lors de son expertise en 1751, bien qu'il se limite là à la seule ouverture du crane de son patient du jour[29]. L'autopsie de Cailhol, en 1786, offre un cours d'anatomie concentré uniquement sur le cou, la nuque et les premières vertèbres avec pour résultat une relation d'expertise d'une précision étonnante et d'une longueur qui aura probablement rebuté les magistrats[30].

Nous n'avons pas d'éléments qui nous permettent de savoir si un capitoul ou assesseur est présent lors de ces autopsies[31], mais nous savons en revanche que les garçons chirurgiens et autres élèves des experts sont là pour les assister, quelquefois en grand nombre, au point qu'on peut quelquefois suspecter qu'une autopsie faite par ordre de justice donne lieu à un véritable un cours public d'anatomie improvisé. Notons que nous n'avons pas décelé d'autopsies où les experts se seraient laissé emporter en ouvrant certaines parties du corps pour le plaisir ou par simple goût de la dissection, ni encore pour s'assurer une taxe (défraiement) plus conséquente.

Les relations d'autopsies sont retranscrites de manière froide, chirurgicale pour ainsi dire. Les sentiments n'ont pas là leur place, et les seules mentions de contact avec le défunt sont très rares, à l'instar de celle d'un chirurgien qui déclare avoir connu sa patiente du jour, et d'un autre qui, pour une femme qu'il va ouvrir, utilise le mot « funeste » en parlant du coup fatal reçu sur la tête. On retrouve cette même distance dans les procédures où la victime avait pourtant été soignée et expertisée par le chirurgien ou médecin, avant de finalement succomber à ses blessures et être maintenant livrée à son scalpel.

Une fois le corps découpé, sondé, scruté, fouillé, une fois les réponses obtenues et les conclusions tirées, rien de plus n'est précisé sur le devenir immédiat du cadavre. Pas une mention qui nous révèle quelles sont les manipulations post-autopsie. On voudrait imaginer pourtant que les cadavres sont refermés, recousus, rendus présentables, mais aucune source n'a pu pour le moment nous éclairer sur ces pratiques éventuelles.

---

29 A.M.T., FF 738/3, procédure # 038, du 18 juillet 1694.

30 La transcription intégrale de cette relation d'expertise fait apparaître 5 000 signes, alors que celle des autopsies « traditionnelles » varient entre 1 500 et 3 000 signes.

31 Notre seule certitude est que le greffier criminel n'est pas présent ; les relations d'expertises sont directement rédigées par les experts (ou par leurs élèves, sous leur dictée).

En marge de l'autopsie, certains corps vont « bénéficier » de conditions de conservation : notons cet avorton gardé deux jours dans de l'eau de vie[32], ou la tête de Raymond Bley que l'on va laver au vin puis conserver dans un mélange de eau de vie raffinée et autres produits pour l'embaumer[33] ; avant de la confronter à un tronc humain découvert trois semaines plus tard, puis encore à une main desséchée rapportée par un chien quelque temps après. Finalement, le corps de Marc-Antoine Calas[34], éviscéré et partiellement embaumé, est conservé pendant une partie de l'instruction de la procédure.

CE CORPS DONT LA JUSTICE SE SÉPARE ENFIN

RENDRE LE CORPS : OBTENIR ENFIN SON DROIT AU REPOS ÉTERNEL

Les magistrats sont rapidement confrontés à la question de l'inhumation des cadavres. Ne disposant pas de moyens techniques permettant de conserver cette pièce à conviction que constitue le corps, ils doivent donc en disposer. D'ailleurs, la relation d'autopsie se substitue alors au corps devenu inutile. Répondant, soit à la requête de la famille, soit à celle du procureur du roi, les capitouls rendent une ordonnance permettant enfin l'inhumation. En 1744, Jean Ducos, marchand de la ville de Masseube, adresse une supplique aux capitouls[35], rappelant « qu'en conséquence de votre ord[onnan]ce il a été procédé à la vériffication du cadavre du Sr Jean-Baptiste Ducos, son fils, par les Srs Carrière et Delpech, m[aîtr]es chirurgiens jurés de la présante ville ; et comme il importe au supp[lian]t de faire inhumer maintenant ledit cadavre, il plairra messieurs de vos grâces permetre au suppliant de faire inhumer le cadavre dudit Jean-Baptiste Ducos, avec dépens, et ferès bien ». Le corps de son fils

32 A.M.T., CC 2742, n° 161, autopsie d'un avorton faite le 21 juin 1724. Dans ce cas précis, le corps est effectivement considéré comme une pièce à conviction puisqu'il est ensuite confronté à la mère, suspectée d'avortement.

33 A.M.T., FF 753 (*en cours de classement*), procédure du 30 décembre 1709.

34 A.M.T., FF 805/6, procédure # 154, du 14 octobre 1761.

35 A.M.T., FF 788 (*en cours de classement*), procédure du 20 août 1744.

lui est effectivement remis le jour-même. Lorsqu'en 1748 les cousins et héritiers de la veuve Subra demandent aussi à pouvoir récupérer la dépouille de leur parente, les capitouls agréent à leur supplique, et y apportent une souscription en ces termes :« nous leur avons permis de faire emporter ledit cadavre et leur avons remis touts les effets cy-dessus mentionnés, après avoir par eux payé les fraix[36] ». Pour ces corps ainsi restitués, l'organisation des obsèques sera au choix de la famille. En revanche ceux des inconnus ou des individus non réclamés auront droit à des honneurs funèbres « ordinaires » lorsque leur inhumation est ordonnée par la justice. À Toulouse, celle-ci peut se faire dans la paroisse où le cadavre a été trouvé (ceci uniquement dans le cas d'inhumation quasi immédiate en raison de l'état de putréfaction du corps) ou, plus généralement, dans la paroisse du Taur, proche de l'hôtel de ville et donc de la cour de justice des capitouls. Là, le corps se réapproprie son identité, puisque l'acte de sépulture du registre paroissial lui rend enfin son nom, son métier, quelquefois même une adresse ou une filiation.

REPRENDRE LE CORPS : UN REPOS QUI PEUT À TOUT MOMENT ÊTRE INTERROMPU

Même si la pratique reste exceptionnelle, l'exhumation des corps peut très bien être ordonnée par la justice. Nous nous bornerons à présenter trois exemples qui permettent d'observer une variété de cas où les magistrats doivent se résoudre à opérer ainsi. En 1763, une veuve toulousaine est persuadée que son mari a été empoisonné par des religieux. Douze jours après l'inhumation du défunt, à son instance, les capitouls nomment des experts. Ceux-ci se rendent au cimetière de Saint-Sernin « pour procéder aux fins de ladite commission, que nous n'avons pu exécuter, le carillonneur ayant refusé de faire exhumer le cadavre, disant qu'aucun ordre ne luy avoit été signifié à ce sujet ; et sur ce refus nous nous sommes retirés[37] ». Il leur faudra attendre le lendemain avant que ce point de détail administratif soit enfin réglé et que l'exhumation puis autopsie puissent se faire. On découvre à cette occasion que le corps avait déjà été ouvert une première fois avant l'inhumation[38]. En janvier

36 A.M.T., FF 792 (*en cours de classement*), procédure du 12 septembre 1748.

37 A.M.T., FF 807/6, procédure # 149, du 24 décembre 1763.

38 Les experts ne donnent aucun détail sur cette première autopsie ; nous ne saurons pas qui a pu l'ordonner, la conduire, ni pour quelle raison elle avait été faite.

1766, Jean Dardignac est victime d'un accident de la circulation : une charrette le renverse et lui brise les jambes. Soigné à l'Hôtel-Dieu, il a le temps de faire enregistrer sa plainte[39] avant de décéder deux jours plus tard, non sans avoir été visité auparavant par deux experts assermentés par les capitouls. Une semaine plus tard, alors qu'il a été enterré, on se soucie enfin de faire une autopsie. Le chirurgien et le médecin qui ont conduit la première expertise sur le moribond se rendent donc à l'hôpital « en vertu de l'ordonance de messieurs les capitouls qui nous ont nommés experts d'office pour faire le raport de l'état du cadavre du sieur Dardignac dont ils ont ordoné l'exhumation, nous nous sommes rendus au cimetière dudit Hôtel-Dieu où ledit cadavre a été exhumé en notre présence ». En 1775, nous observons une exhumation rendue nécessaire car la justice n'a été avertie du meurtre que relativement tard. Là, deux chirurgiens sont envoyés au moulin de la Varenne, en la paroisse de Saint-Nicolas de Courville[40], près de Chartres. Ils précisent en tête de leur relation d'expertise qu'il ne s'agit pas, techniquement parlant, d'une exhumation propre puisqu'il écrivent : « nous avons trouvé ledit cadavre enseveli, et nous avons fait découdre par un des domestiques dudit moulin les linges qui servoient à l'ensevelir ». Rien ne semble pouvoir s'opposer à la justice lorsqu'elle ordonne une exhumation de corps à des fins d'expertise. Sorti de terre et de son linceul ou bière, l'homme ou la femme qui avait retrouvé le repos sous terre redevient soudainement un cadavre sans nom, et endosse sans murmurer le rôle ingrat de pièce à conviction.

CONCLUSION

Les tourments infligés à la victime ne s'arrêtent donc pas lors de son accident fatal ou aux gestes violents qui conduisent à son meurtre. Si la vie et l'âme ont effectivement quitté le corps, ce dernier continuera d'être soumis à des regards et des gestes intrusifs imposés par le déroulement

39 FF 810/1, procédure # 005, du 8 janvier 1766.

40 A.D. Eure-et-Loir, B 2041 (pièce n° 49), procédure du 27 septembre 1775, faite à la requête du procureur fiscal du bailliage de Saint-Nicolas de Courville.

de la procédure criminelle, et qui se révèlent parfois extrêmement brutaux. L'action de la justice sur ces cadavres a donc été résumée en trois temps, chacun avec une gradation progressive du regard et du geste porté sur le corps.

Tout d'abord, celui de la découverte du cadavre et des premières constatations, qui induisent le regard et des gestes encore légers sur ce corps. Vient ensuite le temps où le cadavre est interrogé, ce qui implique de le livrer au regard de tous afin de pouvoir l'identifier, et le remettre ensuite entre les mains des experts médicaux qui vont chercher les causes de sa mort en fouillant au plus profond de ses chairs. Le corps est alors malmené, tant par l'exposition publique sur la pierre morne que par l'autopsie. Le corps ne peut reposer en terre qu'après que la justice l'ait autorisé, c'est là le dernier temps, celui où il va enfin reprendre son nom, son ancienne fonction ou son métier. Mais il arrive que la justice ait besoin de procéder à une dernière vérification voire une contre-expertise, et le corps voit son repos éternel troublé une nouvelle fois.

Considérés comme nécessaires, voire rendus obligatoires par la nécessité de poursuivre le crime, ces gestes imposés par la justice paraissent toujours choquants.

Les documents qui composent les procédures criminelles montrent ces victimes comme des cadavres élevés au rang de simples pièces à conviction, d'autant plus que les écrits laissés par les greffiers ne laissent aucun espace pour l'expression d'un quelconque ressenti. Le corps n'est là que dans le seul but de la poursuite et la punition du crime ; il faudra attendre qu'il soit restitué à ses proches pour qu'il entre à nouveau dans la sphère de l'intime, de l'affect, et qu'il retrouve sa dignité, bref, qu'il cesse enfin d'être un simple cadavre.

Géraud de Lavedan
Archives municipales de Toulouse

DEUXIÈME PARTIE

LA CONSTANTE ATTENTION PÉNALE AU CORPS

LE CORPS À L'ÉPREUVE DES PEINES

Toutes les peines ne s'adressent pas au corps, peut-être faut-il commencer cette deuxième partie par cette mise au point. Autre précision utile, toutes les peines qui prennent le corps comme vecteur ne se traduisent pas forcément par des tourments ou la privation totale de liberté. L'idée, ici, n'est pas d'interroger la place des supplices ou de la prison pénale dans l'arsenal des peines à une époque déterminée, ni leur fréquence. D'importantes et toujours actuelles études ont déjà abordé ces problématiques. Il est plus spécifiquement question de comprendre, à partir d'études de cas, le rôle du corps dans la peine. Dans ces conditions, supplices et prisons, qu'ils se déploient dans les représentations ou les pratiques judiciaires, renseignent de façon exemplaire la manière dont le corps est pensé comme le lieu symbolique de la confrontation entre l'individu et la justice. Ce corps individuel objectivant l'imposition d'une responsabilité individuelle que la justice est seule capable d'identifier et réprimer.

Pour marquer la constante attention pénale au corps et bousculer le lieu commun d'une histoire pénale qui irait des supplices à la prison, les contributions de cette deuxième partie offrent une double confrontation implicite. Elles mettent d'abord en regard les représentations et les pratiques, rappelant que les peines sont le plus souvent imaginées que réellement vécues. Les représentations participent à la construction d'un imaginaire pénal qui ne peut qu'agir sur la réception des exécutions publiques : représentations et pratiques pénales participent à ancrer la justice dans les corps par l'exhibition d'une justice maîtresse et victorieuse des corps criminels. Elles mettent en regard ensuite l'importance sociale d'une peine et sa pratique réelle : la prison pénale n'existe pas (ou peu) au Moyen Âge, pourtant elle envahit l'espace des représentations et sature l'imaginaire pénal ; de même, la peine de mort tend à diminuer à partir du XVIIIe siècle au profit de la prison, et pourtant chaque exécution est le moment d'une crispation sociale et politique. L'importance d'une peine ne se mesure donc pas à sa fréquence mais à l'impact social de sa réception : l'histoire de la peine ne chemine donc pas sur un sentier linéaire, parti du corps pour aboutir à l'âme, mais plutôt, dès lors que l'on prend en compte les représentations, sur un sentier qui bifurque et qui zigzague. « Expliquer un fait », comme le dit Borges (« Tlön Uqbar Orbis Tertius », *Fictions*), « c'est l'unir à un autre », comme ici imaginaires et pratiques des corps en peine.

PRISON ÉPIQUE ET CORPS EN SOUFFRANCE (XIIe-XIIIe S.)

Les études sur la prison médiévale montrent en premier chef que, avant la fin du Moyen Âge, l'incarcération n'est en général pas une peine en soi, mais relève de ce que l'on pourrait appeler la prison préventive[1]. Comme le note Nicole Gonthier, « la prison est en effet préventive. Cette prévention s'applique dans les cas où une juridiction craint de voir échapper le justiciable entre son inculpation et l'évocation de son affaire devant un tribunal[2] ». Une telle fonction de la prison est conforme au droit romain, ainsi qu'en témoigne le *Digeste*[3]. Cette affirmation ne saurait pourtant être absolue pour le Moyen Âge. Comme le montre Bruno Lemesle, dès le XIIe siècle, les lettres du pape apportent la preuve de peines d'emprisonnements prononcées par les tribunaux ecclésiastiques[4], souvent très lourdes à tel point que certains y finissent leurs jours, comme ces deux moines de l'abbaye de Saint-Clément qui auraient tenté d'empoisonner leur abbé[5]. Du point de vue séculier, si l'emprisonnement pour dette se répand à la fin du Moyen Âge, comme l'a étudié Julie Claustre[6], la prison punitive existe dès le XIIIe siècle, ainsi qu'il apparaît dans certains coutumiers ; Philippe de Beaumanoir

---

1 Voir J. Dunbabin, *Captivity and Imprisonment in Medieval Europe (1000-1300)*, New York, Palgrave Macmilla, 2002 ; G. Geltner, *The Medieval Prison. A Social History*, Princeton University Press, Princeton, 2008.

2 N. Gonthier, *Le Châtiment du crie au Moyen Âge*, Rennes, PUR, 1998, p. 115.

3 D., 48, 19, 8, 9 : Solent praesides in carcere continendos damnare aut ut in vinculis contineantur : sed id eos facere non oportet. Nam huiusmodi poenae interdictae sunt : carcer enim ad continendos homines, non ad puniendos haberi debet.

4 Bruno Lemesle, « Emprisonnements abusifs et emprisonnements punitifs à travers les lettres pontificales d'Alexandre III (1159-1181) et d'Innocent III (1198-1216), », *Réalités, images, écritures de la prison au Moyen Âge*, éd. Jean-Marie Fritz et Silvère Menegaldo, Dijon, EUD, 2012, p. 189-205.

5 N. Gonthier, *op. cit.*, p. 119.

6 J. Claustre, *Dans les geôles du roi. L'emprisonnement pour dette à Paris à la fin du Moyen Âge*, Paris, Publications de la Sorbonne, 2007.

consacre plusieurs rubriques au « bris de prison[7] » qui impliquent que la prison, *a priori préventive*, pourrait aussi être punitive[8]. On relève également dans quelques coutumiers une certaine ambiguïté sur la nature de l'emprisonnement qui peut être interprété comme partie intégrante de la peine ou comme prévention. Ainsi dans la *Lex Godefridi* datant de 1227 en domaine cambrésien qui indique :

> Se aucuns fait aucun de cez fourfais qui doivent estre vengié par deniers, et il ne puet paier le fourfait ou il ne vuelt, on le tient XV jours em prison. Et aprez le quinzaine on le met ou pilloris et si le banist on de le cité[9].

Il arrive donc, surtout après le XIIIe siècle, que la prison, bien que ne relevant pas d'une peine et d'un jugement, se transforme *de facto* en punition, lorsque le détenu est réputé de *mala fama*, n'a pas de soutien, est insolvable et que son crime est « horrible ». Dans ce cas, le détenu doit pourvoir à son entretien[10] ce qui implique qu'il vit dans des conditions désastreuses s'il ne peut subvenir à ce dernier ; comme le note encore N. Gonthier, « La majeure partie des hôtes du Châtelet se trouve '*mise en fosse ou aultre basse prison*'[11] ». Dans ce cas, la condition de prisonnier est fort peu enviable, surtout si ce dernier est considéré comme « criminel » et ne bénéficie pas du relatif privilège de la « prison ouverte » ; il est alors enferré, poignets et chevilles menottés et retenus par une chaîne à un anneau scellé dans le mur. De telles pratiques touchent aussi bien la justice séculière qu'ecclésiastique. Ainsi par exemple l'évêque

7 Qui semble en effet une préoccupation majeure des coutumiers quant à l'emprisonnement et montre que les lieux d'emprisonnement étaient souvent peu gardés. La violation de prison concerne aussi le fait qu'un accusé ne se rende pas de lui-même comme il lui a été notifié (voir le cas de Jehan tenu de se rendre prisonnier, mentionné dans des enquêtes à Cambrai au XVe siècle ; *Le Droit coutumier à Cambrai*, t. I, éd. E. M. Meijers et A.S. De Blécourt, Haarlem, H.D. Tjeeenk Willink & Zoon N.V., 1932, XXXVII, p. 90)

8 Voir en particulier les rubriques 848, 849 et 853 des *Coutumes de Beauvaisis*. Voir l'étude d'Annick *Porteau-Bitker*, « L'emprisonnement dans le droit laïque du Moyen Âge », *Revue d'Histoire du Droit*, 1968, p. 211-245 et 389-428.

9 *Le Droit coutumier à Cambrai*, t. I, éd. citée, XXXVII, p. 9-10.

10 Les coutumes de Cambrai prévoient par exemple que les francs-hommes emprisonnés doivent payer deux sous par jour : *Le Droit coutumier à Cambrai*, éd. citée, t. I, p. 34, 35. Pour les tarifs du Châtelet à la fin du Moyen Âge dans le cas de prison pour dette, voir Julie Claustre, *op. cit.*, chap. 8.

11 N. Gonthier, *op. cit.*, p. 116. Patricia Turning relève que, au Châtelet, pour six deniers, le prisonnier dort sur une paillasse, pour un denier dans un cul-de-basse-fosse ; « Entrusted with the Key : Jailers, Wardens and Guards at the End of the Middle Ages », *Réalités, images, écritures de la prison au Moyen Âge*, *op. cit.*, p. 207.

de Waterford, en conflit avec celui de Lismore en Irlande, fait saisir ce dernier alors qu'il célébrait la messe, le fait enfermer dans un château de ses domaines où il est enferré et fouetté[12].

La souffrance du corps devient ainsi partie intégrante de la vie carcérale – au moins en réputation –, à tel point que la plupart des détenus et leur famille préfèrent s'endetter pour payer une amende plutôt que de subir un emprisonnement préventif. Certaines autorités s'émeuvent d'une telle situation et imposent, ou tentent d'imposer, un minimum de traitement aux geôliers et responsables de lieux pénitentiaires. Ainsi Jean sans peur, en 1408, donne ordre au receveur de Dijon de faire nourrir à ses frais les prisonniers qui n'ont pas les moyens de subvenir à leur propre subsistance[13]. En 1274, le geôlier de la prison d'York est accusé d'avoir maltraité un prisonnier en l'attachant nu et en le laissant mourir de faim[14] et l'évêque de Lyon, en 1305 fait condamner le geôlier de la prison pour sévices et tortures sur les prisonniers[15].

L'espace de la prison, dans la réalité comme dans la perception que l'homme médiéval peut en avoir, apparaît ainsi comme un lieu de souffrance et de privation, dans lequel le corps du prisonnier est particulièrement mis à mal, par la faim, la malnutrition ou les sévices infligés.

La chanson de geste, dans sa fiction hyperbolisante, est une caisse de résonnance de nombreux phénomènes tramant la société dans laquelle elle est produite, qu'elle amplifie et transforme au gré de l'imaginaire et de la fantaisie du jongleur, mais aussi de la tradition d'un genre qui établit ses topoï et ses motifs. Et, dans un univers baigné par la violence, dans lequel héros et héroïnes sont régulièrement confrontés à la souffrance ; dans un espace mettant en scène la guerre, la trahison, l'enlèvement, le crime et ses châtiments[16], la prison, lorsqu'elle apparaît, ne peut être qu'un *locus horribilis*[17].

---

12 Ce que rapporte les lettres et registres d'Innocent III (année 1212) ; l'affaire arriva en effet à la cour pontificale et l'évêque de Waterford fut excommunié pour cet acte jugé *immaniter*. Voir PL 216, col. 654. Ce cas est signalé par B. Lemesle, art. cité, p. 197.

13 *Ibid.*, p. 117.

14 Ralph Bernard Pugh, *Imprisonment in Medieval England*, Cambridge, Cambridge University Press, 1968, p. 180.

15 Trevor Dean, *Crime in medieval Europe*, 1200-1550, New York, Longman, 2001, p. 123. Voir pour ces cas P. Turning, art. cité, p. 214.

16 *Crimes et châtiments dans l'épopée médiévale*, dir. B. Ribémont, Paris, Klincksieck, 2008.

17 J. Sellami, « De la vieille forteresse à la prison : représentations du *locus horribilis* dans l'épopée », *Olifant*, 25, 2006, p. 387-400.

Je me propose donc d'étudier le sort des prisonniers à partir d'un corpus de chansons des XIIe et XIIIe siècles, pour une période donc où, dans la réalité, la prison n'existe pas vraiment en tant que lieu organisé et où sa fonction demeure encore assez floue.

Notons tout d'abord que, dans le monde épique, ce lieu reste largement indéterminé ce qui, de ce point de vue, correspond à la réalité d'une absence assez générale, durant le Moyen Âge central au moins, de lieu dévolu exclusivement à l'emprisonnement. La prison peut ainsi être une tour, comme dans la *Chanson d'Antioche*, où les chrétiens sont maintenus dans les deux tours du Pont-de-Fer[18]. Le plus souvent, le lieu d'enfermement des prisonniers, des « chetifs », est désigné par le terme de « chartre », du latin *carcer*. La première occurrence semble dater du Xe siècle, dans la *Vie de saint Léger*[19]. Ce lieu n'est pas décrit : les auteurs peuvent mentionner qu'il est de pierre, pour en souligner le caractère de clôture forte, telle la « sale perrine » de la *Prise de Cordres et de Sebille*[20], la « cartre perine » où le roi Louis fait jeter les traîtres Ylaire et Jobert dans *Aiol*[21], la « chartre perrine » de la *Prise d'Orange*[22] ou encore le « celier pierré » que Naimes propose à Charlemagne comme lieu de détention pour Richard dans les *Quatre fils Aymon*[23]. La chanson *Aymeri de Narbonne* mentionne quant à elle une « chartre pavee[24] »

Très souvent également, le lieu d'emprisonnement s'apparente au cul-de-basse-fosse, les jongleurs soulignant la situation en sous-sol de la « chartre ». Dans la *Chanson de Jérusalem*, Cornumaran jette les croisés dans une « chartre profonde[25] » ; les prisonniers sont, dans la *Prise de Cordres et de Sebille*, mis « en chartre soz terre », sort réservé à la belle Nubie qui veut se convertir au christianisme[26]. Dans cette même chanson, Bertrand et ses compagnons sont emprisonnés dans une « chartre au fons » (v. 830).

---

18 *La Chanson d'Antioche*, éd. Bernard Guidot, Paris, Honoré Champion, 2011, laisse CXVII, p. 392-394.

19 http://www.cnrtl.fr/definition/chartre.

20 *La Prise de Cordres et de Sebille*, éd. Magaly Del Vecchio-Dion, Paris, Champion, 2011, v. 725.

21 *Aiol*, éd. Jacques Normand et Gaston Raynaud, Paris, Firmin Didot, 1877, v. 5172.

22 *La Prise d'Orange*, éd. Claude Lachet, Paris, Champion, 2010, v. 342.

23 *Les Quatre fils Aymon*, éd. Ferdinand Castets, Montpellier, Coulet et fils, 1909, v. 10220. En ligne sur le site Gallica.

24 *Aymeri de Narbonne*, rédaction R, éd. Hélène Gallé, Paris, Champion, 2007, v. 3230.

25 *La Chanson de Jérusalem*, éd. Nigel R. Thorp (The Old French Crusade Cycle, vol. VI), Tuscaloosa/London, The University of Alabama Press, 1992, v. 2690.

26 Éd. citée, v. 864.

Et la prison de *Fierabras* est si profonde que « jamais de plus oscure nul jor parler n'orrés : / Laienz ne puet luissir lumi[e]re ne clartés[27] ; ». Il faut dans *Gaufrey* une échelle pour sortir du cachot[28]. En domaine chrétien, lorsque Parise se rend chez Clarembaut où est détenu Bérangier afin de lui faire avouer publiquement sa trahison, celui qui fait *de facto* office de geôlier « Le traïtors amoine orz de la terre[29] ». On peut multiplier les exemples. Plus rarement, le lieu de détention est haut perché ; dans le *Siège de Barbastre* par exemple, Libanor est emprisonné en haut du palais, comme Guillaume dans la *Prise d'Orange*. Le très haut et le très bas, surtout le très profond – qui donc se rapproche de l'enfer – sont donc les graduations qui sont en harmonie avec l'univers épique, celui du moins qui efface les nuances au profit d'une esthétique de la force et de la surhumanité. Le traître comme le héros doivent aussi savoir souffrir, sur le champ de bataille comme dans le châtiment, juste ou injuste, à la mesure de leur dimension. Le lieu d'incarcération, à travers les formules épiques qui en dessinent une silhouette, est aussi une métonymie de la souffrance du corps des condamnés à l'emprisonnement. Comme l'annonce Synagon dans la seconde rédaction du *Moniage Guillaume*, qui souhaite emprisonner le fier baron au « corb nez » dans sa « cartre pullente », il ne saurait que lui faire « soffrir molt grant tormente[30] » ; les Francs rappellent encore les intentions de leurs ennemis qui, en matière de prison, sont très claires : « Toz ceus de France cuident il detranchier, / En prison metre et des cors vergoignier[31] ».

Par un style formulaire, les jongleurs indiquent régulièrement que la prison est imaginée comme punitive – même si elle ne l'est quasiment jamais *in fine* – avec l'idée que le condamné, soumis aux sévices et à la malnutrition, y finira ses jours. On trouve ainsi des expressions comme « mettre en sa chartre aval sanz nul garant, / Dont puis n'issirent en trestout leur vivant[32] » ; « Giteront vos en lor chartre perrine, / N'en istroiz mes a nul jor de vos vie[33] » ; « Tant l'i ferai jesir qu'a hontë i

27 *Fierabras*, éd. Marc le Person, Paris, Champion, 2003, v. 2070-2071.

28 *Gaufrey*, éd. François Guessard et Polycarpe Chabaille, Paris, Vieweg, 1859, v. 1631-1633 : « Lors les fist en la chartre maintenant trebuchier / Par une fausse eschiele qu'en fist aval glachier / Et Huré maintenant fist l'eschiele drechier ».

29 *Parise la duchesse*, éd. May Plouzeau, Aix-en-Provence, *Senefiance* 17-18, 1986, v. 2852.

30 *Le Moniage Guillaume*, éd. Nelly Andrieux-Reix, Paris, Champion, 2003, v. 3038-3039.

31 *Ibid.*, v. 3629-3630.

32 *Aymeri de Narbonne*, réd. B, éd. citée, v. 1200-1201.

33 *Prise d'Orange*, éd. citée, v. 342-343.

morroit[34] ». Dans la *Prise de Cordres et de Sebille*, il est même promis aux prisonniers que leur corps pourrira dans leur geôle : « N'en istront mais, par Mahomet mon dé, / S'avront porit les flans et les costés » (v. 677-678)[35]

Quels sont alors les traitements physiques infligés aux prisonniers épiques, traitements qui, genre oblige, s'établissent en motifs soulignés par des formules constitutives du style de l'épopée ?

Le prisonnier est quasiment toujours jeté, précipité dans son lieu de détention, ce qui souligne au passage le caractère généralement enfoui du lieu d'enfermement. La mise en prison est donc annoncée par des formules récurrentes « en la chartre giter[36] », « mettre aval en la chartre[37] » ou, comme dans *Huon de Bordeaux*, « en sa chartre trabucher et verser[38] », etc.

Si, dans la réalité carcérale, certains prisonniers sont mis aux fers, la chanson de geste reflète une telle pratique, en l'amplifiant pour en créer un motif. Tel est le cas du sarrasin Libanor, emprisonné par les chrétiens dans le *Siège de Barbastre* :

> Une buie li ont entour les piez fermé,
> En un charchant li ont entour le col noé.
> Bien ont nostre François le roy emprisonné[39] :

Les prisonniers de la chanson *Les Chetifs* sont également lourdement enchaînés lorsqu'ils doivent être présentés à Corbaran et la description du jongleur montre qu'ils ont longtemps supporté fers et carcans :

> Or furent no caitif el palais amené,
> Arengiét l'uns lés l'autre, trestot encaané.
> Les espaulles ont routes del fer c'ont tant porté,
> Et le quir et le car a li carcans usé.
> Quar li paine fu grans qu'il [ont] tant enduré[40].

34 *Simon de Pouille*, éd. Jeanne Baroin, Genève, Paris, Droz/Minard, 1968, v. 765.

35 Aux vers 524-525, il est promis aux prisonniers que leurs os pourriront : « De la prison n'isterés ja mais fors, / S'avrés porit et la char et les os. »

36 *Aliscans*, éd. Cl. Régnier, Présentation et notes par Jean Subrenat, Paris, Champion, 2007, v. 2149, 5678 ; *Prise d'Orange*, v. 342 ; *Prise de Cordres et de Sebille*, v. 676 ; *Fierabras*, v. 2069, etc.

37 *Aymeri de Narbonne*, B1 v. 1200, etc.

38 *Huon de Bordeaux*, éd. William Kibler et François Suard, Paris, Champion, 2003, v. 3901.

39 *Le Siège de Barbastre*, éd. Bernard Guidot, Paris, Champion, 2000, v. 4852-4854.

40 *Les Chetifs*, éd. citée, v. 376-381.

Les Narbonnais pris par les sarrasins sont, dans le *Siège de Barbastre*, enfermés derrière de lourdes portes de fer et ont les mains liées, les yeux bandés : ils sont « durement enserrez / Les mains derrier le dos, les iex du chief bendez » (v. 758-759). Ceux de la *Chanson d'Antioche* sont « en aniaus et en buies lasnis » (v. 786). Dans la *Chevalerie Ogier*, dans *Orson de Beauvais* est pratiqué, en prison chrétienne, la mise aux fers et, dans *Aiol*, le port du carcan[41]

Le monde épique s'éloignera du réel en ce qui concerne le traitement des prisonniers dans l'espace précédent l'incarcération. Il est ici nécessaire d'humilier le condamné ; dans un univers dans lequel l'honneur occupe une place première, le traître, l'infidèle doivent d'abord entrer dans la représentation corporelle de leur caractère d'infamie, avant de subir le châtiment qu'impose le droit[42]. C'est pourquoi par exemple, dans la *Chanson de Roland*, avant d'être jugé, Ganelon est enchaîné et fouetté par des serfs de Charlemagne ; et signe d'humiliation, il a été juché sur un roncin, comme Floovent, hissé sur un mulet par les sarrasins, pieds et poings liés[43]. Un tel sort est régulièrement réservé à celui qui est conduit en « chartre », surtout en monde sarrasin. Les prisonniers des 'Turcs' des *Chétifs* sont ainsi battus « De grandimes corgïes entenees de plom » qui leur « desrompent le car[44] ». Dans les *Narbonnais*, les chrétiens prisonniers sont aussitôt enchaînés ou ligotés. Le jongleur souligne parfois cet état cruel par la mention du sang qui coule tant les liens sont resserrés, comme dans *Élie de Saint-Gilles*[45] ou, en monde chrétien, dans *La Chevalerie Ogier*[46].

Un tel traitement, en quelque sorte 'préventif', se prolonge durant la détention. Ainsi Beuves et ses compagnons du *Siège de Barbastre* sont promis à être battus chaque jour d'« escorgiees noees » (v. 565). Les

41 *La Chevalerie Ogier de Danemarche*, éd. Mario Eusebi, Milano/Varese, Cisalpino, 1963, v. 9955 ; *Orson de Beauvais*, éd. Jean-Pierre Martin, Paris, Champion, 2002, v. 992 ; *Aiol*, v. 5170-5171.

42 Dans la réalité, à la fin du Moyen Âge, la prison, même préventive, est considérée comme une peine d'infamie, selon ce que note Claude Gauvard ; *« De grace especial ». Crime, État et Société en France à la fin du Moyen Âge*, t. 2, p. 886.

43 *Floovent*, éd. Sven Andolf, Uppsala, Almquist, 1941, v. 809.

44 *Les Chetifs*, éd. Geoffrey M. Myers, (The Old French Crusade Cycle, vol. 5), The University of Alabama Press, 1981, v. 2673-2674.

45 *Élie de Saint-Gilles*, éd. Bernard Guidot, Paris, Champion, 2013, v. 882.

46 « D'un fort seain li font les point loier : / Li sans vermaus aval les dois li ciet » (v.9369-9370).

prisonniers de la *Chanson de Jérusalem* sont tellement battus que « li clers sans lor cole del cief jusqu'al talon » (v. 2662).

Lorsque Richard, dans *Les Chetifs*, raconte sa captivité devant Corbaran, ce dernier effrayé de son état lamentable, il parle des travaux forcés auxquels il était soumis et des sévices corporels qu'il a subi :

> Ti home m'amenerent, or m'as en ta prison.
> Maint service ai rendu escuier et garcon,
> De lor herbe soier, [de] porter en maison,
> Et de porter vo pierre, vo cauc et vo sablon.
> Maint coup en ai recut de verge et de baston,
> Et de trencant corgié et maint poi[n]t d'aguillon
> Es costés et es flans, entor et environ. (v. 459-464)

On trouve un cas analogue de 'travaux forcés' imposés à un chrétien dans la chanson *Mainet*, à ceci près que les prisonniers sont délivrés par le héros avant d'être contraints à « faire lour labours et tenir en lastés / Et pourplanter lor vignes et ahaner lor blés[47] ».

L'imagination ne fait pas défaut en matière de mauvais traitement ; dans le *Moniage Guillaume*, le « chartrier » oblige son prisonnier à se jucher sur une poutre accrochée à une corde afin de le tirer de son cachot, preuve de son enfouissement :

> Atant a fait une corde aporter,
> .I. grant tinel fet el bout traverser
> Et en la chartre le fet jus avaler
> Et li marchis est sor le fust montez
> Et li chartriers l'a contremont tiré (v. 3691-3695)

Le malheureux Rénier de *Jourdain de Blaye* est jeté par le traître Fromont dans une prison tapissée d'épines[48] et, lorsque son épouse Erembourg le rejoint, elle subit un sort analogue, après avoir été menacé par l'infâme Fromont d'être donnée à tous ses serviteurs :

> La dame fu courroucie forment.
> Les mains lies de vertu n'ot noient.
> Fromons l'a fait avaler a sa gent

---

47 Cité par Paul Bancourt, *Les Musulmans dans les chansons de geste du cycle du Roi*, t. 1, Aix-en-Provence, Publications de l'Université de Provence, 1982, p. 135, n. 2.

48 *Jourdain de Blaye*, éd. Peter Dembowski, Paris, Champion, 1991, l. VIII.

Dedens la chartre qui est orde et puans,
Ou Reniers est au coraige vaillant.
La bonne damme ens espine s'estant,
Moult souffri grant angoisse. (v. 331-337)

La polysémie du terme 'chétif' qui, dès le Moyen Âge, désigne aussi un misérable, est révélatrice de l'état du prisonnier. Quand Guillaume fait un séjour de sept ans dans la prison de Synagon, il est dans un état physique lamentable : couvert de vermine, ce qui l'empêche de dormir[49], il est considérablement affaibli :

Li quens estoit megres et descharné ;
Touz est veluz s'a les eulz enfossez ;
Si drap estoient rompu et desciré[50] ;

Lorsque Clarembaut sort Bérangier et ses complices de prison, dans *Parise la Duchesse*, ceux-ci apparaissent « teint et paile, malement justisé » (v. 2853). La malnutrition des prisonniers, également reflet d'une certaine réalité, fait florès dans le monde fictionnel de l'épopée. L'émir du *Siège de Barbastre* promet pour seule nourriture aux chrétiens prisonniers « un seul pain d'orge » (v. 567). C'est un cas identique dans la *Prise d'Orange*, lorsque Bertrand avertit Guillaume du danger qu'il courra à Orange ; il évoque la prison de Déramé où les prisonniers mangent « sanz pain et sanz farine » (v. 340). Floovent se sent défaillir tant il a jeûné[51]. Dans *Huon de Bordeaux*, Esclarmonde joue sur le motif de la faim pour obtenir ce qu'elle veut. Huon, prisonnier de Gaudisse – le père d'Esclarmonde – est visité de la belle princesse qui lui propose son amour qu'Huon, dans un premier temps, refuse. Esclarmonde ordonne alors au geôlier de priver Huon de nourriture pendant trois jours. Au bout du délai fixé, elle revient et Huon cède à la belle princesse qui lui accorde de devenir chrétienne. Elle fera alors croire à son père qu'Huon est mort de faim en sa prison[52].

Il est donc clair que la condition du prisonnier du monde épique est totalement désastreuse, que ce soit dans une geôle chrétienne ou sarrasine battu, enchaîné, affamé, le détenu, qui peut également être une femme,

49 *Moniage Guillaume*, éd. citée, v. 3663-3664.

50 *Le Moniage Guillaume*, éd. citée, v. 3719-3721.

51 « Mes cors mou s'esfloibie de çou qu'ai geüné » (v. 1344).

52 *Huon de Bordeaux*, v. 6035-6099.

se doit de souffrir à la hauteur des enjeux imposés par le genre. Une question se pose cependant, à savoir si, comme on peut l'attendre, les sarrasins sont plus cruels que les chrétiens, si donc la prison sarrasine est encore plus inconfortable chez les ennemis des Francs. Les exemples qui précèdent tendent à prouver que le sort du prisonnier est analogue en terre chrétienne comme en terre d'Islam ; comme le note Paul Bancourt en étudiant le cycle du Roi, « la condition du héros épique chrétien, fait prisonnier par ses ennemis de la même religion, n'est pas plus enviable que lorsqu'il est détenu par les Sarrasins[53]. ».

Il y a cependant quelques différences qui révèlent que le sort des prisonniers des sarrasins est plus cruel. Déjà, le motif de la prison est bien plus développé lorsque les Francs sont pris par leurs ennemis, comme en témoignent par exemple le *Siège de Barbastre* ou la *Prise de Cordres et de Sebille*. En général, les prisonniers ne sont pas battus, fouettés, dans la prison chrétienne. Si la tentation peut en être forte, la scène est esquivée, comme dans *Aiol* lorsque Macaire veut frapper le héros et qu'il en est empêché (v. 8714-8715). La torture en bonne et due forme, en général appliquée par le geôlier qui fait office de bourreau, n'est pas pratiquée dans les prisons chrétiennes. Alors qu'un Olivier voit ses plaies recouvertes d'eau salée dans *Fierabras* (v. 2079-2080) et qu'un Renaut Poncet est durement torturé :

> Les cruels Sarrasins ont pris possession de Renaut Poncet. Ils l'ont étendu sur le plateau, les membres en croix, à leur pleine et entière disposition. Après lui avoir entravé les bras et les pieds, ils lui ont brûlé les mollets avec des charbons ardents et un fer chauffé à blanc en mettant du soufre sur les plaies et en y versant du plomb fondu. Ils en ont fait autant aux veines de ses bras et à ses talons. (trad. de Bernard Guidot)[54]

Surtout, la prison sarrasine, en sus d'être un lieu de privation et de souffrances physiques, est un espace de la souffrance psychologique, d'une profonde angoisse liée à la présence de différents animaux dangereux et divers monstres : serpents, dragons, etc. La prison où sont retenus les chrétiens dans *Fierabras* est emplie de serpents (v. 2072), dans celle de Déramé, dans la *Prise d'Orange* « Boz ia, coluevres qui toz les mengeront, / Et serpentines qui les devoreront » (v. 1230-1231) ; celle de la *Prise*

53 Paul Bancourt, *op. cit.*, p. 139.
54 *La Chanson d'Antioche*, éd. citée, p. 533.

de Cordres et de Sebille est pleine de vouivres, serpents divers, crapauds (v. 689-691) ; dans la prison sarrasine du *Siège de Barbastre*, un dragon nommé Baalais crache du feu (l. XXI) ; plus de mille crapauds et serpents hantent la prison de *Gaufrey* (v. 1640-1641). Même si quelques serpents et crapauds existent dans certaines prisons chrétiennes, comme dans la *Chevalerie Ogier* (v. 9968), force est de constater que la prison sarrasine offre un panorama exotique particulièrement développé en matière de monstres et serpents visant surtout à terroriser les prisonniers car jamais ils n'en meurent.

Jeté dans un cachot enfoui, humide, parfois peuplé de créatures repoussantes, le prisonnier épique est largement soumis à la souffrance, surtout physique, mais aussi morale : il est lié, précipité durement dans un cachot, mis aux fers et au carcan, fouetté, battu, parfois torturé. Les sarrasins, genre oblige, se montrent plus cruels mais les chrétiens savent également maltraiter les traîtres, genre oblige encore. Reflet d'une certaine réalité carcérale, tant sur des conditions d'emprisonnement que sur l'ambiguïté pouvant exister entre prison préventive et prison punitive, la chanson de geste amplifie et déforme à souhait cette image-miroir, tout en révélant cependant que, en dépit de promesses et menaces, il faut toujours sortir de prison, pour être exécuté ou libre. Le corps souffrant a-t-il d'ailleurs une autre issue ?

Mais, somme toute, comme disait Paul Valéry, tout ceci n'est que littérature et, pour reprendre l'analyse de Muriel Ott, il s'agit d'enjeux très largement idéologiques et narratifs[55], cependant non pourvu de reflets, aussi déformés soient-ils, de la réalité et, à ce titre, la chanson de geste est porteuse d'informations sur les représentations de la société de son temps.

Bernard RIBÉMONT
POLEN – Université d'Orléans

55 Muriel Ott, « La prison épique : ébauche de typologie », *Réalités, images, écritures…*, *op. cit.*, p. 47.

PRATIQUES PÉNALES DE L'AU-DELÀ ROMANESQUE AU XIIIe SIÈCLE

Approcher les pratiques pénales dans l'univers fictionnel, qu'il s'agisse de celui que l'on peut appeler romanesque ou de la littérature dite didactique soulève d'emblée un problème méthodologique de taille. Il y a d'abord celui des écarts qui apparaissent entre la norme juridique telle qu'elle est comprise dans les coutumiers ou qu'elle est reconfigurée par le droit savant et la mise en pratique. Il y a ensuite les écarts entre les déformations de l'imaginaire et la norme et la pratique à la fois.

La question de ces décalages a été longuement débattue par les médiévistes, qu'ils soient historiens ou historiens du droit, et il semble y avoir consensus autour de l'idée que les mécanismes juridiques divers fonctionnent largement en complémentarité ou en concurrence et qu'il est difficile de dégager des rapports de domination entre les diverses normativités. Il en va de même pour les liens entre les actes de la pratique et la norme, qu'elle soit d'origine royale ou seigneuriale[1]. Il faut également souligner la contamination fréquente entre le roman médiéval et les récits didactiques ou la pensée théologique, la question étant par ailleurs inséparable de l'idée de justice[2].

---

1 Voir à ce sujet B. Lemesle, *Conflits et justices. Normes, lois et résolution des conflits en Anjou au XIe et XIIe siècles*, Paris, Presses Universitaires de France, 2008 et C. Gauvard, A. Boureau, R. Jacob et C. de Miramon, « Normes, droit, rituels et pouvoir », *Les Tendances actuelles de l'histoire du Moyen Âge en France et en Allemagne*, Paris, Publications de la Sorbonne, 2002, dir. J.-C. Schmitt, O. Gerhard Oexle, 2003, p. 461-483. Voir également le volume V. Beaullande-Barraud et E. Marmurszstein (dir.) *Conflits et concurrence de normes*, Paris, Presses Universitaires de Vincennes, 2016.

2 Voir à ce sujet M. Zink, *Poésie et conversion au Moyen Âge*, Paris, Presses Universitaires de France, 2003 et J.-R. Valette, *Fiction et pensée théologique*, Paris, Champion, 2008. Nous discutons aussi ces aspects dans C. Girbea, *Le Bon Sarrasin dans le roman médiéval (XIIe-XIIIe siècles)*, Paris, Classiques Garnier, 2007 et C. Girbea, *Communiquer pour convertir dans les romans du Graal (XIIe-XIIIe siècles)*, Paris, Classiques Garnier, 2010.

Les écueils générés par les rencontres entre la normativité juridique, généralement plurielle quand l'on parle du Moyen Âge occidental[3], et le monde imaginaire ont déjà fait l'objet d'études au sujet des chansons de geste, généralement considérées comme plus proche du monde des *realia*[4]. Il est en revanche plus difficile d'approcher la question par le biais des romans et écrits didactiques, dont les écrans déformants et les miroitements divers sont plus nombreux.

Cet article se propose, tout en tenant compte de ce problème méthodologique, une enquête sur deux situations du cycle du *Lancelot-Graal*, cycle romanesque arthurien en prose composé durant le premier tiers du XIIIe siècle[5] et d'en tirer quelques conclusions sur la manière dont les rites d'exécution sont décrits et perçus dans l'imaginaire.

Rappelons dès le départ que les cas de procès, de condamnations et de rites d'exécution sont particulièrement rares dans la fiction, surtout dans le roman. S'il fallait envisager la situation du point de vue strictement quantitatif, les romans et les chansons de geste mettent en scène avant tout des duels judiciaires ou plus largement des ordalies, entres autres des épreuves par le feu. Quant aux récits où la dimension moralisante domine, ils s'inspirent largement des descriptions évangéliques, apocryphes ou théologiques des peines dans l'au-delà en enfer ou au purgatoire. Il y a par ailleurs une forte contamination entre les pratiques pénales de l'au-delà telles que le paradigme chrétien les met en avant et l'imaginaire juridique didactique et romanesque.

3 Voir entre autres V. Beaullande-Barraud, J. Claustre et E. Marmurszstein (dir.), *La Fabrique de la norme. Lieux et modes de productions de normes au Moyen Âge et à l'époque moderne*, Rennes, Presses Universitaires de Rennes, 2012.

4 Voir à ce sujet le recueil interdisciplinaire B. Ribémont (dir.), *Crime et châtiment dans les chansons de geste*, Paris, Klienksieck, 2008.

5 Nous renvoyons au roman de *Merlin*, éd. Philippe Walter, Paris, Gallimard, 2001, p. 571-755 et au *Lancelot en prose*, éd. Philippe Walter, Paris, Gallimard, 2003.

LE SUICIDE COMME RITE D'EXÉCUTION DANS LE ROMAN DE *MERLIN*

La première situation que nous prenons en compte concerne un cas de suicide présenté comme un rite d'exécution. Elle appartient à la version en prose du roman de *Merlin*, qui présente dans les interstices du texte une réflexion biaisée sur la pratique pénale. Dans l'épisode qui nous intéresse il s'agit d'un cas d'infanticide d'origine surnaturelle, suivi d'un rite d'exécution du même ordre, exécution accomplie par le diable. Le récit s'ouvre par une assemblée des démons en enfer, le but de leur réunion étant de discuter des moyens de récupérer au profit du monde souterrain les âmes sauvées par le Christ. La solution s'avérant la création d'un Antéchrist, ils préparent la conception de Merlin par un incube[6]. Celui-ci reçoit la mission de tester les humains et trouver leurs points vulnérables. Une fois sur terre, l'incube parvient à trouver une femme particulièrement faible, prête à trahir son mari, appelé Merlin l'Ancien, et à le livrer au malin. Après quelques péripéties qui mènent la famille vers la pauvreté et le désespoir, les choses finissent par dégénérer et le diable s'ingénie à tuer pendant son sommeil le fils du couple qu'il avait parasité. Le dépit pousse Merlin l'Ancien à se détourner de la foi chrétienne. Ce qui nous intéresse de premier abord est la réaction de sa femme qui, après la mort de leur enfant, finit par se pendre. Le récit présente l'épisode de manière particulièrement subtile car l'on ne met pas l'accent sur un suicide assumé et explicite, mais sur un acte partiellement involontaire commis par le diable.

La manière dont cet épisode est présenté et raconté mérite que l'on s'y attarde. Les romans arthuriens enregistrent d'autres cas de suicides comme par exemple celui d'Esclabor, le père de Pallamède dans le *Tristan en prose* ou bien celui qui est devenu célèbre de la demoiselle d'Escalot dans le *Lancelot*[7]. Dans tous ces épisodes le suicide est explicite ; les

6 Sur la conception de Merlin voir entre autres Z. Berthelot, « De Merlin à Mordred, enfants sans père et fils du diable », Christine-Ferlampin Acher et Denis Hüe (dir.), *Lignes et lignages dans la littérature arthurienne*, Rennes, Presses Universitaires de Rennes, 2007, p. 35-45.

7 Voir à ce sujet M.-N. Le Fay-Toury, *La Tentation du suicide dans le roman français du XIIe siècle*, Paris, Champion, 1979.

personnages en question se donnent la mort en exerçant pleinement leur libre arbitre. Dans le *Merlin* la situation est bien plus particulière car l'acte suicidaire n'est pas présenté comme tel, mais comme un rite d'exécution géré par le diable. L'épouse de Merlin l'Ancien expie ainsi non seulement le péché d'avoir trahi son mari, mais aussi celui d'avoir laissé son enfant mourir.

> Et a la feme par qui il avoit tout ce gaaingnié fist il monter sur une huge en son celer et si mist en une corde a son plachier et le lacha entour son col. Et puis descendi et se pendi et estrangla, et fu illuec estranglee et trouvee le matin[8].

Le récit précise donc explicitement que l'acte est commis par le démon, la femme étant donc partiellement déresponsabilisée. Cette perspective va partiellement dans le sens de l'approche médiévale du suicide, dans la mesure où il n'y a pas un mot particulier qui le désigne et qu'il apparaît comme un geste dont l'auteur est en même temps la victime. Le geste de la femme apparaît malgré tout comme un rite d'exécution en guise de punition pour la trahison qu'elle a infligée à son mari et en dernière instance à son enfant, ce qui équivaut à un infanticide. Preuve en est l'absence des expressions habituelles qui désignent le suicide, comme « s'occire soi-même, ou se meurtrir[9] ».

Par ailleurs, l'épisode du meurtre de l'enfant par le diable est pour le moins curieux par la manière vague dont il est raconté. Le texte parle de strangulation :

> Quant li diables vit qu'il li avoit tolue la compaignie de la gent si sot bien qu'il feroit de lui toute sa volenté. Et lors vint li diables a un molt biau fil qu'il avoit, si l'estrangla en son lit, et au matin fu li enfés mors trouvés en son lit[10].

Il se pourrait toutefois que ceci soit une métaphore bien tournée autour d'un acte infanticide dans la mesure où le démon et la mère sont en étroite complicité. L'épouse de Merlin l'Ancien est dite complice du diable pour mener son mari au désespoir, mais le texte ne précise jamais en quoi consiste cette complicité, à l'exception du fait qu'elle indique

8 *Merlin*, éd. citée, p. 576.

9 J.-C. Schmitt, « Le suicide au Moyen Âge », *Annales, Sociétés, Économies, Civilisations*, 1/31, 1976, p. 3-28.

10 *Merlin*, éd. citée, p. 576.

au démon le point faible de son mari, à savoir la colère. Le *Merlin* offre d'ailleurs plusieurs prétextes pour souligner des vices et des péchés qui mènent l'être humain à la perte[11], la colère revenant souvent au centre du discours. Ce sera aussi la colère qui génère la vulnérabilité de la mère de Merlin, qui permettra à l'incube de se glisser dans sa chambre et de la posséder pendant son sommeil[12]. Le roman de *Merlin* semble aller vers le sens littéral de l'Évangile de Mathieu (5, 22) ou le Christ condamne la colère.

Dans tous les cas, la complicité de l'épouse de Merlin l'Ancien avec le diable reste indéfinie et pas claire. Il en va de même pour le meurtre de l'enfant. Force est de se demander s'il ne fallait pas voir dans ces gestes des métaphores autour d'un égarement inexpliqué de l'épouse de Merlin l'Ancien qui la pousse en dernière instance vers l'infanticide. Quoi qu'il en soit, son suicide, jamais appelé comme tel, n'est pas la conséquence d'un état de désespoir et de déséquilibre suite à une situation de possession. Il apparaît plutôt comme la mise en application d'une peine bien méritée. Les condamnations réservées aux infanticides sont d'ailleurs particulièrement dures au Moyen Âge alors que ce genre de crime est pourtant très dur à prouver, à tel point que Jean Gerson insiste pour qu'on les atténue[13]. Dans la pratique pénale du XIIIe siècle, selon les recherches sur la question, la pendaison est régulièrement réservée aux meurtriers d'origine roturière, même si l'enfouissement est parfois préféré dans le cas des femmes[14]. Elle est également, dans le cycle arthurien, une peine diffamatoire comme par exemple la pendaison par les tresses qui apparaît plus d'une fois.

Le système pénal médiéval rejoint régulièrement l'imaginaire infernal des châtiments ; celui-ci enregistre également la pendaison parmi les diverses tortures, mais c'est une peine qui reste marginale avant le

11 Le roman est parfois considéré une sorte d'évangile pour les chevaliers, voir récemment R. Trachsler, *Merlin l'Enchanteur. Études sur le roman de Robert de Boron*, Paris, SEDES, 2000 et l'étude classique d'A. Micha, *Étude sur le Merlin de Robert de Boron*, Genève, Droz, 2000.

12 *Merlin*, éd. citée, p. 585.

13 Voir C. Vincent, « Rites et pratiques de la pénitence publique à la fin du Moyen Âge. Essai sur la place de la lumière dans la résolution de certains conflits », Claude Gauvard (dir.), *Le règlement des conflits au Moyen Âge. Actes des congrès de la Société des Historiens Médiévistes de l'Enseignement Supérieur Public*, Paris, Publications de la Sorbonne, 2003, p. 362.

14 N. Gonthier, *Le châtiment du crime au Moyen Âge*, Rennes, Presses Universitaires de Rennes, 1998 p. 117-172.

Pèlerinage de l'âme humaine de Guillaume de Digulleville[15]. La situation de l'épouse de Merlin l'Ancien présente en occurrence un cas de contamination spectaculaire entre les « théophanies judiciaires[16] » qui hantent l'imaginaire de l'au-delà, surtout dans l'iconographie, et la pratique pénale du monde des *realia*.

La sphère pénale est aperçue en occurrence comme dans le miroir de l'autre monde, en relation de mimétisme par rapport à l'au-delà. Il y a un crime potentiel, une condamnation et enfin un agent exécutant dans la personne du démon – bourreau. Cette vision des choses laisse d'ailleurs la porte ouverte pour la rédemption, ce que le suicide explicite n'aurait pas permis.

RÉCEPTION DE L'ÉPISODE DANS L'ICONOGRAPHIE DES MANUSCRITS DU *MERLIN*[17]

La réception de cet épisode dans l'iconographie des manuscrits du Merlin garde la dimension paradoxale du suicide involontaire, exécuté par le diable qui apparaît comme une présence active dans tous les manuscrits du roman. Ainsi, dans le manuscrit Français 105 de la B.n.F. réalisé au XIVe siècle[18] la scène apparaît dans une miniature compartimentée, en-dessous de celle du meurtre des bêtes et de celui de l'enfant. Le diable se montre derrière la femme déjà suspendue à la corde. La représentation est particulièrement subtile. Si dans le cas du meurtre des bêtes et de l'enfant le démon est clairement figuré en train de commettre les meurtres, il n'en va pas de même pour la pendaison où il est juste en train de regarder. Le concepteur du manuscrit a probablement senti et tenté de représenter l'ambigüité de la scène, en évitant

15 J. Baschet, *Les justices de l'au-delà. Les représentations de l'enfer en France et en Italie, XIIe-XVe siècles*, Rome, École Française de Rome, Boccard, 1993.

16 *Ibidem.*

17 Toutes les images des manuscrits mentionnés sont numérisées sur le site mandragore de la Bibliothèque Nationale de France.

18 Nous discutons le programme iconographique de ce manuscrit dans C. Girbea, « L'iconographie du manuscrit Français 105 de la B.n.F. entre littérature et propagande », dans K. Ueltschi (dir.), *L'univers du livre médiéval. Substance, lettre, signe*, Paris, Champion, 2014, p. 241-257.

de montrer un démon trop actif afin de laisser de la place pour les deux interprétations que nous venons d'évoquer, celle du suicide métaphorisé et celle du meurtre effectif commis par le diable.

Dans le *codex* Français 91 de la B.n.F. (XVe siècle) le même épisode est repris de manière particulièrement différente. La miniature du folio frontispice présente un montage plus complexe. Elle n'est pas compartimentée, de sorte que l'on puisse voir en synchronie tous les épisodes du début du roman. À gauche de l'image apparaît l'enfer avec la figure du diable en majesté ainsi que son conseil. À droite sont figurées les scènes de la vie de Merlin l'Ancien et celle du suicide-exécution. Le démon est en train de tuer la femme. Elle a les mains libres et les paumes ouvertes vers l'extérieur, en signe d'accord ; toutefois c'est le diable qui commet l'acte et non pas elle. L'épisode est figuré à l'intérieur d'un cadre qui ressemble à une maison, en souvenir peut-être des *mansiones* des représentations théâtrales, la scène étant donc fortement dramatisée. Nous sommes devant une interprétation plus tranchée de la part du concepteur, qui semble souhaiter innocenter la femme et prendre parti en faveur d'un rite d'exécution, avec les traits spectaculaires de ces cérémonies, à la seule exception que la condamnée n'a pas les mains liées. Par ailleurs, le fait que le diable apparaît à gauche comme s'il se plaçait au milieu d'une cour de justice, renvoie également vers une représentation normativisée, vers la mise en scène d'un imaginaire qui combine le judiciaire, le social et l'eschatologique. Tous les personnages de cette miniature frontispice semblent d'ailleurs tournés vers un public potentiel, leurs gestes et actions comportent un besoin indiscutable de performance, de se laisser voir. Il est dans la nature des rites d'exécution justement d'être publics et en partie exemplaires afin de susciter la peur chez les spectateurs. Cette exemplarité met en avant le côté didactique du rite d'exécution est mis en image.

L'épisode merlinien s'apparente aussi, et c'est l'une de ses caractéristiques principales, aux peines que subissent les âmes des condamnés dans l'au-delà largement représenté dans les programmes iconographiques. L'imaginaire théologique et apocryphe des peines est particulièrement riche, toutefois il semble curieusement ménager une place assez limitée à la pendaison. Le rite d'exécution archétypal qu'est le suicide de Judas est assez peu représenté dans les images. On notera à titre d'exemple l'épisode du *Speculum historiale* de Vincent de Beauvais représenté dans le manuscrit Français 316 fol. 348v de la B.n.F. ou Français 308 de la B.n.F. fol. 281.

En revanche, la pendaison est reprise dans le programme iconographique des manuscrits qui contiennent le *Pèlerinage de l'âme* de Guillaume de Digulleville[19]. Dans le codex Français 377 de la B.n.F. du XIVe siècle (fol. 139) les envieux sont pendus par la langue. Le manuscrit Français 829 de la même période représente les envieux pendus par les oreilles et par les mains. Dans les deux cas les diables apparaissent à côté des condamnés en agents actifs. Dans le Français 829 les démons sont en train d'enfoncer une épée dans le ventre de deux des condamnés. Pour les *codices* du XVe siècle les parties du corps soumises au supplice de la pendaison changent. Dans le Français 376 de la B.n.F. (fol. 119) les envieux sont pendus soit par la langue soit par une oreille, suspendus au-dessus du feu infernal. Ceci n'est pas complètement étranger aux pratiques pénales médiévales réelles, dans la mesure où par exemple certains textes normatifs prévoient de longue date la pendaison par la langue pour des délits de diffamation[20]. Les avares de leur côté sont suspendus par les mains[21], en punition de la partie du corps associée à l'amas de richesses excessives et inutiles (fol. 122). L'imaginaire de la pendaison est allié à celui du feu dans pratiquement tous les manuscrits de Guillaume de Digulleville.

Dans toutes ces situations, la pendaison apparaît comme supplice récurrent. L'influence de la représentation iconographique du suicide de Judas semble toutefois limitée. Sur les manuscrits que nous venons d'énumérer un seul met aussi en scène l'épisode, à savoir le Français 377 (fol. 214). Les autres éludent ce passage alors qu'ils représentent largement d'autres tortures.

La représentation des rituels d'exécution par la pendaison comporte une double dimension, à la fois religieuse et juridique. Il est évident que l'imaginaire infernal évangélique, canonique ou apocryphe influence en partie la perspective laïque et normative de la potence. Depuis le haut

19 Sur l'au-delà chez Guillaume de Digulleville voir F. Pomel, *Les voies de l'au-delà et l'essor de l'allégorie au Moyen Âge*, Paris, 2001.

20 J. Fuhrmann, « Punition de la violence par la violence ; cruauté des sanctions dans le droit pénal médiéval en Allemagne », *La violence dans le monde médiéval*, Centre Universitaire d'Études et de Recherches Médiévales, Provence, 1994, p. 220-234.

21 Sur la main coupée voir K. Ueltschi, *La Main coupée. Métonymie et mémoire mythique*, Paris, Champion, 2010.

Moyen Âge l'on enregistre une fusion entre la justice ecclésiale et la justice séculière, les documents juridiques faisant des renvois réguliers à la Bible ou à d'autres textes religieux[22]. Par ailleurs, l'imaginaire de la pendaison est associé à l'imaginaire religieux, non seulement par le fait qu'il s'apparente à celui du suicide de Judas, mais aussi aux supplices du Christ qui durant le Calvaire porte une corde suspendue au cou[23]. Il est serait donc artificiel de séparer les justices laïques des projections religieuses. Il serait en revanche tout aussi difficile de postuler en faveur de l'influence de l'une vers l'autre. La contamination de l'imaginaire pénal avec les projections théologiques est un phénomène réciproque dans la mesure où il y a un permanent va-et-vient entre rituels d'exécution laïcs et représentation eschatologique. Le fait que la pendaison comme supplice dans l'au-delà ne commence à occuper une place importante qu'à partir de la fin du Moyen Âge est peut-être le résultat de la récurrence de ce rite d'exécution dans le monde des *realia*.

LE PROCÈS DE GUENIÈVRE DANS LE *LANCELOT EN PROSE*

Les procès restent rares dans les romans, force est de le redire, car cela témoigne d'une tendance à minimiser l'importance des institutions juridiques, qu'elles soient seigneuriales ou royales, au profit des formes plus spectaculaires de rendre justice comme la guerre ou le combat individuel. La plupart du temps les chevaliers sont juges et champions à la fois, ils parviennent à contrôler le territoire au profit du roi par la force de leurs armes, sans procédure particulière ou un rituel juridique quelconque.

Quelques situations méritent toutefois l'attention des chercheurs qui se penchent sur les rapports entre la fiction et la justice au Moyen Âge. Un épisode particulièrement intéressant apparaît dans le *Lancelot*

22 J.-M. Picard, « Les procédures judiciaires en Irlande au haut Moyen Âge », *Le règlement des conflits…*, *op. cit.*, p. 67-81 et en particulier sur ce point p. 69.

23 Voir J.-M. Moeglin, « "*Performative turn*". Communication politique et rituels au Moyen Âge », *Le Moyen Âge*, 2/2007, p. 393-406.

en prose, à savoir le procès de la reine Guenièvre accusée à tort d'avoir remplacé la vraie par imposture. Le roman met en scène des passages qui s'enchaînent et comportent plusieurs étapes judiciaires. La procédure débute avec une plainte déposée par une demoiselle qui prétend que la reine assise sur le trône a remplacé la vraie fille du roi de Carmélide. Le roi, réticent au début, prend par la suite clairement partie en faveur de l'accusatrice, mais il convoque son conseil et fait appel aux témoins. Une fois la sentence arrêtée et prononcée devant l'assemblée, Guenièvre est bannie du royaume arthurien et elle est condamnée à subir une peine mutilante et humiliante.

Le motif de la fausse reine a des origines obscures et il semble avoir été inventé de toutes pièces par les auteurs du cycle du Graal. La seule mention d'une seconde femme du roi Arthur que l'on puisse trouver ailleurs est l'inscription sur la tombe de Glastonbury. Toutefois il n'est pas question en occurrence d'une quelconque imposture, mais d'une allusion au fait que le roi Arthur a potentiellement eu deux femmes. Il n'est pas exclu donc que l'épisode du Lancelot tire son origine d'une tradition orale aujourd'hui perdue[24]. Notons aussi que la reine Guenièvre semble la cible privilégiée des procès dans les romans arthuriens. *La Mort Artu* par exemple comporte également un passage où elle se fait accuser à tort du meurtre de Mador de la Porte alors qu'un jugement présidé par le roi s'ensuit[25].

Le déroulement du procès dans le *Lancelot* est pour le moins complexe et illustre à la fois les conflits de normes auxquels la société aristocratique aurait pu se heurter et les balbutiements du système judiciaire royal en train de se constituer. L'attitude d'Arthur est condamnée par son conseil car il semble faire une confiance absolue aux paroles de la faussaire. Il n'ose toutefois pas prendre de décision avant d'avoir consulté ses barons. Le texte est explicite sur la question, le roi n'ose pas demander une condamnation à mort car son conseil s'y oppose :

> Et li rois parole a aus et lor conmande, si com il sont si hom lige que il jugent a droit celi qui em pechié mortel l'a gait si longement gesir. Et il voldroit bien

---

24 Nous discutons ce passage dans C. Girbea, « Limites du contrôle des Plantagenêt sur la légende arthurienne : le problème de la mort d'Arthur », M. Aurell (dir.), *Culture politique des Plantagenêt (1154-1224)*, actes du colloque tenu à Poitiers du 2 au 5 mai 2002, Poitiers, CESCM, 2003, p. 287-301.

25 Sur les rapports entre le roi et la justice voir D. Boutet, *Charlemagne et Arthur ou le roi imaginaire*, Paris, Champion, 1992.

> qu'il jugaissent la roine a mort, tant l'avoit l'autre sospris par mechines et par caraudes, et se li estoit le jour cheue as piés pour ce que il feist le jugement s'il voloit jamais avoir de li joie[26].

Le procès de la vraie reine n'est pas seulement une procédure judiciaire classique ; c'est également un procès martyrisant dans la mesure où elle n'est pas coupable et qu'elle se fait faussement accuser. En dernière instance les chevaliers fidèles à la vraie Guenièvre et en premier lieu Lancelot demandent la procédure du duel judiciaire[27].

Le passage est riche en détails sur les procédures juridiques attribuées aux cours royales au XIIIe siècle. D'abord le souverain ne juge pas la cause sans convoquer son conseil. Le texte insiste suffisamment sur la question pour que nous le fassions aussi. Par ailleurs, le jugement du roi et de ses barons apparaît comme une procédure plus importante et plus mûre qu'un duel judiciaire, mise en cause sur laquelle nous reviendrons :

> Sire, ceste chose est si haute et de si haute afaire qu'ele ne doit mie estre menee sans grant conseil et conment la chose doit estre faite ou par bataille ou par juise, ele doit estre avant esgardee par le jugement de vostre court[28].

Les barons ont beaucoup de mal à prendre une décision et ils demandent plusieurs délais supplémentaires pour arriver à une conclusion. Juger et accuser une reine n'est jamais une opération aisée et d'ailleurs il y a peu d'exemples d'imposture royale dans le monde des *realia* à l'époque, nous ne saurons donc pas comment la situation aurait été gérée et réglée dans la réalité. La véracité des propos des témoins ainsi que la bonne volonté des juges est garantie par les serments sur les reliques puisqu'il n'y a pas d'autres preuves pour attester de l'existence d'une vraie ou d'une fausse Guenièvre[29].

---

26 *Lancelot*, éd. citée, p. 1039.

27 Sur cet épisode voir aussi I. Panzaru, « Encore sur la fausse Guenièvre », C. Girbea, M. Voicu, A. Popescu (dir.), *Temps et mémoire dans la littérature arthurienne*, Bucarest, Éditions de l'Université de Bucarest, 2011, p. 133-147. L'épisode est aussi mentionné par N. Gonthier, « La Culture juridique dans la littérature chevaleresque des XIIe-XIIIe siècles » S. Cassagne Brouquet, A. Chauou, D. Pichot et L. Rousselot (dir.),, *Religion et mentalités au Moyen Âge. Mélanges en honneur d'Hervé Martin*, Rennes, Presses Universitaires de Rennes, 2003, p. 507-522. Il est aussi analysé par D. Boutet, *Charlemagne et Arthur…*, *op. cit.*, p. 90-93.

28 *Lancelot*, éd. citée, p. 1015.

29 Selon les anciennes coutumes de la Gaule inspirées du droit romain il est possible de faire appel aux témoins en cas de perte de documents écrits, mais cela suppose que les

À l'issue du procès, après longues délibérations et ajournements, la reine est condamnée à l'exil. Arthur est tenté de la condamner à la mort, mais les chevaliers et Gauvain en premier s'y opposent :

> Si dist mé sire Gavains tous premiers, qui tant avoit la roine amee qu'il ne seroit ja en lieu ou la roine fust jugiee a destruire et a ce s'acorde chascuns des autres[30].

L'ajournement de la sentence est demandé toujours par le biais de Gauvain[31] et la suite du procès est différée. En dernière instance la reine est condamnée à trois types de mutilations, peine cumulative avec l'exil : avoir les cheveux coupés, la peau des mains écorchée et les joues grattés.

> Ore escoutés, signor de Bertaigne, le jugement qui est fais par l'asenement le roi, que li jugemens aporte que cele qui a esté en sa compagnie contre Dieu et encontre raison, ensi come vous m'orrés deviser, que toutes ices choses que roïne porte en sacrement soient en li esfacies. Et pour ce qu'ele a porté la courone seoit, si avra de la teste les chavels trenchié le quir des mains par defors, pour ce qu'il apartient a roine que ele soit illoc enointe, et si perdra le quir des.II. pumiaus de la face pour mix estre conneüe ; et après s'en ira del pooir mon signour le roi sans jamais revenir[32].

Plusieurs remarques s'imposent à partir de là. Il est difficile de distinguer en occurrence entre le rite d'exécution auquel est condamnée la reine et un rite d'humiliation publique, voir de pénitence. Les rituels de pénitence supposent en général que le condamné marche dans les rues la tête nue[33], il n'est pas en revanche question de couper les cheveux. Cette sentence renvoie peut-être à l'importance de la chevelure royale dans le monde franc, réminiscence des anciennes coutumes germaniques. Le texte précise qu'elle est appliquée à la reine justement afin d'effacer les traces de la majesté royale. Il est donc assez logique qu'on

---

témoins connaissent le contenu des documents perdus. Voir à ce sujet C. Lauranson-Rosaz et A. Jeanin, « La résolution des litiges en justice durant le haut Moyen Âge. L'exemple de l'*apennis* à travers les formules, notamment celles d'Auvergne et d'Angers », *Le Règlement des conflits*..., *op. cit.*, p. 27-28. Dans le cas des chevaliers qui attestent que la fausse Guenièvre est en réalité la vraie fille du roi de Carmélide aucune mention n'est faite au sujet de l'existence d'un quelconque document écrit.

30 *Lancelot*, éd. citée, p. 1039.

31 *Ibidem*, p. 1040.

32 *Lancelot*, éd. citée, p. 1043.

33 C. Vincent, « Rites et pratiques... », art. cité, p. 356.

ne la rencontre pas dans d'autres situations. De surcroit, elle s'associe également à l'humiliation du martyre, dans la mesure où elle est censée être appliquée sur une innocente.

La seconde mutilation prévue, l'écorchement des joues, confirme la dimension humiliante du rite. Similaire aux rituels de pénitence publique, celui qui est imposé à Guenièvre vise à la faire déchoir de ses fonctions royales mais il touche également à sa condition humaine et féminine[34].

Écorcher la peau des mains, afin d'effacer aussi les traces de l'onction, rappelle les rites de dégradation des évêques[35] car la cérémonie du sacre royal ne suppose pas l'onction sur les mains. Majesté royale et dignité épiscopale ne sont donc pas dissociables en France et l'on suggère ainsi subtilement que royauté et sacerdoce se rejoignent dans la personne de Guenièvre.

Les chevaliers de la table ronde s'insurgent avant tout contre la dimension humiliante que suppose cette condamnation et contre les peines mutilantes. Les propos de Lancelot et de Gauvain sont d'ailleurs très durs à l'adresse du roi.

> Quant ce oi mé sire Gauvain et li autre baron si n'ot en aus que courecier, et dist chascuns qu'il ne sera ja en lieu u ceste vilté li soit faite, et dient que se li cors le roi n'a fait cest jugement, honnis soient tout cil qui ont esté au faire[36].

La question est réglée par Lancelot qui lance un défi au roi et se propose en tant que champion de la reine dans un duel judiciaire. Ce geste est accompagné d'un mouvement de révolte vassalique, Lancelot renonçant publiquement à sa loyauté pour Arthur et au fief qu'il tenait de lui. Cette désertion sera vivement reprochée à Arthur par Gauvain qui lui rappelle qu'il perd ainsi l'un des meilleurs chevaliers de sa mesnie.

> Sire, fait il, je ai esté compains de la Table reonde une piece, vostre merci qui la compaignie m'en donnastes ; or le vous quit et ce que je ai esté de vosrre maison, si que je ne voel nient tenir de vous d'ore en avant. Pour ce, sire, fait Lancelos, que je fuisse de la Table reonde ne de vostre maisnie. – Et que voldriés vous desraisner qui soit encontre moi ? fait li rois – Je di, fait Lanslos, que cil jugemens que vous avés fait sor ma dame est fols et malvais

34 Sur la place de l'humiliation dans la société médiévale voir M. Zink, *L'Humiliation, le Moyen Âge et nous*, Paris, Albin Michel, 2007.

35 Nous remercions Franck Collard d'avoir attiré notre attention sur cette question.

36 *Lancelot*, éd. citée, p. 1044.

> et desloiaus. Et sui prés que je le moustre encontre vostre cors ou encontre un autre, et s'il n'en i a assés en un, je m'en combatrai a II ou encontre III[37].

Lancelot arrive ainsi en situation de combattre trois chevaliers. Ce duel fait partie des rares cas dans la fiction où un champion combat un nombre inégal d'adversaires. Cette situation, que nous avons discutée ailleurs, apparaît aussi dans quelques romans et chansons de geste et elle est réglementée partiellement dans le monde des *realia* par le Coutumier de Beauvaisis[38].

L'issue du combat est favorable à Lancelot et par sa victoire il sauve Guenièvre de la peine à laquelle elle était condamnée. Toutefois, le récit nous met devant une situation rare qui prouve que cette procédure n'est pas infaillible devant le pouvoir juridique du souverain. Arthur accepte de lever les peines mutilantes, mais nullement la celle de l'exil. La reine est toujours censée partir loin de ses terres ainsi que de celles de ses vassaux. Gauvain lui propose de l'aider en l'accueillant sur ses fiefs mais le roi s'y oppose et préfère la laisser aller sur les domaines de Galehaut, chevalier continental qui ne fait pas partie de ses vassaux. À la suite de discussions et débats, Arthur accepte également de lui donner une escorte et des hommes.

En somme, le bannissement, qui apparait parfois en tant que peine complémentaire suivant une mutilation semble ne pas tomber sous l'incidence du résultat du duel et respecter, du moins partiellement, les contraintes instaurées dans le cas des peines de bannissement. Il est en effet précisé dans le Grand Coutumier de France que l'exilé ne doit pas recevoir assistance de ses proches et il est poursuivi s'il revient sur ses lieux d'origine.

Cette situation, qui révolte une fois de plus les chevaliers de la Table Ronde, montre les limites de la procédure du duel et met en scène, bien que de manière assez primitive, dépourvue de toute réflexion juridique réelle, un cas de conflit entre le droit coutumier et la justice royale. Rappelons d'ailleurs que dès le départ les chevaliers et les rois de la Table Ronde demandent au souverain de juger et peser la situation avec sa cour, suggérant ainsi que le duel comporte une dimension hasardeuse qu'il vaut mieux éviter.

---

37 *Ibidem*, p. 1046.

38 C. Girbea, « *Miles in fabula* : des chevaleries romanesques », *Cahiers de Civilisation Médiévales*, 57, 2014, p. 33-60.

Sachant que le texte est composé autour des années 1225, en somme sous le règne de Louis VIII, force est de se demander si la juridiction royale ne commençait pas déjà à se prévaloir de droits absolus bien avant le règne de Louis IX[39]. Cette forme de tyrannie de la part du roi, qui en dernière instance ne tient compte ni de son tribunal ni de la procédure d'appel que constitue le duel, probablement dans le cadre du processus d'« étatisation de la justice[40] », pourrait difficilement être une influence anglaise compte tenu de fait que le pouvoir du Plantagenêt était plutôt affaibli à cette époque et que de toute manière le cycle du Graal relève d'une forme de propagande qui va plutôt en faveur des Capétiens[41].

L'épisode donne également lieu à une réflexion hésitante sur la relation du pouvoir royal avec la justice. Le souverain précise au moment où le procès commence qu'aucune affaire ne doit être jugée par un roi sans le conseil de ses barons :

> Signour, je vous ai ci mandés conme mes loiaus barons car nus rois ne doit chose emprendre ne mener a chief sans le conseil de ses barons[42]

Aucun des chevaliers connus de la Table Ronde n'accepte de plein gré le jugement rendu par le roi mais, à l'exception de Lancelot aucun d'entre eux ne quitte son service. Keu vocifère de manière virulente mais sa révolte s'arrête aux paroles, il ne quitte pas pour autant la mesnie du roi. Les propos de Gauvain sont révélateurs pour les dilemmes qui semblent préoccuper la société aristocratique en cette première moitié du XIIIᵉ siècle :

> Sire, vous savés bien que ma dame n'est chacie de vous par forfait dont ele soit atainte par droit, fors par vostre volenté, et nous sommes tous desloial qui

39 C. Gauvard, « La justice pénale du roi de France à la fin du Moyen Âge », X. Rousseaux et R. Lévy (dir.), *Le pénal dans tous ses États : justices, états et sociétés en Europe (XIIᵉ-XXᵉ siècles)*, Bruxelles, Facultés universitaires saint Louis, 1997, p. 83 rappelle qu'entre le XIIIᵉ et le XVᵉ siècle commence à se constituer un lien entre la justice pénale et le pouvoir royal. La justice fait partie des attributs principaux du roi et la centralisation du royaume en dépend. Le roi reste le gardien de la coutume (p. 84) mais progressivement, durant une période pas très bien définie par les chercheurs qui se sont occupés de la question, il commence à intervenir de manière directe dans les affaires du pénal (p. 87).

40 Voir X. Rousseau et R. Lévy, « Le pénal dans tous ses états », dans *Le pénal*..., *op. cit.*, p. 20.

41 Voir entre autres R. Morris et C. Girbea, *La couronne ou l'auréole. Deux systèmes de valeur à travers la légende arthurienne (XIIᵉ-XIIIᵉ siècles)*, Turnhout, Brepols, 2007.

42 *Lancelot*, éd. citée, p. 1035.

> l'avons sousfert. Mais on doit bien sousfrir a son signour un grant outrage, quant on ne l'en puet jeter, ançois qu'on mesface vers lui[43].

Cette réplique prouve, si besoin était, qu'en situation de conflits de normes et pratiques entre la volonté du roi et son tribunal celui qui l'emporte est en dernière instance le souverain. Le pouvoir royal était d'emblée visiblement suffisamment bien installé pour que ses vassaux considèrent comme un méfait que de refuser son jugement. Sur ce point la perspective du récit vernaculaire semble contredire les traités de théorie politique qui mettent en valeur la capacité d'un bon souverain à rendre la justice[44]. Gauvain s'inquiète d'ailleurs pour l'honneur du roi :

> Pour ce vous loeroie que vous atournissiés ma dame en tel manière que vous i eussiés honour et que ele fust honnerablement, car se s'estoient chose certainne qu'ele eust tort, si n'avriés vous nule hounour s'ele estoit honnie[45].

Ce procès, la condamnation de la reine ainsi que l'issue des évènements montrent, si besoin était, une tendance vers la réflexion sur les mécanismes judiciaires en cette première moitié du XIIIe siècle, ne serait-ce que par la profusion de détails et la longueur de l'épisode. Le passage témoigne toutefois également d'un malaise au sujet du fonctionnement de la justice royale et d'une incapacité à systématiser des normes.

Les grandes étapes de cette séquence permettent de dégager des éléments importants sur les rites d'exécution et plus largement sur les mécanismes judiciaires. L'on ne peut pas séparer, comme nous l'avons déjà mentionné, le rite d'exécution des rites d'humiliation et de pénitence. Toutefois l'on assiste parallèlement à une subversion du but-même de l'humiliation par les réactions violentes des barons de la cour du roi. Plus la peine est dure, plus la reine est respectée, voire même martyrisée. La dimension religieuse reste présente dans le passage, bien que de manière beaucoup plus discrète. La dimension sacerdotale de la royauté se manifeste dans la personne de Guenièvre, à la fois condamnée et martyre. Par ailleurs, couper les cheveux peut renvoyer aux rites de

---

43 *Ibidem*, p. 1064.

44 Voir entre autres R. Brown Grand, « *Introduction* », R. Brown Grant, A. D. Hedeman and B. Ribémont (dir.), *Texts and visual representations of power and justice in Medieval France*, Fahrnam, Ashgaten 2015.

45 *Lancelot*, éd. citée, p. 1064.

dédition de personnes à l'autel[46]. Il est d'ailleurs très difficile de séparer la dimension religieuse de la justice pénale entre autres parce que le Moyen Âge conçoit la justice à travers l'image de Dieu juge[47].

En somme, la fiction romanesque met en scène des situations où pratique pénale, rites d'exécution et rites d'humiliation se rejoignent, mettant la plupart du temps l'idée de justice au service du récit édifiant.

Catalina GIRBEA
Professeur de langue
et littérature françaises
du Moyen Âge
à l'Université de Bucarest

46 D. Lavergne « Le cheveux sur l'autel. Remarques sur un rite de dédition personnelle », *Bulletin du Centre d'Études Médiévales d'Auxerre*, 2011.

47 X. Rousseau et R. Lévy, « Le pénal... », art. cité, p. 15-17.

LE CORPS DES PRISONNIERS DANS LES IMAGES DES XIVe ET XVe SIÈCLES

Les œuvres visuelles véhiculent un système de représentations, autrement dit elles donnent à voir une conception du monde, de la société et de l'homme. Elles témoignent d'un imaginaire social et socialement structuré. Ce système de représentations rend compte non seulement de la manière dont sont ordonnés les rapports sociaux mais il constitue aussi le cadre dans lequel les acteurs pensent et agissent. Le corps est bien sûr « fabriqué culturellement dans chaque société, il subit des agressions, culturellement programmées. Celles-ci expriment, tout autant que les processus de fabrication, l'ordre en vigueur dans les sociétés évoquées[1] ». Étudier les images des corps en peine permet une observation assez fine de la fabrique culturelle du corps au Moyen Âge. Le crime y est en effet associé au mal et au péché et engendre le désordre[2]. Restaurer l'harmonie rompue par le péché nécessite donc de punir, de châtier le corps, lieu du péché, responsable de la souillure de l'âme. Dans cette perspective, il était intéressant d'analyser la représentation du corps contraint lors de l'incarcération et du corps emprisonné.

À l'exception de Barbara Morel qui, pour sa thèse, a analysé un corpus de 140 représentations de prison, étudiées dans un chapitre intitulé « l'iconographie de la réclusion[3] », les historiens de l'art ou les spécialistes des images ont accordé peu d'attention aux représentations de l'emprisonnement[4]. Dans son étude, cet auteur remarque que « l'aspect

---

1 * Au moment où j'achève cet article, il m'est agréable de remercier ici mes relecteurs : Julie Claustre, Isabelle Marchesin et Éric Palazzo. Maurice Godelier, Michel Panoff, « introduction », dans *Le corps humain, supplicié, possédé, cannibalisé*, éd. Maurice Godelier, Michel Panoff, Amsterdam, 1998, p. XII.

2 Claude Gauvard, *Violence et ordre public au Moyen Âge*, p. 40.

3 B. Morel, *Une iconographie de la répression judiciaire. Le châtiment dans l'enluminure en France du XIIIe au XVe siècle*, Paris, Éditions du Comité des travaux historiques et scientifiques, 2007 p. 159.

4 Voir néanmoins l'ouvrage de R. Jacob, *Images de la Justice, Essai sur l'iconographie judiciaire du Moyen Âge à l'âge classique*, Paris, Le Léopard d'or, 1994. L'auteur n'analyse pas les

de la prison ne se modifie pas en fonction du détenu, ni en fonction de la source retenue – livres juridiques, livres d'histoire et chroniques –. [...]. La prison est avant tout un lieu de réclusion où il (le prisonnier) est enfermé contre son gré, dans un bâtiment à l'architecture solide et difficile d'accès – la tour, "symbole de l'incarcération" et ses barreaux métalliques "superlatif au discours de l'isolement" – signifié par la forme architecturale elle-même ». « Le prisonnier, ajoute-t-elle, est coupé du monde dans un cachot inconfortable qui doit être pour lui pire que la mort. Pour remplir au mieux sa fonction, la prison se doit alors d'être un lieu inviolable[5] ». Les remarques de Barbara Morel qui, sur certains points, pourraient parfois être nuancées restent souvent à l'état de constat. Or les représentations de la mise en prison et de l'emprisonnement nous semblent posséder un contenu sémantique plus riche. Nous avons rassemblé un corpus non exhaustif d'enluminures du Moyen Âge tardif en nous concentrant dans un premier temps sur les représentations dans les manuscrits juridiques puis dans un second en étendant la réflexion à titre comparatif aux peintures des livres d'histoire et des *vitae.* Nous avons également choisi d'écarter de ce corpus les épisodes figurant l'entrée en prison des apôtres et des saints. Les enjeux sont, nous semble-t-il, différents puisque les protagonistes de ces récits ont renoncé à leur corps. La description du martyre ne vise en effet qu'à souligner l'endurance de l'athlète de Dieu et la participation du saint à l'économie du salut[6].

---

représentations de la prison, mais il commente abondamment les images du procès et du lieu de justice.

5 *Ibid.*, p. 163-165.

6 Le bourreau, après avoir expérimenté les supplices les plus raffinés, renonce en effet à faire fléchir le saint dont la détermination n'est pas entamée. La décapitation sonne comme la défaite des persécuteurs. Ayant accompli sa mission, le saint accepte la mort et la couronne qui lui est offerte. La décapitation apparaît symboliquement comme le seul moyen de tuer le saint puisqu'il a renoncé à son corps. La dualité âme-corps très nette dans les *vitae* s'exprime dans le supplice qui triomphe de la résistance des martyrs. Mais en réalité, l'image de la décapitation est un symbole de victoire, victoire du saint sur les persécuteurs et victoire du saint sur la mort. Le corps est détruit, mais l'âme atteint l'éternité et la Vie. Un des exemples les plus anciens conservés évoquant ces thèmes est une pyxide en ivoire du VIe siècle, réalisée en Orient (Londres, British Museum). Sur cet objet figure la condamnation, la décapitation du saint, un ange – les mains voilées – descend du ciel et enfin la gloire posthume de Ménas. Sur ces points, voir C. Voyer, *Faire le Ciel sur la Terre, Les images hagiographiques et le décor peint de Saint-Eutrope aux Salles-Lavauguyon (XIIe siècle)*, Brepols, Turhout, 2007, notamment p. 106-131 et p. 149-151.

LA MISE EN PRISON
Un rituel de passage

Au sein du corpus établi, les scènes de mise en prison dans les livres juridiques sont particulièrement saisissantes en offrant, semble-t-il, une définition fine et profonde du concept de *prisio* et d'enfermement.

Dans cette représentation de la fin du XIIIe siècle, le roi donne l'ordre (le geste l'indique) de mettre un homme en prison (fig. 1)[7]. La réponse à cette injonction est exprimée à la fois par la tête de l'exécutant tournée vers le souverain et par ses bras qui tiennent le torse nu du prisonnier. Ce dernier désigne par ses bras tendus le lieu vers lequel il est conduit : un édifice circulaire surmonté d'une toiture conique. Cet édicule se caractérise surtout par une baie en plein cintre, ouverte sur un aplat sombre. Avec une grande économie de moyens, le peintre définit ce que signifie la *prisio* : un geste – la prise – qui symbolise la sujétion, le fait de mettre la main sur un autre homme[8]. Ce geste est également prêté aux anges et aux démons qui conduisent les âmes jugées vers leur destination finale comme par exemple sur les voussures du porche sud du portail du Jugement dernier de la cathédrale de Chartres.

Dans l'enluminure, l'endroit où le prisonnier est conduit est le lieu où s'exercent la coercition et la contrainte : seules les ténèbres ou l'absence de lumière le qualifient. Le condamné va y être jeté, ce qu'indiquent d'ailleurs ses bras dirigés vers le sol. Vêtu seulement d'une culotte, cet homme est bien sûr dépouillé de son identité – son statut social et sa place dans la société lui sont retirés[9] –, mais ici le concepteur des images a surtout souligné son état de pécheur. Il a tout perdu à l'image des damnés figurés dénudés dans les scènes infernales. Le péché qui a souillé l'âme de cet homme l'a mené en prison.

---

7 Berlin, Staatsbibliothek zu Berlin, Lat. Fol. 409, *Institutes*, Livres I à IX, France, fin du XIIIe siècle, f° 154.

8 Sur ce sens de la prison, voir J. Claustre, « La prison de "desconfort". Remarques sur la prison et la peine à la fin du Moyen Âge », dans *La prison, du temps passé au temps dépassé*, dir.. S. Humbert, N. Derasse et J-P. Royer, Paris, L'Harmattan, 2012, p. 19-44.

9 Cl. Gauvard, « Pendre et dépendre à la fin du Moyen Âge. Les exigences d'un rituel judiciaire », *Histoire de la justice*, 1991, 4, p. 5-24.

L'enluminure du folio 161 du livre VI du *Code*, peinte au XIVe siècle, dans le sud de la France met aussi en scène un emprisonnement (fig. 2)[10]. L'homme en armes se tient entre deux lieux, l'intérieur au fond rouge, où siège le juge qui ordonne l'emprisonnement, et l'extérieur matérialisé par l'aplat bleu. Le troisième lieu, lieu de l'enfermement est symbolisé par l'étroite tour circulaire. Le soldat, tourné vers le magistrat, ne réalise aucun geste en direction du condamné qui pénètre dans la prison. L'homme au service de la justice possède ici la valeur d'un signe : il est la figure même de la coercition. Il ne brandit pas son épée qui repose sur son épaule. L'arme signifie ici l'action d'une justice puissante, elle redouble la décision judiciaire mais ne « travaille » pas à son exécution : elle en est « le signe posé comme efficace par sa seule réalité de signe[11] ». Le condamné franchit en effet seul le seuil de la prison. Tête rasée en signe de soumission, d'humilité et de pénitence[12], vêtu d'une simple culotte, l'homme, regardant derrière lui, s'apprête à disparaître en réclusion. L'enfermement et la mise à l'écart sont particulièrement bien signifiés par le jeu subtil des fonds et l'étroite tour. Un prisonnier, portant la coiffure du XIVe siècle, figure derrière les barreaux : il attend en observant le monde dont il est temporairement exclu.

Une mise en prison est également peinte dans un exemplaire du Digeste datant du XIVe siècle au folio 288[13] (fig. 3). La figure de l'autorité, en majesté, ordonne l'emprisonnement en s'adressant à l'homme d'armes doté d'un bouclier qui le regarde tout en accomplissant sa tâche. La contrainte qu'il exerce est évoquée par le fouet dont les lanières viennent épouser la courbe du dos du prisonnier en culotte. Ainsi à la douleur de l'âme égarée s'ajoute la souffrance corporelle. La châtiment corporel renvoie à la nécessaire purification : Claude Gauvard a bien montré qu'à la fin du Moyen Âge, l'emploi du champ lexical de la purification augmente très

10 Saint-Omer, BM, ms. 465, f° 161.

11 J.-Cl. Bonne, *L'art roman de face et de profil. Le tympan de Conques*, Le Sycomore, Paris, p. 57.

12 Froissart rapporte par exemple que Gaston Fébus s'est rasé la tête en signe de pénitence et de deuil après qu'il ait poignardé son fils dans une des chambres du château d'Orthez en août 1380 : « "Ha ! Gaston, com povre aventure (ci à). A male heure, pour toy ne pour moy, alas oncques en Navarre veoir ta mere. Jamais je n'aray si parfaite joie comme je avoie en devant." Lors fist-il venir son barbier, et se fist tonser tout jus et se mist moult bas, et se vesti de noir, et tous ceulx de son hostel », *Chroniques*, éd. Léon de Mirot, Paris, 1931, t. 12, p. 88.

13 Paris, BnF, ms. nou. acq. lat. 2437, Code, Livres I à IX, et Digeste Nouveau, livres XXX à L, f° 288, France du Sud (?), XIVe siècle.

fortement dans le discours des juristes assimilant volontiers le péché au crime[14]. À ce titre, la punition corporelle infligée au prisonnier fait écho aux pratiques de mortifications monastiques, ou, plus généralement, à la discipline du corps et de l'esprit propre aux mondes des cloîtres[15]. À partir du XIIIe siècle, ces pratiques gagnent certains groupes de laïcs dont les Flagellants[16]. Le corps maîtrisé, dompté, devient alors un véhicule plus approprié pour connaître Dieu. La souffrance liée aux mortifications ou aux punitions s'inscrit alors dans un processus de pénitence et de conversion.

Dans l'enluminure, le haut du corps du condamné est déjà soustrait au regard : il vient de pénétrer dans l'édifice, signe de son enfermement, par une petite porte qui l'oblige à se pencher. Les dimensions et l'étroitesse de cet édicule expriment l'incarcération bien sûr – par les murs – mais surtout la contrainte exercée sur le corps. Le prisonnier y disparaît littéralement. Notons que le retrait des attributs sociaux est renforcé par l'absence de visage. Ce détail est sans doute prépondérant dans la définition en image de la réclusion : libérer l'âme de la prison du corps, selon l'exégèse augustinienne de Sg 9, 15[17], nécessite l'incarcération[18].

---

14 Cl. Gauvard, « les Humanistes et la justice sous le règne de Charles VI », dans *Pratiques de la Culture écrite en France au XVe siècle*, Louvain-la-Neuve, 1994, p. 229.

15 Les écrits des Pères du désert ont particulièrement influencé la pensée monastique sur le corps au Moyen Age. Depuis le IIe siècle, dans les provinces orientales de l'Empire romain, le renoncement à la chair était largement célébré dans la vie chrétienne. Antoine et les moines du IVe siècle montrent par exemple, à travers leurs écrits, une conscience aiguë de la permanence du fantasme sexuel, considéré comme inhérent à la nature humaine. Or, comme le note Peter Brown « cette indocilité n'était pas seulement physique. Elle conduisait dans les profondeurs de l'âme », au cœur de l'homme déchu. Pour eux, seule la main du Christ pouvait sauver le moine de sa volonté la plus intime, « c'était triompher en lui de ses conduites les plus obstinément personnelles… Recevoir du Christ la grâce de la chasteté (…) c'était achever la transformation du cœur ». P. Brown, *Le renoncement à la chair, Virginité, célibat et continence dans le christianisme primitif*, Paris, 1995, p. 285. Sur le châtiment dans le monde monastique, voir entre autres, N. Pancer, « "Crimes et châtiments" monastiques : aspects du système pénal cénobitique occidental (Ve et VIe siècles) », *Le Moyen Âge*, 2003/2 (t. CIX), p. 261-275. Voir en dernier lieu, E. Lusset, *Crime, châtiment et grâce dans les monastères au Moyen Âge (XIIe-XVe siècle)*, Turnhout, Brepols (Disciplina monastica, 12), 2017.

16 C. Vincent, « Discipline du corps et de l'esprit chez les Flagellants au Moyen Âge », *Revue Historique*, t. 302, fasc. 3 (615), p. 593-614.

17 Sg 9, 15 : « Le corps qui se corrompt appesantit l'âme et sa demeure de terre accable l'esprit aux multiples pensées ». Voir I. Bodet, « Le corps, un poids pour l'âme, L'exégèse augustinienne de Sagesse 9, 15 », dans *Revue des Sciences Philosophiques et théologiques*, 2016/1, t. 100, p. 27-43.

18 Voir l'utile mise au point de J. Baschet sur le dualisme et la dualité dans *Corps et âmes, Une histoire de la personne au Moyen Âge*, Paris, Flammarion, 2016, notamment p. 28-30.

Plusieurs motifs semblent ici déterminants parce qu'ils appartiennent au répertoire visuel de la conversion : la nudité partielle des prisonniers, le franchissement de la porte et le lieu de détention. Selon la métaphore paulinienne, dépouillé de ses anciens vêtements, symboles de son ancienne peau, le prisonnier-pécheur entre dans une période transitoire, temps du rituel de marge[19]. Il est en effet d'abord retranché du corps social – le rituel de séparation est signifié ici par la culotte du pénitent-, puis mis à la marge et se retrouve dans un entre-deux, matérialisé par le lieu d'attente qu'est la prison. Ce temps de pénitence, d'isolement, même court[20], doit entraîner la conversion, la purification. Les souffrances physiques, évoquées par le fouet dans l'exemplaire du Digeste conservé à la BnF, sont nécessaires pour le salut de l'âme. Dans le cas particulier de la condamnation, l'enfermement est perçu comme une peine parce que justement il atteint le corps : contraindre le corps libère l'âme.

Dans les manuscrits, le franchissement même contraint de la porte, donc du seuil, de la prison, est récurrent parce qu'il est particulièrement significatif. Les formules se déclinent dans les représentations et ce, au sein d'ouvrages de différentes natures. Dans un exemplaire de l'œuvre d'Aristote, *Politiques*, selon la traduction de Nicolas Oresme, peint à Paris, au cours des deux dernières décennies du XIVe siècle, le roi, entouré de deux conseillers avec lesquels il échange, ordonne l'emprisonnement de l'un de ses sujets[21]. Un homme d'armes muni d'une clé pousse un noble vers un châtelet, composé d'un corps central flanqué de deux tourelles. La clé, la porte, l'étroitesse du bâtiment appartiennent au champ sémantique de l'enfermement. Une partie de la silhouette du condamné est déjà absorbée par le bâtiment. En raison de leur échelle respective, le prisonnier fait littéralement corps avec l'édifice.

Au folio 151 d'un exemplaire *Des cas des nobles hommes et des femmes* de Boccace, peint en France dans le deuxième tiers du XVe siècle, dans

19 A. Van Gennep, *Les rites de passage. Étude systématique des rites de la porte et du seuil, de l'hospitalité, de l'adoption, de la grossesse et de l'accouchement, de la naissance, de l'enfance, de la puberté, de l'initiation, de l'ordination, du couronnement, des fiançailles et du mariage, des funérailles, des saisons. Etc.*, New York / Wakefield / Paris, S. R. Publishers Ltd,1969 [1909], p. 27.

20 Cl. Gauvard, « De grace especial ». *Crime, État et société en France à la fin du Moyen Âge*, 2 vol., Paris, 1991. La dureté des conditions de vie est avérée dans les geôles médiévales mais le temps de la détention est court.

21 Paris, BnF, Fr. 204, f° 496v, rubrique : « ou premier chapitre il commence determiner de justice et met une distinction ».

le ventre de la lettre M, Regulus, consul romain, est mis en prison à la suite de sa défaite à la bataille de Tunis contre Xanthippe[22]. Campé devant l'entrée d'un édifice, Xanthippe, le Spartiate, ordonne que le vaincu, les mains liées, soit conduit en prison. Notons que le lien serré autour des poignets du consul est manifestement moins fort dans le discours visuel que les gestes de celui qui exécute l'ordre de Xanthippe. Tenir le col ou bien saisir le bras possède manifestement une valeur sémantique puissante dans les représentations d'une arrestation ou d'un enfermement. Le lacet qui sert à entraver Regulus repose d'ailleurs sur l'avant-bras de l'exécutant. Le consul romain s'apprête à disparaître en réclusion : sa jambe avant gauche a déjà franchi le seuil de la prison.

La foule des prisonniers bretons du roi Claudas est également en train d'être avalée par la tour, symbole ici de l'enfermement, au folio 551 d'un manuscrit du Lancelot du Lac, peint vers 1470[23]. Les derniers prisonniers de la file, mains entravées, progressent vers la porte, certains en franchissent le seuil... Ceux qui ont pénétré plus avant dans l'édifice ne se distinguent plus que par le sommet de leur crâne. Un groupe de soldats qui ferme la marche encadre les prisonniers. Par le geste de son bras, signe de coercition, le premier d'entre eux accompagne le mouvement de la foule des captifs.

Si de prime abord, l'entrée en prison mise en images semble répondre à une mise en scène assez littérale et suggestive de l'action, elle ne peut être réduite à une simple narration. Deux points nous incitent à suggérer que ces scènes ont une dimension symbolique indéniable.

Le premier porte sur la représentation de la prison dont on ne distingue que les murs extérieurs. En général, les concepteurs d'images se servent soit d'aplats de couleurs différentes pour qualifier des lieux distincts, comme dans l'enluminure du Code conservé à la bibliothèque de Saint-Omer et déjà analysée, soit de la convention de la maison ouverte, comme dans les deux exemples tardifs où le prisonnier est figuré torturé ou se suicidant[24]. Représenter l'édifice sans en dévoiler l'intérieur

22 Rouen, BM, ms. 1440, f° 151, Boccace, *Des cas des nobles hommes et des femmes*, trad. Laurent de Premierfait, peint en France dans le deuxième tiers du XVe siècle, initiale M du chapitre 3 du livre 5, emprisonnement de Marcus Atilius Regulus, Rubrique : *« Le tiers chapitre contient le cas de marcus actilius regulus noble consul rommain »*.

23 Paris, BnF, ms. Fr. 115, *Lancelot du Lac*, peint à Ahun, vers 1470, rubrique « des prisonniers du roi claudas ».

24 Paris, BnF, fr. 226, f° 145v, Boccace, *De Casibus*, trad. Laurent de Premierfait, peint à Paris, par le Maître de Rohan, au premier quart du XVe siècle, Philippe : le faux roi de

est une définition de la prison : un contenant qui enferme, qui retient, qui retranche – le sens par ailleurs de *arcere* qui est à l'origine du mot *carcer* –, mais c'est aussi un lieu qui efface, qui fait disparaître celui qui y pénètre. Cette fonction du lieu, objet de notre second point, concerne le seuil de la porte. Comme nous l'avons déjà souligné, la porte participe dans les images à signifier métaphoriquement la séparation et le passage d'un état à un autre. Plus précisément, elle met en signe le rituel de passage au cours duquel s'opère la conversion avant l'agrégation au nouveau groupe. Cet entre-deux, avant le changement d'état, correspond à la mort symbolique de l'individu.

C'est pourquoi le motif du franchissement de la porte est commun à d'autres images, notamment à celles de la prise d'habit. La mise en images de ce rituel a été bien étudiée par Dominique Donadieu-Rigaut[25]. Dans deux exemples que nous reprenons à notre compte, elle a bien montré la manière dont le franchissement du seuil est constitutif de la représentation de la prise d'habit. Le premier exemple provient d'un manuscrit du Décret de Gratien et accompagne la cause XX où il est exposé la nécessité d'accorder aux oblats ayant atteint l'âge de raison le droit de revenir sur la décision parentale prise par le passé en leur nom[26] (fig. 4). Le concepteur de l'image a donc peint l'arrivée au monastère de deux frères ainsi que l'expose le cas juridique. Sans entrer dans l'analyse minutieuse de l'image, observons que l'abbé et les moines serrés à ses côtés se tiennent sous la porte, une baie en plein cintre, de l'abbaye dont les murs ont été détaillés[27]. Seul le sanctuaire de l'abbatiale est dévoilé selon la convention de la maison ouverte. La césure verticale séparant le monde séculier, à gauche, du monde régulier, à droite, se trouve décalée, les bâtiments conventuels occupant en effet les trois quarts de l'image. Un arbre matérialise la frontière entre les deux modes de vie. L'un des deux enfants a donc franchi ce premier seuil en passant de l'autre côté du tronc : il est revêtu par l'abbé. Toutefois, il n'a pas encore passé le pas

---

Macédoine est supplicié en prison ; Paris, BnF, ms. fr. 56, f° 53, Jean Mansel, *Fleur des histoires*, France, 3e-4e quart du XVe siècle : Histoire de la vie de Judas et de Pilate, le suicide de Pilate.

25 D. Donadieu-Rigaut, *Penser en images les ordres religieux (XIIe-XVe siècles)*, Paris, Éditions Arguments, 2005.

26 Rome, Biblioteca A. V., ms 1371, f° 181v, vers 1330-1340.

27 Pour une analyse minutieuse de cette image, voir D. Donadieu-Rigaut, *op. cit.*, p. 91-93.

de la porte de l'abbaye – le second seuil – et n'appartient pas encore à sa famille spirituelle. Dominique Donadieu-Rigaut souligne que le corps du jeune garçon, notamment la tête et les mains, est englouti par la tunique rouge qui, enfilée par le haut, évoque bien la mort symbolique – la disparition – et la naissance spirituelle annoncée. Le second exemple est, nous semble-t-il, encore plus évocateur : la scène représente l'entrée en Chartreuse de Bruno et de ses compagnons peinte par les frères Limbourg, vers 1410, au folio 97 des *Belles Heures du Duc de Berry*[28]. Cette scène est l'avant-dernière du cycle consacré à saint Bruno (f° 94-97v). Alors que dans le cycle, les frères Limbourg utilisent la convention de la maison ouverte pour figurer l'intérieur, ici, immédiatement après avoir recouvert leur corps du vêtement blanc, les moines ermites passent la porte pour pénétrer dans le lieu clos de la Grande Chartreuse (fig. 5). Cette porte monumentale « les avale les uns après les autres ». La dernière séquence du cycle au f° 97v présente le désert de Chartreuse, un lieu absolument fermé en forme de losange. « Définitivement morts au monde en prenant l'habit, les chartreux, devenus invisibles à tout œil extérieur (même à celui du puissant duc de Berry, commanditaire du manuscrit) ont définitivement disparu derrière les murs épais de leur ermitage. Seuls quatre frères convers, à l'extérieur des bâtiments, mais à l'intérieur des limites du désert, se laissent saisir par le regard[29] ».

Ainsi, dans la rhétorique visuelle, la mise en prison qui symboliquement soustrait à la vue les condamnés évoque la mort au monde. Si le lieu de réclusion engloutit les prisonniers, ils ne sont pas voués, contrairement aux moines, à être définitivement morts au monde. Ce lieu de réclusion, de pénitence qu'est la prison, est un lieu d'attente indispensable à la conversion du pécheur avant que ce dernier lavé de ses péchés puisse être de nouveau agrégé à la communauté des fidèles, vêtu d'une nouvelle peau et ainsi rendu à la vue[30].

Ainsi au folio 215, le Maître d'Antoine de Bourgogne a figuré la libération de Bureau de la Rivière et Jean le Mercier, respectivement

28 New York, Metropolitan Museum (The Cloisters), *Belles Heures du Duc de Berry*. Ce précieux et prestigieux manuscrit a été commandité par le prince Jean de France, troisième fils du roi Jean le Bon, et frère de Philippe le Hardi, duc de Bourgogne.

29 D. Donadieu-Rigaut, *op. cit.*, p. 108-110.

30 A. Van Gennep, *op. cit.*, p. 13.

chambellan et conseiller de Charles VI, injustement emprisonnés à la Bastille sur l'ordre des oncles du roi (gouvernement des ducs)[31]. Les deux hommes viennent de franchir la porte de la prison et retrouvent leur visibilité sociale. Ils jettent discrètement un regard en arrière, le regard en biais, expression peut-être de la méfiance pour le premier d'entre eux. Le second effleure le bras de son compagnon d'infortune. Un garde, qui a accompagné les deux hommes vers la sortie, se tient dans l'encadrement de la porte, son corps en partie dissimulé par les murs de ce lieu clos, refermé sur lui-même.

L'ENFERMEMENT, LA RÉCLUSION, L'ATTENTE

Si la mise en prison fait l'objet d'une sémantique particulière liée au rituel de passage dans les images, une série d'œuvres figurant le condamné dans sa cellule évoque plus simplement l'enfermement ou l'attente. Elle s'inscrit dans la tradition visuelle des emprisonnements bibliques ou hagiographiques : soit une large baie laisse voir l'intérieur de la geôle soit des barreaux sont ajoutés à la façade habituellement manquante selon la convention de la maison ouverte comme, par exemple, au folio 36 de la bible historiale peinte par le Maître du Roman de Fauvel (Paris, BnF, fr. 8), où Joseph se morfond en prison[32].

Les souffrances morales du prisonnier, qu'il soit injustement enfermé ou légitimement incarcéré, peuvent être exprimées de diverses manières. Ainsi, au folio 153 d'un exemplaire de l'œuvre de Boccace, *De Casibus*, Eumènes de Cardia, chancelier d'Alexandre le Grand, est figuré derrière des barreaux, à l'intérieur de sa cellule, couché sur le dos, ce qui est un choix plus rare[33]. Entravé par une lourde chaîne – elle-même accrochée à un poteau – qui lui ceint la taille et les mains liées, Eumènes est à la

31 Paris, BnF, fr. 2646, Jean Froissart, *Chroniques*, manuscrit peint à Bruges par le Maître d'Antoine de Bourgogne, vers 1470-1475, f° 215, Bureau de la Rivière et Jean Le Mercier délivrés de la Bastille (1392).

32 Paris, BnF, ms. 8,.

33 Paris, BnF, fr. 235, Boccace, *De Casibus*, trad. Laurent de Premierfait, f° 153, peint à Paris, au cours de la première moitié du XVe siècle (rubrique : « le XIIe chapitre contient le cas de eumenes duc de capadoce et de paflagonie et commance ou latin alexandro et cetera »).

fois l'image du suppliant tourné vers Dieu mais également la figure du défunt sur son lit funéraire.

Dans la majorité des occurrences, le prisonnier apparaît à la fenêtre d'une tour ou d'un château, signe du caractère inviolable du lieu[34]. Il fait souvent corps avec le bâtiment, véritable enveloppe qui l'enserre, l'entoure en ne laissant visible que le buste ou la tête, à l'instar du prisonnier derrière les barreaux dans l'enluminure déjà présentée de cette copie du *Code*, conservé à la bibliothèque de Saint-Omer. Cette représentation est par ailleurs exemplaire car elle montre à la fois la disparition du condamné en réclusion par la figure du condamné qui franchit le seuil de la tour et son attente au travers de celle du prisonnier à la fenêtre : elle évoque la mort symbolique et le temps de la pénitence nécessaire à la conversion. Notons une fois de plus que la tête et le buste du prisonnier sont nettement circonscrits à la forme de la baie qui contraint leur représentation.

Le motif du corps qui finit par s'abîmer et se dissoudre en réclusion s'observe également dans les épisodes peints ou sculptés qui retracent l'expérience érémitique des saints. Dans la scène de la retraite de saint Benoît peinte par le Maître de Consolus, dans la seconde moitié du XIIIe siècle dans l'église inférieure de Sacro Speco, la grotte épouse le corps du saint tandis que l'obscurité gomme les contours de la silhouette à l'habit sombre (fig. 6). Seules la tête et les mains du saint sont encore visibles. Il est ainsi signifié que Benoît renonce à son corps et meurt au monde[35].

L'association entre le bâtiment aux proportions réduites, l'étroite baie qui laisse apparaître le haut du corps ou le corps du prisonnier se retrouve, et ce n'est pas étonnant, dans les représentations des reclus et des recluses. La règle de la réclusion repose sur l'évangile de Luc

34 La tour est une figure utilisée pour signifier l'inviolabilité d'un lieu. Imprenable, elle est également une métaphore pour évoquer la virginité mariale. Les concepteurs d'images usent bien sûr de signes forts ou de motifs véhiculant des représentations très construites, toutefois le choix de figurer une tour ou un châtelet s'explique aussi par la réalité matérielle de l'enfermement au Moyen Âge. La plupart des geôles connues est aménagée dans des forteresses, des châtelets ou d'autres éléments de fortification. Voir à ce sujet, R. Telliez, « Geôles, Josses, cachots… Lieux carcéraux et conditions matérielles de l'emprisonnement en France à la fin du Moyen Âge », dans *Enfermements : le cloître et la prison (VIe-XVIIIe siècles)*, dir. I. Heullant-Donat, J. Claustre et É. Lusset, Paris, 2011, p. 169-182.

35 Sur ces points, voir D. Donadieu-Rigaut, *op. cit.*, p. 99-100,.

qui oppose Marie la contemplative, à l'écoute du Christ, à Marthe l'active, prisonnière du siècle. « En se libérant des obligations créées par la vie mondaine, l'être est libre de s'élever à la contemplation. La réclusion est une expérience de renoncement qui permet la conversion et la rédemption ». Paulette L'Hermite-Leclercq ajoute : « la réclusion féminine, hors des déserts monastiques, est urbaine et se singularise par l'enfermement dans une cellule (murée ou fermée du sceau de l'évêque), cellule qui est à la fois un tombeau (une mort au monde) et une protection efficace (fragilité féminine)[36] ». La reine recluse à qui Perceval s'adresse dans les manuscrits de la *Queste del saint Graal* est peinte elle aussi à la fenêtre d'un bâtiment qui évoque une chapelle. La porte close, les hauts murs à créneaux dans certains cas, les assises soigneusement figurées, l'impossibilité pour Perceval d'apercevoir la reine de la Terre Gaste, sont autant de moyens d'exprimer l'enfermement, l'emmurement et la mort au monde[37].

La représentation du reclus de Molliens, associée à son poème *Miserere*, offre une composition analogue dans un manuscrit conservé dans la Bibliothèque Municipale d'Amiens[38]. La baie de la cellule circonscrit étroitement le corps du bénédictin en train de prier. Les mains jointes sortent du lieu sombre encadré par la baie et accompagnent l'élan vers Dieu dont le visage est figuré dans une nuée, dans l'angle supérieur droit de l'enluminure. Le peintre a minutieusement figuré la partie inférieure du bâtiment, un haut mur de couleur verte, percé de lancettes, qui sert de socle à la cellule du saint, une construction tendue vers le ciel. Dans le désert et la solitude, le reclus, libéré de la prison du siècle, connaît Dieu.

Si, dans cette quête de pureté et d'idéal, les échanges avec l'extérieur sont limités afin de réduire les contacts avec le siècle corrupteur, le reclus ou la recluse conserve, grâce à la fenestrelle de

---

36 Voir P. L'Hermite-Leclercq, « La réclusion volontaire au Moyen Âge : une institution religieuse spécialement féminine », *La Condición de la mujer en la edad media, Actas del coloquio celebrado en la Casa de Velazquez del 5 al 7 de noviembre de 1984*, Casa de Velazquez, éd. de la Universidad Complutense, Madrid, 1986, p. 136-145, p. 135 et 138.

37 Voir par exemple, Paris, BnF, fr. 1424, *Queste del saint Graal*, f° 3, manuscrit peint à Tournai, vers 1330-1340 ; Paris, BnF, fr. 111, Queste del saint Graal, f° 224v, peint à Poitiers, vers 1480.

38 Amiens, BM, ms. 437, f° 144, *Miserere*, reclus de Molliens priant Dieu dans sa cellule, XIVe siècle. Le poème est copié du folio 144 au folio 165.

son reclusoir, une ouverture vers l'extérieur[39]. L'ascète peut ainsi agir sur le siècle grâce à sa présence non visible et continuer à participer à la vie sacramentelle si le reclusoir est adossé à une église ou une chapelle. Le reclusoir devient ici l'expression de l'ordre et de l'harmonie – l'intérieur – face au siècle – l'extérieur – désordonné et disharmonique.

À l'instar du reclus, bien que le prisonnier soit séparé du monde, il n'en est pas définitivement coupé puisqu'il l'observe, le regarde depuis la fenêtre de sa cellule. Ainsi, un prisonnier est spectateur, depuis la fenêtre à barreaux de sa prison, de la reprise de Domfront par l'armée de Charles VII, le 2 août 1450 au folio 204v d'un exemplaire des *Vigiles de Charles VII* de Martial d'Auvergne[40]. Le prisonnier à la fenêtre évoque bien sûr l'attente mais sa « présence » et le lien maintenu par le regard avec le monde sont autant de moyens pour évoquer son appartenance à la communauté et sa marginalité temporaire. Associé à la reddition des troupes anglaises signifiée à la fois par la génuflexion de deux des vaincus et par la porte ouverte du châtelet, le prisonnier pourrait être ici assimilé à la ville bientôt libérée par son seigneur naturel, le roi Charles VII. Miséricordieux, le souverain à cheval domine les vaincus dont une partie amorce déjà un mouvement qui évoque le départ de la troupe défaite. Loin d'être anecdotique, le motif du prisonnier derrière les barreaux permet peut-être d'introduire dans le discours visuel l'idée de la ville attendant la venue du libérateur, Charles VII, unique et légitime pouvoir, garantissant le retour à l'ordre dans le royaume[41].

Si le prisonnier peut figurer dans certaines images en interaction avec des personnages qui circulent ou se tiennent aux abords du lieu d'enfermement, ce type de scènes a surtout été peint dans des ouvrages historiques ou hagiographiques. Le charisme du personnage injustement

---

39 Lorsque la construction est adossée à une chapelle ou une église, la recluse dispose alors d'un « hagioscope », une fenêtre qui lui permet de participer à la vie sacramentelle.

40 Paris, BnF, ms. fr. 5054, f° 204v, Martial d'Auvergne, peint à Paris vers 1484 pour Charles VIII.

41 Sur ces points, voir Cl. Gauvard, « Pardonner et oublier après la guerre de Cent Ans. Le rôle des lettres d'abolition de la chancellerie royale française », dans *Vergeben Und Vergessen ? Pardonner Et Oublier. Vergangenheitsdiskurse Nach Besatzung, Bürgerkrieg Und Revolution, Les discours sur le passé après L'occupation, la guerre civile et la révolution*, dir. R. Marcowitz et W. Paravicini, Munich, Walter de Gruyter, 2009, p. 27-55. Je remercie Claude Gauvard d'avoir attiré mon attention sur ce point.

enfermé est ainsi souligné[42]. Saint Louis nimbé figure derrière une fenêtre munie de barreaux, enfermé dans un château au folio 128 de ce manuscrit enluminé à Paris vers 1330-1340 par Mahiet[43]. Il s'adresse avec autorité au soldat casqué, à la peau brune, qui garde l'entrée de la geôle. L'échange est signifié par la superposition des mains des protagonistes de la scène à l'intérieur de la cellule. Le registre inférieur du frontispice d'un exemplaire de l'œuvre de Valère Maxime, *Facta et dicta memorabilia*, représente le roi Joiakîn dans sa prison babylonienne (f° 1)[44]. À côté de la tour, la figure d'Ézéchiel est ici l'incarnation des prophéties qui, reconnaissant Joiakîn comme le vrai roi de Juda, annoncent son retour de Babylone (Jr 28, 4). Une foule, assise au pied de la tour, semble attendre en regardant le souverain emprisonné.

Une autre image peinte peut également être considérée en raison de la dimension didactique de l'œuvre dans laquelle elle s'inscrit. Dans un exemplaire languedocien, de la seconde moitié du XIVe siècle, du Bréviaire d'amour, écrit par Matfré Ermengau, juriste bitterois du XIIIe siècle, un bonhomme invite un prisonnier à la conversion[45] (fig. 7). L'amour du prochain, selon l'exposé de Matfré Ermengau, relève en effet du même amour que l'amour de Dieu et à ce titre, il peut être considéré comme une étape transitoire qui mène du monde matériel et charnel au royaume de Dieu. Le bonhomme désigne ici le ciel au nom duquel il parle en exhortant le pécheur emprisonné à l'espérance en l'amour de Dieu afin de susciter sa conversion. Ses paroles sont mises en signes dans le panneau

42 Voir également, Paris, BnF, fr. 241, Jacques de Voragine, *La Légende Dorée*, traduction Jean de Vignay, f° 135v, peint à Paris, en 1348 par Richard de Montbaston. Depuis sa geôle, Pierre le Diacre converse avec Archémius. La prison est poreuse dans les vitae : des séductrices y pénètrent pour corrompre le saint emprisonné comme Chrysanthe (Paris, BnF, ms. fr. 244, peint à Paris vers 1480-1490 par Jacques de Besançon, f° 245).

43 Paris, BnF, fr. 5716, Guillaume de Saint-Pathus, *Vie de saint Louis*, f° 128 : assassinat de Tûran Shâh et saint Louis prisonnier en Égypte. Dans un manuscrit plus ancien – Chronique – peint vers 1280 à Paris, au folio 110, Charles III, le simple, depuis se cellule, échange avec Herbert II de Vermandois, l'homme à l'origine de son incarcération. Le buste du roi apparaît à la fenêtre d'un édicule bien appareillé (Château-Thierry ou le château de Péronne).

44 Paris, BnF, fr. 41, Valère Maxime, *Facta et dicta memorabilia*, trad. Simon de Hesdin et Nicolas de Gonesse, f° 1, peint à Paris au 3e quart du XVe siècle, rubrique : « cy commence la translacion de valere grant faicte et compilee par frere symon de hesdin... » ; Inscription sur le rouleau : *johachin / anima que pecaverit ipsa morietur* (Ez 18, 4 et 20) : « l'âme qui pèche, c'est celle qui mourra ».

45 Paris, BnF, ms. Fr. 9219, Matfré Ermengau, *Breviari d'amor*, peint en Languedoc au XIVe siècle, f° 173, chrétien exhortant un prisonnier à avoir foi en Dieu.

rectangulaire qu'il tient. Interpellé par le dévot depuis sa prison, une tour dont la porte est soigneusement close, le prisonnier est pleinement intégré à la communauté à laquelle il appartient. Si son corps est contraint, il est possible en revanche de toucher son âme pour en hâter la conversion et ainsi la libérer. Le pénitent-prisonnier non seulement n'est pas exclu de la *caritas* mais il y participe puisque le bonhomme œuvre pour son propre salut en incitant le pécheur à l'espérance.

D'une manière générale, le prisonnier attend sa libération physique ; une libération conditionnée par celle de son âme à l'issue de sa conversion. Cette attente est dans une certaine mesure comparable à celle des âmes au purgatoire[46] ; des âmes qui peuvent parfois y être suppliciées. Selon les mots que Thomas de Cantimpré prête à Christine l'Admirable dans sa *vita*, rédigée au cours de la première partie du XIIIe siècle, le purgatoire est décrit comme un lieu « douloureux et temporaire », qui se situe en effet à proximité de l'Enfer. Il « a été institué par Dieu pour la purification de ceux qui s'étaient souillés d'un grand péché mais qui avaient quand même fini par se repentir ». « Cet endroit, précise la sainte, était si redoutable à cause de ses tourments qu'il n'y avait pas de différence entre ceux-ci et les douleurs de l'Enfer, sauf que ceux qui endurent des tourments respirent l'espoir de la miséricorde[47] ». Les souffrances endurées par les âmes s'inscrivent dans un processus pénitentiel et expiatoire assez proche de celui des prisonniers. Ainsi d'après l'opinion de certains, les prisons ont pris un caractère plus pénitentiel, le purgatoire une forme plus carcérale[48]. C'est vraisemblablement pourquoi « au XVe siècle, Jean Gerson peut prononcer un sermon dans lequel le purgatoire est directement assimilé à la prison[49] ».

46 J. le Goff, *La naissance du purgatoire*, Paris, Gallimard, 1981 ; Jérôme Baschet, « Une image à deux temps. Jugement Dernier et jugement des âmes au Moyen Age », *Images Re-vues* [En ligne], Hors-série 1 | 2008, mis en ligne le 01 juin 2008, consulté le 03 décembre 2016. URL : http://imagesrevues.revues.org/878.

47 Cité par M. Cassidy-Welch, « Incarcération du corps et libération de l'esprit : un motif hagiographique », dans *Enfermements*, *op. cit.*, p. 68.

48 M. Cassidy-Welch, *op. cit.*, p. 68. Voir aussi la mise en image de l'allégorie de la Rédemption dans un manuscrit de la Légende Dorée (Paris, BnF, ms. fr. 244, peint à Paris vers 1480-1490 par Jacques de Besançon). Au folio 4, les âmes au Purgatoire et les prisonniers prient pour obtenir leur pardon dans l'attente du Jugement.

49 *Six sermons en français inédits de Jean Gerson : étude doctrinale et littéraire suivie de l'édition critique et de remarques linguistiques*, éd. L. Mourin, Paris, 1946, p. 196, cité par M. Cassidy-Welch, *op. cit.*, p. 69.

L'arrière-plan théologique et spirituel est particulièrement évident dans les œuvres visuelles du Moyen Âge tardif qui figurent la mise en prison et l'enfermement. La conception de la peine de prison et ses représentations sont nourries du discours théologique des clercs sur la réclusion, la pénitence et le renoncement. L'isolement, la pénitence et la continence des moines à la robe sombre sont en effet les éléments prépondérants de la réponse pénitentielle de l'homme à l'abnégation du Fils[50]. Dans les représentations, la mise en prison, l'enfermement, les rigueurs de l'incarcération s'inscrivent dans des traditions visuelles identiques à celles de l'entrée dans les ordres et la réclusion monastique : l'incarcération permet à l'âme en perdition de retrouver le droit chemin. Séparé des fidèles, le pécheur-condamné qui franchit le seuil de la prison est dépouillé de son ancienne peau et devient un pénitent. La prison est un espace d'attente, un lieu de marge, où l'individu est en état de mort symbolique. Une fois la conversion réalisée, revêtu d'un nouvel habit, l'homme neuf, animé du souffle de vie, peut de nouveau être agrégé à la communauté.

La prison – la tour vue de l'extérieur qui la symbolise – pourrait être un corps de substitution au corps social, ainsi que semble le signifier l'étroite articulation entre le corps du prisonnier et l'édifice ou bien encore les grilles apposées sur la face des captifs. Ainsi la contrainte exprimée par la taille du bâtiment-prison impose son ordre à celui qu'il contient. La tour serait alors la métaphore visuelle de ce que la justice – règle et ordre – entend faire du corps du prisonnier[51]. Cette conception repose vraisemblablement sur les constructions symboliques associées au corps du condamné et à ses liens avec les lieux. L'espace est en effet pensé au Moyen Âge suivant une opposition entre intérieur et extérieur. Or ce dispositif s'insère dans un ensemble de registres homologiques à valeur sociale : l'intérieur est ordonné, sacré, clérical ; l'extérieur est anomique, diabolique, non clérical …

À cette première interprétation s'ajoute une seconde déjà mentionnée : si la prison fait corps avec le prisonnier, c'est qu'elle est aussi la métaphore du « corps-prison » selon la pensée d'Augustin ; une prison dont l'âme doit se libérer. Le mot *carcer* sert par ailleurs à formuler des images

50 Cl. Gauvard, « Conclusions », dans *Enfermements, Le cloître et la prison (VIe-XVIIIe siècles)*, dir. I. Heullant-Donat, J. Claustre et É. Lusset, Paris, 2011, p. 341.

51 Je remercie Isabelle Marchesin pour ses commentaires qui ont nourri ce paragraphe.

propres à susciter une réflexion spirituelle : le désert est une prison[52], le tombeau en est une pour les morts, le cœur pour les sentiments, l'enfer pour les damnés, le siècle pour le chrétien[53]...

Cécile VOYER
Université de Poitiers-CESCM-UMR 7302

52 Saint Jérôme dans ses *Lettres* exprime parfaitement cette souffrance et la lutte contre soi-même « Oh, combien de fois, moi, qui étais installé dans le désert, dans cette vaste solitude torréfié d'un soleil ardent, affreux habitat offert aux moines, je me suis cru mêlé aux plaisirs de Rome ! (...) qui, par la crainte de la Géhenne, m'étais personnellement infligé une si dure prison, sans autre société que les scorpions et les bêtes sauvages, souvent je croyais assister aux danses des jeunes filles. Les jeûnes avaient pâli mon visage, mais les désirs enflammaient mon esprit, le corps restant glacé ; devant ce pauvre homme, déjà moins chair vivante que cadavre, seuls bouillonnaient les incendies des voluptés. », (*Lettres*, 22, 7, P.L.398), cité par P. Brown, *op. cit.*, p. 450.

53 I. Heullant-Donat, J. Claustre, É. Lusse, « Introduction. *Claustrum et carcer.* Pour une histoire comparée des "enfermements" » dans *Enfermements*, *op. cit.*, p. 19.

FIG. 1 – Berlin, Staatsbibliothek zu Berlin, Lat. Fol. 409, f° 154
(dessin C. Voyer).

FIG. 2 – Saint-Omer, BM, ms. 465, f° 161.

FIG. 3 – Paris, BnF, ms. nou. acq. lat. 2437, f° 288 (dessin C. Voyer).

FIG. 4 – Rome, Biblioteca A. V., ms 1371, f° 181v (dessin C. Voyer).

FIG. 5 – New York, Metropolitan Museum (The Cloisters), f° 97
(dessin C. Voyer).

FIG. 6 – Subiaco, Sacro Speco, église inférieure, paroi est, fresque, seconde moitié du XIIIe siècle (cl. C. Voyer).

FIG. 7 – Paris, BnF, ms. Fr. 9219, f° 173 (dessin C. Voyer).

SAUVER L'EMPOISONNÉ, CONFONDRE ET CHÂTIER L'EMPOISONNEUR

Corps en peine et crime de poison

À la fin du Moyen Âge, le crime de poison hante les esprits au point qu'émerge alors une littérature spécialisée, souvent produite à la demande des puissants, et que se multiplient dans les chroniques les affaires d'empoisonnement[1]. Type d'homicide relativement rare dans les archives de la justice mais à la forte spécificité, la *toxicatio* met, de ses victimes, assurément le corps en peine[2]. Jacques du Clercq évoque les plaies et trous qui martyrisaient le corps du doyen d'Arras, Jacques Dubois, tenu pour avoir succombé à un venin vaudois vengeur (1461)[3]. Thomas Basin relate le calvaire du jeune frère de Louis XI, Charles de France, censé, aux yeux du tendancieux historien normand, être mort d'un poison fratricide (1472) : avant de rendre le dernier souffle, le jeune homme fut miné et torturé par de merveilleuses douleurs et langueurs[4].

La souffrance ainsi décrite appelle-t-elle une mise en peine particulièrement douloureuse du corps du justiciable ? Plus généralement, quels liens est-il possible d'établir entre la nature du crime de poison et le traitement corporel que réserve aux empoisonneurs présumés ou convaincus les différents stades de la procédure judiciaire ? L'objet de la présente étude est donc de rechercher si le genre de crime particulier qu'est la *toxicatio* appelle des modalités spéciales de manipulation des corps, en ne s'en tenant pas seulement à ceux des accusés, mais en présentant aussi

---

1 Nous nous permettons de renvoyer à F. Collard, *Le crime de poison au Moyen Âge*, Paris, 2003 et *Les écrits sur les poisons*, Typologie des sources du Moyen Âge occidental, 88, Turnhout, Brepols, 2016.

2 Voir L. Bodiou, F. Chauvaud et M. Soria (éd.), *Le corps empoisonné. Pratiques, savoirs, imaginaire de l'Antiquité à nos jours*, Actes du colloque international de Poitiers (octobre 2012), Paris, 2014.

3 J. du Clercq, *Mémoires*, éd. Michaud et Poujoulat, Paris, 1837, p. 632.

4 T. Basin, *Historia Ludovici undecimi*, éd. Ch. Samaran, Paris, 3 vol., 1963-1972, II, 118, *miris cruciatibus atque langoribus priusquam spiritum exhaleret, afflictus et excruciatus.*

une sorte de traitement étrange, car formellement assimilable à une peine judiciaire, infligé à l'empoisonné : sa pendaison par les pieds. Le propos envisagera d'abord la mise à l'épreuve procédurale du corps du suspect d'empoisonnement par l'ordalie (1), puis examinera l'usage de la torture sur les suspects de *venenatio* (2), exposera ensuite les formes de supplices infligés aux condamnés (3), avant de se clore sur une perspective renversante (4).

1. Jusqu'au XIIIe siècle, l'ordalie a constitué un élément important de la pratique judiciaire consistant en une mise à l'épreuve du corps du justiciable ou de son représentant. Si le duel ne revêt pas, contrairement à l'ordalie unilatérale, une dimension de mise en souffrance corporelle, il s'agit bien aussi d'un usage judiciaire des corps à des fins de manifestation de la vérité. Or, le crime de poison, que sa clandestinité et son caractère occulte rendent particulièrement difficiles à établir, entretient un rapport particulier avec l'ordalie parce que c'est l'ultime voie de sa désoccultation. Même après que le développement de la procédure inquisitoire et le rejet subséquent de cette *probatio reprobata* sont intervenus (pour les clercs en 1215, pour les sujets de saint Louis en 1254[5]), l'empoisonnement criminel reste un cas de recours à l'ordalie, plutôt sous la forme du duel.

Auparavant, l'ordalie unilatérale est à la disposition de ceux qui ont à juger d'une affaire de poison. La législation des Thuringiens stipule que la femme accusée d'empoisonnement doit marcher sur neuf socs de charrues chauffés à blanc[6], épreuve à laquelle doit également se soumettre l'accusée d'adultère[7], ce qui illustre la parenté entre ces deux crimes de tromperie et de négation de la *fides*. L'ordalie au fer rouge s'applique encore au crime de poison dans la Hongrie du premier tiers du XIIIe siècle[8]. Contrairement aux pratiques des sociétés africaines ou océaniennes[9], où c'est d'ailleurs

5 J.-P. Lévy, *La hiérarchie des preuves dans le droit savant du Moyen Âge*, Paris, 1939, p. 149.

6 *Lex Thuringorum*, éd. K. F. von Richthoffen, *MGH*, *Leges*, t. 5, Hanovre, 1872, p. 103-144, article 55 : *Si mulier maritum veneficio dicatur occidisse, vel dolo malo ad occidendum prodidisse, proximus mulieris campo innocentem eam efficiat ; aut, si campionem non habuerit, ipsa ad novem vomeres ignitos examinanda mittatur.*

7 G. Bührer-Thierry, « La femme adultère », *CCM*, 35-4 (1992), p. 299-312, p. 308. L'auteur signale qu'un capitulaire de 803 publié par Boretius dans les *Capitularia regum Francorum*, I, p. 113, comporte la même clause. Nous n'avons pas retrouvé la mention à cet endroit.

8 R. Van Caeneghem, « La preuve dans le droit du Moyen Age occidental », *La preuve*, *Recueil de la Société Jean Bodin*, 17, Bruxelles, 1965, p. 691-753, p. 699.

9 Voir P. de Félice, *Poisons sacrés, ivresses divines*, Paris, 1936, p. 91-125 ; É. Vogt, É. Perrot, *Poisons de flèches et poisons d'épreuve*, Paris, 1913, précisent, p. 53 puis 143, que l'ordalie au poison intervient pour les accusations de sorcellerie, mais aussi d'empoisonnement (Madagascar).

la résistance et non la vulnérabilité au poison qui prouve la culpabilité, car elle montre une capacité d'assimilation du venin qui ne peut venir que de la nature venimeuse et sorcière du suspect[10], l'épreuve infligée ne consiste jamais en l'absorption de poison, si ce n'est dans quelques sources spirituelles[11] ou littéraires. Dans *Ciperis de Vignevaux*, dernière chanson de geste écrite en France vers 1400, injonction est faite à un supposé empoisonneur de se « délivrer » de l'accusation en buvant la coupe destinée à sa victime. S'il demeure en vie, alors son accusateur devra mourir[12]. La sphère de magie à laquelle étaient attachés les fabricants de *venena* rendait impensable un recours à leurs services pour organiser le jugement de Dieu[13]. La contrainte faite à certains suspects d'absorber la substance qu'ils se préparaient à donner, ainsi qu'il apparaît dans l'affaire Salagny au XIVe siècle, ne tient en rien lieu d'ordalie, elle s'ajoute aux autres éléments de l'enquête, menée en l'occurrence par le bailli de Mâcon[14].

L'ordalie intervient encore sous le forme du duel judiciaire, prévu et attesté dans les hautes périodes[15], persistant jusque tard dans le règlement des affaires de venin. Le *Liber augustalis* le prévoit expressément en ce genre de cas[16]. L'auteur anglais de *Fleta*, à la fin du XIIIe siècle,

Avant la christianisation de l'Occident, la chose était possible. A. Retel-Laurentin, *Sorcellerie et ordalies : l'épreuve du poison en Afrique noire*, Paris, 1914, p. 181, croit déceler dans une expression idiomatique allemande (« sur ce point, je boirais le poison ») les vestiges d'un poison d'épreuve dans l'ancien monde anglo-saxon. Nous n'avons pu consulter J. Duguet, « Une coutume au XIe siècle : le bevrage », *Revue de la société d'études folkloriques du Centre-Ouest*, 20 (1988), p. 752-753.

10 Retel-Laurentin, *Sorcellerie et ordalies*..., p. 14.

11 Si l'on en croit le recueil d'*exempla* appelé *Ci nous dit*, *Recueil d'exemples moraux*, éd. G. Blangez, Paris, 2 vol., 1978-1986, ch. 25 p. 50, la Vierge et Joseph auraient été contraints d'absorber de « l'eau maudite » en raison de la maternité suspecte de Marie : « Et quiconques en buvoit il mouroit en l'eure qu'il en avoit beu c'il eistoit coulpables de ce qu'en li metoit sus. Et quant il virent qu'elle ne leur fist nul mal, si crurent qu'elle avoit conceu dou Saint Esperit. »

12 *Ciperis de Vignevaux*, éd. W.S. Woods, Chapel Hill, 1949, p. 116. Marque probable de défiance de l'auteur à l'encontre de ce genre d'ordalie, celui qui accepte de s'y soumettre dispose en fait d'un antidote caché dont la prise faussera le jugement de Dieu. Dans *Li romans de Dolopathos*, éd. A. de Montaiglon et Ch. Brunet, Paris, 1856, vers 1200, v. 1720 et *sq.* : si les accusés étaient toujours vivants trois jours après l'absorption du breuvage destiné à leur victime, ils seraient délivrés de l'accusation.

13 Ces considérations seraient peut-être corrigées par la lecture de l'ouvrage de L. Lewin, *Gottesurteile durch Gifte und andere Verfahren*, auquel nous n'avons pu avoir accès.

14 Geoffroy de Salagny, *Commentaire sur l'Infortiat*, Lyon, 1552, t. 3 p. 107v.

15 Exemple : *Leges Langobardorum*, éd. F. Bluhme, *MGH*, *Leges*, t. 4, Hanovre, 1868, p. 312 puis p. 584, texte de l'empereur Henri II.

16 *Liber Augustalis*, II, 33, *In quibus casibus pugna locum habeat*, dans *Constitutiones regni Siciliae*, éd. F. Huillard-Bréholles, in *Historia diplomatica Frederici secundi*, Paris, t. 4-1,

dit même que la preuve principale de l'empoisonnement devrait être la bataille judiciaire et non le témoignage, car le crime de poison étant en général non public, personne dans la région où il a été commis ne peut venir le dénoncer ni le prouver[17]. À la fin du XIVe siècle, Honorat Bovet mentionne les seize cas où le duel est permis : l'empoisonnement en fait partie[18].

Dans la pratique, nombreux sont les exemples. En 1341, le parent d'un empoisonné fait la demande d'un duel au parlement de Paris, et celui-ci, loin de la décliner *a priori*, requiert une enquête préliminaire afin de juger de sa recevabilité. Le cas permet de comprendre la logique profonde du duel : l'accusé a fait disparaître par poison ou autrement les témoins de ses crimes. Aussi la voie d'enquête par information testimoniale est-elle impossible. Reste donc la voie de duel[19]. En 1404, l'avocat Jouvenel, au nom du demandeur Jean Corrobert, la réclame pour résoudre la question de la culpabilité ou de l'innocence de Chevrier, accusé d'avoir empoisonné sa tante[20]. La difficulté de disposer d'autres preuves et le souci d'établir la vérité conduisent les juges à accepter

---

1854, p. 105-106 : *Ab hujus autem sanctionis humanitate precludimus homicidas qui veneficio vel quolibet genere furtive mortis aliquem alium extinxisse dicuntur ; in quibus etiam a pugne probatione non permittimus inchoari, sed per probationes ordinarias, si supersint alique, procedi primo debere jubemus, et denique officio curie subtili prius inquisitione premissa, si per probationes aliquas vel per inquisitionem plene non poterit facinus comprobari, tunc demum ad pugne judicium indiciis precedentibus descendatur : que omnia per officium judicis provide cognoscentis volumus explicari, ut inquisitionis probata caute et diligenter discutiat. Et si probatum non invenerit, ut est dictum, offerendi pugnam licentiam tribuat accusanti…*

17 *Fleta*, éd. H. G. Richardson et G. O. Sayles, Londres, 1953, I, 31, p. 79, sur la question des voies par lesquelles les accusés peuvent souhaiter faire éclater leur innocence, l'auteur aborde ainsi l'acccusé d'empoisonnement : *item nec per patriam se defendere debet quis in appello dato de veneno set tantum per corpus suum, eo quod inicium facti non fuit tam publicum quod sciri poterit a patria nisi per discretionem et equitatem hoc fiat quandoque pro inconvenienti quod contingere possit inter debilem et potentem.*

18 Honorat Bovet, *L'arbre des batailles*, éd. E. Nys, Bruxelles, 1883, IV, 112, p. 224-225 : *Des cas esquels est permis de donner gaige de bataille.* Si un homme en accuse un autre d'avoir voulu tuer le roi ou ordonné de le faire mourir par poison, et que l'autre dit qu'il n'en est rien, il peut l'appeler de bataille ; si un mari accuse sa femme d'avoir machiné « mauvaise mort » par poison, occultement ou autres, et que des parents de l'accusée viennent infirmer ces allégations, ils peuvent défendre la cause par bataille. La loi lombarde stipule généralement, indique l'auteur, que « de tout homicide faict occultement, gaige puist estre donné ».

19 AnF, *Parlement criminel*, X^2A 4, f. 143 ; même chose en 1402, X^2A 14, f. 173-177v : l'affaire remonte de l'Échiquier de Normandie au Parlement qui examine la demande de duel faite par l'accusé pour rétablir son honneur.

20 *Parlement criminel*, X^2A 14, f. 214v et sv.

qu'on y recoure pourvu que ce soit dans un cadre judiciaire. Mais en 1397, Othe de Grandson, accusé par d'autres membres de la noblesse savoyarde d'avoir été l'instigateur de l'empoisonnement d'Amédée VII, succombe lors d'une bataille judiciaire qui l'oppose à un jeune adversaire bien plus vigoureux que lui[21]. Le duel est alors entré dans l'ère du soupçon[22]. Il y a d'autres moyens de faire parler les corps.

2. La manipulation judiciaire des corps dans la perspective de découvrir la vérité trouve son expression inquisitoire dans la torture. Tourmenter l'accusé est une méthode qu'on ne saurait bien sûr limiter au *crimen veneficii*. Mais, en raison de son pouvoir de désoccultation des forfaits cachés dans les tréfonds de l'âme[23], la torture vaut spécialement pour l'empoisonnement. J. Chiffoleau a montré le lien existant entre le crime occulte et la torture destinée précisément à découvrir ce qui est clandestin et à faire avouer ce qui est indicible[24]. Balde dit que l'empoisonnement, de l'espèce du *crimen clandestinum*, est rarement découvert sans torture puisqu'il est souvent sans témoins autres que le coupable lui-même[25]. Au XVe siècle, Tommaso Grammatico ne raisonne pas autrement[26]. Il s'agit d'un élément à la disposition du juge, à utiliser en présence de soupçons

21 Claude Berguerand, *Le duel d'Othon de Grandson (1397). Mort d'un chevalier-poète vaudois à la fin du Moyen Âge*, Lausanne, 2008. C. G. Carbonelli, *Gli ultimi giorni del conte rosso e i processi per la sua morte*, Pinerolo, 1912, p. 189, extrait d'une archive en date du 7 août 1397 et disant que le duel fut fait *super mortem illustris principis … Amadei*. B. Demotz, *Le comté de Savoie du XIe au XVe siècle*, Genève, Slatkine, 2000, p. 265, signale qu'Amédée VIII décida d'interdire ce genre de duel à la suite de la défaite d'Othe, âgé et débile de forces, face à un adversaire plein de fougue juvénile.

22 Un autre événement propre à accentuer la suspicion est l'affaire Carrouges – Le Gris, duel disputé en 1386 devant le roi et la cour et dont le vaincu s'avéra innocent du crime (d'adultère et de viol) dont on l'accusait (voir B. Guenée, *Un roi et son historien. Vingt études sur le règne de Charles VI et la* Chronique du Religieux de Saint-Denis, Paris, De Boccard, 1999, p. 171-183).

23 M. Sbriccoli, « *Tormentum est torquere mentem. Processo inquisitorio e interrogatorio per tortura nell'Italia communale* », J.-C. Maire Vigueur et A. Paravicini Bagliani (éd.), *La parola all'accusato*, Palerme, 1991, p. 17-32.

24 J. Chiffoleau, « Sur la pratique et la conjoncture de l'aveu judiciaire en France du XIIIe au XVe siècle », *L'Aveu, Antiquité et Moyen Age*, Actes de la Table ronde organisée par l'École française de Rome (mars 1984), Rome, 1986 (Coll. de l'École française de Rome, n° 88), p. 341-380 et « Dire l'indicible. Remarques sur la catégorie du *Nefandum* du XIIe au XVe siècle », *Annales ESC*, 45-2 (1990), p. 289-324.

25 Balde, *Commentaria*, Venise, 8 vol., 1589, f. 124.

26 Tommaso Grammatico, *Clarissimi consilia, vota seu iuris responsa, summa nunc demum fide castigata et excusa*, Venise, 1557, Consilium XXXVI, f. 168.

suffisants. Le droit romain la prévoyait pour la *familia* d'une victime[27]. Dans les statuts bolonais de 1288, l'empoisonnement n'apparaît qu'au titre de la rubrique *De thondollo et tormento* instaurant les modalités d'usage de la torture[28]. Le lien est donc étroit. Mais il disparaît en 1335.

Dans la pratique, la question est loin d'être appliquée à tous les suspects, ne serait-ce qu'en vertu de leur condition. Malgré une législation favorable, l'usage de la torture dans les procès bolonais pour empoisonnement reste relativement faible, de l'ordre de 10 % des affaires repérées par M. Buyck[29]. Mais à la fin du XIVe et au début du XVe siècle, son usage se répand. En 1355, une lettre de rémission présente l'histoire d'une femme soupçonnée d'avoir tué son époux par des *pociones venenosas* et mise à la « géhine » par le prévôt obstiné, malgré l'issue négative d'une première enquête[30]. L'affaire le Charron de 1402 présente un cas fort instructif. Soupçonnés de l'empoisonnement de ce dernier, sa veuve et le nouveau mari de celle-ci, procureur au Parlement, sont torturés l'un et l'autre au Châtelet par le lieutenant du prévôt. Jean Juvénal des Ursins estime qu'il « y avoit matiere pour les questionner[31] », ce que le Parlement confirme en rejetant la plainte des accusés contre la procédure suivie[32]. La pratique n'est pas très différente hors de la juridiction royale. Suspecté d'avoir empoisonné en service commandé le comte de Savoie Amédée VII, son médecin Jean de Grandville se plaint d'avoir enduré le tourment de la corde une journée entière[33]. Selon la chronique d'Enguerrand de Monstrelet, l'écuyer Dunot est « très durement jehiné, questionné et examiné » sur l'empoisonnement tenté contre Charles d'Orléans en 1440[34]. À l'occasion de la mort du duc de Brabant, dix

27 *Code Justinien*, IX, 41, 3, *De quaestionibus* (*Corpus juris civilis*, éd. Krüger-Mommsen, Berlin, 3 vol., 1877-1895).

28 *Statuti di Bologna dell'Anno 1288*, éd. G. Fasoli et P. Sella, Citta Del Vaticano, vol. I, 1937, livre IV, rubrique XVII, p. 184-185. Nous devons cette donnée et quelques autres à M. Buyck, *Crimes de poison dans la Bologne médiévale et moderne (XIVe-XVe siècle)*, thèse codirigée par F. Collard et A. Pastore, soutenue en novembre 2016 à l'Université de Paris Nanterre, p. 321.

29 *Ibid.*, p. 367 et sv.

30 AnF, Registres du Trésor des Chartes, JJ 84, 8 août 1355, Saint-Denis, n° 264, f. 145.

31 J. Juvénal des Ursins, *Histoire de Charles VI*, Paris, 1614, p. 187.

32 *Choix de pièces inédites relatives au règne de Charles VI*, éd. L. Douët d'Arcq, Paris, 2 vol., 1863-1864, n° 106, II, 245-246.

33 Carbonelli, *Gli ultimi giorni…*, p. 327.

34 Enguerrand de Monstrelet, *Chronique*, éd. L. Douet d'Arcq, Paris, 6 vol., 1857-1862, V, 470.

ans plus tôt, les gens de l'hôtel sont sévèrement et vainement torturés[35]. Et l'on pourrait multiplier les exemples.

3. Dans les statuts d'Imola, apparaît en 1341 pour la première fois une rubrique *De veneficis*. Elle comprend cette seule phrase : *veneficus et venenans ultimo supplicio tradantur*[36]. Elle nous invite à passer au corps de l'empoisonneur mis en peine de mort. La question est de voir dans quelles mesures les modalités d'application de la sentence capitale s'articulent avec la nature du crime commis[37]. Laissons de côté le problème de la sanction capitale à appliquer ou non à un acte de tentative non consommé (point principal de focalisation des juristes à partir du XIIIe siècle[38]) pour nous limiter uniquement aux formes d'exécution des convaincus d'empoisonnement.

Un premier élément frappe l'esprit. Nulle mise à mort d'un *toxicator* ne s'effectue au moyen de poison. Les traités de vénénologie rappellent parfois le destin de Socrate quand ils évoquent la cigüe[39], mais aucune juridiction médiévale n'y recourt et les traités de criminalistiques de l'époque moderne excluent cette possibilité[40]. C'est seulement sur le plan de la justice providentielle que l'on peut considérer que l'empoisonneur est puni par l'arme de son crime, selon l'adage « qui brasse le poison, il le doit boire[41] ». Mais cela ne regarde pas la justice des hommes. Sans doute

35 *Ibid.*, IV, 399.

36 *Gli statuti del contado di Imola, 1341-1347*, éd. C. Benatti, Imola, 2005, p. 430-431 ; à Bologne, la première rubrique consacrée exclusivement à l'empoisonnement apparaît dans les statuts de 1376 dans la section « De pena venenantis » (Buyck, *Crimes de poison...*, p. 323).

37 Sur cette question en général, voir J. Chiffoleau, *Les justices du pape. Délinquance et criminalité dans la région d'Avignon*, Paris, 1984, p. 238 : l'auteur perçoit des rapports entre types de crime et modes d'exécution, mais il souligne aussi la forte variabilité de ces derniers.

38 Voir M. Luchessi, *Si quis occidit occidetur. L'omicidio doloso nelle fonti consiliari (secoli XIV-XVI)*, Pavie, 1999, p. 105-116. Une contradiction apparaît, comme le dit Balde, entre la sévère tradition romaine et la pratique coutumière plus indulgente pour qui a fomenté un empoisonnement non accompli.

39 C. Vendl, *De pestilentia et venenis resistendis*, Vienne, Österreischiche Nationalbibliothek, Cvp. 2304, f. 25v. Il moralise l'histoire disant que Socrate but une première fois la ciguë au nom de Dieu et n'en ressentit rien puis une seconde fois au nom des dieux et en mourut. Discrète allusion au poison d'épreuve de l'hagiographie.

40 Voir par exemple le *Tractatus criminalis* de Tiberio Deciani, IX, 22, 10, Turin, 1593, t. 2, f. 219v : *...venena prohibentur in poenis adeo quod iudex non potest damnare reum ut veneno pereat...* Je remercie bien vivement Alessandro Pastore de m'avoir indiqué cette référence.

41 *Livre des trahisons de France envers la Maison de Bourgogne*, éd. Kervyn de Lettenhove, Bruxelles, F. Hayez, 1873, p. 70 à propos d'un poison préparé par le duc Louis d'Orléans

la relative douceur avec laquelle tue une substance toxique disconvient-elle totalement à la volonté des autorités de sanctionner avec la dernière rigueur et par une souffrance poussée un crime lui-même responsable de souffrances atroces et d'une horreur telle que sa répression doit être éclatante. Il faut en effet rappeler qu'il culmine en haut de l'échelle de gravité et d'horreur de l'homicide depuis le rescrit d'Antonin[42], repris notamment par la papauté[43], selon lequel il est plus atroce de tuer par le poison que par le glaive.

Pour « plus atrocement » punir, quels sont alors les moyens à utiliser ? Les sources normatives ne sont guère bavardes. Au XIIIe siècle, les *Siete partidas* indiquent encore comme mode de mise à mort la peine du sac (tirée du *Corpus juris civilis*), mais une glose explique qu'elle ne s'applique plus[44]. Les *Constitutions égidiennes* de 1357 ne prévoient aucune réponse punitive spécifique[45]. Les statuts communaux italiens décrivent rarement les supplices à appliquer. En 1359 toutefois, dans les statuts de Forlì, apparaît une rubrique intitulée *De veneficis et eorum pena* qui indique un premier mode de mise à mort rattaché explicitement à la gravité supérieure du *veneficium* :

> *Quia plus est aliquem veneno perimere quam gladio occidere, ideo statuimus quod si quis vel si qua veneno aliquem occiderit, igne crremetur, ita quod penitus moriatur. Eadem pena puniatur si quis hoc fieri mandaverit vel fecerit aut ad hoc fatiendum venenum scienter concesserit ex quo aliquis sit mortuus*[46].

S'il engage un type de supplice spécialement atroce et craint par les justiciables, pour de multiples motifs tant corporels que spirituels[47],

---

et sa femme à destination du dauphin mais finalement ingéré par le propre fils du couple maudit.

42 *Corpus juris civilis*, IX, 18, éd. citée, vol. II.

43 Le texte des Constitutions égidiennes de 1357 cite la formule *Veneno aliquem nechans, quod plus est quam gladio perimere* (*Costituzioni Egidiane dell'anno 1357*, éd. P. Sella, Rome, 1912, livre IV, rubrique 40, p. 185).

44 *Siete partidas del rey Alfonso el sabio*, éd. G. Lopez, Madrid, 5 vol., 1861, Partie 7, titre 8, loi 7, t. 4 p. 495 : *occisor bestiis tradetur lacerandus.*

45 *Costituzioni Egidiane…*, éd. citée, livre IV, rubrique 40, p. 185.

46 *Statuto di Forlì dell'anno 1359 con le modificazioni del 1373*, éd. E. Rinaldi, Rome, 1913, Liber III, rubrica 46, *De veneficis et eorum pena*, p. 240-241. Cité par Buyck, *Crimes de poison…*, p. 340.

47 Voir Philippe de Vigneulles, *Chronique*, éd. Ch. Bruneau, 4 vol., Besançon-Metz, 1927-1933, III, 34 : une femme adultère et meurtrière réclame en vain qu'on la décapite comme son amant « pour le grant doubte du feu qu'elle craindoit ». Jeanne d'Arc dit qu'elle

le choix du feu n'est cependant jamais justifié par la volonté d'infliger au supplicié des douleurs du même ordre que celles qui accablent sa victime, beaucoup de poisons étant de qualité chaude à l'ultime degré comme le realgar. Il s'agit seulement de punir par un châtiment extrême un crime énorme. Les juristes en sont bien d'accord. Commentant la formule *plus est...*, Azon écrit : *Id est atrocius, et ita maior poena debet imponi, quia comburetur*[48].

Un autre motif de choix du feu a à voir avec l'ancienne conjonction de l'empoisonnement et de ce que l'on peut appeler la sorcellerie, activité sanctionnée par le feu purificateur, comme l'on sait[49]. Le *crimen veneficii* antique comportait ces deux dimensions. Cet horizon commun n'a pas disparu à la fin du Moyen Âge[50]. Non loin de Modène, la ville de Mirandola le marque dans ses statuts de 1386 :

> *Item statutum et ordinatum est, quod si quis dederit alicui persone ad comedendum vel ad bibendum de aliquo genere veneni vel aliquo medicamento vel fecerit seu fieri fecerit aliquam incantationem contra aliquem ex quibus seu ex quorum altero dicta talis persona decesserit, tunc talis delinquens et fieri faciens igne cremetur ita et taliter quod penitus moriatur*[51].

Dans la pratique bolonaise, le bûcher n'est employé qu'en cas de conjonction des crimes d'empoisonnement, de sorcellerie et de nécromancie. Si Gentile Budrioli est condamnée en 1498 à périr par les flammes, c'est parce qu'elle a été convaincue des trois griefs[52]. Cette forme de mise à mort se retrouve dans la littérature ou dans les chroniques. « A ardoir fu jugié, et par droit jugement » écrit Adenet le Roi au XIIIe siècle dans *Li roumans de Berte aus grans piés* à propos d'une vieille sorcière empoisonneuse[53]. Les femmes « de mauvais art » qui ont empoisonné Éléonore de Trie au service de son époux sont brûlées ou

---

préférerait être sept fois décapitée que brûlée vive (*La réhabilitation de Jeanne la Pucelle. L'enquête ordonnée par Charles VII en 1450 et le codicille de Guillaume Bouillé*, éd. P. Doncœur et Y. Lanhers, Paris, 1956, p. 43).

48 Azon, *Lectura sive commentarius in codicem justinianeum*, Paris, 1611, p. 696.

49 Voir N. Gonthier, *Le châtiment du crime au Moyen Âge*, Rennes, 1998, rééd. 2015.

50 Voir F. Collard, « *Veneficiis vel maleficiis*. Réflexion sur les relations entre le crime de poison et la sorcellerie dans l'Occident médiéval », *Le Moyen Âge*, 109-1 (2003), p. 9-57.

51 *Statuta Mirandulae*, Modène, 1887, IV, *De poena venenantis vel maleficiantis aliquem*, p. 92.

52 Buyck, *Crimes de poison...*, p. 473.

53 Adenet le Roi, *Li roumans de Berte aus grans piés*, éd. A. Scheler, Bruxelles, 1874, v. 2266. Une nouvelle du *Decameron* montre le compagnon d'un homme réputé empoisonné réclamer contre sa meurtrière présumée la peine du feu (Boccace, *Decameron*, IV, 7).

enfouies en 1308[54], de même que les supposées *veneficae* de l'évêque de Châlons en 1315[55]. La peine du feu s'applique donc aux empoisonneurs principalement à cause de la parenté et parfois de la concomitance de leur crime avec ceux des mages et des sorciers. Mais de simples *toxicatores* finissent aussi dans les flammes. En juin 1390, le maire de Dartmouth doit demander pardon au roi d'Angleterre d'avoir choisi de faire mourir par le feu l'empoisonneur Denys Beaumont, sans l'expresse autorisation de la monarchie[56]. Spontanément, le maire a donc opté pour le bûcher. Condamné et substance mortelle sont parfois brûlés ensemble comme dans une affaire venue devant le parlement de Paris en 1423[57]. La peine du feu permet d'anéantir les malfaisants avec une radicalité conjuratoire de l'horreur du crime.

Préconisée par Grammatico, sans commentaire particulier[58], la pendaison apparaît aussi. La banalité de la peine contredit le caractère exceptionnel prêté à la *venenatio*. Elle est pourtant prévue pour les fournisseurs de poison par le *Liber augustalis*[59]. Avant même sa composition, les exécutants des projets toxiques des prélats siciliens contre Frédéric II en 1224 finissent au gibet sur l'ordre de Thibaud de Champagne[60]. Peine vile adaptée aux vils. Mais Gautier de Scotenny, sénéchal du comte de Gloucester agissant pour le compte des Poitevins hostiles aux barons anglais la subit aussi en mai 1259[61]. En 1402, conformément à la coutume épargnant la corde aux femmes et la réservant aux hommes, l'élément masculin d'un couple d'amants empoisonneurs subit la pendaison tandis que l'élément féminin est brûlé[62]. Puis la répulsion à voir pendre des femmes disparaît. En 1477 son sexe n'empêche plus

54 Jean de Saint-Victor, *Memoriale historiarum*, éd. partielle *RHGF*, XXI, Paris, 1855, p. 651.

55 Géraud de Frachet, *Chronique et continuations*, éd. *RHGF*, XXI, Paris, 1855, p. 39.

56 J. Bellamy, *Crime and public order in England in the Late Middle Ages*, Londres, 1973, p. 186.

57 AnF, Parlement criminel, X^{2}A 18, f.11v-14.

58 Grammatico, *Clarissimi consilia…*, *op. cit.*, f. 169.

59 *Constitutiones regni Siciliae*, éd. citée, titre 72, p. 66 : *Quicumque toxicum aut malum venenum quod ad confectionem utile vel necessarium non sit, habuerit vel vendiderit, suspendatur.*

60 *Chronicon turonense*, *MGH*, *SS*, XXVII, Hanovre, 1882, p. 470, *veritate facinoris inquisita, episcopos per quos hoc fuerat procuratum, in carcere mancipavit eosque tormentis variis interfecit. Alii vero duo, scilicet quidam clericus et quidam laicus, qui scelus illud precio perpetraverant, a Theobaldo comite Campanie quem occidere simili nece cogitaverant, suspenduntur.*

61 Matthieu Paris, *Chronica majora*, éd. H. R. Luard, Londres, 7 vol., 1872-1883, V, 702 : *de proditione hujusmodi ita convictus judicialiter est Wintoniam tractus et in patibulo horribiliter suspensus.*

62 *Choix de pièces …*, éd. citée, n° 106, II, 245-246.

la justice anglaise d'envoyer hâtivement à la potence la servante de la duchesse de Clarence[63]. Supplice paradoxal, quand on sait que les gibets attirent de mauvais êtres en quête de substances toxiques à prélever sur les charognes, comme le déplore un acte du parlement de Paris de 1408 rapporté par Juvénal des Ursins[64].

Avec la corde, la décapitation, est le moyen le plus fréquemment employé à Bologne pour châtier les empoisonneurs. Dans la ville de Ferrare, c'est elle qui punit l'empoisonnement effectivement commis au XVe siècle[65]. Dans le cas du serviteur empoisonneur de Geoffroy de Salagny au milieu du XIVe siècle, le coupable est décapité, et ses poudres sont brûlées en place publique de Mâcon, sur ordre du bailli[66]. Si la hache a été préférée à la corde, c'est sans doute parce que le crime avait saveur de trahison.

Une autre forme d'exécution est davantage liée au *modus necandi* : l'ébouillantement, évoqué dans une œuvre littéraire du XIIIe siècle pour une empoisonneuse[67]. Dans l'Angleterre d'Henri VIII, l'*Act for poysonning* de 1531 estimait le crime si horrible qu'il fallait lui donner un châtiment conséquent[68]. Mais nulle autre explicitation plus précise n'est fournie, ce qui n'interdit pas d'émettre l'hypothèse d'une parenté implicitement établie entre faux monnayage et empoisonnement, fondés l'un comme l'autre sur la falsification et la tromperie, voire la manipulation de la matière à l'aide de savoirs occultes.

La noyade apparaît plus rarement, comme dans le cas de l'écuyer Dunot ainsi puni pour sa tentative inaccomplie de tuer par poison le duc d'Orléans (1440)[69].

Au total, l'enquête s'avère finalement assez déconcertante. Sans doute en partie parce que la qualification juridique de la *toxicatio* demeure assez

---

63 Bellamy, *Crime and public order...*, p. 57.

64 Jean Juvénal des Ursins, *Histoire de Charles VI*, Paris, 1653, p. 143. Les autorités interdisent donc de stationner sous les gibets.

65 W. L. Gundersheimer, « *Crime and Punishment in Ferrara, 1450-1500* », *Violence and Civil Disorder in Italian Cities, 1200-1500*, ed. L. Martines, Londres, 1972, p. 104-128, p. 111.

66 Geoffroy de Salagny, *Commentaire sur l'Infortiat*, p. 107v.

67 *Parise la Duchesse*, éd. Guessard et Larchey, Paris, 1860, p. 6.

68 R. W. Ireland, « *Medicine, Necromancy and the Law : Aspects of Medieval Poisoning* », *Cambrian Law Review*, 18 (1987), p. 52-61, p. 58 et A. Somerset, *Unnatural murder. Poison at the Court of James I*, Londres, 1997, p. 260 : le roi Tudor estime qu'il relève de la haute trahison et non de la félonie majeure. L'horreur du supplice conduisit Edouard VI à rapporter l'acte de 1531.

69 Enguerrand de Monstrelet, *Chronique*, éd. citée, v, 470.

floue et fluctuante[70], ses modes de punition fluctuent aussi. Surtout, la nature du crime l'emporte souvent sur ses modalités et moyens d'exécution dans la détermination de la forme de mise à mort des condamnés. Une première sentence du juge ordinaire d'Anjou et de Maine avait condamné Pierre de Thoulouse au bûcher. Mais la requalification de ses actes en crime de lèse-majesté par le Châtelet – les criminels œuvraient pour les Anglais et contre le bien commun en empoisonnant les eaux –, a entraîné la modification du type de supplice et impliqué que lui et ses complices soient décapités et/ou pendus les 26 septembre et 2 octobre 1390[71]. Certains crimes venimeux ont saveur de lèse-majesté lorsqu'ils s'attaquent au Prince, à sa lignée ou à son royaume. C'est elle, et non l'emploi spécifique du poison, qui justifie l'exemplaire châtiment de Pierre du Tertre et Jacquet de Rue en 1378[72], celui d'un sbire du roi de Navarre décapité, coupé en quatre et exposé aux portes de Paris en 1385[73], ou encore le supplice atroce de l'empoisonneur – manqué – de Louis XI, Jehan Hardy[74].

4. Terminons le propos en revenant vers la victime. Le corps de l'empoisonné est soumis à d'innombrables genres de traitements, principalement évacuatifs, qui n'ont pas à être détaillés ici, à l'exception d'un seul, car il s'apparente à une peine judiciaire sans bien entendu en avoir la finalité. En rien en effet il ne s'agit de soumettre l'empoisonné à une punition s'ajoutant à ses souffrances. Au contraire, il faut faire cesser celles-ci, mais en recourant à un moyen surprenant, surtout lorsqu'il est appliqué aux princes. L'évacuation du venin peut s'obtenir, croit-on, en pendant la victime par les pieds de telle sorte que le poison quitte le corps par gravité, en sortant d'un orifice de la tête, par exemple l'œil. Certes la méthode n'est pas homologuée par la médecine savante

70 F. Collard, « *Horrendum scelus*. Recherches sur le statut juridique du crime de poison au Moyen Âge », *Revue historique*, 300 (1998), p. 737-764.

71 *Registre criminel du Châtelet*, éd. H. Duplès-Agier, Paris, 2 vol., 1861-1864, I, 322, 469, 474, 479 ; II, 6.

72 *Chronique des règnes de Jean II et de Charles V*, éd. R. Delachenal, Paris, 4 vol., 1917-1920, II, 301 : la trahison est donnée par le chroniqueur comme cause de cette forme d'exécution.

73 *Recueil de pièces servant de preuves aux mémoires sur les troubles excités en France par Charles II*, éd. D. F. Secousse, Paris, 1755, II, 494-509 ; *Chronique du Religieux de Saint-Denis*, éd. L.-F. Bellaguet, Paris, 6 vol., 1839-1852, réimpr. 1995, I, 355-357 et 467.

74 Jean de Roye, *Chronique scandaleuse*, éd. B. de Mandrot, Paris, 2 vol., 1894-1896, I, 303-309.

italienne. Seul le traité de Christoforus de Honestis, vers 1390, la mentionne, qui la déconseille du reste, préférant que la tête du patient soit seulement légèrement inclinée[75]. En revanche, elle apparaît dans les écrits du monde germanique entre la fin du XIIIe siècle et 1463[76]. Cela s'explique par le fait qu'elle a cours dans cet espace. Ainsi est soigné en 1278 le roi Wenceslas II de Bohême qu'un chroniqueur dit avoir eu la stupeur de découvrir la tête en bas alors qu'il était venu à sa cour[77]. Si curieuse qu'elle puisse sembler, la thérapie donne des résultats, de même que pour le duc Henri de Breslau en 1293[78]. En 1295, le duc d'Autriche Albert, futur empereur, perd un œil mais conserve la vie grâce à ce traitement mentionné par Jean de Winterthur[79] et Mathias de Neuenbourg[80]. Il devait valoir au Habsbourg son surnom de *monoculus*. Dans l'opuscule sur les poisons qu'un certain maître Grégoire de Verden adresse au duc sans doute antérieurement à l'épisode toxique,

75 Christoforus de Honestis, *Problemata de venenis*, Paris, BnF, ms. lat. 6910, f. 87-113, f. 101v. : *quidam scripserit quod qui bibit eam vel biberit suspendatur cum pedibus. Sed ego magis laudo vomitum capite tamen aliqualiter incurvato.*

76 Maître Grégoire, *De evitanda ex venenis morte*, Vienne, Österreichische Nationalbibliothek, Cvp. 5207, f. 182v-186, f. 184v : *Sunt etiam aliquando suspensiones per pedes necessarie ut venenum facilius evomatur* précise. Berthold Blumentrost, *Tractatus de cautelis venenorum*, éd.tr. allemande K. Figala *Mainfränkische Zeitgenossen : Ortolf von Baierland. Ein Beitrag zum frühesten Gesundheitswesen in den Bistümern Würzburg und Bamberg*, Munich 1969, p. 130-142, p. 137 : *ideo quidem suspenduntur per pedes ut facilius vomant*; Conrad Vendl, *De pestilentia et venenis resistendis*, *op. cit.*, f. 29v, très proche de Grégoire : *Etiam aliquando suspensiones per pedes necessarie ut venenum facilius evometur.* Sur cette production vénénologique germanique, voir F. Collard, « Une voie germanique de la "vénénologie"à la fin du Moyen Âge ? Recherches sur quelques écrits latins spécialisés en provenance de l'Empire », *Francia*, 40 (2013), p. 57-77.

77 *Cronica de gestis principum a tempore Rudolfi regis usque ad tempora Ludowici imperatoris*, éd. G. Leidinger, *Bayerische Chroniken des XIV. Jahrhunderts*, *MGH*, *ss rr g in us. sch.*, 19, Hanovre-Leipzig, 1918, p. 36 : *Intrantes aulam regiam vidimus ibidem regem suspensum per pedes et pedicas deorsum et resupinum submisso capite, ut sic suffragantibus medicis ab intimis visceribus efflueret quod imbiberat vel gustaverat, toxicatum. A qua tandem mortifera confectione procurante Domino mortis periculum vix evasit.*

78 L. Lewin, *Die Gifte in der Weltgeschichte*, Heidelberg, 1920, p. 50, d'après la chronique rimée d'Ottokar, v. 21745 et sv.

79 Jean de Winterthur, *Chronica*, éd. F. Baethgen, *MGH*, *ss rr g in us. sch.*, n. série (3), Berlin, 1923, p. 46 : *quadam vice intoxicatus fuit, propter quod graviter aegrotare cepit. Cui medicus poscenti ab eo suffragia in hec verba respondit : « Venenum quod hausistis a vobis expelli non poterit nisi per alterum oculorum vestrorum, cujus visum incontinenti ammittetis ». Ad hoc rex ait : « Malo oculum unum quam vitam perdere ». Quod ita factum fuit quia eo usque ad mortem caruit.*

80 Mathias von Neuenburg, *Cronica*, éd. A. Hofmeister, *MGH*, *ss rr gg in us. sch.*, n. série (4), Berlin, 1924, p. 46 : *intoxicatus… et diu per pedes suspensus oculum perdens evasit.*

il est furtivement fait allusion à la méthode de suspension tête en bas ainsi appliquée peu de temps après[81]. Gilles li Muisit indique que le remède aurait été aussi proposé en 1313 à l'empereur Henri VII qui le refusa, non tant en raison de l'indécence de la position qu'à cause de l'horreur que lui causait la perspective de rendre l'Eucharistie alors qu'il venait de communier[82]. Un dernier exemple de semblable traitement est fourni par Thomas Ebendorfer à propos de Sigismond, roi de Hongrie et futur empereur (1404) : l'arrière-petit-fils d'Henri VII réchappe à l'empoisonnement alors que son compagnon d'infortune, un autre duc d'Autriche, y succombe, faute, sans doute, d'avoir accepté d'être pendu par les pieds[83].

On ne peut qu'être étonné par cette manipulation brutale, attentatoire à la majesté du corps du prince – à moins d'y voir une sorte d'humilitation volontaire rapprochable de la crucifixion de saint Pierre, mais c'est douteux – et intrigué par son cantonnement à l'espace germanique et aux sources narratives, à quelques exceptions près. Sans doute les écrits spécialisés italiens la jugent-ils rudimentaire et inappropriée, sans doute les cours méditerranéennes, françaises ou anglaises l'estiment-elles dotée d'apparences trop proches de celle d'une peine de justice pour l'admettre. Toujours est-il que la corde fatale aux empoisonneurs peut être salvatrice pour les empoisonnés.

Les peines infligées au corps pour débusquer et pour sanctionner la *venenatio* répondent clairement à son caractère occulte et à sa gravité. L'épreuve corporelle de la torture et « l'éclat des supplices » reflètent l'horreur du crime à mettre à jour et exhibe d'autant plus les souffrances du coupable que toute son action était fondée sur la clandestinité. Sa mise à mort poursuit la mise à nu de sa machination. Mais trouver une

---

81 Voir n. 72. Le fait que l'auteur pointe seulement des embûches toxiques à venir dans sa courte préface, laisse penser qu'il a rédigé son opuscule antérieurement à l'épisode de 1295.

82 Gilles li Muisit, *Chronique et annales*, éd. H. Lemaître, Paris, 1906, p. 81 : *Et familiares domini imperatoris, de consilio physicorum, per pedes eum suspendere voluerunt ut, antequam venenum operaretur, et per viam et per os ubi intraverat, exire valeret. Qui dicitur respondisse mori se malle quam de tanto sacramento sumpto fieret aliquid contra ordinem Ecclesie.* Même récit de Matthias von Neuenburg, *Cronica*, éd. citée, p. 355 : il est conseillé à Henri de revenir à Pise, *ut per pedes suspensus et oculi amissione intoxicationem evaderet…*

83 Thomas Ebendorfer, *Chronica pontificum romanorum*, éd. H. Zimmermann, *MGH, Ss Rer. Ger.*, n. série (16), Munich, 2 vol., 1994, II, 521 : *simul cum Albreto lethalem potum fertur hausisse, a quo rex suspensus per pedes medicorum arte curatus est ; dux vero Albertus gravi coepit dissenteria fatigari…* et périt sans avoir reçu ce traitement.

corrélation étroite entre le *modus necandi* du criminel et le *modus supplicii* est une autre affaire. Il existe certes quelques pistes mais la variété des exécutions les rend difficiles à suivre jusqu'au bout et la documentation n'explicite pas grand chose. Ce qui est certain, c'est que nul empoisonneur ne périt par un poison de justice, pour de multiples motifs d'ordre anthropologique.

Il faudra attendre en France l'ordonnance de 1682 pour que la législation pénale considère l'empoisonnement comme une qualification juridique en soi et prévoit expressément la peine qui doit s'appliquer à son auteur : c'est celle feu[84], vestige de l'association du *crimen veneficii* avec la magie et la sorcellerie dont, en quelque sorte, la *venenatio* prend le relais. Quant au traitement renversant des cours germaniques du Moyen Âge finissant, nul besoin de dire qu'elles n'ont pas droit de cité à Versailles. Qui imagine le roi soleil pendu par les pieds ?

Franck COLLARD
Professeur d'Histoire médiévale,
Université de Paris Nanterre

84 *Recueil des anciennes lois françaises*, éd. Isambert, XIX, 398.

L'ÉCARTÈLEMENT DE DAMIENS OU LA RAISON DES SUPPLICES

Le cas « Damiens » ne cesse d'être interrogé depuis ce 5 janvier 1757 quand il blessa le roi au bras droit avec un couteau. Une première interprétation reprend à elle la lecture politique du crime : la personne de Damiens n'est analysée que sous l'angle de son appartenance à la catégorie « régicides » et l'affaire se résume aux tensions religieuses et politiques entre le roi et ses parlements[1]. Une deuxième inclut Damiens dans des enjeux qui le dépassent, comme le « retour de l'événement[2] ». Deux études se singularisent ici : le beau livre dirigé par Pierre Rétat, *L'attentat de Damiens*, qui pose la question de savoir comment l'acte de Damiens a fait événement et comment la presse a participé à construire et à donner sens à cet événement[3] ; l'ouvrage de Dale K. van Kley qui en fait un point de départ de la désacralisation du roi et de la Révolution française[4]. Une dernière manière interroge plus spécifiquement le sens historique du supplice de Damiens. Dans cette perspective l'analyse de Michel Foucault domine. L'ouverture de *Surveiller et punir* est souvent perçue comme une entrée brutale dans le monde pénal de l'Ancien Régime, un marqueur de la manière dont Foucault comprend l'ancienne pénalité[5]. Récemment Michel Porret a critiqué le foucaldien usage du supplice de Damiens : « Michel Foucault fige dans l'emblème [...] ce qui

1 Voir en dernier lieu : M. Cottret, *Tuer le tyran ? Le tyrannicide dans l'Europe moderne*, Paris, Fayard, 2009 ; J. Mooney, « *A Tale of Two Regicides* », *European Journal of Criminology*, 11 (2014), nº 2, p. 228-250.

2 P. Nora, « Le retour de l'événement », J. Le Goff et P. Nora (dir.), *Faire de l'histoire*, t. 1, Paris, Gallimard, 1974, p. 210-228.

3 P. Rétat (dir.), *L'attentat de Damiens. Discours sur l'évènement au* XVIII*e siècle*, Paris, CNRS, Lyon, Presses universitaires de Lyon, 1979.

4 D. K. van Kley, *The Damiens Affair and the Unraveling of the Ancien Régime, 1750-1770*, Princeton, Princeton University Press, 1984.

5 Parmi d'innombrables références : J.F. Bert et J. Lamy (dir.), *Michel Foucault. Un héritage critique*, Paris, CNRS éditions, 2014 ; P. Spierenburg, *Violence and Punishment. Civilizing the Body through Time*, Polity, Cambridge, 2013 ; A. Swiffen, *Law, Ethics and the Biopolitical*,

condenserait un moment, une situation ou un problème historiques[6] ». Peu avant, Pieter Spierenburg avait souligné les exagérations d'une analyse à gros traits : « *The affecting drama of Damiens's suffering [...] should not mislead us into thinking many offenders were treated as harshly. On the contrary, Damiens's execution was altogether exceptional*[7] ». L'oubli de l'histoire, ou plus exactement le non recours à certains outils de l'historien serait le principal défaut de l'analyse du philosophe[8]. Foucault aurait mal choisi son exemple : l'écartèlement est un anachronisme voire un épisode exceptionnel. La lecture du chapitre 1er (« Le corps des condamnés ») montre pourtant que le supplice n'est pas au centre de l'attention. L'enjeu est le corps de Damiens patiemment et difficilement détruit lors d'un supplice que Foucault ne qualifie ni d'anachronique, ni d'emblème. De fait, l'usage du supplice de Damiens vise à interroger une certitude, un sens commun de l'histoire du droit : l'heureux adoucissement des peines. *Surveiller et punir* fait du corps le lieu principal d'exercice de la peine pour mieux souligner les changements des techniques pénales qui pourtant servent un but commun : dominer pour redresser.

Notre perspective est différente. Il n'est pas question de juger le cas en le rapportant essentiellement à des ressorts politiques (le droit serait surdéterminé par le politique), ou en l'excluant d'office de tout intérêt scientifique du fait de son présupposé caractère aberrant, voire d'y voir un emblème des pratiques pénales « barbares » de l'ancien droit pénal. À la suite de *Surveiller et punir*, l'affaire nous intéressera moins que ce qu'elle révèle du choix et des fonctions des peines de mort dans la France du XVIIIe siècle. Loin d'être une absurdité juridique ou un moment d'égarement judiciaire, le supplice de Damiens concentre

---

New York, Routledge, 2011 ; P. Bastien, *Une histoire de la peine de mort. Bourreaux et supplices, Paris, Londres, 1500-1800*, Paris, Éditions du Seuil, 2011.

6 M. Porret, « À la Une de *Surveiller et puni* : l'anachronisme du supplice de Damiens », M. Cicchini et M. Porret (dir.), *Les sphères du pénal avec Michel Foucault. Histoire et sociologie du droit de punir*, Lausanne, Éditions Antipodes, 2007, p. 111-124.

7 P. Spierenburg, « The Body and the State, Early Modern Europ », N. Morris and D. J. Rothman (ed.), *The Oxford History of the Prison. The Practice of Punishment in Western Society*, New York-Oxford, Oxford University Press, 1998, p. 44.

8 J. Léonard, « L'historien et le philosophe, À propos de *Surveiller et Punir. Naissance de la prison* », M. Perrot (éd.), *L'impossible prison, recherches sur le système pénitentiaire au XIXe siècle*, Paris, Éditons du Seuil, coll. « L'Univers historique », 1980, p. 9-28. Plus récemment : D. Boquet, B. Dufal, P. Labey (dir.), *Une histoire au présent. Les historiens et Michel Foucault*, Paris, CNRS Éditions, coll. CNRS Alpha, 2013. Une réhabilitation : G. de Lagasnerie, *Juger. L'État pénal face à la sociologie*, Paris, Fayard, coll. « À venir », 2016.

l'essence même des supplices, au sens de la belle formule de Georges Canguilhem : « Le singulier acquiert une valeur scientifique quand il cesse d'être tenu pour une variété spectaculaire et qu'il accède au statut de variation exemplaire[9] ». Mais, à la différence de *Surveiller et punir*, le supplice sert ici de base à la proposition d'une théorie générale des supplices qui mêle analyse interne et externe, pour se rapprocher de ce que Pierre Bourdieu a appelé, dans une provocation à l'égard des prétentions scientifiques des juristes, une « science rigoureuse du droit[10] ». Science qui se déprend à la fois de l'illusoire autonomie du droit (approche formaliste ou internaliste propre aux positivistes normativistes) et de la simpliste réduction à un produit des contextes politique et social ou à un outil de la domination (approche externaliste ou instrumentaliste propre aux structuralistes).

RENDRE RAISON DU CHOIX DU SUPPLICE

Rendre raison revient à se défaire d'une explication exclusive pour s'attacher à objectiver les contraintes juridiques, sociales et structurelles qui ont pesé sur la conscience et l'arbitraire des magistrats. Le monde du droit au XVIIIe siècle est un espace social relativement autonome : les juristes participent à leur propre recrutement, à leur reproduction sociale (faculté de droit, système de la vénalité des offices) ; ils disposent d'une idéologie professionnelle assumée et répétée dont ils s'arment à l'occasion pour s'opposer à la monarchie ; ils disposent et luttent, enfin, à l'intérieur de cet espace pour le droit de dire le droit[11]. Pour autant, même défiants, méfiants, rebelles à l'autorité du roi, les juristes sont fermement arrimés à l'État et à sa construction, dont ils sont les patients bâtisseurs et se voient comme les principaux gardiens de ses

9 G. Canguilhem, *Études d'histoire et de philosophie des sciences*, Paris, Vrin, 1970.

10 P. Bourdieu, « La force du droit. Éléments pour une sociologie du champ juridique », *Actes de la recherche en sciences sociales*, 64 (1986), *De quel droit ?*, p. 3.

11 Sur l'idéologie de la magistrature : J. Krynen, *L'État de justice. 1 : L'idéologie de la magistrature ancienne*, Paris, Gallimard, Bibliothèque des Histoires, 2009. Sur le parlement de Paris, en dernier lieu : D. Feutry, *Plumes de fer et robes de papier. Logiques institutionnelles et pratiques du Parlement de Paris au XVIIIe siècle*, Paris, LGDJ-Lextenso éd., 2013.

valeurs. Faire face au crime commis contre le chef de l'État, celui qui le personnifie et en matérialise par son corps la vitalité, c'est affronter le danger de la disparition de cet État. Dans ce moment de graves tensions, l'espace du droit tend à être plus perméable aux injonctions venues de l'espace politique dont il doit assurer la survie. Son autonomie perd en force. Pour preuve, la réaction des parlements, ces hautes cours imbues de leur indépendance et engagées dans une lutte contre l'absolutisme proclament malgré tout leur attachement à la personne du roi. Même s'il ne faut pas ignorer ses ressentiments, le parlement de Paris s'empresse d'exposer ses inquiétudes et sa stupeur : « Saisis d'effroi à la nouvelle de cet affreux événement, frappés du même coup que la Nation entière, [...] nous courûmes vers le lieu où nous portoient nos allarmes, cherchant en tremblant à sçavoir par nous-mêmes, ce qu'il nous étoit permis d'espérer[12] ». Cas limite exceptionnel, le crime de lèse-majesté impose par lui-même un resserrement des institutions, assumé ou de mauvais gré, autour du roi de qui elles tirent leur autorité.

Du reste, la monarchie restreint davantage l'autonomie de la justice en produisant une représentation officielle de l'événement et du criminel, visible dans la *Gazette* [*de France*] notamment. Cet organe officiel du gouvernement royal bénéficie du privilège perpétuel de l'information politique. Même si elle ne tire qu'à 7800 exemplaires (sans compter les lectures publiques ou les abonnements collectifs), elle est, de fait et de droit, le journal qui dispose du droit de définir ce qui fait événement dans les médias[13]. Elle est le premier journal à relater l'affaire dans sa livraison du 8 janvier[14]. Elle est encore le premier, le 15 janvier, à officiellement qualifier le crime et le criminel, livrant une vérité consolidée des faits véritable modèle pour les autres gazettes :

> C'est un malheur bien déplorable pour la Nation, la plus fidèle et la plus attachée à ses Rois, que d'avoir pû produire un monstre, tel ce détestable assassin. Le Roi a envoyé des Lettres d'Attribution à la Grand'-Chambre du

12 « Instruction en la cour de parlement du procès de Robert-François Damiens, du lundi 17 janvier 1757 », *Pièces originales et procédure du procès fait à Robert-François Damiens, tant en la Prévôté de l'Hôtel qu'en la Cour de Parlement*, Paris, chez Pierre-Guillaume Simon, t. 2, 1757, p. 65. Pour une analyse politique de la réaction du parlement et de ses relations durant l'affaire avec la monarchie : M. Antoine, *Louis XV*, Paris, Fayard, 1989, p. 712-721.

13 Voir : I. Chupin, N. Hubé et N. Kaciaf, *Histoire politique et économique des médias en France*, Paris, La Découverte, « Repères », 2012, p. 11-34.

14 *Gazette*, livraison n° 2 du 8 janvier 1757, p. 8.

> Parlement de Paris, pour instruire le procès de ce scélérat [...]. Il ne manque plus à la satisfaction générale, que de voir le malheureux, qui s'est rendu l'objet de l'exécration publique, subir la peine dûe au plus énorme des forfaits[15].

La blessure du roi devient le miroir dans lequel Damiens est désormais regardé : il est le monstre qui ne pourra que mourir dans d'affreux tourments, le corps saignant du roi attendant une éclatante vengeance. Le parlement chargé de juger Damiens doit le faire dans les limites politiques de ce cadre interprétatif : la condamnation est certaine, le crime est le plus énorme, la peine se doit d'être terrible. Du reste, les lettres patentes qui attribuent la compétence au parlement rappellent explicitement ces trois exigences : Damiens est « coupable », le crime ne touche pas seulement le corps du roi mais celui de l'État (« nos Peuples à qui notre vie n'appartient pas moins qu'à nous-mêmes »), une prompte « vengeance » de la justice est réclamée[16].

Le choix de la peine obéit encore aux contraintes propres à l'espace du droit. Cet espace est sommairement divisé entre les producteurs de doctrine et les praticiens. Cette division du travail (l'enseignement et la production de théorie d'un côté ; l'interprétation pratique du droit et le verdict de l'autre), ne doit pas masquer deux évidences. La première est la forte convergence entre ces deux pôles. En l'absence de code pénal ou de lois pénales frappant l'ensemble des crimes punis, les ouvrages de doctrine criminelle (écrits par des professeurs de droit ou des praticiens) revêtent une importance pratique : ils servent de réservoir de normes et de solutions. La seconde est le partage d'une même idéologie, de représentations communes de leurs fonctions et de la place à-part du monde du droit. Il y a une cohésion entre la doctrine et la pratique judiciaire, la première met en système rationnel, et par-là justifie et légitime, le

15 *Gazette*, livraison n°3 du 15 janvier 1757, p. 10. Voir pour exemple : *Courrier d'Avignon*, livraison n°5 du 18 janvier 1757 et *Gazette de Leyde*, livraison n°5 du 18 janvier 1757.

16 Lettres patentes enregistrées le 17 janvier 1757 reproduites dans *Pièces originales et procédure du procès fait à Robert-François Damiens, tant en la Prévôté de l'Hôtel qu'en la Cour de Parlement*, Paris, chez Pierre-Guillaume Simon, t. 2, 1757, p. 68-69. Le parlement est ordinairement compétent en cas de crimes de lèse-majesté. Les lettres patentes ont ici un caractère équivoque : elle rappelle à la fois cette compétence traditionnelle tout en manifestant une volonté royale d'attribuer au parlement le procès de Damiens. Moyen supplémentaire, pour la monarchie, de contraindre le travail des magistrats. Pour une critique du dualisme corporel du roi et une analyse du supplice médiéval en cas de lèse-majesté : Alain Boureau, *Le simple corps du roi. L'impossible sacralité des souverains français, XVe-XVIIIe siècle*, Paris, Les Édtions de Paris, 2000.

travail casuistique de la seconde. L'arbitraire des peines trouve ici une limite pratique et proprement juridique : les juges se réfèrent aux ouvrages de doctrine qui recueillent les précédents, analysés et classés dans des rubriques rigoureuses et rationnelles. Par ailleurs, le travail des interprètes obéit lui-même à certains principes qui permettent de présenter les décisions judiciaires comme le résultat d'une interprétation autorisée et réglée, distincte donc du « pur coup de force[17] ». Parmi certains de ces principes : le recours au précédent (les usages de la cour ou « coutumes »), l'évaluation des circonstances (aggravantes ou atténuantes) qui permettent de proportionner la peine au crime et au criminel (les ouvrages de doctrines fournissent des catalogues détaillés), la finalité de la peine (assurer le bien public par l'application de la loi)[18]. Autrement dit, le choix du supplice est réglé avant même l'issue du procès : ce sera, comme pour Chastel et Ravaillac, l'écartèlement. Le nombre des peines accessoires ou leur intensité peuvent seuls varier au regard des circonstances propres à l'affaire. Toute autre peine aurait été aberrante, car non conforme à la raison juridique.

Dans l'appréciation de la gravité (les juristes parlent d'atrocité ou d'énormité) du crime, les magistrats sont encore tributaires des représentations dominantes attachées à certains crimes et criminels déployées dans les ouvrages politiques et juridiques. Le crime de lèse-majesté au premier chef est assimilé depuis longtemps au parricide politique, soit le crime le plus atroce[19]. Toute une littérature s'est emparée de la thématique et a déployé largement l'image du roi pasteur et père du peuple[20] : de Christine de Pisan[21], à Claude de Seyssel[22] ; de Guillaume

17 Pierre Bourdieu, « La force du droit… », art. cité, p. 4.

18 Sur ce dernier point, les juristes de l'époque moderne se voient comme les ministres de la loi, comme le dit Muyart de Vouglans. Ils agissent en son nom pour la faire exécuter (Pierre-François Muyart de Vouglans, *Institutes au droit criminel, ou principes généraux sur ces matières suivant le droit civil, canonique et la jurisprudence du royaume, avec un Traité particulier des crimes*, Paris, chez Le Breton, 1757, p. 115).

19 Selon Jacques Krynen, saint Thomas a le premier (re)formulé la conception du roi « père de ses sujets », Jacques Krynen, *Idéal du prince et pouvoir royal en France à la fin du Moyen Âge (1380-1440). Étude de la littérature politique du temps*, Paris 1981, p. 119.

20 Voir Aurélie du Crest, *Modèle familial et pouvoir monarchique, XVIe – XVIIIe siècles*, Presses universitaires d'Aix-Marseille, Aix-en-Provence 2002.

21 BnF, département des manuscrits, Fr. 1197, Christine de Pisan, *Livre du corps de policie*, f° 12.

22 *Histoire de Louys XII, roy de France, père du peuple et des choses memorables adveniies de son Regne depuis l'an MCCCCXCVIII, iusques a l'an MDXV. Par messire Claude de Seyssel, archevesque*

Budé[23] à Jean Bodin[24], jusqu'à Bossuet[25]. De son côté, la monarchie fait sienne ces représentations notamment exprimées dans les préambules des ordonnances[26]. Ces représentations trouvent un prolongement et une consécration pratique dans le droit. À l'appui de la *Lex Pompeia*, les juristes ont très tôt assimilé au parricide le meurtre du *pater patriae*[27]. *Quod Princeps est omnium Pater*, le meurtrier du prince est un parricide[28]. Le Brun de La Rochette assimile au parricide celui qui entreprend de tuer un roi, même, précise-t-il, si ce dernier se comporte en « tyran[29] ». Comme l'explique François Lange : « Le Prince estant le Père de son peuple, tout attentat contre sa personne est un détestable parricide, que nous appelons *Crime de Lèze Majesté*[30] ». Celui qui attente à la vie ou au corps du roi s'en prend à l'autorité suprême. La jurisprudence reprend cette qualification. L'arrêt condamnant Jean Chastel qualifie son crime de « très cruel parricide[31] ». De même, l'arrêt condamnant Ravaillac le déclare « deuëment atteint et convaincu du crime de lèze-majesté divine et humaine au premier chef pour le très meschant, très abominable et très détestable parricide commis sur la personne du feu roi Henri IV[32] ». Le crime ne peut dès lors qu'être considéré comme le plus horrible et le plus dangereux, et son auteur comme le monstre le plus exécrable.

---

de Turin, Iean d'Auton, historiographe du roy et autres. Mise en lumière par Theodore Godefroy, advocat au parlement de Paris, Paris, 1615, p. 8.

23 Guillaume Budé, *L'institution du prince*, 1522.

24 Jean Bodin, *Les six livres de la République*, Lyon, 1579, livre 1, p. 11.

25 Jacques-Bénigne Bossuet, *Politique tirée des propres paroles de l'écriture sainte à monseigneur le Dauphin*, Paris 1709, livre II, 7e proposition, p. 69.

26 Par exemple, la grande ordonnance de réformation de la justice de 1510, dans laquelle Louis XII est présenté comme le « bon père et protecteur » de ses sujets » (F.-A. Isambert et *alii*, *Recueil général des anciennes lois françaises depuis l'an 420 jusqu'à la Révolution de 1789*, Paris, 1821-1833, t. 11, p. 579).

27 Tiberius Decianus, *Tractatus criminalis*, Francfort, 1613, t. 2, livre 9, chapitre 6, n° 5 et 6. *Qui principem occiderit, qui etiam parens patriae solet appellari, parricida merito dicit potest.*

28 Prosperus Farinacius, *Praxis et theoricae criminalis*, Lyon, 1631, t. 4, livre 4, question 112, n° 3, p. 2.

29 Claude Le Brun de La Rochette, *Les procès civil et criminel contenants la méthodique liaison du droict et de la practique judiciaire, civile et criminelle. Le procès criminel*, Rouen 1697, p. 70.

30 François Lange, *La nouvelle pratique civile, criminelle, et bénéficiale ou le nouveau praticien françois. Des matières criminelles*, Paris, 1688, p. 19.

31 Reproduction de cet arrêt dans Claude-Joseph de Ferrière, *Dictionnaire de droit et de pratique, contenant l'explication des termes de droit, d'ordonnances, de coutumes et de pratique, avec les jurisdictions du royaume*, Paris, 1762, t. 2, *verb.* « Lèze-Majesté », p. 201 *ssq.*

32 *Arrest de la Cour de Parlement contre le tres-meschant parricide François Ravaillac*, Toulouse, 1610.

De fait la peine se doit d'être l'écho de ce crime extraordinaire : peu après le supplice de Damiens, Muyart de Vouglans, véritable gardien de l'orthodoxie juridique, se demande s'il peut y avoir des peines « trop rigoureuses pour punir des Monstres aussi exécrables et aussi dangereux[33] ». Le choix de l'écartèlement n'est donc aberrant ni politiquement ni juridiquement. Il fait écho à un sens commun consolidé et incorporé par les magistrats qui redouble et appui la raison juridique : le choix de l'écartèlement ne peut qu'apparaître naturel.

Au regard de la structure de l'espace du droit et des particularités du travail d'interprétation et d'application du droit, l'arrêt condamnant Damiens est donc juridiquement justifié. Il est valide, car fondée sur la traditionnelle compétence exclusive de la Grand-Chambre du parlement, ou, suivant les interprétations, sur la compétence attribuée par le roi dans des lettres patentes. Il est aussi conforme au droit alors appliqué et à la pratique judiciaire. Les magistrats ont pu trouver l'existence du crime de lèse-majesté au premier chef (non présent dans les lois du roi) objectivé dans les précédents (Chastel et Ravaillac) et dans les ouvrages juridiques, répondant ainsi à la *quaestio juris*. Ils ont constaté l'existence du crime (aveu et flagrant délit), répondant à la *quaestio facti*. Ils ont alors ordonné *in concreto* les sanctions établies *in abstracto*, telles qu'elles apparaissent dans les jugements précédents et les ouvrages de doctrine[34]. Il n'est pas surprenant que l'arrêt condamnant Damiens soit le décalque presque parfait de celui condamnant Ravaillac[35]. Si Damiens est, par ailleurs, plus sévèrement puni que Chastel (alors que tous deux n'ont pas tué le roi, contrairement à Ravaillac), le jugement reste conforme : les juges ont toute latitude pour apprécier les circonstances et aggraver une peine[36]. En cela, l'arrêt du parlement convoque le passé dans le présent, comme pour mieux montrer la légitimité de son verdict et assurer que, par la force du précédent et sauf renversement, l'avenir sera à l'image du passé.

---

33 Pierre-François Muyart de Vouglans, *Institutes au droit criminel…*, *op. cit.*, p. 400.

34 Sur cette opération d'individualisation d'une norme générale : Hans Kelsen, *Théorie pure du droit*, trad. Charles Eisenmann, Bruxelles, Paris, Bruylant, LGDJ, 2 éd., 1999, p. 238.

35 L'arrêt du 26 mars 1757 contre Damiens se trouve dans *Pièces originales et procédure du procès fait à Robert-François Damiens…*, *op. cit.*, t. 3, p. 345.

36 La seule question vraiment débattue est celle de savoir s'il doit subir toute la peine de Ravaillac (*Journal inédit du duc de Croy, 1718-1784*, t. 1, Paris, Ernest Flammarion, 1906, p. 400).

Les logiques du choix du supplice de Damiens ne divergent pas de celles des autres supplices : l'arbitrage de la peine s'appuie sur l'appréciation de l'énormité du crime et de la personnalité du criminel dans le respect du cadre tracé par les coutumes jurisprudentielles. Les crimes punis par les supplices ont tous directement trait à la défense de l'ordre politique et social en ce qu'ils sanctionnent des offenses faites aux valeurs les plus structurantes de la société d'Ancien Régime (la foi, la monarchie, la famille, la hiérarchie sociale). Comme le montre de manière paroxystique le cas Damiens, ils concernent des actes de trahison, crimes fourbes par excellence[37]. Interdits rappelés et actualisés tout au long de l'époque moderne. À ce titre, le passé ne cesse d'être répété dans le présent, dans une logique toute juridique de la conservation et du maintien de l'ordre social et symbolique établi.

LE SUPPLICE COMME ACTE D'INSTITUTION

La cruelle exécution de Damiens a fait l'objet de nombreuses études et analyses qui puisent à la même source, dont le fameux témoignage de l'exempt Boudon[38]. D'une manière plus générale, les témoignages ou relations utilisés ne sont pas toujours remis dans leur contexte de production ou rapportés à leur cadre d'usage. Or, ce type de représentations n'est assurément pas neutre. Reconstruire une exécution, analyser ses étapes « rituelles » ou les « réactions » qu'elle a provoquées, demande au préalable de déconstruire le dispositif de présentation, d'objectiver les contraintes qui agissent sur l'écrit et le regard, et de renseigner les buts assignés à ces productions[39]. Ces points aveugles limitent parfois

37 Pour un exemple : Mathieu Soula, « La roue, le roué et le roi : fonctions et pratiques d'un supplice sous l'Ancien Régime », *Revue historique de droit français et étranger*, 2010-3, p. 343-364.

38 Reproduction dans *Archives de la Bastille. Documents inédits recueillis et publiés par François Ravaisson*, Paris, A. Durand et Pedone-Lauriel éd.,1884, t. 16, p. 472-480. Autre source : *Journal inédit du duc de Croy…*, *op. cit.*, p. 401-403. Bibliographie dans Pierre Rétat (dir). *L'attentat de Damiens…*, *op. cit.*, p. 398.

39 Mathieu Soula, « Les voies de l'exemplarité. Les mises en récit des exécutions publiques à Toulouse au XVIIIe siècle : comparaison des procès-verbaux de mort et du témoignage du chroniqueur toulousain Pierre Barthès », Lucien Faggion et de Christophe Regina

les lectures des exécutions comme « rituels » ou « spectacles » judiciaires quand l'objet représenté est confondu avec son support[40]. En outre, en abordant le rite comme « un parchemin que l'on décrypte[41] », le découpant en phases signifiantes, ces lectures ne rendent pas forcément compte de la nature profonde du supplice : il est un acte d'institution. Comme le pose Pierre Bourdieu, l'acte d'institution « est un acte de communication mais d'une espèce particulière : il signifie à quelqu'un son identité, mais au sens à la fois où il la lui exprime et la lui impose à la face de tous[42] ». L'acte d'institution nomme, définit, délimite, dit le vrai (verdict) et le droit (*jurisdictio*).

L'ensemble des étapes de l'exécution produit un même effet symbolique : instituer le « monstre le plus exécrable » en le donnant à voir publiquement à une assistance qui non seulement reçoit (et peut dans certaines conditions rejeter) mais valide par son acceptation expresse ou tacite le rappel à l'ordre ainsi violemment exprimé. Il y a donc un effet de redondance. L'ordre hiérarchique et politique est objectivé de plusieurs manières tout comme la consécration du parricide politique sont martelés du début à la fin du supplice aussi bien à l'égard de Damiens lui-même (pour lui faire incorporer le verdict de sa vraie nature monstrueuse) qu'à l'égard de l'assistance. Le corps de Damiens devient, le temps du supplice, le lieu de production d'une double limite, politique et sociale, censée rendre physiquement perceptible le seuil de la monstruosité, la frontière au-delà de laquelle l'appartenance au corps social et le lien de sujétion s'évanouissent. La domination et la destruction de ce corps rendent compte du monopole de l'État de définir et garder ces limites. De fait, l'enchaînement des séquences pénales, qui mène inévitablement à la disparition et à l'expulsion du monstre, n'est que

(dir.), *Récit et justice (France, Italie, Espagne, XIVe-XIXe siècles)*, Aix-en-Provence, Presses universitaires de Provence, 2014.

40 Sur l'exécution comme rituel : Michel Bée, « Le spectacle de l'exécution dans la France d'Ancien Régime », *Annales, économies, sociétés, civilisations*, 1983, vol. 38, n° 4, p. 843-862 ; Régis Bertrand et Anne Carol (dir.), *L'exécution capitale : une mort donnée en spectacle : XVIe-XXe siècle*, Aix-en-Provence, Publications de l'Université de Provence, 2003 ; Pascal Bastien, *L'exécution publique à Paris au XVIIIe siècle. Une histoire des rituels judiciaires*, Paris, Champ Vallon, 2006 ; Emmanuel Taïeb, *La guillotine au secret : les exécutions publiques en France, 1870-1939*, Paris, Belin, 2011.

41 Alban Bensa, *Après Lévi-Strauss, pour une anthropologie à taille humaine*, Paris, Textuel, 2010, p. 70.

42 Pierre Bourdieu, « Les rites comme acte d'institution », *Actes de la recherche en sciences sociales*, 1983, vol. 43, n° 1, p. 60.

la variation d'un même thème : la question, la course en tombereau, l'amende honorable, la manière dont il a été lié à l'échafaud (tenu par des cordes et des pièces de fer), le feu de souffre mis à son poing droit tenant le couteau, les tenaillements aux jambes, cuisses, bras et mamelles, le versement d'un mélange de plomb, d'huile bouillante, de poix-résine, de cire et de souffre fondus, l'interrogatoire du greffier criminel (car le supplice est aussi un temps d'enquête), les interventions des confesseurs (pour qu'il demande pardon, car le supplice est aussi un moment de contrition nécessaire à l'acceptation de sa vraie nature), l'écartèlement proprement dit (par quatre puis six chevaux, achevé au couteau), enfin le bûcher, ces « neuf quart d'heures » (Bouton) de souffrances ne créent pas seulement le monstre ou ne ramènent pas seulement la paix, mais tracent la limite entre le normal et le monstrueux. Ils caractérisent et précisent, du reste, le degré de monstruosité par la cruauté croissante des tourments : être écartelé n'est pas être brûlé vivant, ni être rompu, ni être pendu et encore moins être décapité.

Le raffinement des supplices ne tient pas seulement à l'ingéniosité perverse des tourments, mais à leur capacité à classer crimes et criminels et à rendre immédiatement compréhensible cette classification. Les supplices ont une « fonction classificatrice » dans le sens où ce système pénal de classification a pour finalité « de faire comprendre, de rendre intelligible les relations qui existent entre les êtres » et vise « à relier les idées entre elles, à unifier la connaissance[43] » : l'écartèlement rend manifeste le plus haut degré de la trahison et le rejet social qu'il doit inspirer. La performativité des supplices tient d'abord à l'efficacité symbolique du droit. Elle tient aussi au support des messages qu'ils portent : le corps. En effet, dans un milieu largement illettré, frapper l'individu publiquement dans son corps fait directement sens, car le corps est ici le symbole, la représentation, du « but concret » que la peine cherche à atteindre[44]. Le corps est bien le parchemin sur lequel la monarchie écrit la théorie politique de sa domination. Du reste, dans les représentations communes atteindre le corps, le détruire, « parle » à ceux qui le voient. Car le corps est « le moyen expressif de rendre compte de l'âme, toujours

---

43 Émile Durkheim et Marcel Mauss, « De quelques formes de classification. Contribution à l'étude des représentations collectives », *Année sociologique*, 1901-1902, 6, p. 66.

44 Gherardo Ortalli, *La peinture infamante du* XIII*e au* XVI*e siècle*, « … pingatur in Palatio… », Paris, Gérard Montfort, trad. Fabienne Pasquet et Daniel Arasse, 1994 (1re éd. It. 1979), p. 15.

selon un code que les spectateurs peuvent décrypter sans effort[45] ». Le corps mutilé et démembré renvoie à une âme perverse et dénaturée : « Créé à l'image de Dieu, l'homme est la plus belle des créatures et, en particulier, le corps du Christ, homme-Dieu, incarne l'idée de la beauté parfaite ; au contraire, la difformité du corps diabolique donne figure, par sa monstruosité, à la négation de l'ordre que la Création a introduit dans le chaos pour en faire un cosmos[46] ». Plus que la pendaison, un peu plus que la roue, l'écartèlement rend compte d'un chaos, c'est-à-dire d'un ordre renié. Par une mise en harmonie du corps et de l'âme criminels, elle objective par la déshumanisation du corps, le caractère bestial de l'âme parricide.

C'est dans ce sens que l'on peut apprécier les traditionnelles fonctions attachées aux peines de l'ancien droit : la rétribution et l'exemplarité. Comme le rapporte Daniel Jousse, la peine est à la fois « un remède proportionné au mal » et « un exemple afin de contenir par la vue et la crainte[47] ». Dans le cas des supplices, la rétribution, cet acquittement nécessaire de la dette née du crime (*quia peccatum est*), n'est pas que le prix du retour à l'équilibre, elle est aussi le classement du criminel dans la hiérarchie des catégories criminelles : elle est l'évaluation concrète du coup porté aux « états forts et définis de la conscience collective » (Durkheim). Elle découle du pouvoir de nomination propre au droit et à la justice. L'exemplarité, qui vise à contenir « par la crainte des châtiments ceux qui ne sont pas retenus par la considération de leur devoir » (préambule de l'Ordonnance criminelle de 1670), découle de l'effet d'universalisation de l'acte d'institution : en objectivant par le droit ou la peine une catégorie criminelle, l'État et sa justice universalisent cette catégorie pénale, rappelant de la sorte l'interdit (dans le cas de Damiens, l'interdit suprême) et menaçant de la même peine ceux qui se laisseraient aller à une imitation coupable.

Pour autant, les effets de l'institutionnalisation ne sont pas seulement performatifs parce que la monarchie rappelle sa domination par « l'éclat des supplices » et son monopole de la violence physique légitime. Certes le monopole de la violence légitime historiquement construit et imposé

45 Nadeije Laneyrie-Dagen, *L'invention du corps. La représentation de l'homme du Moyen Âge à la fin du* XIX*e siècle* Paris, Flammarion, 1997, p. 62.

46 Daniel Arasse, « 10. La chair, la grâce, le sublime », Georges Vigarello (dir.), *Histoire du corps. 1, De la Renaissance aux Lumières*, Paris, Éditions du Seuil, 2005, p. 417.

47 Daniel Jousse, *Traité de la justice criminelle de France*, Paris, Debure, 1771, t. 1, p. II-III.

assure l'autorité nécessaire au roi et à sa justice de disposer du droit de pouvoir nommer et instituer. Mais, bien davantage parce que la représentation du monde social que propose le droit (ici la peine) rencontre l'intérêt des personnes à l'accepter et le respecter, parce que, en définitive, il correspond aux représentations sociales existantes et partagées[48]. Ainsi, les supplices ne sont dénoncés comme barbares ou injustes que lorsqu'ils franchissent les limites de l'acceptable : comme violence mise en forme, avec des formes, des règles et des usages, les supplices n'agissent qu'autant qu'ils sont en harmonie avec les représentations sociales liées au crime ou au criminel, et qu'autant que le bourreau ne rajoute pas à la cruauté la barbarie d'une pratique mal maîtrisée[49]. Dans le cas de Damiens, si le manque de savoir-faire du bourreau est souvent souligné et le courage de Damiens relevé, le supplice comme peine n'est pas remis en cause[50]. Certes, conformément à sa fonction d'institution, il inspire l'horreur ou le dégoût, mais il ne provoque pas une révolution symbolique à même de faire apparaître les supplices comme une pratique barbare[51]. Du reste, pour nombre de sujets, les souffrances de Damiens restent invisibles, la peine n'ayant été suivie qu'au travers des comptes-rendus des journaux qui, comme la *Gazette*, centrent leur récit sur le bien-fondé du supplice : « Ce monstre a subi ensuite la punition dûe à son exécrable forfait. Ses tourments ont duré trois heures. Il étoit encore en vie, ayant deux cuisses et le bras droit séparés du corps, et il n'est mort qu'après que son bras gauche a été détaché. On souhaiterait de pouvoir ensevelir dans un éternel oubli un tel scélérat et son action. Mais s'il est du devoir de l'Histoire d'immortaliser les hommes illustres par leurs vertus, il n'est pas moins de son essence de conserver les noms des fameux criminels[52] ». Leçon retenue. En témoignent des écrits du for privé, comme les *Heures perdues* du toulousain Pierre Barthès[53].

48 Pierre Bourdieu, « Habitus, code et codification », *Actes de la recherche en sciences sociales*, vol. 64, 1986, *De quel droit ?*, p. 40-44.

49 Pour des exemples : Mathieu Soula; « Le roi, la roue et le roué… », art. cité.

50 Visible dans le rapport de l'exempt Bouton, par exemple (*Archives de la Bastille…*, *op. cit.*).

51 Sur ce point, voir Pierre Rétat (dir.), *L'attentat de Damiens…*, *op. cit.* Une voix discordante : Jeremy D. Popkin, *News and Politics in the Age of Revolution. Jean Luzac's* Gazette of Leyde, Ithaca and London, Cornell University Press, 1989.

52 *Gazette*, n° 14, livraison du 2 avril 1757, p. 165.

53 *Les Heures perdues de Pierre Barthes repetiteur en Toulouse, ou recueil des choses dignes d'être transmises a la posterité, arrivées en cette ville, ou prés d'icy*, vol. 4, janvier 1757, f° 104.

Ce supplice, à bien des égards et de multiples façons agrège le criminel à une nature, à une catégorie sociale et pénale qui le dépasse, le comprend, le définit et dont il assure la permanence : le régicide. Si Damiens a un corps, une vie, une biographie qui lui sont propres, la peine qui a patiemment et cruellement détruit son corps physique, lui a non seulement donné une nouvelle vie, mais a aussi imposé une lecture rétrospective de sa trajectoire, toute tendue vers son acte final. Il est devenu un représentant de cette si particulière lignée, de cette si redoutée menace politique grâce à laquelle les rois ont pu rappeler la force de leur pouvoir et tenter de susciter l'amour de leurs sujets par le terrible et pathétique spectacle d'un exemplaire tourment. Le supplice a donc bien une fonction essentielle d'institution dans le sens où il consacre une différence entre Damiens et le reste de la société, entre le monstre « le plus exécrable » et les autres, meilleurs sujets, entre celui que la peine concerne et ceux qui ne la subiront certainement jamais. L'exécution est bien encore une représentation, dans le sens de redoubler une présence. L'exhibition publique du monstre parricide, (« effet de sujet, c'est-à-dire pouvoir d'institution, d'autorisation et de légitimation comme résultante du fonctionnement réfléchi du dispositif sur lui-même[54] ») impose le représentant comme la seule autorité légitime à manipuler l'objet représenté et les outils de la représentation, et partant la représentation elle-même. L'exhibition spectaculaire de la violence physique manifeste, rappelle et renforce le monopole de la violence symbolique de celui qui la produit, car il en retire « les bénéfices[55] ». Comme représentation collectivement acceptée, le supplice permet d'atteindre ce sens commun, ces schèmes de classement, de distinction, de connaissance et de reconnaissance intégrés et incorporés par les individus. Il autorise aussi à comprendre comment une institution se donne à voir et s'impose. La représentation n'est pas neutre : elle impose un sens, qui peut être discuté, rejeté, accepté. Elle a des effets sur le réel qu'elle représente dans le sens où elle contribue à en modifier le sens et la perception.

Pour renverser les supplices, il était nécessaire de renverser cette représentation par une révolution symbolique. Révolution qui prendra

54 Louis Marin, *Le portrait du roi*, Paris, Les Éditions de Minuit, coll. Le Sens commun, 1981, p. 10.

55 Henri Hubert et Marcel Mauss, « Essai sur la nature et la fonction du sacrifice », *L'Année sociologique*, 2, 1897-1898, p. 37.

forme quelques années après les tourments de Damiens avec Beccaria et Voltaire ; qui imposera une lecture *a posteriori* de son supplice, le classant parmi les reliques barbares d'un âge pénal qui a fait son temps ; qui autorisera alors à dire que le supplice « fut tel que la postérité frémira en en lisant le récit[56] ».

Mathieu SOULA
Université Paris Nanterre

56 Louis-Sébastien Mercier, *Tableau de Paris*, t. 9, Amsterdam, 1788, p. 145.

LE CORPS À L'ÉPREUVE DE LA PEINE CAPITALE

Le cas Pranzini, 1887

À en croire Michel Foucault, la substitution de la décapitation pénale aux anciens supplices signifierait « la prise sur le corps qui se dénoue », la guillotine frappant « la vie plutôt que le corps[1] ». Le nouvel édifice pénal qui se met en place en France au XIXe siècle, centré sur la prison, culminerait donc en une simple « privation de la vie », contraintes et disciplines corporelles se déployant ailleurs, dans le monde réglé des prisons. Certes, l'exécution moderne au XIXe siècle semble sobre et rapide par rapport à « l'éclat des supplices » passés ; mais pour peu qu'on s'attache à la suivre dans ses modalités les plus concrètes, le corps refait surface dans la durée et l'espace du sensible.

L'objectif de ce travail est donc de s'écarter de l'analyse de Foucault sur trois points : d'une part, en montrant que le corps reste au centre des dispositifs de contrôle et de châtiment qui s'appliquent au condamné pendant l'exécution ; d'autre part en montrant comment ce même condamné peut se servir de ce corps pour affirmer une forme d'*agency* ; enfin en interrogeant le devenir du corps devenu cadavre, et son traitement matériel et symbolique. Cette histoire corporelle sera abordée à travers l'exemple d'un supplicié, Henri Pranzini, dont l'exécution en 1887 permet de saisir une série de changements qui interviennent à la fin du XIXe siècle dans ces différents domaines[2].

Avant de suivre les vicissitudes de son corps, il faut toutefois rappeler l'affaire Pranzini[3]. Le « crime de la rue Montaigne », comme les

1 M. Foucault, *Surveiller et punir. Naissance de la prison*, Paris, Gallimard, 1975 p. 17 et 19.

2 Pour une étude plus globale de cette dimension de l'exécution, voir A. Carol, *Au pied de l'échafaud. Une histoire sensible de l'exécution*, Paris, Belin, 2017.

3 L'affaire Pranzini a inspiré de nombreux romanciers. Le travail le plus intéressant est celui d'A. Pascal, *Pranzini. Le Crime de la Rue Montaigne*, Paris, Emile-Paul Frères, 22e éd.,1933, qui reproduit de nombreuses pièces policières et judiciaires.

gazettes l'appellent, a fait l'objet d'une large couverture médiatique où le corps du criminel est déjà surexposé. Le 17 mars 1887, on découvre trois cadavres dans un appartement parisien : Régine de Montille, une demi-mondaine alors entretenue par deux amants ; Annette Gremeret, sa domestique, et la fille de cette dernière, âgée de douze ans. Les victimes ont été sauvagement égorgées et poignardées, la tête de la petite Marie est presque détachée du tronc. Des bijoux ont été volés ainsi qu'un peu d'argent, et l'assassin a laissé de faux indices pour égarer les enquêteurs. Après quelques tâtonnements, l'enquête s'oriente dès le 22 mars vers la piste d'un homme arrêté à Marseille après avoir vendu des bijoux de la victime. Né en Égypte en 1856, Henri Pranzini a bourlingué en Europe et exercé divers métiers. D'une taille moyenne (1,68 m) et d'une corpulence « forte » selon sa fiche anthropométrique, élégant, il est unanimement décrit comme un beau garçon, bien bâti, à l'œil langoureux de Levantin et à la voix caressante. Ce physique avantageux est sa principale ressource et il joue de sa séduction pour soutirer argent ou relations à des femmes de tous les milieux sociaux et de tous les âges. Très vite, l'enquête montre que des femmes du monde ont succombé à son charme et lui ont écrit des lettres d'amour enflammées. L'affaire fascine donc le public, à la fois par la violence extrême des crimes, et par la dimension érotique du personnage ; et la presse joue sur ces deux ressorts pour entretenir cette passion.

Le procès commence le 9 juillet, en présence d'un public très nombreux, notamment féminin. Le corps de Pranzini, sur lequel tous les regards convergent, y affleure sans cesse. D'une part, la brutalité des coups portés et des blessures infligées renvoie à la musculature athlétique de l'assassin. D'autre part, les ressorts de sa séduction sont sans cesse rappelés : des extraits des lettres qu'il a reçues et conservées sont lues devant le tribunal. Une Américaine de 18 ans, par exemple, y soupire longuement après ses « muscles de fer » et sa « force virile ». Publiées par les journalistes, elles alimentent la légende du bellâtre et de l'amant prodigieux. Les experts chargés de l'examiner nourrissent les fantasmes. Non content d'observer ses cicatrices, le médecin légiste Brouardel décrit un homme exceptionnellement fort et robuste, « très viril ». Certains journaux y voient une allusion à son anatomie la plus intime : « C'est un homme très vigoureux, très musclé, d'un développement physique extraordinaire, surtout dans les parties intimes de son individu » extrapole ainsi le *Figaro*, journal pourtant réputé sérieux[4]. Enfin, le système de défense adopté par Pranzini, qui consiste à nier en bloc sans fournir d'alibi pour la nuit du crime pousse les magistrats comme le public à le scruter sans relâche pour guetter les moindres traces de trouble ou de peur face aux témoins. Ce silence est interprété par certains comme le souci chevaleresque de ne pas compromettre une femme du meilleur monde, dusse-t-il mener à l'échafaud. Il contribue à donner de l'opacité au criminel, dont seule la surface corporelle est dès lors accessible.

Le 13 juillet, Pranzini est jugé coupable et condamné à peine capitale. Quelques jours plus tard, il est transféré au dépôt des condamnés à mort, à la prison de la Grande Roquette. Le pourvoi en cassation échoue le 11 août, et le président Grévy refuse à son tour la grâce. Pranzini est exécuté le 31 août 1887.

L'EXÉCUTION
Le corps comme lieu de peine et comme lieu de résistance

Outre les récits de presse et les mémoires des protagonistes présents, l'historien dispose des rapports de l'exécution rédigés par le procureur, le chef de la Sûreté parisienne, le directeur de la prison de la Roquette et le commissaire de police du quartier. Croisés, ces documents administratifs rédigés à chaud constituent une source précieuse riche en notations corporelles. Bien qu'elle prolonge la curiosité des semaines précédentes, cette polarisation de l'attention sur le corps n'est pas propre à Pranzini, et peut s'expliquer de différentes façons.

Il s'agit, d'une part, de lire la façon dont le châtiment s'inscrit dans le corps du coupable. Si l'on accepte de ne pas réduire la peine à la fraction de seconde où le couperet tranche le cou du supplicié, mais qu'on l'envisage comme l'intervalle de temps entre le moment où l'on vient le chercher et celui de sa décapitation[5], l'exécution apparaît comme

4 *Le Figaro*, 12 juillet 1887, p. 2.

5 Voire de remonter à l'annonce du verdict et à l'attente angoissante qui lui fait suite : c'est tout l'argument du livre de V. Hugo, *Le Dernier Jour d'un condamné*, publié en 1829.

une épreuve physique et émotionnelle qu'il faut surmonter. Au temps des monarchies censitaires, les exécutions imposaient des transferts parfois très longs (du lieu d'incarcération au lieu de l'exécution), et duraient des heures, voire des jours. Dans la deuxième moitié du siècle, cette durée est considérablement réduite, les exécutions se faisant de plus en plus souvent aux portes de la prison où attend le condamné[6]. Les témoins n'en sont pas moins attentifs aux moments cruciaux comme le réveil, la toilette ou la confrontation avec la machine, et aux émotions qu'ils suscitent chez le condamné, que le corps exprime parfois à son insu.

Il s'agit, d'autre part, de réussir l'exécution ; c'est-à-dire de faire en sorte que celle-ci ne tourne ni au combat ni à la débâcle, qu'elle offre un spectacle édifiant et digne, auquel le condamné coopère *à son corps défendant* en montrant fermeté et résignation. Cette réussite est soigneusement préparée par une série de dispositifs de contention et de soutien, qui jouent à la fois sur le corps et sur l'esprit, qui commencent en amont, en prison, et se redoublent pendant l'exécution proprement dite.

Mais c'est aussi pour le condamné l'occasion de manifester par les mots, par les gestes, son consentement ou au contraire son opposition à la peine qu'on lui fait subir, en usant des opportunités du rituel et des faibles marges de liberté dont il dispose. Dans le cas de Pranzini, les rapports des témoins font émerger une image convergente du comportement corporel du condamné.

Comme c'est l'usage, Pranzini est réveillé avant l'aube, à 4 h 50. Le réveil du condamné est un moment clef de l'exécution, dont il déclenche le mécanisme implacable. Le condamné se voit notifier le rejet de sa grâce, et commence alors pour lui le compte à rebours qui le mène au néant. Dans l'exécution idéale, il est attendu que l'annonce provoque un choc et que ce choc s'imprime sur le corps : c'est le signe, en quelque sorte, de la puissance de la justice qui s'abat sur le coupable. Aussi les larmes, la pâleur ou les tremblements sont-ils bienvenus, tant qu'ils ne compromettent pas le bon déroulement des opérations et que leur succède une pieuse résignation. Dans le cas de Pranzini, c'est au contraire l'absence d'émotion qui est relevée. Profondément endormi lorsqu'on vient le chercher, il ne manifeste pourtant ni surprise ni terreur : selon le procureur, il « s'est levé sur son séant, regardant autour de lui, et

6 E. Taïeb, *La Guillotine au secret*, Paris, Belin, 2011.

sans manifester aucune agitation, a murmuré à demi-voix : "ah !... ah... oui... oui[7]..." ».

La fermeté physique de Pranzini ne se dément pas par la suite et est relevée par tous les témoins, attentifs à son maintien. La marche que le condamné effectue à travers les couloirs de la prison pour aller au greffe offre une nouvelle occasion de l'évaluer : il peut chanceler sous l'effet de la terreur, ou renâcler, et les gardiens sont là pour le soutenir ou l'entraîner. Pranzini semble n'en avoir nul besoin : il « marchait droit et d'un pas rapide » selon le procureur. Ce courage est attesté également pendant la toilette, qui constitue pourtant un moment hautement critique : le condamné se confronte pour la première fois aux exécuteurs, et subit une sorte de préfiguration de la décapitation lorsqu'on coupe au ciseau le col de sa chemise ; beaucoup s'affaissent ou marquent à tout le moins une faiblesse passagère. Pranzini se saisit de ce moment, au contraire, pour reprendre l'initiative, comme on va le voir. Enfin, il perdure pendant la dernière séquence, la sortie de la prison et les derniers pas vers la guillotine :

> Le condamné marchait droit, ferme, et aussi rapidement que lui permettaient les entraves. Quand la grande porte donnant sur la place s'est ouverte et qu'il a aperçu la foule, Pranzini a redressé la tête et a continué à avancer[8]...

Une grande partie du siècle et notamment en province, les condamnés étaient transportés en voiture sur les lieux du supplice. S'il ne s'agissait plus du tombereau d'infamie des exécutions de l'époque moderne, cette passivité qui leur était imposée pouvait être ressentie comme humiliante ; aussi quelques condamnés réclamaient-ils de marcher à l'échafaud[9]. Cette marche ultime pouvait toutefois se révéler une épreuve physique, et la surmonter constituait un enjeu. Comme beaucoup de condamnés en cette fin de siècle, Pranzini tient à manifester clairement qu'il n'a pas besoin d'aide ou de soutien : « en traversant la cour de la prison, note un témoin, il ne cessait de dire aux personnes

7 Archives Nationales (désormais : AN), BB/24/2064, Henry Pranzini, 31 août 1887, Rapport du procureur.

8 *Ibid.*

9 Il faut signaler toutefois que dans le modèle dominant de l'exécution chrétienne, la marche pouvait être réclamée dans un souci d'humilité, à l'instar de la marche pénitentielle.

qui l'accompagnaient : "vous pouvez me laisser, je marcherai bien tout seul[10]" ».

Ce souci de maîtriser son corps et ses affects se manifeste dans d'autres interstices du rituel de l'exécution. Pranzini refuse, par exemple, le secours de la religion pour mourir, et invente son propre *ars moriendi*, en prenant le contrepied des comportements attendus. L'aumônier jouait pourtant un rôle crucial dans la réussite de l'exécution au XIXe siècle. En prison, il prêchait la résignation au condamné en sursis, et l'abbé Faure s'était rapproché de Pranzini auquel il prodiguait, selon l'usage, des douceurs et des paroles de réconfort. Pendant l'exécution elle-même, il lui fournissait un réconfort moral et physique, le guidait tout au long des séquences, occupait son corps et son esprit en lui faisant réciter des prières, en lui donnant le crucifix à baiser, en s'agenouillant avec lui, en lui prêtant éventuellement son bras ; à ce titre, il pouvait être considéré à la fois comme un compagnon précieux mais aussi comme un agent de la justice par les condamnés. Après son réveil, lorsqu'il se voit proposer son recours, Pranzini décline : « que l'aumônier fasse son devoir ; moi je ferai le mien en mourant innocent[11] » ; et lorsque l'abbé Faure lui propose le traditionnel verre de cordial destiné à le conforter, il refuse encore, « sur le ton qu'emploierait un grand seigneur qui refuserait quelque chose à un inférieur[12] », manifestant là encore son souci de ne trouver de ressources qu'en ses propres forces. Devant la machine, il montre la même volonté de régler lui-même son rapport à Dieu : « comme l'aumônier s'écartait, Pranzini s'est arrêté ferme et l'a rappelé à deux reprises[13] », pour embrasser le crucifix.

Par la parole, mais aussi par son corps et par ses gestes, le condamné tente de reprendre un contrôle, si minime soit-il, sur sa propre mort. Pranzini réinterprète donc en le subvertissant le théâtre de l'exécution, récusant ou accusant les institutions politique, judiciaire et policière qui l'ont condamné, sans pour autant perdre le contrôle de ses émotions ni sombrer dans la colère. Alors que la grâce présidentielle lui fait défaut, il invoque un autre espoir déçu :

10 Archives de la Préfecture de police de Paris (désormais : APP), Ba 887, Rapport du directeur de la prison (Beauquesne).

11 *Ibid.*

12 *Ibid.*, Rapport du chef de Sûreté (Taylor).

13 *Ibid.*

> Après lui avoir annoncé le rejet de son pourvoi et du recours en grâce, il s'est recueilli un instant et *d'un ton calme*, m'a dit : « on ne m'a pas accordé même la faveur d'embrasser ma mère ; c'est la seule grâce que je demandais. Je meurs innocent[14].

Alors qu'on attend qu'il soit terrorisé par l'imminence de son châtiment, il réplique : « Dieu est grand ! je suis *heureux* de mourir[15] ». Et alors qu'on espère voir confondu le coupable que la justice a désigné, il se paie le luxe d'accuser au rebours le chef de la police parisienne, qu'il débusque derrière les témoins présents à sa toilette :

> Monsieur Taylor, *ne vous cachez pas* ; pensez plutôt que vous êtes l'auteur de ma mort. Vous vous avez produit des témoins ; moi, je mourrai avec mon innocence. C'est fini[16].

Par ces quelques mots : « C'est fini », Pranzini montre aussi clairement le désir de régler le *tempo* judiciaire, puisqu'il n'a pu choisir l'heure de sa mort. Cet objectif ne peut être atteint qu'en l'accélérant : faire traîner les choses pourrait être interprété comme un signe de lâcheté. Il refuse la messe, qui lui aurait donné un bref sursis ; et tous les témoins soulignent, comme le commissaire de police présent, son « pas précipité et très assuré ». Sitôt la toilette finie, Pranzini se permet de se lever sans attendre, en disant « Allons », donnant en quelque sorte lui-même le signal de sa mise à mort au bourreau ; à l'inverse, on l'a vu, il marque une pause inattendue devant la guillotine pour réclamer l'aumônier. Quand on sait que sa tête tombe à 4 h 58, soit huit minutes après son réveil, on mesure la difficulté pratique et le défi moral de ces ajustements temporels.

Un dernier aspect de cette stratégie de subversion peut être trouvé dans le comportement policé constamment affiché par Pranzini, au milieu de ceux qui s'apprêtent à le couper en deux. La politesse qu'il affecte fait ressortir la violence intrinsèque de l'exécution, que tout le rituel s'efforce

14 *Ibid.*, Rapport du directeur de la prison (Beauquesne). Autre version, celle du commissaire de police de la Roquette : « Je désirais une seule chose, un sursis de 30 jours que j'avais demandé dans une lettre adressée au Président de la république, il me l'a refusé ! ».

15 *Ibid.*, Rapport du chef de la Sûreté (Taylor). Là aussi, le commissaire de police de la Roquette donne une version légèrement différente, mais d'esprit identique : « Dieu est grand ! a-t-il ajouté, je suis heureux de mourir, plutôt que d'obtenir une grâce et d'aller au bagne ».

16 *Ibid.*, Rapport du directeur de la prison (Beauquesne).

de masquer ; sa morgue le place dans une position de condescendance par rapport à ceux qui l'entourent, déjà relevée par un témoin vis à vis à l'aumônier. Il gratifie d'un « Bien merci » le gardien qui lui passe ses chaussures, et rassure ceux qui s'apprêtent à l'escorter en leur disant « qu'il n'essaierait pas de se sauver », rajoutant ironiquement : « Oh ! soyez *tranquilles* » – comme si l'anxiété était de leur côté. Tous décrivent son « attitude hautaine », sa « tête haute », tout en reconnaissant que l'accusé n'est pas dans le registre condamnable de la fanfaronnade, qui trahirait une forme de faiblesse.

Ce type de comportement semble devenir de plus en plus fréquent dans les années 1870, même si Pranzini en offre un exemple exceptionnellement riche. Auparavant, les récits d'exécutions laissaient plutôt voir un modèle d'exécution chrétienne auquel une majorité de condamnés se conformaient, et dont la réussite reposait sur deux éléments : la puissance de la justice s'imprimait clairement sur le corps du patient et celui-ci montrait des signes de consentement (ou à tout le moins de résignation) à son sort. Larmes, pâleur et tremblements ponctuaient les moments critiques du rituel, démultipliant la peine en micro-tourments ; aveux, regrets et prières exprimaient publiquement le repentir du criminel et donnaient l'impression qu'il adhérait, en définitive, à la punition. Certes, des affaissements extrêmes ou des révoltes désespérées pouvaient compromettre la réussite de l'exécution ; mais la plupart du temps, encadrés et soutenus par l'aumônier, les gardiens et les exécuteurs, les condamnés semblaient jouer le rôle attendu sur le théâtre de l'échafaud, et collaborer à son succès[17].

Sous le second Empire déjà, et plus encore avec la IIIe république, ce dispositif commence à s'enrayer. Alors que l'exécution s'accélère et se standardise sous la conduite d'un exécuteur unique, les condamnés multiplient ces tentatives de maîtriser *a mimima* le scénario de leur propre mort. Les « mots d'échafaud » remplacent les exhortations publiques à prier ou à surveiller la jeunesse, les proclamations d'innocence les aveux et les regrets, et l'aumônier devient progressivement un soutien affectif, plus qu'un guide spirituel. Le corps est parfois le seul *medium* pour exprimer son quant-à-soi : afficher de l'impassibilité et ne pas donner à

17 Je fais l'hypothèse qu'ils trouvaient un profit dans ce rôle du « consentement », qui leur offrait à la fois un scénario balisé pour affronter l'insupportable et donnait un sens à leur mort. Sur ce point je me permets de renvoyer à A. Carol, *Au pied de l'échafaud*…, *op. cit.*, chapitre 4.

voir sa détresse, boutonner seul et sans trembler ses bottines, marcher à son propre rythme, affronter le bourreau et la machine sans ciller deviennent pour le patient autant de façons d'affirmer que la peine n'a pas de prise sur lui, et qu'il demeure en lui quelque chose d'invulnérable. Ces défis discrets, peut-être en partie inconscients, sont en revanche clairement assumés et mis en scène dans le cas des Apaches qui font de l'exécution au début du XXe siècle un spectacle de « cynisme » et de « forfanterie », où l'émulation a pu jouer un rôle. Ils contribuent à créer une autre culture de l'échafaud, dont la presse diffuse les principaux comportements[18]. C'est dans ce contexte que s'explique, par exemple, cette habitude des « hommes » de se faire tatouer sur le corps « promis à Deibler » ou tout autre formule du même acabit : comme une revendication de maîtriser son sort. Ces comportements témoignent en effet de nouvelles attitudes face à la mort, dont on retrouvera la trace dans le destin *post mortem* des corps des exécutés.

PROLONGER LA PEINE ?
LE CADAVRE DU SUPPLICIÉ

Cette volonté de contrôler, à travers le corps et les émotions, le déroulement de sa propre mort, s'arrête-t-elle en effet une fois la sentence exécutée ? Étonnamment, Pranzini ne délivre aucune instruction concernant le devenir de son corps. C'est pourtant l'époque où les condamnés à mort commencent à revendiquer un droit de regard sur leurs dépouilles mortelles, introduisant une autre rupture dans la logique corporelle de l'exécution.

Jusqu'aux années 1880, la résignation semblait en effet prévaloir, et le destin des cadavres était largement discrétionnaire. Le Code pénal prévoyait qu'ils seraient inhumés « sans aucun appareil » par les familles qui les réclameraient[19]. Dans le cas où celles-ci s'abstiendraient – c'est-à-dire

18 Sur la culture criminelle, voir les nombreux travaux de Dominique Kalifa.

19 Il s'agissait, dans le contexte du début du siècle, d'empêcher la transformation des funérailles d'opposants politiques en manifestations contre le pouvoir et des tombes en lieux de pèlerinage.

le cas le plus courant jusqu'à la fin du siècle-, rien n'était précisé, et les usages avaient établi deux destins possibles : soit les corps étaient réclamés par la Faculté de médecine et prenaient le chemin des amphithéâtres ou des laboratoires, soit l'administration se chargeait de leur inhumation.

Celle-ci était-elle « ordinaire[20] » ? Non : les pratiques étaient discriminatoires, qu'il s'agisse du lieu ou des modalités de l'inhumation. La Révolution avait pourtant mis fin aux supplices *post mortem* et établi que la peine s'arrêtait avec l'extinction de la vie, rompant ainsi avec le refus de sépulture en terre consacrée (à l'exception de ceux pris en charge par les pénitents[21]). De même, le décret de prairial an XII qui règle l'administration des cimetières tout au long du XIXe siècle ne mentionnait rien de particulier concernant les exécutés, se contentant de distinguer des zones confessionnelles. Or, le XIXe siècle perpétue une forme d'ostracisme : les corps des condamnés sont en effet généralement inhumés soit dans un cimetière particulier, lorsque la ville en possède plusieurs, soit dans un emplacement spécial du cimetière municipal. À Paris, par exemple, ont été élus successivement les cimetières de Clamart, de Montparnasse et d'Ivry ; les cadavres des décapités y voisinaient avec d'autres corps déchus : les corps non identifiés de la morgue, ou les débris des amphithéâtres de dissection établis à proximité En province, on leur concédait une portion du cimetière généralement située aux marges, voire aux limites de la nécropole ; dans tous les cas, c'est le maire qui décidait de l'emplacement et faisait creuser la fosse. En revanche, le fait de les inhumer en fosse temporaire (5 ans) n'était pas en soi discriminant : c'était le régime que le décret de prairial avait prévu pour tout un chacun, les concessions durables ne devant constituer que des exceptions[22].

Les modalités de l'inhumation ne sont pas non plus exactement celles des pauvres ordinaires. Certes, l'aumônier accompagnait la dépouille et priait sur la tombe, mais c'étaient les exécuteurs qui la transportaient au

20 C'est d'ailleurs le terme qu'emploie Guillotin lorsqu'il propose sa réforme de la peine capitale en janvier 1790 : *Archives parlementaires*, Séance du 21 janvier 1790, tome XI, p. 279-280.

21 R. Bertrand, « Que faire des restes des suppliciés ? », R. Bertrand et A. Carol (dir.), *L'exécution capitale. Une mort donnée en spectacle* XVIe-XXe *siècle*, Aix-en-Provence, PUP, 2003, p. 43-57.

22 R. Bertrand et A. Carol (dir.), *Aux origines des cimetières contemporains*, Aix-en-Provence, PUP, 2015.

grand trot dans leur voiture et qui la mettaient en terre, avant que les fossoyeurs ne l'enfouissent ; l'accès du cimetière était en général interdit au public. En outre, certains gestes attestaient d'une forme de mépris. Privé de linceul, le corps était rendu directement à la terre. Si l'usage de bières de bois est signalé dans quelques villes dès les années 1870, à Paris, dix ans avant l'exécution de Pranzini, le cadavre est encore versé sans ménagements dans le trou :

> Le contenu du panier est brutalement renversé dans la fosse : le corps roule au fond et quelle que soit la position dans laquelle il tombe, on le laisse et on le recouvre de terre.
>
> Ce matin, le cadavre de Billoir a été étendu sur le ventre, et la tête lui a été placée entre les cuisses, de manière que le visage était caché[23]...

Cette façon de faire l'assimilait plutôt à un déchet, d'autant que l'on vidait aussi dans la fosse le son ou la sciure ensanglantés qui jonchaient le fond du panier. On semble donc loin de la normalité funéraire qui est en train de se construire : cortège funèbre, cercueil protégeant le corps, paroles sur la tombe, offrandes de fleurs. Les descriptions que l'on a du « champ des navets » d'Ivry font bien état de quelques croix ou fleurissements furtifs, mais il est difficile de savoir à quelles catégories de tombes ces signes sont destinés.

Dans le cas de Pranzini, le corps est réclamé par la Faculté de médecine ; il est donc distrait du processus funéraire même si à Paris, un simulacre d'inhumation est imposé par l'administration avant de céder le corps aux carabins. Au cimetière d'Ivry, raconte l'aumônier,

> on descend le panier, on transborde le corps dans une bière trop étroite, on est obligé de couper les cordes qui retiennent les mains et les bras pour tasser le cadavre (...)
>
> Je récite à haute voix les dernières prières au milieu de l'émotion générale. Le cercueil est aussitôt cloué. On le place dans le fourgon de l'École de médecine. Je remonte en voiture et viens célébrer à Saint-Sulpice une messe en noir pour l'âme de Pranzini[24].

---

23 APP Ba 887, Joseph Billoir, 16 avril 1877 (rapport du commissaire de police de Gentilly). La position ventrale est « anormale » : on sait que Pendant la première guerre mondiale, l'inhumation des ennemis se faisait sur le ventre, par opposition à celle des compagnons d'armes.

24 J.-B. Faure, *Souvenirs de la Roquette : au pied de l'échafaud*, Paris, Drayfous et Dalsace, 1896, p. 146.

L'appropriation du corps des suppliciés par la Faculté est une tradition européenne qui accompagne le développement de l'anatomie[25]. Longtemps, les dissections publiques ne sont réalisées que sur certains cadavres « infâmes », c'est-à-dire, littéralement, privés de réputation : ceux des étrangers, des « forains » morts de misère à l'hôpital, ou ceux des hommes que l'ignominie de la peine capitale a retranchés de la communauté. En outre, la dissection valait prolongement ou aggravation de la peine, dans la mesure où elle détruisait le corps et rendait sa mise en terre impossible ; elle s'inscrivait donc dans une certaine logique. Au XIXe siècle, si les corps qui alimentent la forte demande universitaire proviennent désormais principalement des hôpitaux, les suppliciés continuent à payer leur tribut au scalpel des carabins.

Les usages qui en sont faits répondent aux multiples besoins de la médecine. Leur première destination est l'anatomie normale. Les exécutés sont en général des sujets sains, dans la force de l'âge, maintenus en bonne santé dans la prison, qui offrent une alternative aux corps usés et âgés qui échouent à l'hôpital. Ils permettent donc de faire de belles démonstrations pour les étudiants, et enrichissent, sous la forme de pièces anatomiques les collections des musées des Facultés et des Écoles de médecine. Leur « nature » criminelle fait aussi de certaines parties de leur corps des pièces recherchées. Le développement de la phrénologie, puis de l'anthropologie criminelle pousse les savants à s'intéresser aux faciès, aux crânes, aux cerveaux, aux mains et de façon générale aux stigmates corporels du crime. La tête est particulièrement convoitée : on en fait un moulage, avant ou après la mort ; c'est le cas de Pranzini, dont la tête coupée est reproduite en cire et encore aujourd'hui exposée au Musée de la Préfecture de police de Paris. On en extrait souvent le cerveau pour le peser, le mesurer, l'examiner, le mouler à son tour et/ou le conserver ; on en évide les chairs pour récupérer le crâne, mesuré sous tous les angles. Enfin, le corps des exécutés présente une troisième caractéristique qui les rend précieux : ce sont des corps passés en un éclair de la vie à la mort, si rapidement qu'ils semblent conserver un peu de cette puissance vitale qui les irradiait une fraction de seconde auparavant. Il paraît en effet inconcevable qu'un homme plein de vie soit totalement mort en si peu de temps, alors que la médecine montre depuis Bichat que la mort est un processus qui s'établit par degrés dans

25 R. Mandressi, *Le regard de l'anatomiste*, Paris, Seuil, 2003.

le temps et l'espace du corps. Le doute subsiste donc tout au long du siècle sur l'instantanéité de la mort par décapitation, et la possibilité d'une survie résiduelle, voire d'une conscience dans les tronçons que le couperet a séparés[26]. Dès la fin du XVIIIe siècle, des expériences sont menées jusques au pied de l'échafaud pour observer les têtes et en tester l'excitabilité[27]. Mais d'autres manipulations ont lieu dans les années 1880 : en effet, « les autopsies de décapités fournissent aux médecins une occasion unique d'étudier les tissus dans la fraîcheur de la vie[28] ». Aussi les praticiens de la médecine expérimentale tirent-ils parti de cette survie potentielle pour faire ce qui se rapprocherait le plus d'une impossible vivisection humaine. Des tentatives de transfusion des têtes sont notamment réitérées par le docteur Laborde entre 1880 et 1885, jusqu'à ce qu'une polémique éclate au sein de la Société de biologie. Son président, le républicain Paul Bert, en conteste non seulement l'intérêt scientifique mais aussi la légitimé morale : en prenant le risque de rétablir la conscience dans la tête du guillotiné, n'est-on pas en train de revenir aux supplices aggravés de l'Ancien régime ?

De fait, les pratiques sur les corps des condamnés ne sont pas seulement animées par un esprit de spéculation scientifique. S'y mêlent, de façon plus ou moins consciente et explicite, des pulsions vengeresses qui font de ces corps des matériaux sur lesquels certaines limites peuvent être transgressées. Par sa cruauté latente, l'autopsie de Pranzini est particulièrement éclairante de ce point de vue.

Certes, bien des pauvres passent par les tables d'anatomie et finissent en lambeaux. Mais dans le cas des criminels, ce dépeçage est presque légitime et il n'est pas question de s'attendrir sur le cas de Pranzini :

> Je pourrais essayer de faire une description émouvante. Par malheur, je ne sais pas mentir (...) celui qui était là, le corps sur un lit, la tête sur une table, était un viveur sans ressources, un débauché vulgaire, un receleur, un meurtrier[29].

Au cours de l'autopsie, à en croire ce même journaliste, survient « un incident pénible. Un carabin avait été, à son insu, suivi par sa chienne.

26 C. Milanesi, *Mort apparente, mort imparfaite*, Paris, Payot, 1991 ; A. Carol, *Les médecins et la mort XIXe-XXe siècles*, Paris, Aubier, 2004 ; F.-P. de Ceglia, *Storia delle definizione di morte*, 2014.

27 G. Chamayou, *Les corps vils*, Paris, La Découverte, 2008 ; A. Carol, *Physiologie de la Veuve. Une histoire médicale de la guillotine*, Seyssel, Champ Vallon, 2012.

28 « L'exécution de Pranzini », *Le Temps*, 1er septembre 1887, p. 3.

29 C. Chincholle, « L'autopsie de Pranzini », *Le Figaro*, 1er septembre 1887, p. 2.

Celle-ci s'élance, et en trois coups de gueule, dévore quelques lambeaux de chair[30] ». L'épisode est totalement irréaliste ; le *Figaro* est d'ailleurs seul à le rapporter alors. Mais il prend tout son sens si on le rapproche des gravures en frontispice des anciens traités d'anatomie, où un chien figure généralement au pied de la table de dissection : il suggère la continuité avec la dissection infâmante des temps passés, où les restes étaient abandonnés aux bêtes.

D'ailleurs, on renoue avec la dissection publique d'antan et ce que cette publicité avait de déshonorant : les journalistes y assistent ou relaient les informations qui y sont dévoilées. Dans le cas de Pranzini, l'autopsie est réalisée au laboratoire d'histologie ; tous les journaux, ou presque s'y attardent. Ses détails font le miel des journalistes, car ils permettent de revenir sur ce corps qui a fasciné les foules, désormais offert à la curiosité publique, sans défense, et de s'en repaître sans retenue, tout en débusquant ses faiblesses :

> Puis on ouvre le corps.
>
> Il est très beau. Les jambes sont superbes, les mollets bien dessinés ; ce sont, pour ainsi dire, des mollets de femme. Tout le corps est gras. Au bas des reins, il y a six centimètres de graisse. Un carabin dit :
>
> – C'est un beau cadavre de paysan.
>
> Les attaches, en effet, bien que petites, sont sans élégance. L'ensemble est harmonieux, mais sans distinction.
>
> Les pieds ne sont pas propres. Les ongles des mains sont noirs[31].

Tout cela n'est que prélude ; la vraie question est : Pranzini est-il vraiment « un beau mâle[32] » ? L'autopsie permet de connaître enfin le secret de sa virilité et d'en exhiber ses détails les plus intimes, non sans malveillance :

> L'un de ces organes était devenu, en quelque sorte, légendaire.
>
> Il n'est pas jusqu'au président des assises qui n'ait fait une discrète allusion à cette prodigalité de la nature (…) Aussi les médecins s'attendaient-ils à des constatations extraordinaires, et déjà on avait fait préparer un bocal de dimensions inusitées. Ça été une déception.
>
> Sans vouloir dissiper les illusions des partisans de la légende il faut ramener les choses à de justes proportions. D'après les observations des médecins,

30 *Ibid.*

31 *Ibid.*

32 Attribué à Brouardel, « L'exécution de Pranzini », *Le Petit Parisien*, 2 septembre 1887, p. 3, et repris par *La Lanterne* quelques jours plus tard.

> Pranzini avait peut-être été un peu gâté par la nature, mais pas au point d'expliquer l'engouement dont il était l'objet de la part de quelques-unes[33].

Disséqué, exposé, Pranzini ne fait pas l'objet de tentatives de revivification, mais de simples expériences de galvanisation des muscles de ses bras. Depuis la polémique publique, ces tentatives ont cessé ou sont devenues plus discrètes. Pratiquées seulement sur les criminels guillotinés, leur cruauté potentielle n'embarrassait guère les vivisecteurs : à un confrère qui lui demandait ce qu'il attend de telles expériences, Laborde n'avait pu que plaider *in extremis* l'intérêt d'obtenir … des aveux !

Quoi qu'il en soit, l'appropriation des restes des exécutés par les savants leur laisse peu de chance de connaître une sépulture, même partielle. Dans le cas de Pranzini, le processus funéraire est rendu impossible comme le détaille avec délectation la presse :

> Maintenant le corps, selon l'expression d'un carabin, est absolument « débité en morceaux ». Chacun d'eux est mis dans un flacon spécial, plein du « liquide Muller » qui la mission de le conserver intact.
>
> Les yeux sont envoyés à l'Hôtel-Dieu. Les dents à l'École dentaire. Le corps, dépouillé de ses organes, est remis à M. le docteur Poirier, chef des travaux anatomiques, qui est chargé de de reconstituer le squelette pour le mettre au Musée d'Anthropologie. Certains organes sont remis à M. le docteur Mathias Duval.
>
> Les différents morceaux seront présentés, cet hiver, dans les cours, comme spécimens de *tissus normaux*[34].

Une chanson contemporaine s'amuse de ces pratiques, qu'elle rapproche du cannibalisme :

> En petits morceaux infimes
> On découpa l'Levantin
> – Ainsi l'voulait le destin-
> A l'instar de ses victimes
> Sa têt' fut déchiqu'tée
> Comme un vulgaire pâté (…)
> Bref cette tête adorée
> Tout le mond' la charcuta
> On mit ses yeux sur le plat
> Sa langu' devint langu' fumée

33 « Pranzini. L'autopsie. Une légende », *La Lanterne*, 2 septembre 1887, p. 1.

34 Chincholle, *op. cit.*

De son sang, jeune et d' bon teint
On fabriqua du boudin[35] !...

D'une certaine façon, ces apprêts constituent à la fois la parodie et l'exact opposé de l'idéal funéraire contemporain. La « société de conservation[36] » et le culte des morts qui se mettent en place à cette époque valorisent la tombe pérenne, ornée d'épitaphes louant la vie et les vertus du mort, sous laquelle le corps repose caché, dans son intégrité, si possible protégé de la décomposition par l'embaumement. Le corps du criminel est certes conservé, mais morcelé, exposé dans sa nudité crue, dans des bocaux remplis d'alcool, où des étiquettes rappellent laconiquement le crime qui résume désormais la vie du décédé. Triste notice nécrologique ! Le *Petit Journal* annonce qu'on pourra aussi bientôt voir le squelette du criminel :

> Sur l'un des os du bassin, on lira, tracé à l'encre, PRANZINI, *exécuté le 31 août 1887.*
> C'est tout ce qui rappellera le terrible drame commencé au mois de mars, rue Montaigne, et achevé sur la place de la Roquette hier matin.

Cette anomie mortuaire répugne aux criminels. Un peu avant Pranzini, une autre vedette du crime, Michel Campi, avait exprimé aux témoins de son ultime toilette son souhait de ne pas finir à l'amphithéâtre. Mais cette prière n'avait pas été entendue : Campi est transfusé, puis découpé sur la table de dissection. Les savants refusent de céder ces corps aux multiples atouts, et deux ans après la mort de Pranzini, le Congrès international d'anthropologie criminelle qui se tient à Paris émet le vœu unanime que tous les corps des criminels leur soient confiés. Le professeur Lacassagne, qui propose cette motion, souligne que cette menace arrêtera peut-être quelques-uns sur la voie du crime : façon de dire que la dissection est tout sauf un geste anodin et qu'elle comporte une dimension punitive sensible à tous.

Ces usages extrêmes ne font toutefois plus l'unanimité en dehors de la communauté savante – ni d'ailleurs, on l'a vu, parfois en son sein. Les attitudes collectives face à la mort sont en train de changer, et dans ces changements, la question du traitement du cadavre est centrale.

---

35 Cité dans *Mémoires de M. Goron, ancien chef de la police de Sûreté*, Paris, Jules Rouff et Cie, 1897, tome 1, p. 383.

36 J.-D. Urbain, *La société de conservation. Étude sémiologique des cimetières d'Occident*, Paris, Payot, 1978.

ÉPILOGUE
Le basculement des sensibilités.

Le devenir du corps de Pranzini illustre le stade ultime d'un régime de gestion des corps des condamnés qui devient intolérable. Depuis la transition funéraire qui s'est mise en place au début du XIXe siècle, le sort du cadavre n'est plus indifférent, par rapport à celui de l'âme[37]. Le corps est désormais le support d'un culte des morts, arrimé au cimetière et à la tombe qui l'abrite, si possible pour l'éternité. Il importe donc de le respecter. Ces nouvelles sensibilités se diffusent dans toute la société comme une norme, et finissent par modifier la perception du sort des cadavres de condamnés. En 1877, par exemple, la Préfecture de police parisienne décide de fournir une bière en bois pour toutes les inhumations d'exécutés, sur la suggestion du commissaire de police chargé de veiller à l'opération et que le traitement désinvolte du corps choque profondément.

Or, dans le cas de Pranzini, ce destin posthume ne s'arrête pas sur les tables de dissection. Son cadavre ne subit pas seulement un dépeçage académique : il devient un trophée, à l'instar du crâne de Gervais, posé sur le bureau d'un policier, ou de la peau de Campi, avec laquelle on a relié un livre. Il fait l'objet d'une pratique qui n'a rien d'exceptionnel, mais dont la publicité inédite fait basculer les sensibilités et soulève une vague d'indignation, dans un contexte favorable. Le 16 septembre en effet, le quotidien *La Lanterne* révèle que des morceaux de la peau de Pranzini, cette peau si fine et si blanche, auraient servi à faire des porte-cartes. Le journaliste souligne à la fois la banalité de la chose, mais aussi son inconvenance morale :

> Déjà, à plusieurs reprises, certaines personnes ont réussi à se procurer après des exécutions capitales de la peau ou des cheveux de criminels célèbres.
>
> Il y a, à notre sens, dans ce dépeçage malpropre d'un cadavre déchiqueté, pour défrayer la curiosité de quelques individus, un procédé au moins indécent[38].

---

37 R. Bertrand, « La transition funéraire en France. Une rapide synthèse », *Mort et mémoire*, Marseille, La Thune, 2011, p. 21-56.

38 Encore Pranzini, *La Lanterne*, 16 septembre 1887, p. 3.

Le 21, la nouvelle passe en une, sous le titre « Grave affaire », et les informations collectées par *La Lanterne* sont reprises et commentées la semaine suivante dans toute la presse. Après enquête, il s'avère que c'est un inspecteur de police zélé qui s'est procuré auprès d'un garçon d'amphithéâtre la matière première, et qui l'a confiée à un tanneur afin d'offrir deux « souvenirs » à ses supérieurs, le chef de la Sûreté parisienne Taylor, et son adjoint Goron. Le tollé est général, de grandes plumes comme Francisque Sarcey réclamant même la révocation des policiers[39]. Que la presse soit très critique contre la police parisienne dont elle fustige particulièrement l'incompétence depuis le début de l'affaire Pranzini[40] n'est pas indifférent et contribue sans nul doute à faire enfler le scandale, qui remonte jusqu'au conseil des ministres. L'occasion est trop belle d'enfoncer Taylor, et pour *La Lanterne*, journal d'opposition boulangiste, de mettre le gouvernement opportuniste dans l'embarras. Pourtant, l'essentiel n'est pas là : il est dans le débat autour du traitement des restes des condamnés, où deux positions s'affrontent.

La première, qui assume la dimension punitive des traitements appliqués au cadavre des condamnés, est minoritaire. Elle participe pourtant d'un courant de pensée majoritaire dans la presse et l'opinion, qui oppose les « vraies » victimes aux assassins que les abolitionnistes tentent de faire plaindre et qui ne méritent pas la pitié. Ce paradoxe n'est qu'apparent : les positions ne se définissent pas par rapport à la question très controversée de l'abolition mais par rapport à celle, plus consensuelle, des devoirs dus aux morts.

La seconde consiste à défendre le droit des condamnés au nom d'une morale universelle, et d'un droit à reposer en paix devenu presque un invariant anthropologique :

> Le respect des morts est un sentiment très vif dans le cœur des Français, particulièrement des Parisiens. On loue volontiers ce culte que nous rendons aux morts, qui se traduit par le soin des tombes, par les visites aux cimetières, et on le loue abstraction faite des croyances qu'on peut avoir[41].

39 Voir le dossier de presse constitué par la police à l'époque, APP, Ba 83, Affaire Pranzini.

40 Albert Wolff, dans *Le Figaro* du 24 septembre, écrit qu'il est bien naturel que les policiers aient souhaité « conserver un souvenir durable de Pranzini, un des rares assassins qui ne leur ait pas échappé ».

41 H. Fouquier, « La vie de Paris », *Le XIXe siècle*, 24 septembre 1887.

Elle rapproche le cas des criminels de ceux des pauvres décédés à l'hôpital, déplaçant la mire de la police vers les médecins. « Curiosités bizarres », « fantaisies macabres », « sinistres plaisanteries de carabins » : c'est tout un régime d'appropriation des corps populaires par la médecine qui commence à être remis en cause dans la république démocratique, alors que l'idéal de la concession funéraire se répand. Certes, « les cadavres d'hommes et de femmes allongés quotidiennement sur les tables de dissection des hôpitaux valent bien celui de Pranzini[42]... » : mais justement, ce traitement devient intolérable et l'on va jusqu'à parler de « violation de sépulture[43] ».

Sur quoi débouche cette émotion collective ? À court terme, deux enquêtes sont diligentées par la Préfecture de police et la Faculté de médecine ; un garçon d'amphithéâtre est renvoyé, un interne blâmé, le ministre de l'instruction publique s'émeut et les porte-cartes sont solennellement brûlés[44]. Mais le scandale est très vite relégué au second plan par un autre scandale, politico-financier celui-là : celui des décorations « vendues » par le gendre du président Grévy. C'est à plus long terme qu'il faut chercher les conséquences de l'affaire de la peau de Pranzini et en mesurer la portée.

Le 29 décembre 1888, on guillotine Prado. Au greffe, le condamné a fait part de son refus de voir son corps livré aux savants. Devant la fosse, une altercation oppose le chef de la Sûreté au représentant de la Faculté : la dernière volonté du criminel doit-elle être respectée ? Non, selon le médecin, « qui n'aurait pas obéi à un ordre de M. Prado, qui n'était pas *un sujet intéressant* » ; c'est pourtant ce que fait le policier, qui inhume le corps du *sujet* dans « un quartier inoccupé bordant l'avenue du sud[45] ». La presse commente longuement l'incident, donnant en général raison au policier et rappelant le triste sort des restes de Pranzini. À travers ce nouvel usage, qui vient pallier les silences de la loi, ce n'est donc plus seulement la transformation des dépouilles en trophées qui est condamnée mais les usages scientifiques non consentis des corps des suppliciés :

---

42 « La peau de Pranzini », *Le Patriote*, 24 septembre 1887.

43 À propos des perceptions de ce crime, voir le beau travail d'A. Malivin, *Voluptés macabres. La nécrophilie en France au* XIX*e siècle*, thèse de doctorat d'histoire de l'Université de Paris VII, 2012.

44 *Mémoires de M. Goron...*, *op. cit.*

45 APP, Ba 82, Affaire Prado, Rapport du chef de la Sûreté (Goron).

> Quand le cadavre se réclame lui-même, y a-t-il une loi, même sur les suppliciés, qui permette de considérer un cadavre comme une pièce de boucherie qu'on peut couper et découper, même sous la condition de la recomposer et d'en rendre les morceaux[46] ?

Plus largement, c'est le droit récent de disposer de son propre corps, consacré par la loi du 15 novembre 1887 sur la liberté des funérailles qui est étendu aux suppliciés. Mais alors que la loi, très politique, souhaitait ouvrir le droit à la crémation et faciliter les obsèques civiles, la presse en fait une lecture plus sociale, et y voit aussi l'affirmation pour tous d'un droit à échapper au scalpel des carabins :

> Ce que je dis là pour les cadavres des coupables s'applique, à bien plus forte raison, aux cadavres d'innocents. La Faculté, elle, ne distingue pas. Elle fait sa cueillette aussi bien sur les lits d'hôpitaux, où sont morts des pauvres, coupables seulement du crime de misère, que dans le panier de son des guillotinés, qui, ayant expié, devraient, quoiqu'on en dise, être traités comme d'honnêtes gens (…) C'est le droit du pauvre –c'est même le droit du supplicié[47] !

À son insu, Pranzini a donc permis qu'émerge un droit des condamnés à mort à faire ce que bon leur semble de leur corps. Leur volonté sera respectée et certains, tels l'anarchiste Auguste Vaillant en profiteront ironiquement pour en faire don à la science. Mais rien n'est jamais acquis : au XXe siècle, lorsque la médecine aura besoin de prélever des yeux, puis des reins ou des foies pour les greffes, c'est d'abord vers les décapités qu'elle se tournera, qu'ils aient ou non donné leur accord.

Anne Carol
Aix-Marseille Université
Telemme, UMR 7303
AMU-CNRS

46 Zapeck, *Le Radical*, 1er janvier 1889.
47 Renée, « Le droit du supplicié », *Le Gaulois*, 31 décembre 1887.

TROISIÈME PARTIE

AU-DELÀ DE LA PEINE

ENJEUX DISCIPLINAIRES ET SPATIAUX DE LA MANIPULATION DES CORPS

Le corps trace des frontières, délimite des espaces, objective des lieux en leur donnant une fonction et une signification. Ce pouvoir du corps de rendre compte, de rendre manifeste et de donner sens est interrogé sous trois angles particuliers dans cette troisième partie qui tente de replacer le corps dans des géographies politique, pénale et scientifique. Il s'agit bien ici, comme le dit Pierre Bourdieu dans une belle formule, d'interroger « ce pouvoir magique de distinguer les gens, par le fait de dire avec *autorité*, qu'ils sont différents, *distingués* » (« Culture et politique », *Questions de sociologie*). Différent le médecin du bourreau face au cadavre ; différent le supplicié du reste de la communauté dès lors qu'il est exposé aux fourches ; différents les relégués de Guyane du reste de la colonie ; différents les Indiens du Canada parqués « carcéralement » dans des réserves, véritables lieux de privation de vie. Même dans un temps contemporain de normalisation des pratiques funéraires, certains criminels ou terroristes abattus restent pourtant distingués du commun des morts.

Le corps est bien ici le lieu d'une lutte : celle de la nomination par l'apposition d'une identité inscrite dans les pratiques, les chairs ou le marbre. Il est l'objet d'une appropriation politique ou disciplinaire qui vise à séparer le légitime de l'illégitime (le médecin du bourreau ; le sain du malsain ; le commun de l'extraordinaire…), qui vise à rendre manifeste et imposer une classification par la mise en œuvre d'oppositions structurantes (dedans/dehors principalement). Le corps du condamné ou du relégué est bien l'outil qui sert à tracer les limites de la communauté politique ou scientifique légitime.

LE SUPPLICIÉ, LE BOURREAU ET LE MÉDECIN

(Italie, XVIe-XVIIe siècle)

Dans le registre récapitulant les noms des hommes et femmes condamnés à mort puis exécutés à Bologne au début de l'époque moderne, l'on trouve la mention, en 1540, de la pendaison du cadavre d'un homme condamné pour vol. Ce dernier est décédé « à cause d'un poison qui lui fut donné en prison afin de réaliser une expérience, (cependant) sans que ce dernier n'ait été informé ». Ces quelques lignes témoignent de la réalisation au sein même du milieu carcéral d'une expérimentation visant à évaluer la force du poison et, peut-être, l'efficacité d'un antidote sur un être vivant. Aucune autre information n'est donnée sur ce cas, nous ne sommes donc pas en mesure de dire si dans cette affaire l'expérimentation fut suggérée par la justice ou par la médecine. En somme, on ignore si cette expérience fut orchestrée par l'autorité judiciaire compétente en la matière (l'*auditore* du tribunal pénal de Bologne, connu sous le nom du *tribunale del Torrone*) ou par les médecins physiciens, les chirurgiens et les barbiers-chirurgiens qui remplissaient le rôle d'experts au service de la justice[1].

L'élément fondamental révélé par cette affaire, comme le montre d'autres cas similaires que nous mentionnerons ultérieurement, réside dans la relation qui, dans de telles circonstances, s'établit entre deux corps de métiers en apparence opposés : entre le bourreau et le médecin, entre celui qui a la tâche « infamante[2] » de donner la mort et celui dont

1 A. Pastore, *Veleno. Credenze, crimini, saperi nell'Italia moderna*, Bologna, Il Mulino, 2010, p. 95-96. Pour un regard analytique porté sur les savoirs et les pratiques toxicologiques à Bologne *cf.* notamment M. Buyck, *Crimes de poison dans la Bologne médiévale et moderne (XIV – XVII siècle)*, thèse de doctorat en histoire, sous la direction de Franck Collard et d'Alessandro Pastore, Université Paris Ouest Nanterre La Défense – Università degli Studi di Verona, 2016.

2 A. Blok, "*Mestieri infami*", *Ricerche storiche*, 26, 1996, p. 69.

la noble profession est de sauver des vies. Comme l'affirme un médecin de l'Ombrie témoignant dans un procès datant de 1567 : « Cela ne peut que nous déplaire à nous médecins d'évoquer ces poisons, étant une chose odieuse et qui concerne la mort ». Sommé de s'expliquer davantage sur son point de vue, le médecin affirme lapidairement : « Le médecin procure la santé et la vie, non la mort ». En réalité, la relation entre le bourreau et le médecin, entre ces deux professions considérées comme antagonistes, est également attestée lors des séances de torture où la présence d'un médecin est requise. Comme le révèle l'ouvrage de Paolo Zacchia, pionnier de la médecine légale au début du XVIIe siècle, les diverses tortures et la manière de les infliger qui doivent prendre en compte l'âge, le sexe, les pathologies du supplicié suivent scrupuleusement les indications du médecin. Ce dernier est par ailleurs sollicité en cas de malaise du supplicié et/ou si l'accusé décède à cause d'une application excessive de la torture[3]. En assistant le bourreau dans cette fonction, le médecin exerce le rôle de « garantie » vis-à-vis du présumé coupable.

Tel rôle se voit totalement inversé dans les cas de vivisection ou d'expérimentation des poisons sur les condamnés. Il s'agit d'une pratique relativement ancienne qui consiste à remettre aux médecins « les corps des coupables et des malfaiteurs, et ainsi vivants ils étaient anatomisés ». Cette dernière est évoquée depuis l'Antiquité et donne lieu à de multiples débats. On peut à ce titre mentionner l'opposition de Galien et les accusations révoltées du médecin romain Aulus Cornelius Celsus envers ses confrères qui dissèquent le corps d'hommes condamnés à la peine capitale alors que ces derniers sont encore vivants. La mission de « soignant » confiée au médecin et évoquée par le serment d'Hippocrate, est ainsi sérieusement remise en question et contredite par la narration de telles pratiques réalisées sur le corps d'hommes encore en vie. Un médecin célèbre comme Jean Riolan s'interroge au début du XVIIe siècle sur le caractère licite de la dissection d'un homme en vie, ce qui ne l'empêche point de souligner l'intérêt scientifique et médical des anatomies pratiquées sur les cadavres[4]. Jean Riolan rappelle que Berengario da Carpi écrit dans son commentaire de l'*Anatomie* de Mondino qu'il exècre de telles pratiques et que ces dernières ne sont plus usitées à son époque, excepté,

3 P. Zacchia, *Quaestionum medico-legalium tomi tres*, Lyon, ex typographia Germani Nanty, 1673, p. 477-478.

4 J. Riolan, *Anthropographia et osteologia*, Paris, ex officina Dionysii Moreau, 1626, p. 25-26.

comme cela est arrivé également à Berengario, lorsqu'il s'agit d'inciser les tumeurs, de découper les ulcères, de percer et de perforer des membres pour mieux connaître les organismes vivants *nexus membrorum, positiones et operationes.* Malgré ses réticences, Berengario ne s'abstenait pas pour autant de pratiquer la dissection sur des êtres vivants. Au final, conclut Jean Riolan, Berengario fut contraint de quitter Bologne *ob nefanda vitia, patrum Inquisitorum animadversione digna, quibus suam Anatomen conspurcavit.* Le médecin français clôt son discours abruptement en affirmant qu'il s'agit d'une « *impia igitur et inutilis [...] curiositas quam vetant religio et pietas, maior in feris quam in hominibus, quae nunquam nisi in dispar genus saeviunt* » (« d'une curiosité impie et inutile qui n'est pratiquée que par les infâmes et que même la religion et la charité la réprouvent[5] »).

Cependant, les exemples et les témoignages de telles pratiques au cours du XVIe siècle sont loin d'être rares et sont en partie consécutifs de la nouvelle attention accordée à l'anatomie et au fonctionnement du corps humain. C'est notamment le cas du chirurgien bolonais Leonardo Fioravanti qui affirme avoir personnellement « réalisé des dissections anatomiques sur des hommes vivants [...] lors d'opérations militaires menées contre les Maures infidèles », alors qu'il se trouvait au service de Don Garcia de Tolède, fils de Don Pedro de Tolède, vice-roi de Naples ; ce dernier étant engagé dans une expédition contre Dragut et la piraterie sarrasine sur la côte africaine en 1550. Fioravanti affirme également avoir observé sur d'autres théâtres de guerre de nombreuses « notomie di uomini vivi (dissections de vivants) », sans pour autant donner davantage de précisions sur les tenants et les aboutissants de telles entreprises[6]. Dans le premier cas de figure, datant de 1550, la dissection cruelle et violente des corps est minimisée d'une certaine manière, voire même justifiée, par le fait que les individus anatomisés étaient des ennemis du monde chrétien. Dans le second cas, plus général, Fioravanti fait peut-être allusion au démembrement d'ennemis capturés au cours de la bataille, pratique attestée y compris entre des combattants appartenant à la même religion.

5 *Ibid.*, p. 69-72.

6 P. Camporesi, *Camminare il mondo. Vita e avventure di Leonardo Fioravanti medico del Cinquecento*, Milano, Garzanti, 1997, p. 43, qui cite trois ouvrages de Fioravanti : *La cirugia* (Venezia, gli heredi di Melchior Sessa, 1552, c. 127), *Dello specchio di scienza universale* (Venezia, gli heredi di Melchior Sessa, 1583, c. 14) et *Il tesoro della vita humana* (Venezia, gli heredi di Melchior Sessa, 1570, p. 29).

En ce qui concerne l'expérimentation des substances toxiques, autant sur les animaux que sur les hommes, l'histoire de cette pratique s'établit sur le temps long, pratique dont on retrouve de nombreux et riches témoignages au début de l'époque moderne. Galien, bien qu'il s'agisse d'une référence ancienne de la tradition médicale, raconte avoir, au cours d'une de ses expérimentations, appliqué sur une cuisse une racine caustique pour ensuite tester l'efficacité de divers remèdes visant à calmer la douleur et réduire l'inflammation. Par ailleurs, plusieurs écrits mentionnent le fait que le médecin de Pergame se sert également d'animaux pour ses expériences, mais sans effectuer de démonstrations en public. C'est notamment le cas des expérimentations menées sur les singes, en raison de la manière dont ces derniers expriment leur souffrance. Plusieurs siècles plus tard, Claude Bernard revendique l'héritage de Galien, tout en y ajoutant son point de vue de scientifique moderne : « Moi-même j'ai mené une seule fois une expérimentation sur un singe, et j'ai éprouvé une sensation désagréable. Ces animaux vous prennent les mains gémissant, leur visage se contracte de mille manières exprimant leur douleur[7] ». Cependant, Bernard soutient avec véhémence que « la vivisection [animale] est entrée définitivement dans la physiologie et dans la médecine come un procédé d'étude habituel et indispensable[8] ». Pourtant, au XIXe siècle, les représentants de la nouvelle science positiviste n'échappent pas aux contradictions : l'auteur des *Leçons de physiologie expérimentale appliquée à la médecine* n'hésite pas, au cours de ses recherches sur la glycogénose du foie, à utiliser les corps de condamnés à la peine capitale encore vivants, afin de pratiquer ses expériences. Au sein même des prisons, où ils sont mis en observation, ces derniers sont divisés en deux groupes : l'un pouvant être alimenté, l'autre contraint à jeuner avant l'exécution[9].

Au cours des époques précédentes, certains médecins courageux (ou conscients de se trouver face à un poison fictif) osent tester directement une quantité modeste de la substance incriminée en humant cette dernière ou en la goûtant. En 1642 à Bologne, par exemple, durant

7 M.-D. Grmek., *Il calderone di Medea. La sperimentazione sul vivente nell'Antichità*, Roma – Bari, Laterza, 1996, p. 95-103.

8 C. Bernard, *Introduction à l'étude de la médecine expérimentale*, Paris, Garnier – Flammarion, 1996, p. 151.

9 G. Chamayou, *Les corps vils. Expérimenter sur les êtres humains aux XVIIIe et XIXe siècles*, Paris, Éditions La Découverte, 2008, p. 57-59.

l'expertise d'un produit potentiellement toxique, le médecin français Pierre Potier goûte une substance suspecte en faisant l'« expérience de langue ». Après avoir brûlé le supposé poison sur la lame d'un couteau et avoir porté ce dernier à sa bouche, il en déduit qu'il s'agit simplement de pain râpé et écrasé[10].

L'expérimentation du poison sur les êtres vivants est également évoquée dans les manuels de pratique criminalistique qui incitent le magistrat à porter une attention particulière aux poisons et donc, comme le souligne le juriste toscan Antonio Maria Cospi, à procéder à de « nécessaires comparaisons et expériences[11] » que se soit sur les hommes ou sur les animaux. On retrouve concrètement ce type de pratiques expérimentales dans plusieurs affaires d'empoisonnement jugées par le tribunal du Torrone. Les procès-verbaux recèlent d'informations précises relatives à l'utilisation d'animaux domestiques comme cobayes. Il est important de préciser qu'au cours de cette période, les expérimentations du poison menées sur les animaux acquièrent une valeur probatoire au sein même de la procédure, comme l'attestent de nombreuses affaires[12].

Les dossiers des inquisiteurs d'État de Venise représentent également une source précieuse pour étudier la reconstitution des techniques de vérification *in corpore vili* dans le contexte de la République. Lors du procès d'un dénommé Marco Marcelli pour la préparation et la vente de toxiques, le témoignage d'un des individus sollicités pour mener l'expérience met en exergue les différentes étapes de l'expérimentation et les observations qui en découlèrent :

> Lundi à l'heure du dîner, je donnais le poison au porcelet, je lui fis prendre le potage composé d'une mie de pain diluée dans le bouillon ; puis, je répandis 10 gouttes dudit poison ; je répétais l'opération avec une poule en lui donnant seulement 6 gouttes sur une petite cuillère de riz ; celle-ci, très agitée par le poison, mourut hier vers 18 heures ; quant au petit cochon, secoué par des tremblements continus, il décéda ce matin et ne laissa aucun signe hormis un corps un peu gonflé.

L'auteur de l'expérience affirme, par ailleurs, que l'ingestion du venin provoque une grande fièvre qui peut être fatale[13]. Cet exemple

10 Archivio di Stato di Bologna, *Torrone*, 5810, *in fine*, affaire Carlo Bonavera.

11 A.-M. Cospi, *Il giudice criminalista*, Firenze, Zanobi Pignoni, 1643, p. 426.

12 *Cf.* les observations à ce propos (mais à mon avis discutables) de T.-V. Cohen, *Love and Death in Renaissance Italy*, Chicago – London, University of Chicago Press, 2004, p. 190.

13 Archivio di Stato di Venezia, *Inquisitori di Stato*, 663.

illustre bien l'attention particulière que des personnes extérieures à la médecine et à l'art des poisons accordent à la description des réactions physiques qui suivent l'absorption de poison. Les doses sont calculées selon le poids de l'animal ; le temps écoulé entre la consommation du poison et le trépas est rigoureusement décompté. En ce sens, l'auteur de l'expérience est bien conscient de l'importance de préciser les modalités de l'expérimentation qu'il conduit.

En ce qui concerne le droit pénal, au XVIIe siècle, un texte de large diffusion éditoriale rédigé par le juriste Marc'Antonio Savelli affirme qu'afin d'évaluer la présence des poisons et leurs effets sur l'organisme, il est nécessaire de choisir avec soin l'animal servant de cobaye : « faire ingérer le poison aux poules peut être erroné car elles se nourrissent aussi de produits empoisonnés sans qu'ils leur soient nuisibles ; l'expérience serait plus sûre avec des chiens, qui sont sensibles à n'importe quel poison[14] ». L'espèce canine est donc à privilégier, dans la mesure où elle réagit davantage à l'action d'un éventuel toxique par rapport aux volatiles qui seraient, d'une certaine manière, déjà immunisés à cause de leur alimentation composée éventuellement de substances nuisibles et toxiques.

Comme il a déjà été évoqué précédemment, des cobayes humains sont également utilisés afin d'évaluer les effets des substances toxiques. Sur ce sujet, la position de Gabriele Falloppio (Falloppia) est particulièrement discutée au sein de l'historiographie de la médecine. Falloppio fut professeur d'anatomie de 1548 à 1551 au sein de l'Université de Pise à l'instigation du duc Cosimo. Comme le souligne le commentaire indigné du médecin français Jean Astruc, Falloppio a de part ses pratiques démontré une *barbaram crudelitatem* et osé *carnificis partes aperte sustinere ;* ainsi ce médecin de renommée et professeur universitaire endosse lui-même le rôle du bourreau[15]. Falloppio confirme d'une certaine manière dans ses propres écrits l'authenticité du récit fait par Jean Astruc. Le médecin raconte, en effet, avoir administré à Pise de l'opium afin d'en évaluer l'efficacité et les effets : un condamné à mort serait ainsi décédé en prison après avoir été contraint de prendre l'équivalent de 16 grammes

14 M. Savelli, *Pratica universale [...] estratta in compendio per alfabeto dalle principali leggi, bandi, statuti, ordini, e consuetudini, massime criminali, e miste, che vegliano nelli Stati del Serenissimo Gran Duca di Toscana*, Firenze, nella stamperia della Stella, 1665, p. 415.

15 J. Astruc, *De morbis venereis libri novem*, t. II, Paris, apud Gullielmum Cavelier, 1740, p. 749.

d'opium (la toxicologie actuelle considère que la dose mortelle d'opium par inhalation est de 2 grammes et de 0, 6 grammes si elle est ingérée par voie orale).

Ces pratiques devaient être diffuses, nous savons que la nécessité de tester pour la première fois l'efficacité d'un nouveau médicament peut entrainer un recours à l'expérimentation. À Ferrare autour 1540 le médecin Antonio Musa Brasavola sollicite ainsi l'aide d'un magistrat afin d'avoir à disposition des *homines scelerati* pour les utiliser comme cobayes[16]. En somme, il est possible de recueillir de multiples témoignages d'affaires qui impliquent à la fois politique et science, pouvoir et savoir, dans la tentative de procéder expérimentalement à la recherche de médicaments adaptés et en particulier efficaces contre les poisons. Les Médicis, les Este, les Gonzague ou encore certains papes et cardinaux procurent ainsi à d'illustres médecins, ou du moins à ceux auxquels ils accordent leur confiance, les corps de condamnés encore en vie afin de réaliser leurs expériences. Ils confient ainsi aux professionnels de santé la tâche de préparer des antidotes pour neutraliser les poisons, ces derniers étant testés sur des cobayes humains empoisonnés au préalable sous la contrainte. La grande variété des substances toxiques minérales et végétales, allant de l'arsenic au chlorure de mercure, de l'aconit à l'opium confirme la finalité « utilitariste » de telles expérimentations : les hommes de pouvoir craignent le rôle du poison dans les intrigues de cour, ils sont constamment à la recherche d'un antidote capable de les protéger des risques d'une mort par empoisonnement. Au cours de ces expérimentations, les médecins sollicités s'en tiennent à une procédure standardisée, réalisée en deux phases successives : dans un premier temps, il s'agit d'observer sur le corps les effets externes provoqués par le poison, puis de l'antidote de manière *pre* et *post mortem*. Ensuite, le cadavre est autopsié afin d'observer les altérations des organes internes provoquées par l'action du poison et de l'antidote.

À ce sujet, je me contenterai de commenter brièvement deux cas s'étant déroulés à Ferrare et à Mantoue[17]. Au cours de la première affaire se déroulant à Ferrare en 1539, le cardinal Benedetto Accolti reçoit de la part du duc Ercole II l'autorisation d'employer, pour des

16 A. Corradi, *Degli esperimenti tossicologici in anima nobili nel Cinquecento*, *Memorie del R. Istituto Lombardo*, Classe di scienze matematiche e naturali, 16, 1886, p. 35.

17 *Ibid.*, p. 35-36, 48-50.

expérimentations, le corps d'un domestique devant être pendu pour un vol de tissus et d'objets précieux. Après que l'homme ait ingéré une grande quantité de sublimé, son corps est enduit d'une onction (une huile ou un onguent) qui, selon le prélat, est un « remède » ou du moins une « bonne protection » contre les poisons. Environ trois heures après, une seconde application est faite sur le corps de l'homme. Ce dernier est également alimenté avec nourriture et boisson (vin malvasia, bouillon, un œuf). L'homme décède 5 heures plus tard à l'hôpital de Sant'Anna de Ferrare dans lequel s'est déroulée l'expérimentation. En ce qui concerne cette affaire, nous ne disposons pas de réelle expertise : seule la lettre écrite par un courtisan de Margherita, marquise de Mantoue, permet de confirmer la participation active des médecins des Este, seigneurs de Ferrare. Dans le protocole de l'expérience, il est également évoqué la possibilité d'une seconde consultation réalisée, cette fois-ci, par le personnel sanitaire de la cour de Mantoue. Un second avis est en effet jugé comme important, puisque certains médecins qualifiés de Ferrare avaient critiqué les modalités de l'expérimentation, en particulier le fait que le cobaye humain avait été informé au préalable et avait ainsi tenté d'échapper à l'empoisonnement en se déclenchant des vomissements. Ces échanges épistolaires montrent, une fois encore, l'attention appuyée que les cours des seigneurs italiens accordent à la prévention et à la neutralisation des toxiques. On observe également l'implication totale des médecins et des chirurgiens dans cette entreprise. A Ferrare, lors de l'autopsie du corps du voleur employé pour l'expérimentation, les médecins constatent que « l'estomac était détruit, le foie, les poumons, l'intestin étaient très fortement brûlés et maculés ».

Trente ans plus tard, on retrouve dans la Florence des Médicis un cas analogue à celui évoqué précédemment : en 1566, le duc Cosimo Ier pratique lui-aussi une expérience afin de tester un antidote dans lequel il a confiance. Il ordonne ainsi l'empoisonnement d'un condamné à mort avec 8 grammes d'arsenic (dose considérée comme mortelle). Un groupe de six médecins *fisici* est chargé de suivre le bon déroulement de l'expérience et d'observer les réactions de l'homme soumis au « traitement ». Un rapport détaillé documente dans l'arc de 24 heures les symptômes ressentis par le « patient », l'administration des diverses quantités d'antidotes, l'alimentation forcée destinée à renforcer la vitalité du cobaye (8 jaunes d'œuf, de la tarte au massepain, des biscuits, du raisin sec ou encore du vin). Le rapport des experts fournit des informations sur les symptômes d'un empoisonnement à l'arsenic, et surtout sur les épisodes répétés de vomissements, parfois sanguinolents ou encore l'expulsion de fragments de tissus gastriques. En réalité, le procès-verbal de l'expérimentation n'est pas rédigé par les médecins mais par le chancelier des *Otto di Guardia e Balia* (la magistrature compétente dans le domaine pénale), qui collabore dans ces circonstances avec les professionnels de santé. L'élaboration du texte est soignée, même si il manque des informations relatives aux conditions dans lesquelles l'homme décède. Le rapport récolte principalement les observations visuelles et les conclusions des médecins en charge de cette « enquête expérimentale[18] ».

En 1567, au cours d'une autre affaire judiciaire, le duc Cosimo I décide d'expérimenter à nouveau la qualité d'un antidote : il suspend alors l'exécution de deux hommes condamnés aux peines de la pendaison et de l'écartèlement. Il les contraint cependant à ingérer un puissant poison végétal (« jus de napel », c'est-à-dire un jus extrait de l'aconit), puis un remède qui s'avère efficace. Les deux hommes ayant survécu obtiennent alors une grâce et retrouvent la liberté[19].

En somme, en dehors de la dialectique mise en évidence dans le cérémonial de la peine capitale et qui jongle entre la violence rituelle et « primitive » et la violence d'État[20], l'on rencontre également ici une violence liée à la volonté cognitive du médecin et du prince de trouver des antidotes efficaces, capables de neutraliser les poisons. Malgré des orientations politiques et institutionnelles radicalement différentes, des hommes de pouvoir tels que le cardinal Benedetto Accolti, homme pleinement immergé dans la vie de cour de la Renaissance, ou encore Cosimo I de Médicis, prince puissant à la tête d'un état moderne, partagent cet intérêt commun pour les expérimentations. Ces dernières leur permettent de connaître les effets des poisons sur le corps humain mais surtout de tester l'efficacité de nombreux antidotes. À la fin du XVIe, un voyageur anglais nommé Fynes Moryson fait probablement référence à la Toscane des Médicis lorsqu'il évoque les pratiques d'un prince italien,

18 *Ibid.*, p. 36-38, 50-53.

19 *Cf.* A. Andreozzi, *Le leggi penali degli antichi cinesi. Discorso proemiale sul diritto e sui limiti del punire*, Firenze, Civelli, 1878, p. 49.

20 *Cf.* A. Zorzi, "*Rituali di violenza, cerimoniali penali, rappresentazioni della giustizia nelle città italiane centro-settentrionali (secoli XIII-XV)*", *Le forme della propaganda politica nel Due e Trecento*, Rome, École française de Rome, 1994, p. 396-397.

dont il tait le nom, qui testait la puissance des poisons sur les condamnés à mort, réservant l'antidote seulement à ceux ayant commis des délits mineurs. L'efficacité de ce dernier était évaluée en fonction de l'âge et de la constitution physique du sujet soumis à l'expérimentation (« till he had found out the working of both to a minute of tyme, upon divers complectations and ages of men[21] ».) Il est important de spécifier que de telles pratiques rencontrent l'opposition de nombreux juristes, parmi lesquels on compte les plus émérites de l'époque. Tiberio Deciani, professeur de droit civil à l'Université de Padoue, affirme ainsi dans son *tractatus* que le juge doit s'abstenir de recourir à l'usage de substances toxiques pour appliquer une condamnation à la peine capitale[22].

Bien qu'au cours de cet article l'accent a été mis sur une étude approfondie de la doctrine médicale et juridique, il convient, afin d'éviter une vision partielle et réductrice de la problématique, de se confronter à une documentation factuelle ample et diversifiée (sources judiciaires, expertises médicales, correspondances épistolaires[23]). En ce qui concerne la documentation localisée, science et violence semblent fusionner, s'entrecroiser au sein de la logique des expérimentations menées sur les condamnés. Cette logique opère une sélection arbitraire entre ceux qui étaient destinés à une fin funeste et ceux qui pouvaient encore espérer en réchapper. Cette méthode des plus aléatoires contraste grandement avec les préceptes formulés par le serment d'Hippocrate et les médecins en sont pleinement conscients. Ainsi, à cheval entre le XVIe et le XVIIe siècle François Ranchin, professeur de médecine et chancelier de l'Université de Montpellier, affirme que de telles pratiques expérimentales sont possibles, et que l'on peut déroger au serment d'Hippocrate en exerçant ces expérimentations sur les vivants seulement avec l'autorisation d'une autorité supérieure. Il affirme par ailleurs que la perspective de l'expérimentation permet de lier l'intérêt général (*salutis publicae commodum si antidota vim infringere et veneno infectos conservare valeant*) à un intérêt individuel (*salus condemnatorum*[24]).

21 M. Savelli, *Pratica universale*, *op. cit.*, p. 407.

22 T. Deciani, *Tractatus criminalis [...] duobus tomis distinctus*, Francofort, impensis Petri Fischeri, 1591, p. 120.

23 Autre point de vue dans les travaux de French (R. French, *Dissection and Vivisection in the European Renaissance*, Aldershot, Ashgate, 1999) qui se basent en substance sur les traités médicaux.

24 *Cf.* A. Corradi, *Degli esperimenti tossicologici*, *op. cit.*, p. 42.

Cette vision « utilitariste » de l'intervention sur le corps vivant est en adéquation avec les considérations formulées en Angleterre à la moitié du XVIe siècle en ce qui concerne la vivisection des animaux : le théologien et mathématicien Isaac Barrow affirme alors qu'une telle pratique est « une cruauté innocente et une férocité facilement justifiable[25] ». Au XVIIIe siècle, les problématiques soulevées par les expériences menées sur les être vivants et en particulier sur les humains se complexifient : le champ de l'expérimentation médicale s'élargit considérablement (on peut évoquer à ce titre la technique de l'inoculation de la variole), alors que les critiques contre les formes de violence exercées par l'homme sur ses semblables et sur les animaux se multiplient. Cependant, si l'on considère la période chronologique précédente que nous avons abordé ici, les « corps vils » constituaient déjà, comme le souligne Rafael Mandressi, une base expérimentale « au regard des sciences qui en font une matière première à des fins cognitives[26] ». Parmi ces corps vils figuraient les êtres humains condamnés à la peine de mort.

Alessandro PASTORE
Professeur émérite
d'Histoire moderne –
Université de Vérone (Italie)

25 K. Thomas, *Dans le jardin de la nature. La mutation des sensibilités en Angleterre à l'époque moderne*, Paris, Gallimard, 1985, p. 25.

26 R. Mandressi, compte rendu du libre de Grégoire Chamayou, *Annales, Histoire, Sciences sociales*, a. 65, 2010/1, p. 207.

L'EXPOSITION ET LA PÉRÉGRINATION DE LA MORBIDITÉ PÉNALE À PARIS À LA FIN DU MOYEN ÂGE

Les historiens contemporanéistes de la peine de mort, observant le repli des exécutions capitales, proposent désormais une substitution d'objet : enquêter sur l'abolition de la morbidité plutôt que sur l'abolition de la peine[1]. La publicité de la mort délivrée par justice aurait ainsi reculé, et non la mort elle-même, en raison du dégoût que la civilisation occidentale aurait éprouvé depuis le XIXe siècle face aux cadavres exposés. Confiés aux personnels spécialisés, loin du regard collectif, les corps inanimés se cachent aujourd'hui, anéantissant *in fine* une expérience sensible des formes de la létalité qui avait été tissée au fil des siècles. Pour mieux faire émerger ce processus, le Moyen Âge est souvent invoqué en contrepoint, en raison de l'éclat supposé de ses supplices, dans une approche parfaitement régressive et probablement excessivement dialectique. Il s'agit donc ici d'un problème historiographique soulevé par les attentes d'une société contemporaine qui confine le cadavre au secret des experts de la mort et de la scénographie du deuil. Il convient donc en retour d'observer attentivement les liens que l'époque médiévale entretenait avec les cadavres, dont le condamné à mort n'est qu'un élément.

La question de l'insertion de la morbidité pénale – l'exposition de la mort délivrée par justice – dans l'espace public au Moyen Âge est désormais bien connue[2]. Toutefois, si nos connaissances relatives à la peine de mort et à ses rituels sont assurées, le devenir du cadavre à l'issue du spectacle vivant de la mort l'est beaucoup moins. Or, même

1 Voir E. Taïeb, *La Guillotine au Secret – Les exécutions publiques en France (1870-1939)*, Paris, Belin, 2011.

2 Nous renverrons ici à C. Gauvard, *« De grace especial », Crime, État et société en France à la fin du Moyen Âge*, Paris, Publications de la Sorbonne, 1991, p. 895 et s.

inanimé, un corps continu de servir l'ordonnateur de son exécution ; essentiellement parce qu'il devient une image politique et religieuse, non de l'âme, mais de son devenir, image qui fixe le comportement des mortels. Néanmoins, cet objet d'étude, bien que nécessaire aux problèmes évoqués *supra*, affronte un obstacle documentaire car le gouvernement des corps exécutés n'est pas, ou rarement, consigné dans les actes de justice. Tandis que le chiffre noir qui sépare le nombre des condamnations à mort de celles réellement exécutées, les récits du supplice, quand on a de la chance de les retrouver, écrasent la narration sur le rituel, dans une histoire qui s'arrête bien souvent à la mort. Exceptionnellement, la destination du cadavre est mentionnée par les chroniqueurs et le gibet signalé, comme s'il s'agissait ici d'évidences peu écrites.

Quelques textes ouvrent cependant des fenêtres permettant d'observer le devenir des cadavres à Paris à la fin du Moyen Âge. Il s'agit essentiellement des mentions délivrées par le *Journal* du Bourgeois de Paris[3], et la *Chronique scandaleuse* de Jean de Roye[4]. Dans ces récits-là, les auteurs jettent en masse les cadavres dans les rues parisiennes. Et nous de les y suivre pour constater qu'un corps de condamné à mort, ça se dépèce, ça se disperse, ça s'expose, ça se dépend, ça se déplace, ça se donne… Il nous faut donc comprendre les logiques de cette étonnante mobilité que les archives judiciaires ne nous permettent pas de comptabiliser. Partant, ces rares pièces, les récits ainsi que leurs images peintes, nous autorisent une tentative de réarticulation d'une société médiévale et de ses morts pénales dans son espace et dans son temps

3 Nous utilisons ici l'édition : *Journal d'un Bourgeois de Paris, de 1405 à 1449*, éd. Colette Beaune, Paris, Le Livre de Poche, collection « Lettres gothiques », 1990.

4 Est ici exploitée : *Chronique scandaleuse, journal d'un Parisien au temps de Louis XI*, éd. Joël Blanchard, Paris, Pocket, collection Agora, 2015.

LA PRÉSENCE DE LA PÉNALITÉ MACABRE

Les récits d'exécutions détaillent le spectacle des morts pénales célèbres. Ainsi, la mort de Jean de Montaigu en 1409 fournit-elle un exemple classique[5] : son, couleur et mémoire y sont signalés largement. La narration tranche ici amplement avec ce qui est consigné dans les archives judiciaires, c'est-à-dire souvent à peu près rien. L'étrange récit donne le ton, car il ouvre presque le *Journal* du Bourgeois de Paris.

> 10. Et le XVIIe jour dudit moys d'octobre, jeudy, fut le dessus-dit grant maistre d'ostel mis en une charrette, vestu de sa livrée, d'une houppelande de blanc et de rouge, et chaperon de mesmes, une chauce rouge et l'autre blanche, ungs esperons dorez, les mains liées devant, une croix de boys entre ses mains, hault assis en la charrette, deux trompettes devant lui, et en cel estat mené es halles. Là lui on coupa la teste, et après fut porté le corps au gibet de Paris, et pendu au plus hault, en chemise, à toutes ses chausses et éperons dorés, dont la rumeur dura à aucun des signeurs de France, comme Berry, Bourbon, Alençon et plusieurs autres[6].

Le texte confirme ce que l'on sait des exécutions parisiennes. La mort était délivrée en place publique, souvent aux Halles ou en place de Grève, mais le corps était ensuite exposé au gibet de Paris, c'est-à-dire à Montfaucon. Des raisons sanitaires, mais également politiques, expliquent cette pérégrination du corps dans les heures qui suivent : écarter la puanteur cadavérique, puis en faire mémoire en un lieu éloigné, aux frontières de la juridiction de Paris afin de mieux en affirmer le ressort et la compétence[7]. Le gibet où l'on exposait constituait à la fois un décor justicier et une fosse infâme où reléguer les corps privés de terre bénie. Que faire par exemple du corps du bonnetier Jean Marceau qui se pendit chez lui en 1465 ? Le cadavre fut examiné au Châtelet qui confirma

---

5 *Journal* (1409), 9 et 10, p. 33-34.

6 *Ibid.*, 10, p. 34.

7 Voir la cartographie que nous avons éditée dans : P. Prétou, « Le gibet de Montfaucon : l'iconographie d'une justice royale entre notoriété et désertion, de la fin du XIVe siècle au début du XXe siècle », Jean-Pierre Allinne et Mathieu Soula (dir.), *La mort pénale, les enjeux historiques et contemporains de la peine de mort*, Rennes, Presses universitaires de Rennes, p. 95-114 et pl. I-XVIII.

le suicide excluant l'ensevelissement[8]. L'embarras ne dure guère et le cadavre est expédié à Montfaucon. Sur sa butte, ce décor justicier n'était d'ailleurs que peu entretenu, tant les rhétoriques signalant sa désuétude se multiplient dans les archives, à tel point que, trop vétuste, il faut parfois ériger de nouveaux gibets plus fonctionnels, comme c'est le cas en 1457 à Montigny. L'économie générale n'en est pas moins dressée : des lieux d'exécutions en ville, des lieux d'exposition en dehors. Entre les deux, une étrange mobilité macabre se déploie alors. Aux textes, s'ajoutent par ailleurs des figurations qui confirment cette dualité de lieux et la pérégrination morbide qui en découle. Jean Fouquet a en effet peint ces translations cadavériques dans des images d'histoire qui, parce qu'elles substituaient le Paris du milieu du XVe siècle au contexte historique représenté, nous renseignent simultanément sur l'exécution et sur l'exposition des condamnés en une seule miniature[9]. Dans une « Condamnation et supplice des Amauriciens en présence de Philippe Auguste », l'artiste figurait sur un même axe l'exécution et l'exposition, mettant en lumière une administration juste de la peine de mort, tout en suggérant une translation des restes humains[10]. Fouquet renouvelait cette approche dans son « Martyre de sainte Catherine », toujours figurant au loin le décor judicaire de Paris. Cette fois, l'inverse était signifié : une pénalité injuste et déséquilibrée qui plaçait le gibet hors de l'axe, car le corps n'allait pas au gibet[11].

Claude Gauvard qui avait comptabilisé les sentences de mort délivrées au Châtelet entre 1389 et 1392[12], était parvenue à une moyenne

8 *Chronique scandaleuse* (1465), p. 76.

9 Il s'agit de : « Condamnation et supplice des Amauriciens en présence de Philippe Auguste », Jean Fouquet, *Grandes Chroniques de France*, BnF, Français 6465, fol. 236. Paris, BnF ; « Le martyre de sainte Catherine », Jean Fouquet, *Heures d'Étienne Chevalier*. Chantilly, Musée Condé.

10 Nous avons commenté et édité ces images dans notre « Le gibet de Montfaucon : l'iconographie d'une justice royale entre notoriété et désertion », *op. cit.*, pl. I-XVIII.

11 Nous signalons une autre figuration très suggestive relative à la mort de Coligny lors du massacre de la Saint Barthélémy. Les étapes de la pérégrination du cadavre y sont nettement figurées en trois étapes assimilant cette mort au déroulé des sentences légitimes, si ce n'était l'absence de juge et de mort admissible : exécution, translation et suspension. Voir : *Massacre de la Saint-Barthélémy*, François Dubois, huile sur panneau de bois, 94 × 154 cm, entre 1572 et 1584. Lausanne, Musée cantonal des Beaux-Arts.

12 Voir C. Gauvard, « Grâce et exécution capitale : les deux visages de la justice royale française à la fin du Moyen Âge », dans Bibliothèque de l'École des Chartes, 153, 1995, p. 282.

annuelle de 20 à 25. Néanmoins, elle note l'existence d'un écart entre les sentences et leurs exécutions. Cet écart, difficile à quantifier mais probablement élevé, s'explique par les procédures dilatoires constatées parfois dans la documentation : faire appel ou prétendre être « grosse d'enfant » repousse la peine, de même que la prétention à un statut clérical, puisqu'il exclue la peine de mort. Il faut vérifier, le temps passe, et cette fenêtre temporelle ouvre alors d'autres opportunités aux condamnés, telles que l'évasion ou la grâce. Jusqu'au pied de l'échafaud il est possible d'échapper à la mort, comme on le constate en 1430 lorsqu'une jeune femme propose d'épouser le condamné, beau jeune homme ayant ému l'assistance[13]. Et le mariage d'exclure la mort. Il est donc bien difficile de dire combien de sentences ont rencontré leur exécution réelle. Là encore, les récits de Jean de Roye et du Bourgeois de Paris, parce qu'ils relatent tout événement ayant fait se mouvoir l'opinion et la foule, offrent des informations. Si l'on imagine que toute peine de mort est par nature notoire, soit qu'elle vise des personnages fameux ou une multitude de petites gens, alors les chroniques se font un reflet de l'écho des morts pénales réellement administrées. Exercer un œil comptable sur le *Journal* du Bourgeois de Paris livre 3 cadavres en moyenne annuelle sur la période 1409-1430. La *Chronique scandaleuse* entre 1460 et 1475 en livre elle entre un et deux, mais Jean de Roye ne dénombre que peu. Toutefois, ces moyennes ne prennent pas sens, car l'observation quantitative révèle avant tout des pulsations aléatoires, plus que des régularités statistiques. Il ne s'agit pas moins de représentations rythmées de la morbidité pénale, qui délivrent une rythmique et une récurrence de la présence macabre au gibet de Paris.

13 *Journal* (1430), 525, p. 272.

Année	Cadavres menés au gibet de Paris
1409	1
1410	
1411	8
1412	
1413	4
1414	4
1415	
1416	5
1417	1
1418	8
1419	
1420	
1421	
1422	6
1423	
1424	
1425	4
1426	1
1427	1
1428	
1429	
1430	29

FIG. 1 – Nombre de cadavres menés au gibet de Paris selon le Bourgeois de Paris entre 1409 et 1430.

LE TEMPS DES EXPOSITIONS MORBIDES

La présence morbide dans le Paris médiéval est donc assurée. Même si l'année ne signale pas d'exécution nouvelle, les corps exposés durablement en maintiennent l'imagerie et l'actualité. Les cadavres suspendus à Montfaucon l'étaient en effet pour des durées variables. Dans le cas de Jean de Montaigu, signalé *supra*, le corps demeura trois années sur la butte de Montfaucon. Ceci explique que l'on fasse usage de crochets et de chaînes métalliques pour maintenir la suspension. Au climax de son exploitation, le gibet de Montfaucon a pu ainsi exposer jusqu'à trente cadavres simultanément dans les années 1430-1431[14]. Il s'agit là d'une déduction car le Bourgeois de Paris, s'il précise le gibet de Paris après le nombre des condamnés, ne se fait pas comptable. Montfaucon clôt donc le récit tandis que les conséquences de la morbidité reléguée au loin – odeurs, volatiles nécrophages – ne sont absolument jamais signalées. Elles constituent donc une préoccupation qui nous est d'évidence plus contemporaine qu'elle n'est médiévale. Par ailleurs, un corps suspendu peut toujours être dépendu : c'est ce que révèle les relations qui nous invitent à suivre, au fil des années, l'inattendu devenir des cadavres exposés. Ainsi, en novembre 1411 :

> 57. Item, le mardi XXVIIe jour de septembre, jour sainct Cosme et sainct Damien, fut despendu par nuyt du gibet [de Paris Jehan] de Montaigu, jadis masitre d'ostel du roy, lequel avoit eu la teste couppée pour ses demerites, et fut porté à Marcoussis, aux Celestins, lesquelz il avoit fondez en sa vie[15].

Mesures de clémence envers le souvenir ou la famille, exécution qui avaient déplu, charité : les motifs pour dépendre se multiplient dans le récit. Il avait fallu trois années à Jean de Montaigu mais pour Pierre des Essars et Jacques de la Rivière en 1413, ce furent 20 jours seulement :

---

14 Ces années exceptionnelles sont les seules à pouvoir remplir le gibet tel que Viollet-Le-Duc l'avait déduit des nouveaux de poutrages possibles, sans considérer ls variations que l'édifice avait pu connaître au fil des siècles. Voir : Eugène *Viollet-Le-Duc*, article « Fourches patibulaires », *Dictionnaire raisonné de l'architecture française du XIe au XVIe siècle*, 10 vol., Paris, Bance et Morel, 1854 à 1868.

15 *Journal* (1411), 57, p. 55.

> 80. Item, le XXIIIe jour dudit moys d'aoust, fut despendu le devantdit prevost et Jacques de la Rivière, et furent mis en terre benoiste par nuyt, et n'y avoit que deux torches, car on le fist très celéement pour le commun, et furent mis aux Maturins[16].

Discrétion, de nuit : pour ne pas émouvoir les esprits. Néanmoins, le fait étant rapporté dans le *Journal*, l'on ne peut soutenir qu'il fut secret. Notoirement discret donc. Et les motifs de le faire de se multiplier au fur et à mesure de la narration. Ainsi le corps de Sauvage de Fromonville ne fut-il exposé qu'entre décembre 1427 et septembre 1428 :

> 492. Item, le vendredy X^e jour de septembre IIII^c XXVIII, fut despandu du gibet de Paris ung nommé Sauvage de Fromonville, à qui Pierre Baillé fist tant de desplaisir quant on le pandoit, car il le frappa en l'eschelle moult cruellement, et si baty le bourrel d'un gros baston qu'il tenoit, et estoit pour lors ledit Pierre receveur de Paris[17].

L'exécution ratée, car accompagnée de sévices injustifiés, avait ému. À l'écoute de la rumeur, l'on dépendit pour calmer le commun peuple. Mais l'inverse se constate également, lorsqu'il s'agit d'échauffer les esprits par la vindicte que suggère une présence morbide inhabituelle. Le récit de la mort du Connétable de Saint Pol en 1475 le démontre. Il offre une rare mention de morceaux de cadavres exposés puisque la tête du condamné, une fois nettoyée dans l'eau, fut exposée au bout d'une pique, en place publique, pendant deux jours.

> Laquelle teste incontinent apres fut prinse par le cheveulx par icellui Petit Jehan et mise laver en un seau d'eau estant pres d'illec et puis mise sur les appuis du dit petit échaffaut et monstrée aux dits regardant la dite execution qui estoient bien 2CM personnes et mieux[18].

Entre 1411 et 1413, les membres de Colinet de Puiset avaient aussi été accrochés aux portes de la ville pendant deux années. Leur décrochage suscite la colère du Bourgeois qui en appréciait visiblement la compagnie quotidienne :

> 83. Item, le vendredi XVe jour de septembre mil IIII^c et XIII, fut osté le corps du faulx traistre Colinet de Pisieux du gibet, et ses IIII membres des portes, qui

16 *Journal* (1413), 80, p. 68.

17 *Journal* (1428), 492, p. 247-248.

18 *Chronique scandaleuse* (1475), p. 274.

> devant avoit vendu le pont de Sainct-Cloud ; et neantmoins [il] estoit mieulx digne d'estre [ars ou] baillé aux chiens que d'estre mis en terre benoiste, sauf la chrestienté, mais ainsi faisoient à leur volenté les faulx bandez[19].

Cette irruption d'une mention de bouts de corps démembrés présents dans la ville ouvre bien des questions quant à leur devenir final. Pour le Bourgeois, il fallait brûler ou livrer aux chiens. Mais cela n'aurait suffi à abolir tous les restes auxquels il convenait de trouver une destination finale. Si bien que l'on s'interroge : les noyés, les fragments brulés, les poings coupés, les parties dépecées vont-ils à Montfaucon ? La réponse serait logique mais elle ne satisfait pas pleinement car les narrations livrent des cas étonnants. Jean de Roye par exemple rapporte qu'en 1474 la tête de Jean le Hardi fut jetée dans un trou proche, deux jours après le début de l'exposition, tandis que le corps fut brûlé et ses cendres dispersées devant l'Hôtel de ville.

> Et fut ledit Hardi ainsi executé ledit jour de jeudi [...] Et puis, le samedi ensuivant, environ myenuit (par quoy cefut, il n'a point esté sceu), la teste d'icellui Hardi, mise au bout d'une lance, fut ostée de dessus l'eshaffault, où elle estoit mise, et gettée en une cave près d'ilec[20].

Le même Jean de Roye livre une des raisons qui expliquerait quelques gestes inattendus. Une année après, la comptabilité de la mort pénale du Connétable de Saint Pol s'élève à 94 livres 19 sous et six deniers. Beaucoup de frais donc, engagés autour des rituels d'exécution et d'ensevelissement, que l'on peut vouloir s'épargner lorsqu'il s'agit de restes dissimulables. Au final, malgré des apparences irrégulières, un fait incontestable surgit de cette observation : à Paris au XVe siècle, il y a toujours un cadavre, ou un bout de cadavre, de condamné à mort quelque part qui soit observable du quotidien des habitants. Cette présence morbide, attestée qualitativement plus que quantitativement, nécessite son explication.

19 *Journal* (1413), 83, p. 69.
20 *Chronique scandaleuse* (1474), p. 240.

LE BESOIN MACABRE

Les fonctions de la ventilation des corps morts dans l'espace urbain est désormais bien connue de l'historiographie. Il s'agit essentiellement ici de dire que l'on fait justice. S'il existe une exemplarité médiévale de la peine, il n'est pas évident qu'elle vise plus l'effroi des criminels qu'elle ne conforte le charisme du seigneur justicier. Du point de vue politique, l'exécution unit, ou désunit, avec le pouvoir. Elle enseigne, avant de figer le souvenir dans l'image d'une exposition. L'enjeu est donc de signifier où a été l'âme de la personne et d'en conserver la maîtrise rhétorique, raison pour laquelle les miracles survenus à l'échafaud ou au gibet annulent tout. À cette exemplarité vue par le Moyen Âge s'ajoute une formalité proche de la tradition réelle. Il faut montrer la justice, comme s'il s'agissait d'un acte de procédure qui peut être contesté à tout moment. Tant que le corps est exposé, la famille peut le réclamer, contester le bien fondé de son exécution et tenter de rétablir l'honneur familial. En aucun cas la mort ne saurait être tenue au secret et, partant, son exhibition assure la diffusion de l'information, tout en la mettant à l'épreuve de la réception de la foule. La volatilité de cette dernière explique donc l'alternance des pendaisons et des dépendaisons. Comme l'a démontré Claude Gauvard dans son commentaire de l'affaire Guillaume de Tignonville[21], il est des vérités à faire ou à défaire aux pieds des gibets. En 1408, contraint de baiser le cadavre de deux clercs, le prévôt eut à réparer une exécution mal faite et les cadavres rejoignirent la terre bénie. L'on aurait donc tort de penser les expositions morbides comme des constantes, au contraire les cadavres bougent constamment, comme s'ils fussent animés par les hésitations des vivants. De même, les démembrements et les dispersions de corps dépecés se font-ils le reflet des agitations de l'opinion publique. Le traître qui a divisé les gens est donc démembré dans le but de remembrer la société qu'il a poussé au conflit. Les fonctions de ce dépeçage se font claires dans l'affaire Colinet du Puiset. En 1411, la division de son corps recompose l'espace public, au gré des lieux où son cadavre est dispersé.

21 Voir C. Gauvard, « Pendre et dépendre », dans *Violence et ordre public à la fin du Moyen Âge*, Paris, Picard, coll. « Les médiévistes français », 2005, p. 66-78.

> 25. Item, le jeudi XIIe jour de novembre, oudit an, fut mené le faulx traistre Colinet de Pisex, lui, es halles de Paris, lui estant en la charrette sur ung aiz plus hault que les autres, une croix de fust en ses mains, vestu comme il fut prins, comme ung prestre. En telle manière fut mis en l'eschaffaust et despoullié tout nu, et lui coppa on la teste à lui VIe, et le VIIe fut pendu, car il n'estoit pas de leur faulce bande. Et ledit Colinet, faulx traistre, fut despecé les quatre membres, et à chascune des maistres portes de Paris l'un de ses menbres pandu, et son corps en ung sac au gibet, et leurs testes es halles sur six lances, comme faulx traistres qu'ils estoient[22].

Le choix des lieux où furent exposées les parties dépecées signale la recomposition d'un espace public qui avait été gravement affecté par la traitrise. En ces rares occasions d'expositions cadavérique dans la ville, le morbide qui réunit les Parisiens vient refonder une communauté et son espace autour d'une exécution justicière. Le raisonnement est extensible au royaume lui-même, ainsi que la mort de Jean le Hardi en 1474 en témoigne.

> En ce temps, ou moys de mars, le jeudi XXXe et penultime jour dudit moys, Jehan Hardi, emprisonné, dont est parlé devant, fut condempné par arrest de la cour de Parlement a estre trayné depuis l'uis de la conciergerie du Palais jusques à la porte dudit lieu, et d'ilec bouté en ung tumbereau et mené devant l'Ostel de la ville de Paris dessur l'eshaffault pour ce ilec drecié pour y estre escartelé, ainsi qu'il fut fait, et condempné la teste estre mise et demourer dessus une lance devant l'Ostel de la dicte ville, les quatre membres portez en quatre des bonnes villes des extremitez de ce royaume, et à chacun desdiz membres estre mis ung epitaphe pour faire savoir la cause pour quoy lesdiz membres y estoient mis et posez ; et oultre condempné le corps estre brulé et mis en cendre devant l'Ostel de ladicte ville, toutes les maisons dudit Jehan Hardi arrasées et mises par terre, mesmement le lieu de sa nativité gecté par terre, sans jamais estre fait edifice, et de y mettre epitaphe pour faire savoir l'enormité du cas dudit Hardi, et pourquoy estoit faicte ladicte demolicion[23].

Le démembrement recomposait ici le royaume et les membres du condamné furent expédiés aux bonnes villes éloignées. Là où Colinet du Puiset avait perturbé l'espace urbain de Paris – ce qui expliquait une suspension des restes aux quatre portes – Jean le Hardi avait affecté la France toute entière, entrainant cette nécessité que d'étendre la translation macabre à quatre villes des frontières. L'espace lui-même était remanié par une destruction patrimoniale chassant ou abolissant le souvenir perturbateur. Fait

22 *Journal* (1411), 25, p. 64.
23 *Chronique scandaleuse* (1474), p. 239.

rare certes, mais bien réel et il n'est donc pas nécessaire d'aller aux gibets pour croiser au quotidien une partie de cadavre suspendue. Les chroniques le révèlent, mais elles n'accréditent pas d'autres motifs folkloriques ou de superstition que l'on associe souvent aux corps des condamnés aux époques modernes et contemporaines. Nulle part n'est fait mention de médecin, tel Vésale, arpentant les gibets pour étoffer son savoir. Nulle part n'est mentionnée la récolte du sang du condamné sur des mouchoirs réputés apporter la fertilité aux femmes. Car ce n'est pas tant un cycle de la vie et de la mort que les chroniques du XVe siècle parisien rapportent, qu'une imagerie de l'Au-Delà. Le démembrement signale aussi l'impossibilité dans laquelle le traître se trouvera de se présenter devant son Créateur au Jugement Dernier. Il rappelle une justice céleste et l'existence de la Cité de Dieu. C'est dans cette finalité religieuse que cette société ressentait le besoin matériel d'utiliser les corps et de les déplacer.

BIOPOLITIQUE DE LA MORBIDITÉ

S'il existe un gouvernement médiéval des corps enchâssé dans le gouvernement des hommes, alors une biopolitique morbide résulte de ce raisonnement. Les récits des chroniques éludent certes bien souvent les translations cadavériques au profit des détails circonstanciés de la mise en scène des exécutions. Néanmoins, il est possible d'y affecter un sens qui assimile ces translations à une autre réalité prégnante dans cette société et qu'il n'était pas nécessaire au chroniqueur de développer : la procession populaire. La structure des récits constitue un premier indice qui l'atteste. En effet, dans son *Journal*, le Bourgeois de Paris alterne toutes sortes de faits quotidiens qui provoquent les émotions publiques et les remues de la foule, événements religieux comme cherté des prix. Pris séparément, ces faits ne semblent pas avoir de logique. Or, dans le récit, exécutions et processions sont alternées comme autant de pulsations d'un corps collectif. Une exécution sera précédée ou suivie d'événements religieux stimulant la foi collective, et le Bourgeois d'écrire qu'il assista aux « plus belles processions que on veust oncques ». A bien regarder l'ordonnancement du récit, l'association peut être établie. Par exemple en 1430 :

560. *Item*, le vendredy ensuivant des larrons qui à la Motte avoient esté prins on pandit au gibet de Paris XXX ; ainsi furent panduz en ce lundy et vendredy LXII de ces larrons.

561. *Item*, le XXVe jour de may, vendredy ensuivant, fut faicte une procession generalle à Nostre-Dame de Paris, et de là on alla aux Augustins. Là fut faicte une predicacion, en laquelle predicacion fut monstré et déclaré le tres hault bien espirituel que pappe Martin, V^e^ de ce nom, avoit donné et octroié à la feste du Saint Sacrement à tous loyaux chrestiens[24].

La procession n'est pas reliée à l'exécution, si ce n'est pas la structure même du récit, dès lors que l'on observe l'enchainement de faits à l'apparence séparée, qu'il soit le résultat d'émotions collectives, d'une rédaction intuitive, ou des deux à la fois. S'y ajoute un parallélisme qu'il est possible d'établir entre la translation des corps condamnés et les processions religieuses exhibant les reliques des saints. Ces restes humains matérialisaient tous deux l'Au-Delà. Le transport du cadavre au gibet de Montfaucon s'apparente donc au procédé processionnel : convoyer des restes humains et affirmer les limites d'une juridiction, comme s'il s'agissait d'une pérégrination qui irait à la rencontre des limites d'une paroisse. De même, le déplacement s'achève-t-il sur une croix finale, plantée au pied de la butte pour accueillir d'ultimes dévotions[25]. La peinture de Jean Fouquet signalée *supra* fondait cette association d'idées ouvrant sur une translation des corps qui relevait plus du religieux que du judicaire, aux sens contemporains de ces termes, mais excessivement séparés pour le Moyen Âge, que nous leur accorderions aujourd'hui. Est-ce cela qui explique que les archives judicaires ne le consignent guère ? Comparer n'est cependant pas assimiler, mais il existe un dénominateur commun. Or, une même considération surgit si l'on observe les liens unissant le pèlerinage et la pérégrination des vivants et des morts. Une miniature réalisée par le Maître du Cardinal de Bourbon, réalisée après 1480, ouvre ici une piste plausible[26].

---

24 *Journal* (1430), 560-561, p. 288-289.

25 Rappelons que la tradition rapportée par Monstrelet en attribue l'érection à la pénitence de Guillaume de Tignonville vers 1408, pour avoir fait abusivement suspendre de nuit deux clercs étudiants de l'Université de Paris. Cité plus haut. Néanmoins, la présence d'une croix pour les dévotions ultimes au final de la translation des corps ne saurait être fondée que par cette seule affaire.

26 *Renommée des miracles accomplis par les reliques de saint Louis*, Maître du cardinal de Bourbon, dans *Livre des faits de Monseigneur saint Louis*, après 1480. Paris, BnF, Français 2829, fol. 94.

Alors que le peintre représente la renommée des miracles accomplis par les reliques de saint Louis, il figure deux groupes se rencontrant et devisant dans la campagne de Saint-Denis. Deux frères prêcheurs qui pélerinaient rencontrent ici deux femmes témoins de miracles accomplis par les reliques du saint roi. La scène serait sans lien avec notre sujet si la campagne représentée n'accueillait au loin le gibet de Montfaucon, séparant les juridictions de Paris et de Saint-Denis, avec quelques corps suspendus, la croix au pied et le gibet de Montigny proche. La juxtaposition de la notoriété des reliques du saint et des cadavres des condamnés en justice, précipitée ici autour d'une mobilité spirituelle des vivants, en devient vertigineuse. C'est bien une campagne apaisée et ordonnée par les restes humains qui est ici figurée. Elle vise la notoriété de la pérégrination des âmes, réversible, qui fortifie la foi du pèlerin vivant engagé sur son chemin. L'image signale sans faillir le besoin que cette société avait des restes de ses morts, saints comme infâmes, dans un même enseignement qui mène vers la *peregrinatio christi*. Images du devenir de l'âme bénéfique aux vivants, les corps morts matérialisent donc la foi au cœur du vécu quotidien. Est-ce cela qui explique que l'on procède parfois à la mise à mort par effigie ? En 1438, le Bourgeois de Paris le rapporte[27] : même sans corps à priver de vie, il en fallait un à exposer qui suive les étapes de la pérégrination. La raison est-elle judiciaire ? Non, car les tribunaux condamnant par contumace pouvaient se passer de présence physique de l'accusé. Mais il fallait immanquablement des corps à manipuler comme autant d'images matérialisant l'Au-Delà, qu'il fut Paradis ou damnation. Ce besoin impérieux confirme que ce que les historiens savaient déjà des fonctions religieuses des reliques saintes, doit également inspirer notre compréhension de l'insertion de la morbidité pénale dans l'espace public des sociétés de la fin du Moyen Âge.

Au terme d'une observation du devenir des corps des condamnés à mort, il nous faut donc attester leur présence dans la géographie urbaine, sublimés par un décor de justice et parfois dans le quotidien des déplacements des habitants. Leur nombre compte moins que la visibilité organisée de cette morbidité nécessaire aux vivants. Quelle sémantique sépare donc l'embaumement miraculeux et la puanteur ; la procession et la traîne du corps supplicié ; l'invention des reliques et le démembrement d'un condamné ? Odeur de sainteté et odeur macabre

27 *Journal*, (1438), 738-741, p. 378-379.

ne sont pas qu'un inverse, elles sont toutes deux sur le chemin du pèlerin pour constituer un motif spirituel de la fin du Moyen Âge français tout inspiré de *peregrinatio christi*. Les corps inanimés des condamnés ont donc une vie collective après la mort de l'individu, en ce que la société les exploite bien au-delà du spectacle de leur exécution. Considérer les exécutions et le seul éclat des supplices, c'est mutiler ce fait historique – le récit macabre qui dégoute nos contemporains – qui entrelace le cadavre et sa justice, et partant, le macabre à la vie. Et le corps des condamnés d'être secoué, mutilé, déplacé en raison de ce besoin de dire le Jugement, plus que le jugement. Les corps tranchés et pendus ne sont pas retranchés de la société ou mis au secret : la durée de leurs expositions ainsi que leurs réhabilitations éventuelles sont à relier avec la vigueur de l'émotion populaire dans le temps. Ce n'est pas simplement la conséquence d'une vindicte collective sous la forme de faits divers sanglants, que celle d'une spiritualité matérialisée par des restes morbides érigés en images macabres, dont la circulation quotidienne entretenait la vigueur comme autant d'expressions de foi. Pour paraphraser Michel Foucault, il s'agit bien d'un gouvernement des hommes, qui prenait la forme d'une nécropolitique judiciaire médiévale.

Pierre PRÉTOU
Université de La Rochelle

FIG. 2 – « Renommée des miracles accomplis par les reliques de saint Louis », Maître du cardinal de Bourbon, dans *Livre des faits de Monseigneur saint Louis*, après 1480. Paris, BnF, Français 2829, fol. 94.

LES TOMBES DES CRIMINELS EN FRANCE (MÉTROPOLE) À L'ÉPOQUE CONTEMPORAINE

Depuis la Révolution et le décret du 12 juin 1804, dit décret de prairial, qui pose les bases de la réglementation des funérailles et des cimetières jusqu'à nos jours[1], la tombe est devenue en France l'ultime destination pour les criminels, à l'instar de tous les autres défunts[2]. S'inscrit-elle pour autant dans une normalité funéraire ? Des travaux sur le traitement des guillotinés ont montré les écarts par rapport à cette norme[3]. Notre recherche s'intéresse au temps d'après, celui qui

1 On renvoie principalement à R. Bertrand et A. Carol (dir.), *Aux origines des cimetières contemporains. Les réformes funéraires de l'Europe occidentale,* XVIII*e*-XIX*e siècle*, Aix-en-Provence, PUP, 2016 et R. Bertrand et G. Groud (dir.), *Cimetières et tombeaux. Patrimoine funéraire français*, Paris, Éditions du patrimoine, 2016. Et en arrière-plan, aux œuvres fondatrices de Philippe Ariès et Michel Vovelle : P. Ariès, *L'homme devant la mort*, Paris, Le Seuil, 1977 ; M. Vovelle, *La mort et l'Occident de 1300 à nos jours*, Paris, Gallimard, 1983 [réédition en 2000].

2 Avant bien sûr l'autorisation de la crémation sur laquelle nous reviendrons plus loin. Ces principes s'appliquent en particuliers aux corps des suppliciés mettant fin aux supplices infligés après la mort : ils sont désormais « admis à la sépulture ordinaire » (article 4 de la loi du 21 janvier 1790 : voir J.-B. Duvergier, *Collection complète des Lois, Décrets, Ordonnances, Réglemens, Avis du Conseil-d'État [...]*, Paris, A. Guyot et Scribe, 1834 (Deuxième édition), vol. 1, p. 95). L'article 85 du Code civil (loi promulguée le 21 mars 1803) précise en outre : « Dans tous les cas de mort violente, ou dans les prisons et maisons de réclusion, ou d'exécution à mort, il ne sera fait aucune mention de ces circonstances » dans l'acte de décès (https://criminocorpus.org/fr/reperes/legislation/civil/premier/ii/iv/1804-03-31/ – site consulté le 12 novembre 2017). Enfin, « les délits et les peines étant personnels, le supplice d'un coupable et les condamnations infamantes quelconques n'impriment aucune flétrissure à sa famille » (article 2 de la loi du 21 janvier 1790).

3 R. Bertrand, « L'exécution et l'inhumation des condamnés en Provence (XVIII*e*-XIX*e* s.) d'après les archives des compagnies de pénitents », B. Garnot dir., *Histoire et criminalité de l'Antiquité au* XX*e siècle*, Dijon, Éditions universitaires de Dijon, 1991, p. 75-84 ; R. Bertrand, « Que faire des restes des exécutés ? », *L'exécution capitale. Une mort donnée en spectacle*, éd. R. Bertrand et A. Carol, Aix-en-Provence, Publications de l'Université de Provence, 2003, p. 23-52 ; A. Carol, *Physiologie de la Veuve. Une histoire médicale de la guillotine*, Seyssel, Champ Vallon, 2012 ; A. Carol et N. Picard, « Condamnés à mort,

commence avec l'inhumation, et tente de poser les jalons d'une histoire matérielle des tombes des criminels[4]. Une approche large sera privilégiée puisqu'elle portera à la fois sur les suppliciés et sur les criminels morts dans d'autres circonstances, y compris non violentes[5], et qu'elle tentera de s'inscrire dans un temps long, qui ne prend pas fin avec l'abolition de la peine de mort et englobe de ce fait le temps présent.

La comparaison est en effet essentielle pour saisir l'intérêt du phénomène. Elle permet d'étudier des cas aussi variés que possible (le sexe masculin dominant très largement), des guillotinés (ou des fusillés) aux djihadistes, des politiques aux droit commun, des célébrités aux anonymes, du crime organisé aux criminels d'occasion[6]. Elle doit tenir compte néanmoins de plusieurs limites. Notre étude n'est pas exhaustive ni même quantitative. Elle ne concerne que la métropole, et se focalise sur Paris et Marseille, généralement considérées comme les deux capitales du crime[7]. N'est étudié

---

suppliciés à l'époque moderne et contemporaine » B. Bertherat (dir.), *Les sources du funéraire en France à l'époque contemporaine*, Avignon, Éditions universitaires d'Avignon, 2015, p. 126-129 ; N. Picard, *L'application de la peine de mort en France (1906-1981)*, Thèse d'histoire, Université Paris I – Panthéon-Sorbonne, 2016, ch. 12, p. 634-652 ; A. Carol, *Au pied de l'échafaud. Une histoire sensible de l'exécution*, Paris, Belin, 2017, p. 237-270.

4 L'histoire de la culture matérielle connaît un regain depuis quelques années à la fois dans le domaine de la mort et du funéraire et dans celui de la justice. Concernant le premier domaine, on se permet de renvoyer à notre mise au point : « L'historien, l'archéologue et la mort (France, époque contemporaine) », communication au colloque du GAAF des 25-27 mai 2016 à Marseille, « La mort de plus en plus proche. Rencontre autour de nos aïeux » (à paraître). Quant au second, on peut citer la plateforme scientifique sur l'histoire de la justice, des crimes et des peines *Criminocorpus* et les travaux de l'équipe de Michel Porret à l'Université de Genève au sein de l'équipe Damoclès.

5 Notre définition du criminel rejoint à la fois celles du monde judiciaire et du sens commun : une personne condamnée, poursuivie pour un ou des (tentatives de) crimes, ou connue comme criminel. Sauf exceptions, nous n'évoquerons pas le contenu des affaires elles-mêmes.

6 La criminalité organisée a été peu étudiée pour la période contemporaine par les historiens en France. Voir L. Montel, *Marseille capitale du crime. Histoire croisée de l'imaginaire de Marseille et de la criminalité organisée (1820-1940)*, Thèse d'histoire, Université de Paris x – Nanterre, 2008, p. 7-13 en particulier. *Criminocorpus* est la référence incontournable sur l'histoire du crime et de la justice. Les autres disciplines des sciences humaines et des journalistes spécialisés (on pense en particulier à Jérôme Pierrat. Voir *Une histoire du Milieu. Grand banditisme et haute pègre en France de 1850 à nos jours*, Paris, Denoël, 2003) peuvent fournir un apport important. Les ouvrages sur les djihadistes sont nombreux. Deux sont utilisés dans ce travail : R. Kastoryano, *Que faire du corps des djihadistes ? Territoire et identité*, Paris, Fayard, 2015 ; J.-M. Escarnot, *Djihad. C'est arrivé près de chez vous*, Paris, Robert Laffont, 2017.

7 Au-delà des chiffres de la criminalité et des exécutions capitales (bien plus nombreuses à Paris qu'à Marseille), le terme renvoie à une histoire des représentations qui a une temporalité propre pour chacune des deux villes.

aussi que le temps de paix, pour éviter les multiples écarts par rapport au nombre de morts, aux usages et à la définition même du criminel que provoquent les guerres (et les sorties de guerres), la guerre civile n'étant abordée que de manière incidente. La dernière limite tient aux sources.

Il y a en premier lieu les tombes elles-mêmes dont beaucoup ont disparu. La recherche de leur trace incite l'historien à visiter les cimetières et à solliciter l'aide des conservateurs, voire des guides et des auteurs de sites consacrés à l'histoire des cimetières[8]. Les archives des conservations sont précieuses, mais difficilement accessibles et rares, surtout pour les premières décennies du XIXe siècle[9]. Quant aux archives policières et judiciaires, elles sont moins riches au-delà de l'inhumation[10]. Le chercheur bénéficie aussi de toutes les sources liées à l'essor d'une nouvelle culture du crime, amorcé à l'époque romantique et accéléré par la culture de masse, en particulier durant la Belle Époque et l'entre-deux-guerres[11]. La richesse des sources est donc croissante, d'autant plus si l'on ajoute les entretiens que nous avons menés[12], et elle accentue le déséquilibre avec le début de la période.

Pour toutes ces raisons, ce travail se limite à poser un cadre de réflexion. Il se propose de dresser une typologie des modes d'inhumation, puis de l'aspect des tombes, et enfin des pratiques qu'elles suscitent. Ce bref

---

8 Deux sites de référence, celui de Philippe Landru (*Cimetières de France et d'ailleurs*) et celui de Marie-Christine Pénin (*Tombes et sépultures dans les cimetières et autres lieux*).

9 Ont été consultées les archives des conservations du cimetière parisien d'Ivry, du cimetière Saint-Véran d'Avignon. Les archives des suppliciés du cimetière Saint-Pierre sont en cours de transfert aux Archives municipales de Marseille. Des archives ou des renseignements issus des archives d'autres cimetières parisiens nous ont été communiqués par le Centre de documentation du service des cimetières de la Ville de Paris (Pierre Jourjon) et par Guénola Groud, responsable de la cellule patrimoine du Service des cimetières de la Ville de Paris, ainsi que par Emmanuelle Rolland, adjointe à la conservatrice du cimetière parisien de Bagneux, et son service pour ce qui concerne ce cimetière.

10 Notamment Archives de la Préfecture de police de Paris (APPP), BA 887, dossier Exécution des arrêts criminels, 1872 à 1899.

11 Outre Laurence Montel, on renvoie principalement aux travaux de Michelle Perrot, d'Anne-Claude Ambroise-Rendu et de Dominique Kalifa.

12 Avec Christiane Di Vuolo, responsable de la Division des cimetières à la Mairie de Marseille, Benoît Gallot, conservateur du cimetière parisien d'Ivry, Céline Lallement, conservateur des cimetières de Saint-Germain-en-Laye (et son prédécesseur Hélène Danthon), Stéphane Leprêtre, conservateur du cimetière nord de Clichy-la-Garenne (et Stéphane Le Bigot, son adjoint), Alain Poulin, archiviste-documentaliste des cimetières d'Avignon, et aussi Yann Le Meur, Gilles Perrault et Jérôme Pierrat. Trois journalistes interrogés dans le cadre de l'affaire Merah n'ont pas souhaité être cités. Faute de temps, nous n'avons pas interrogé trois catégories d'acteurs pourtant essentiels : les fossoyeurs, les policiers et les proches des criminels.

panorama ne doit pas faire oublier que les tombes des criminels, par leur objet et par leur temporalité, restent un thème marginal par rapport aux pratiques criminelles et à leurs échos judiciaires et médiatiques. On espère néanmoins que cette étude des marges permettra d'apporter des éclaircissements sur la culture du crime par le travail sur la norme qu'il opère[13].

LES MODES D'INHUMATION

Le mode d'inhumation dépend du statut du corps. La question est de savoir si le corps bénéficie d'une réintégration sociale, autrement dit s'il est réclamé par la famille, réclamation qui parfois pose problème.

LES CORPS NON RÉCLAMÉS

Concernant les suppliciés, l'abandon du corps est une pratique très majoritaire. Ce qui pose la question de la prise en charge, car le Code pénal n'indique rien à ce sujet[14]. À Paris, elle est effectuée par la Préfecture de Police et en province par le procureur (ou le substitut)[15] ou, pour les fusillés, par l'autorité militaire. Parfois, interviennent les confréries de pénitents comme en Provence, en Corse ou dans le Nord[16],

---

13 E. Goffman, *Stigmate. Les usages sociaux des handicaps*, Paris, Les Éditions de Minuit, 1975 [1963]. Nous tenons par ailleurs à remercier toutes les personnes citées pour leur aide dans les notes de bas de page précédentes et suivantes, ainsi que Régis Bertrand tout particulièrement et Gilles Alessandrini, Jean-Christophe Ascione, Olivier Baisnée, Jonathan Barbier, Danielle Benazzouz, Jean-Marc Berlière, Michel Bertherat, Zoé Bertherat-Dentone, François Billou, Fanny Bugnon, Anne Carol, Christian Chevandier, Dominique Couderc, Ghislaine Delmond, Florence De Pinho, Nicolas Faucherre, Franck Frégosi, Olivier Loudin, Laurent Malyquevique, Valérie Metge, Jean-Philippe Meyssonnier, Laurence Montel, David Ollivier, Caroline Parsi, Nicolas Picard, Maurice Rey, Jean-Lucien Sanchez, Juliette Spire, Emmanuel Taïeb, Isabelle Tarisca.

14 A. Carol, *Au pied de l'échafaud…*, *op. cit.*, p. 238-240 ; N. Picard, *L'application de la peine de mort…*, *op. cit.*, p. 634 (des circulaires encadrent ces pratiques au XXe siècle, mais ne règlent pas le mode d'inhumation).

15 Il faut aussi mentionner le rôle de l'exécuteur dans la mesure où c'est souvent lui qui amène le corps au cimetière et le met dans la fosse.

16 Pour la Provence et Marseille par exemple, voir R. Bertrand, « L'exécution et l'inhumation des condamnés en Provence… », art. cité et *Les Compagnies de pénitents de Marseille*, Marseille, La Thune, 1997.

dont le rôle est en déclin à partir de la fin du XIXe siècle. Pour les autres criminels, il est impossible d'évaluer la part des corps non réclamés. En effet, mourir dans son lit (ou dans un lit d'hôpital) n'est pas la même chose qu'être abattu, en particulier par les forces de l'ordre, ou mourir dans une prison. Les bagnes (métropolitains jusqu'à leur déménagement dans les colonies sous le Second Empire et le début de la IIIe République) présentent deux particularités : des exécutions peuvent s'y dérouler et il n'est pas certain que les corps puissent être réclamés par les familles[17]. Selon les situations, la prise en charge est effectuée par les autorités policières ou pénitentiaires ou encore par les pompes funèbres[18]. Le cimetière communal est a priori la destination de tous ces corps. Le choix de celui-ci et de l'emplacement de la tombe incombe normalement au maire, responsable de la gestion du cimetière communal.

Dans les cimetières urbains, les suppliciés disposent généralement d'un espace réservé. À Paris, ils sont inhumés à Sainte-Catherine[19], puis à Montparnasse à partir de 1824, et enfin au cimetière parisien d'Ivry, à partir du Second Empire et ce jusqu'à la fin de l'exécution capitale (il reçoit ses derniers condamnés en 1972[20]). On retrouve un espace similaire à Marseille au cimetière Saint-Charles, puis à Saint-Pierre, qui accueille les restes du dernier guillotiné de France en 1977, à cette différence près qu'il reste dans le plus grand et prestigieux cimetière de la ville, l'équivalent du Père-Lachaise. Les fusillés sont inhumés parfois dans ces carrés réservés, comme le sergent Joseph Bitterlin à Marseille (1830)[21]. Au XXe siècle, une partie d'entre eux au moins est inhumée dans un espace réservé du cimetière parisien de Thiais, ouvert en 1929. Quant à l'enclos où se trouvent les guillotinés à Ivry, il reçoit également les corps de la Morgue et des hôpitaux, inconnus ou non réclamés[22],

---

17 M. Le Clère, *La Vie quotidienne dans les bagnes*, Paris, Hachette, 1973, p. 258-262. Pour aller plus loin, il faudrait mener une recherche dans les archives.

18 On ne sait pas si les confréries de pénitents interviennent pour les détenus et les bagnards (non exécutés) pendant la période.

19 Situé au Faubourg Saint-Marcel (actuel V^e^ arrondissement).

20 Buffet et Bontems.

21 R. Bertrand, « Que faire des restes des exécutés ? », art. cité, p. 55. En revanche, le soldat Auguste Nouvel, fusillé le 6 mars 1873 au fort de Vincennes, est inhumé au cimetière de Vincennes (APPP, BA 887, dossier Exécution des arrêts criminels, 1872 à 1899, dossier Nouvel, n° 30). Le plus ancien registre des cimetières de la ville remontant à 1884, nous n'avons trouvé aucun renseignement sur sa tombe.

22 La situation était déjà similaire à Montparnasse.

jusqu'en 1886, date à laquelle il est déplacé dans une nouvelle partie du cimetière[23].

Ces regroupements sont significatifs. Les tombes des suppliciés sont l'objet d'une forme de ségrégation, contradictoire avec l'égalité promue par le Code pénal et le décret de prairial, et sans aucun fondement autre que les usages. Ségrégation renforcée par la localisation et le traitement de l'espace. Celui-ci est placé à la périphérie du cimetière, en dehors de l'espace bénit par l'Église avant la loi de laïcisation de 1881[24]. À Ivry, le carré des guillotinés est d'abord une sorte de terrain vague délimité par une palissade, surnommé « Champ des navets » (12e division)[25], avant d'être transféré le long du mur d'enceinte du cimetière agrandi (dans la 27e division qui lui est réservée). À Saint-Pierre, l'espace est également situé le long du mur d'enceinte (au fond du carré 13)[26]. Ajoutons que les suppliciés ont pu être à certaines périodes, on suppose les plus anciennes, inhumés dans des tranchées, comme à Sainte-Catherine[27], plutôt que dans des fosses individuelles. Cet ostracisme de la tombe fait écho au manque de respect à l'égard du cadavre, tout au moins au XIXe siècle, au moment de sa mise en terre par le bourreau. Les corps peuvent en outre être remis, après un simulacre d'inhumation, aux autorités médicales à des fins scientifiques, comme pour les corps abandonnés des hôpitaux[28]. Ils rejoignent alors le circuit des déchets anatomiques censés revenir un jour au cimetière, à moins qu'ils ne soient incinérés. Certaines parties de leur anatomie finissent parfois leur trajectoire dans des collections scientifiques ou prétendues telles (surtout au XIXe siècle), ou servent à des greffes après 1945[29].

23 Les corps de la Morgue et des hôpitaux sont alors envoyés au cimetière parisien de Bagneux.

24 Les espaces non bénits ne sont pas forcément des espaces de rebut : on y trouve en particulier les autres confessions et parfois de beaux tombeaux, comme au cimetière Saint-Pierre de Marseille.

25 M. Du Camp, *Paris, ses organes, ses fonctions et sa vie dans la seconde moitié du XIXe siècle*, Paris, L. Hachette et Cie, 1875 (Cinquième édition), t. 3, p. 301.

26 D'autres exemples dans A. Carol, *Au pied de l'échafaud…*, *op. cit.*, p. 245 et N. Picard, *L'application de la peine de mort…*, *op. cit.*, p. 636.

27 Selon J. Hillairet, *Les 200 Cimetières du Vieux Paris*, Paris, Les Éditions de Minuit, 1958, p. 312-314.

28 Autopsies, dissections et expérimentations diverses : A. Carol, *Physiologie de la Veuve…*, *op. cit.*, *Au pied de l'échafaud*, *op. cit.*, p. 237-270 et *Les médecins et la mort, XIXe-XXe siècle*, Paris, Aubier, 2004, p. 255-269.

29 N. Picard, *L'application de la peine de mort…*, *op. cit.*, p. 642-645 (qui relève un cas douteux de greffe en 1925). On ne sait pas en revanche si ces greffes concernent uniquement des corps non réclamés.

Les sources sont plus difficiles à trouver pour les autres criminels. Le destin des restes de Jules Bonnot est connu en raison de sa célébrité. Tué par la police le 27 avril 1912, il est enterré trois jours plus tard au cimetière parisien de Bagneux en terrain commun (gratuit), aux côtés de son complice Dubois, rejoints quelques semaines après par deux autres membres de la bande, Garnier et Valet, abattus eux aussi. Leur localisation est différente de celle des suppliciés, puisqu'ils demeurent parmi les gens modestes et pauvres. En revanche, c'est une logique d'exclusion qui domine pour les forçats. C'est dans une fosse collective du cimetière que sont inhumés ceux du bagne de Brest (fermé en 1858)[30]. À bien des égards, le traitement de leur corps se rapproche de celui des guillotinés[31]. Nous ne savons pas si les morts des prisons disposent d'un espace réservé au sein des cimetières communaux. Quant à la prison modèle de Fresnes au sud de Paris, ouverte en 1898, elle a dû créer à la demande de la commune un cimetière spécial pour que ne soient pas inhumés « à côté des honnêtes gens des prisonniers de droit commun[32] ». Le cimetière de Fresnes est-il comparable aux cimetières spéciaux des hôpitaux ? Ces derniers seraient plutôt le résultat d'un choix pragmatique qui contraste avec la logique d'exclusion du premier[33]. Reste le point commun de tous ces criminels : l'abandon de leur corps. Il s'explique par leur isolement et l'opprobre attaché à leur famille, auxquelles peuvent

30 D'après un dessin de 1844 du peintre J. Noël, *Bagnards du bagne de Brest : un enterrement au cimetière de Brest*, conservé au musée des beaux-arts de Brest (notre seule source sur le sujet). La fosse collective, telle qu'elle apparaît, n'a pas la forme d'une tranchée. Est-elle réservée uniquement aux forçats ? Il faudrait mener des recherches similaires pour les bagnes de Rochefort et de Toulon. Des recherches archéologiques récentes effectuées au cimetière paroissial de la Porte royale à Toulon, fermé en 1829, ont permis de découvrir des sépultures de bagnards, notamment une sépulture contenant quatre bagnards, dont deux enterrés à plat ventre et tête-bêche (D. Ollivier, « Le cimetière de la Porte royale et les bagnards », communication au colloque du GAAF des 25-27 mai 2016 à Marseille, « La mort de plus en plus proche. Rencontre autour de nos aïeux », à paraître).

31 M. Le Clère, *La vie quotidienne dans les bagnes*, *op. cit.*, p. 258-262 ; J.-P. Meyrueis et A. Bérutti (dir.), *Le bagne de Toulon, 1748-1873*, Gémenos, Autres Temps, 2010, p. 162-164.

32 C. Carlier, J. Spire et F. Wasserman, *Fresnes la prison. Les établissements pénitentiaires de Fresnes : 1895-1990*, Fresnes, Écomusée, [1990], p. 47-49 (l'extrait cité provient d'une séance du conseil municipal du 28 août 1895). Les Archives départementales du Val-de-Marne disposent de dossiers sur le cimetière (566W 63) que nous n'avons pas encore exploités. Le cimetière n'est plus en activité aujourd'hui.

33 On pense au cimetière du Centre d'accueil et de soins hospitaliers de Nanterre évoqué par Patrick Declerck (*Les Naufragés. Avec les clochards de Paris*, Paris, Plon, 2001). Il faudrait voir dans les archives l'origine de ces cimetières pour vérifier cette hypothèse.

s'ajouter des contraintes matérielles : le coût d'un transfert ou d'une concession. Pour tous ces morts, isolement et ostracisme sont étroitement mêlés. Tel n'est pas le cas des corps réclamés.

LES CORPS RÉCLAMÉS

La réclamation des corps des guillotinés est croissante à partir de la fin du XIXe siècle[34], mais cela n'a pu être vérifié pour les autres criminels. Elle suppose une réintégration dans un circuit funéraire classique, du terrain commun à la concession perpétuelle[35]. Pour les suppliciés, la procédure passe a priori par une première inhumation dans le terrain qui leur est dévolu, le temps sans doute que la famille fasse valoir ses droits. C'est le cas de Jean-Jacques Liabeuf, inhumé le 1er juillet 1910 dans le carré des suppliciés à Ivry, avant d'être réinhumé le 15 dans une concession temporaire acquise par sa mère dans le même cimetière[36]. C'est le cas aussi, à l'autre bout du siècle et de la France, de Christian Ranucci, inhumé dans le carré des suppliciés de Saint-Pierre à Marseille le 28 juillet 1976, puis réinhumé au cimetière Saint-Véran à Avignon, dans le caveau de famille, à la demande de sa mère, Héloïse Mathon[37]. La réclamation du corps des fusillés est également possible. C'est ainsi que Jean Bastien-Thiry, le dernier condamné à avoir été fusillé (le 11 mars 1963 au fort d'Ivry), est transféré du cimetière de Thiais à celui de Bourg-la-Reine, en région parisienne. L'essor de la réclamation des guillotinés coïncide avec le refus croissant des autorités de les laisser au monde médical lorsqu'ils ont exprimé une opposition[38]. Il y aurait donc une meilleure prise en compte des demandes des guillotinés et de leurs familles.

Le trajet est plus rectiligne pour les criminels non suppliciés. Les corps sont amenés directement du lieu où ils sont déposés, en passant

34 La pratique est relevée par Anne Carol pour Paris. Mais elle reste très minoritaire : sans doute une dizaine de cas au XXe siècle à Paris (N. Picard, *L'application de la peine de mort…*, *op. cit.*, p. 637). Il faudrait vérifier pour l'ensemble du territoire.

35 L'ordonnance du 6 décembre 1843, qui étend les principes du décret de prairial à tout le royaume, établit trois classes de concessions, perpétuelles (héritage de l'Ancien Régime), trentenaires et temporaires (dites quinzenaires). Des concessions centenaires seront autorisées entre 1924 et 1959 et des cinquantenaires à partir de 1928.

36 Conservation du cimetière d'Ivry (CCI), Dossiers des guillotinés de 1885 à 1922, Dossier Liabeuf, 1er juillet 1910 ; *Le Journal*, 16 juillet 1910, p. 3.

37 Conservation du cimetière de Saint-Véran, Journalier 1975-1976, n° 859, 13 août 1976.

38 On renvoie ici à nouveau aux travaux d'Anne Carol et à ceux de Nicolas Picard.

éventuellement par un lieu de culte, jusqu'à la tombe choisie. La réclamation se fait-elle pour autant sans difficulté ? Un exemple montre le contraire : le corps de Valet, l'un des complices de Bonnot, n'a pu être réclamé par sa famille, qui n'a pas pu non plus voir le corps[39]. Elle est contrainte aussi par la peur des troubles et la honte éprouvée par les familles. C'est pour ces raisons qu'en 1846 les parents d'un supplicié choisissent qu'il soit inhumé à Altkirch (Haut-Rhin), ville où il a été exécuté, plutôt que dans sa commune d'origine[40]. À l'inverse, la liberté dans le choix de la sépulture va-t-elle jusqu'à la crémation, autorisée par la loi de 1887 et le décret de 1889 ? Aucun guillotiné ne semble avoir été incinéré et nous ne savons pas quelle était la position des autorités à cet égard. D'une manière générale, l'inhumation est très largement majoritaire chez les criminels[41]. Un doute subsiste concernant Joëlle Aubron, militante d'Action directe morte dans un hôpital parisien en 2006, qui avait été condamnée à la prison à perpétuité en 1989 et libérée pour raisons de santé. La crémation semble en effet fréquente dans les milieux libertaires.

Le type d'inhumation laisse voir néanmoins des différences. Landru, guillotiné à Versailles en 1922, est inhumé dans une concession temporaire (comme Liabeuf) au cimetière des Gonards, concession qui n'est pas renouvelée en 1927[42] ; Edmond Couty de la Pommerais, guillotiné à Paris en 1864, dans une concession temporaire, puis perpétuelle en 1876, à Montparnasse[43]. Quant à Jacques Mesrine, abattu par la police en 1979, il est enterré dans le caveau familial, une concession perpétuelle,

39 Selon *Le Petit Journal* (17 mai 1912, p. 1). L'argument avancé par la police est que la famille ne s'est pas présentée au moment de l'inhumation.

40 A. Carol, *Au pied de l'échafaud…*, *op. cit.*, p. 240.

41 Il y a aussi quelques exceptions dans le Milieu. Ainsi, Michel Ardouin, dit « Porte-avions », qui fut le complice de Jacques Mesrine, mort en janvier 2014, est incinéré au crématorium du Père-Lachaise selon ses dernières volontés. Ses origines sociales ont-elles joué un rôle dans ce choix ? Il est issu d'une famille bourgeoise, ce qui est rare dans le Milieu. On ignore la destination de ses cendres.

42 https://www.tombes-sepultures.com/crbst_1720.html (consulté le 11 août 2017). Ce cimetière, situé à Versailles, recevait, à cette époque du moins, les suppliciés du ressort de la cour d'assises de Versailles.

43 Conservation du cimetière de Montparnasse (CCM), Registre journalier. La seconde a été fondée par Joseph Eugène Eyrolles. Nous ne savons pas qui a payé la première concession. Un journal indique que le corps a été réclamé par la famille (*Le Petit Journal*, 10 juin 1864, p. 2). L'emplacement de la concession perpétuelle n'est pas la même que celle de la concession temporaire : il y a eu transfert d'une division à une autre.

tout comme Ranucci, au cimetière nord de Clichy[44], au nord de Paris. Signe de la volonté de ces deux familles de perpétuer la mémoire du disparu et de l'avoir auprès d'elles dans un culte des morts qui prend naissance au XIXe siècle et se perpétue en grande partie jusqu'à nos jours. La destinée du duc de Choiseul-Praslin, pair du royaume, est exceptionnelle, eu égard à son statut social : il s'est suicidé pour échapper à une inculpation de meurtre contre sa femme en 1847. Son corps est inhumé à Montparnasse dans une « sépulture particulière et perpétuelle », achetée pour le compte de la famille par un banquier[45]. Tout comme Couty de la Pommerais, le duc évite la « promiscuité des cendres[46] » des pauvres et des réprouvés, mais il demeure seul pour l'éternité.

Il y a aussi les grandes familles du crime, bien connues surtout depuis la deuxième partie du XXe siècle. Marseille en fournit plusieurs exemples. On peut distinguer le caveau de la famille Zampa, dont Gaëtan dit Tany, qui s'est suicidé en prison en 1984, était le chef. Il est situé au cimetière Saint-Pierre, non loin des tombes de notables marseillais. La logique familiale se double d'une logique clanique. Le caveau des Zampa accueille en décembre 1976 la dépouille du fils de son lieutenant Gaby Regazzi, puis Gaby lui-même en mars 1977, au motif qu'ils ne disposaient pas d'un caveau. L'histoire, rapportée par les deux familles, montre l'importance de leurs liens[47]. Il n'est pas certain que la pratique soit fréquente dans le Milieu. Toutefois, un an plus tard, le 26 octobre 1978, les père et fils sont transférés dans un autre caveau dont le nom du fondateur n'a pas de lien apparent avec les Regazzi ni avec les Zampa.

Parfois la logique confessionnelle peut interférer, même après la loi de laïcisation des cimetières de 1881, l'État tenant compte des demandes réitérées des communautés musulmanes, mais aussi juives[48]. Certains criminels sont donc enterrés dans des carrés confessionnels. Ainsi, quatre des cinq frères Zemour, surnommés les « Z », célèbre gang des années 1970, issu d'une famille juive d'Algérie, tous morts de manière violente

---

44 Clichy-la-Garenne.

45 CCM, Dossier de concession n° 5706, le 27 août 1847. Le banquier s'appelle Jean Baptiste Charles Prosper Flury-Hérard.

46 Nous reprenons l'expression à Victor Hugo qui l'emploie à l'égard de Fantine, enterrée en terrain commun (*Les Misérables, Œuvres complètes. Roman II*, Paris, Robert Laffont, 1985 [1862], p. 237).

47 M. Zampa, *Tchao Parrain*, Paris, Olivier Orban, 1986, p. 165-167 ; H. Regazzi et C. Boizette, *Itinéraire d'une enfant du Milieu*, Paris, Fleuve Noir, 2012, p. 215-216 et p. 233-234.

48 Des circulaires ont été produites en 1975, 1991 et 2008 en ce sens.

entre 1947 et 1983, sont inhumés dans le caveau familial au cimetière parisien de Bagneux, où la communauté est fortement représentée. La logique est similaire pour les djihadistes des années 2010, tel Mohammed Merah, abattu par les forces de l'ordre en mars 2012 et enterré dans une concession dans le carré musulman du cimetière suburbain de Toulouse à Cornebarrieu, à la demande de ses proches. Mais le contexte est tout à fait différent. L'histoire de l'inhumation de Merah et de celle des autres djihadistes fait apparaître une nouveauté : les polémiques relatives au choix du cimetière.

LA QUESTION DU CHOIX DU CIMETIÈRE : L'INHUMATION DES DJIHADISTES

Jusqu'à l'affaire Merah, il semble que les inhumations de criminels en temps de paix n'aient pas suscité de polémiques quant au choix du cimetière, y compris concernant celui qui est considéré comme le premier djihadiste français, Khaled Kelkal, abattu par les gendarmes en 1995 et inhumé dans le carré musulman du cimetière de la communauté urbaine de Lyon à Rillieux-la-Pape. L'affaire Merah marque incontestablement une rupture qui s'inscrit dans la durée avec l'accumulation des attentats sanglants, commis par ces meurtriers de masse, et elle doit être replacée dans un contexte international[49]. Ces polémiques ne semblent pas toucher d'autres catégories de tueurs, avant comme après l'affaire Merah. À titre de comparaison, la destinée des restes de Martin Dumollard (guillotiné en 1862 à Montluel, dans l'Ain), souvent présenté comme un des premiers tueurs en série français de la période contemporaine, et d'Émile Louis (condamné à la prison à perpétuité, mort à l'UHSI de Nancy en 2013)[50], n'a pas suscité dans la presse ou dans l'opinion publique de semblables polémiques.

Il faut donc revenir à l'affaire Merah et rappeler les faits. Le maire de la ville de Toulouse, où Merah était né, habitait et fut abattu le 22 mars 2012, refuse d'inhumer sa dépouille, déposée à l'institut médico-légal,

49 R. Kastoryano, *Que faire du corps des djihadistes ?…*, *op. cit.*, p. 61-72. La plupart des liens qui suivent nous ont été fournis par Anne Fornerod.

50 Unité hospitalière sécurisée interrégionale. Remis à sa famille, le corps de Louis aurait été crématisé selon sa volonté (http://www.republicain-lorrain.fr/actualite/2013/10/23/emile-louis-devrait-etre-incinere ; consulté le 19 octobre 2017). Nous ne savons pas la destination de ses cendres. Dumollard aurait été enterré au cimetière de Montluel (sauf la tête, utilisée à des fins scientifiques). Son corps n'a apparemment pas été réclamé.

après le refus de l'Algérie, pays d'origine de ses parents, celui où habite encore son père. Le motif invoqué est le risque de trouble à l'ordre public, dont le maire est garant, y compris en matière funéraire. L'attentat a en effet provoqué un véritable choc à Toulouse, au-delà du traumatisme subi par les familles des victimes, eu égard au statut des victimes et au caractère antisémite de l'acte[51]. Pour la première fois en temps de paix[52], le choix de l'emplacement de la tombe d'un criminel fait l'objet de la une des médias nationaux et internationaux. Finalement, le 29 mars, Merah est bien enterré à Cornebarrieu. A donc prévalu, contre le risque de trouble à l'ordre public, le droit que le défunt a d'être enterré dans la commune où il habitait, celle où il est mort ou celle où il possédait un caveau[53], décision soutenue par le président de la République de l'époque.

On retrouve le même scénario pour les autres djihadistes, en particulier ceux des attentats de janvier et novembre 2015, qui sont enterrés pour la plupart dans les carrés confessionnels de cimetières métropolitains, à la suite du refus des pays d'origine de leur famille d'accepter l'inhumation de leur corps[54]. Néanmoins, une évolution importante paraît se dessiner après l'attentat contre un couple de policiers à Magnanville (Yvelines) le 13 juin 2016, le père du terroriste abattu ayant saisi le tribunal administratif suite au refus du maire de la commune voisine de Mantes-la-Jolie où il habitait d'inhumer sa dépouille dans le cimetière communal. Saisi à son tour par le tribunal administratif, le Conseil d'État rend un avis le 16 décembre de la même année dans lequel il rappelle qu'« un maire peut refuser une inhumation sur le territoire de sa commune en cas de

51 C'est principalement ce motif et le contexte très récent qui expliquent que nous n'ayons pas été autorisé par la mairie de Toulouse à interroger le conservateur du cimetière. Sauf mention contraire, les renseignements sur la tombe nous ont été fournis par le Service de presse de la mairie de Toulouse.

52 La question s'était posée en 1949 pour l'inhumation de collaborateurs des nazis. Mais nous sommes ici dans une logique de sortie de guerre. Référence : http://www.conseil-etat.fr/Actualites/Communiques/Inhumation (site consulté le 14 octobre 2017).

53 Article L2223-3 du Code des collectivités territoriales (qui ajoute un quatrième droit « Aux Français établis hors de France n'ayant pas une sépulture de famille dans la commune et qui sont inscrits sur la liste électorale de celle-ci »). L'inhumation est possible dans une autre commune, mais le maire peut la refuser. L'inhumation dans une propriété privée est soumise à l'autorisation du préfet.

54 Prenons l'exemple des trois auteurs des attentats de janvier 2015. Saïd Kouachi est inhumé dans un cimetière à Reims (nous n'avons pas réussi à préciser le lieu), son frère Chérif dans le carré musulman du cimetière de Genevilliers (Hauts-de-Seine), Amedy Coulibaly dans le carré musulman du cimetière de Thiais.

risques de trouble à l'ordre public », laissant au tribunal administratif le soin de statuer ultérieurement sur le fond du dossier[55]. Ce qu'il n'a pas eu à faire, puisqu'entre-temps le terroriste avait été inhumé au Maroc. Cette procédure semble avoir eu un écho après l'attentat de Nice du 14 juillet 2016, puisque le corps du djihadiste n'est pas inhumé en France, tout en restant sur le territoire pendant presque un an (sans doute dans un institut médico-légal) avant d'être transféré en Tunisie (il n'avait pas la nationalité française, contrairement à la plupart des terroristes mentionnés précédemment)[56].

Le cas des djihadistes pose la question du lien entre territoire et identité. À cette occasion, la France découvre le phénomène des « *homegrown terrorists* », ces terroristes qui ont grandi dans le territoire où ils ont perpétré leurs attentats au nom d'une idéologie à visée mondiale et en possèdent la nationalité. Le phénomène a touché d'autres pays occidentaux, comme le Royaume-Uni et les États-Unis d'Amérique. Le choix suivi par ces pays, à l'instar de la France, a été l'inhumation sur le territoire national. Le corps d'Oussama Ben Laden, apatride d'origine saoudienne, abattu par les forces américaines au Pakistan en 2011, a eu un autre destin : il a été immergé dans l'océan sur décision du gouvernement américain. Quant à la crémation, elle a été envisagée par un juriste français dans le contexte évoqué précédemment pour résoudre de manière radicale le problème de l'inhumation dans un cimetière communal[57].

Pour en revenir aux généralités, il est évident que les modes d'inhumation des criminels ont des incidences sur l'aspect de leur tombe. Mais en la matière aussi il faut tenir compte autant des usages, qu'ils émanent des autorités ou des proches des criminels, que des règles de droit.

---

55 http://www.conseil-etat.fr/Actualites/Communiques/Inhumation (site consulté le 2 octobre 2017). Voir aussi : http://www.jorion-avocats.com/2017/03/09/pouvoir-de-police-maire-inhumation-terroriste/ (site consulté le 30 octobre 2017).

56 Nos sources émanent exclusivement de la presse (il faudra donc les corroborer) : http://www.lepoint.fr/societe/attentat-de-nice-le-corps-de-mohamed-lahouaiej-bouhlel-rapatrie-en-tunisie-04-07-2017-2140349_23.php (consulté le 12 août 2017) ; http://www.leparisien.fr/faits-divers/le-corps-de-l-auteur-de-l-attentat-de-nice-a-ete-rapatrie-en-tunisie-04-07-2017-7108917.php (consulté le 12 août 2017).

57 X. Labbée, « Le cadavre du terroriste », *La Semaine juridique*, n° 36, 12 septembre 2016, n° 712.

L'ASPECT DES TOMBES

La visibilité des tombes est à la fois un indice du statut de leur occupant et la condition du culte des morts, puisqu'il en est le support matériel. C'est donc d'invisibilité qu'il faudrait parler ici. On verra néanmoins que celle-ci est relative.

L'INVISIBILITÉ COMME NORME

L'invisibilité des tombes est la règle pour les suppliciés non réclamés, même si cette règle n'est pas de droit. Notons néanmoins que la prévention du trouble à l'ordre public peut s'appliquer ici. Aucun signe ne doit indiquer l'emplacement de la tombe, contrairement à ce que permet le décret de prairial. Les suppliciés disparaissent donc de l'espace visible du cimetière : leur tombe est un « non-lieu ». Ce processus d'effacement est bien décrit à propos de l'inhumation à Ivry de Paul Gorguloff, l'assassin du président de la République Paul Doumer, le 14 septembre 1932 : « Le lendemain, le carré des suppliciés n'est plus qu'un étroit espace sablé, ratissé, anonyme et nu, où rien ne semble s'être jamais passé[58] ». Quant à la première tombe de Ranucci à Saint-Pierre, dans le coin des suppliciés, c'est « un tumulus de terre, dans lequel [est] fiché [...] un bâton portant le chiffre treize[59] ». Pour les corps réclamés, l'article 14 du Code pénal stipule : « Les corps des suppliciés seront délivrées à leurs familles, si elles les réclament, à la charge pour elles de les faire inhumer sans appareil[60] ». Cette disposition s'appliquait en fait à la pompe des funérailles, amorce d'un processus de commémoration, voire de contestation[61]. Il est logique qu'elle ait été étendue à la tombe elle-même.

Ajoutons que cette disparition est aussi parfois d'ordre archivistique et médiatique. Ainsi, au cimetière d'Ivry, les inhumations des guillotinés

58 *Détective*, 22 septembre 1932, p. 3 et 4. Le corps sera réinhumé au cimetière de Thiais le 28 septembre en concession temporaire.

59 G. Perrault, *Le Pull-over rouge*, Paris, Le livre de poche, 1980 [1978], p. 21.

60 La version primitive de l'article ne comportait pas l'expression « sans appareil » : A. Chauveau et F. Hélie, *Théorie du Code pénal*, Paris, Cosse, 1852 (Troisième édition), t. 1, p. 229-230.

61 A. Carol, *Au pied de l'échafaud...*, *op. cit.*, 239.

ne sont enregistrées qu'à partir de 1885. Négligence ou volonté délibérée ? La question renvoie au problème de l'enregistrement des inhumations en général et de la conservation de ces sources. Quant à la presse, elle ne semble s'intéresser à l'ultime destination des criminels qu'à partir de la fin du XIXe siècle. Auparavant, les récits s'arrêtent au récit, parfois très court, de l'exécution, qui contraste avec l'éclat du procès, comme lors de l'affaire Dautun (1814-1815), une des « causes célèbres » du début du siècle, que Victor Hugo choisit comme marqueur temporel au début des *Misérables*. De la destinée posthume de Charles Dautun, enterré vraisemblablement à Sainte-Catherine, nous ne saurons rien. Le corps du supplicié disparaît littéralement des sources, en tous cas de celles qui ont été conservées. À l'autre bout du siècle, la culture de masse semble lui donner une seconde vie.

On retrouve une volonté similaire d'invisibilisation pour l'enfouissement collectif des bagnards de Brest et certains criminels abattus par les forces de l'ordre. La tombe anonyme de Bonnot contraste ainsi avec les tombes voisines pourvues de croix et surtout avec le tombeau consacré aux « Victimes du Devoir » à Montparnasse dans lequel est enterré Louis Jouin, le sous-chef de la Sûreté abattu par le truand[62]. Le même procédé est employé pour les djihadistes, à l'exemple de Merah. Le personnel du cimetière a défense de communiquer au public l'emplacement de sa tombe. L'anonymisation des tombes des djihadistes est ici une application concrète des pouvoirs des maires concernant la sauvegarde de l'ordre public, dès lors que l'inhumation leur a été imposée par les autorités. Mais la disparition peut être orchestrée par le défunt lui-même. On pense ici à Joëlle Aubron, dont les obsèques se sont déroulées dans la plus stricte intimité. Ses proches ont sans doute fait en sorte qu'on ne sache pas ce qui avait été fait de son corps. Il échappe donc à cette société qu'elle rejetait.

Replacée dans la longue durée, cette invisibilisation rejoint pourtant le lot commun. En effet, la reprise administrative au bout de cinq ans, au moins dans les grandes villes, concerne les corps inhumés en terrain gratuit. Il en va ainsi pour Christine Papin[63], morte à l'asile d'aliénés

62 Q. Deluermoz, *Policiers dans la ville. La construction d'un ordre public à Paris (1854-1914)*, Paris, Publications de la Sorbonne, 2012, p. 281-315 et p. 344. Comme l'indique l'auteur, le choix du cimetière est significatif : ne comportant plus que des concessions perpétuelles, il est celui des élites.

63 Domestique, auteure avec sa sœur du meurtre de leur patronne et de sa fille au Mans en 1933. Une des célèbres affaires judiciaires de l'entre-deux-guerres. La peine de mort avait été commuée en travaux forcés à perpétuité.

de Rennes en 1937 et inhumée au cimetière de l'Est[64]. Les concessions elles-mêmes sont touchées si elles sont non renouvelées, comme celle de Liabeuf à Ivry. Le même phénomène existe pour les perpétuelles en état d'abandon dont la loi du 3 janvier 1924 et le décret du 25 avril 1924 permettent la reprise : c'est ainsi que les restes de Couty de la Pommerais ont été transférés à l'ossuaire du Père-Lachaise en 1980. Le flux des corps dans le carré des suppliciés semble tout de même moins important que dans le terrain commun et certaines tombes demeurent en place au-delà du délai de 5 ans. L'ostracisme dont les tombes des suppliciés sont victimes leur assure paradoxalement une plus grande longévité. Leur tombe devient en quelque sorte une « concession de fait[65] ». Enfin, plus récemment, les restes ont pu être l'objet d'un transfert dans un autre pays, comme ceux de Kelkal en Algérie[66].

Quoi qu'il en soit, la destination ultime des restes est difficile à repérer, surtout au XIXe siècle. Les reprises administratives ne sont pas forcément consignées, silence qui touche sans doute plus les corps vils que les autres. Les ossements (sur la destinée desquels le décret de prairial est muet) sont censés être regroupés dans des ossuaires, dont le nombre, la forme et la taille sont variables[67]. Mais on en trouve aussi lorsqu'on creuse une nouvelle fosse. Assistant à l'inhumation à Ivry de Barré et Lebiez, guillotinés en 1878, un journaliste écrit à ce propos : « Nous voyons mêlés à cet humus une grande quantité d'ossements humains et une mâchoire portant toutes ses dents, et grimaçant un horrible sourire[68] ». À Paris, les Catacombes reçoivent les ossements des cimetières fermés, qui n'ont pas été transférés dans un nouveau cimetière : les suppliciés de

64 https://www.tombes-sepultures.com/crbst_1782.html (site consulté le 12 août 2017). Sa tombe est reprise à une date inconnue.

65 R. Bertrand, « Que faire des restes des exécutés ? », art. cité, p. 57.

66 R. Kastoryano, *Que faire du corps des djihadistes ?...*, *op. cit.*, p. 68. La pratique était plus fréquente à l'époque dans les familles issues de l'immigration maghrébine qu'elle ne l'est aujourd'hui (Y. Chaïb, *L'émigré et la mort. La mort musulmane en France*, Aix-en-Provence, Édisud, 2000 ; A. Aggoun, *Les musulmans face à la mort en France*, Paris, Vuibert, 2006).

67 La pratique remonte au moins au Moyen-Âge. Voir A. Richier, « Au-delà de la sépulture : les ossuaires dans les cimetières modernes et contemporains (XVIe-XIXe siècle) », M. Lauwers et A. Zemour (dir.), *Qu'est-ce qu'une sépulture ? Humanités et systèmes funéraires de la Préhistoire à nos jours*, Antibes, Éditions APDCA, 2016, p. 261-277.

68 *Le Figaro*, 8 septembre 1878, p. 1. Le dessin de Jules Noël sur la fosse des bagnards de Brest fait écho à cette description : on voit y des crânes et des os longs sur le bord de la fosse. Nous ignorons ce que sont devenus les ossements des forçats lorsque la fosse a été reprise.

Sainte-Catherine s'y trouvent peut-être[69]. Quant au carré des suppliciés d'Ivry, devenu inutile après 1981, il a été vidé de ses restes transportés dans l'ossuaire de Thiais, puis crématisés et dispersés dans un espace dédié. Il est conservé depuis à titre historique[70]. La végétation y pousse sans entrave depuis l'arrêt des traitements phyto-sanitaires. La nature a repris ses droits.

LES ÉCARTS À LA NORME : LES SIGNES DISTINCTIFS

On évoque ici les signes distinctifs pérennes qui indiquent la présence d'une tombe, outre l'éventuel tumulus (les tombeaux sont évoqués plus loin). Les écarts à la norme concernent d'abord les tombes de guillotinés réclamés par les familles. Celles-ci peuvent obtenir l'autorisation de mettre des signes distinctifs discrets. Les sources disent souvent qu'il est interdit d'indiquer l'identité complète du supplicié. Ainsi, la tombe de Landru, au cimetière des Gonards, est marquée par la présence d'une croix avec ses prénoms « Henri, Désiré ». Dans d'autres cas, les initiales sont autorisées. La solution trouvée par la mère de Ranucci pour contourner l'interdiction est plus élaborée et inédite : elle fait écrire les prénom et nom de son fils en entier, mais en caractères cyrilliques, accompagnée sous les dates de naissance et de mort d'une dédicace, qui signifie « Mémoire éternelle[71] ». L'ensemble, gravé sur la plaque avec tous les autres noms des défunts du caveau, est encore visible aujourd'hui.

On retrouve même des signes distinctifs sur des tombes dans les carrés des suppliciés. Le sculpteur David D'Angers dit avoir observé « une foule de petites croix en roseau » lors de visites à celui de Saint-Charles à Marseille en 1835[72]. Les archives du cimetière d'Ivry en gardent aussi quelques traces. Ainsi, la mère de Fulgence Géomay, exécuté le 22 mai 1889, est autorisée en septembre à faire placer un entourage en bois

---

69 Mais de nombreux ossements sont restés dans le cimetière désaffecté comme l'indiquent des travaux de terrassement qui ont lieu bien des années après sa disparition (par exemple, *Commission municipale du Vieux Paris – Procès-verbaux*, 28 mars 1901, p. 34-35).

70 CCI, A. Passieux, *Le cimetière parisien d'Ivry – Étude historique*, mars 2013, p. 23. Au cimetière Saint-Pierre de Marseille, l'emplacement du carré des suppliciés est toujours visible, mais non délimité. Nous n'avons pas réussi à savoir ce qu'étaient devenus les restes de ces suppliciés.

71 H. Mathon, « Christian innocent », G. Perrault et *alii*, *Christian Ranucci. Vingt ans après*, Paris, Juillard, 1995, p. 83.

72 P.-J. David d'Angers, *Carnets de David d'Angers*, Paris, Plon, 1958, vol. 1, p. 355-357 (cité par R. Bertrand, « Que faire des restes des exécutés ? », art. cité, p. 55).

sur la tombe de son fils à deux conditions : que celui-ci ne dépasse pas les dimensions des entourages de la tranchée gratuite ; que les signes funéraires ne portent aucun nom[73]. Ces exemples montrent la tolérance des autorités pour une visibilité minimale et limitée dans le temps : ici, la tombe n'est pas un tombeau. Nous ne savons pas si la pratique perdure durant le XXe siècle. Il y aussi des variantes. Un journal parisien affirme en 1902 que le mur longeant le carré des guillotinés d'Ivry était recouvert d'inscriptions traçant au charbon ou à la craie les noms et dates de guillotinés, et que les autorités avaient rapidement fait effacer[74]. Une cinquantaine d'années plus tard, un journal marseillais observe le même phénomène à Saint-Pierre, des noms de suppliciés étant encore visibles[75]. Qui sont les auteurs de ces traces ? Elles laissent en tous cas imaginer de plus anciennes encore dans d'autres cimetières et perdues à jamais.

La modestie et la fragilité de ces signes contrastent avec l'essor d'une sorte de voyeurisme médiatique à la Belle Époque autour du tabou de l'invisibilité des tombes des suppliciés d'Ivry, dans le prolongement de la médiatisation des scènes d'exécution : des articles, surtout au moment de la Toussaint et de la Fête des morts, voire des photographies, indiquent avec précision l'emplacement des tombes, grâce sans doute au personnel du cimetière[76]. Un hebdomadaire fait ainsi placer sur le sol dix numéros correspondant chacun à l'emplacement de la tombe d'un supplicié. Au centre, un gardien prend la pose, comme pour authentifier le cliché. Une légende précise à quels noms et dates correspondent les

---

73 CCI, Dossiers des guillotinés de 1885 à 1922, Dossier Géomay, 22 mai 1889 ; abbé Faure, *Souvenirs de la Roquette. Au pied de l'échafaud*, Paris, Maurice Dreyfous et M. Dalsace, 1896, p. 211. Quelques semaines plus tard, la presse confirme l'installation d'un entourage peint en blanc avec une croix portant les initiales F.G. (*L'Intransigeant*, 4 novembre 1889, p. 2).

74 *Le Petit Parisien*, 6 novembre 1902, p. 1.

75 J.-P. Laplayne, « À travers les allées du Cimetière Saint-Pierre, un chemin de croix semé d'un million de souvenirs », *Marseille-Magazine*, n° 50, novembre 1956, p. 18-21 (cité par R. Bertrand, « Que faire des restes des exécutés ? », art. cité, p. 56). Les inscriptions ont disparu aujourd'hui.

76 La mémoire des lieux conservée par le personnel est une réalité qu'attestent les archives. Ainsi, un rapport de police indique que Peugnez, guillotiné le 1er février 1899, repose entre les corps de Vaillant et de Vodable, guillotinés cinq et neuf ans plus tôt (APPP, BA 887, dossier Exécution des arrêts criminels, 1872 à 1899, dossier Peugnez, 1er février 1899, n° 4, Rapport, 1er février 1899). La Conservation du cimetière conserve un dessin datant de 1941 avec le détail des lignes et des fosses, mais sans les noms des personnes inhumées à cette date.

numéros[77]. Une carte postale, produite à la même période, utilise un dispositif similaire[78]. Nous n'avons pas trouvé pour l'instant de clichés de ce type par la suite concernant Ivry, signe peut-être d'une reprise en main par les autorités. Il y a aussi des photographies de tombes particulières, comme celles de Bonnot à Ivry ou de Landru à Versailles[79]. À l'ère d'Internet, la diffusion des clichés est encore plus facile, qu'il s'agisse de tombes anciennes, comme celle d'Eugène Weidmann au cimetière des Gonards à Versailles (1939)[80], ou de tombes plus récentes, comme celle de Ranucci ou même celle (supposée) de Merah[81]. Quant à la télévision, c'est plutôt sur la tombe des victimes qu'elle préfère s'attarder, non sans voyeurisme[82].

Ces écarts par rapport à la norme prennent une tout autre importance lorsque les criminels deviennent des héros. La destinée des Quatre Sergents de La Rochelle est à cet égard exceptionnelle[83]. Les corps, retrouvés après 1830 dans des fouilles effectuées au cimetière Sainte-Catherine, sont transférés au cimetière Montparnasse. L'emplacement est d'abord marqué d'une pierre anonyme avec la mention suivante : « 21 septembre 1822, cinq heures du soir ». En 1846, un ami des

77 *Touche-à-tout. Revue hebdomadaire universelle*, 6 novembre 1904, [p. 632].

78 *Le Champ des Suppliciés – (Ivry)*, s. d. (la carte a été timbrée et oblitérée). Le document est cité par Nicolas Picard. Les numéros ont été ajoutés sur la photographie.

79 *Le Matin*, 1er mai 1912, p. 2 ; *La tombe de Landru au cimetière de Versailles*, Paris, Agence de presse, Meurisse, 1923 (BNF) et N. Picard, *L'application de la peine de mort…*, *op. cit.*, p. 638. On ne sait pas si ce cliché est divulgué dans la presse.

80 Par exemple, https://www.tombes-sepultures.com/crbst_2071.html (consulté le 13 août 2017). Weidmann a bénéficié d'une concession perpétuelle, ce qui explique qu'elle soit toujours en place. La tombe est anonyme comme il se doit.

81 La photographie de la tombe de Ranucci se trouve sur plusieurs sites : https://www.landrucimetieres.fr/spip/spip.php?article2607 (site consulté le 10 août 2017) et https://www.findagrave.com/cgi-bin/fg.cgi?page=gr&GRid=114167802 (site consulté le 23 octobre 2017). Ce dernier site précise en outre le carré où se trouve la tombe, tout comme la fiche *Wikipedia* du cimetière Saint-Véran : https://fr.wikipedia.org/wiki/Cimetière_Saint-Véran (site consulté le 1er novembre 2017). Celle de Merah est sur le site du *Figaro* par exemple (http://www.lefigaro.fr/actualite-france/2012/04/26/01016-20120426ARTFIG00701-merah-un-mois-apres-sa-mort-sa-famille-refait-parler-d-elle.php – site consulté le 10 août 2017). D'autres sites de journaux montrent une vue plus large du carré musulman.

82 C. Sécail, *Le crime à l'écran. Le fait divers criminel à la télévision française (1950-2010)*, Paris, Nouveau Monde éditions, 2010, p. 110, p. 240 et p. 468-469. Toutefois, à l'occasion des funérailles à Bagneux de l'un des frères Zemour, Gilbert, le reportage montre le tombeau avec les noms des défunts : Institut national de l'audiovisuel (INA), *JT TF1*, 2 août 1983, 13h.

83 R. Bertrand, « Que faire des restes des exécutés ? », art. cité, p. 54-55.

victimes obtient l'autorisation de leur élever un monument avec leur nom. Dans ce cas, qui n'est pas unique à l'époque contemporaine pour des condamnés politiques, il ne s'agit plus d'un écart à la norme : c'est la norme qui a changé. Ce bouleversement des normes est propre aux guerres, y compris civiles, et aux changements de régimes. On pense au mur des Fédérés et aux espaces des morts sans sépulture de la Shoah au Père-Lachaise[84]. Avec le tombeau, l'ambiguïté entre le visible et l'invisible disparaît complètement, car celui-ci symbolise la mort bourgeoise, voire celle du grand homme.

L'INVERSION DU STIGMATE ? LES TOMBEAUX

Dans cette copie de ville en miniature qu'est le cimetière, le tombeau, « monument funéraire élevé à la mémoire d'un défunt et placé sur sa sépulture[85] », symbolise le sommet de la hiérarchie. Sa visibilité et sa pérennité l'opposent au carré des suppliciés, véritable envers social. Il prend de multiples formes en fonction de la famille et des modes funéraires[86]. Or, certains criminels accèdent à cette notabilité suprême. La réclamation d'un corps n'implique pas forcément l'érection d'un tombeau, lorsqu'il rejoint le caveau familial ou lorsque cela correspond, soit à un manque de moyens, soit à une volonté délibérée. Le tombeau est parfois accompagné d'épitaphes et d'objets qui lui sont associés. Les unes et les autres peuvent prendre un sens particulier eu égard au parcours du défunt.

Dans le panorama des styles, la dalle horizontale est la forme la plus ancienne, la plus simple du tombeau, la moins coûteuse aussi. C'est sous ce modèle qu'est inhumé Couty de la Pommerais[87] ou, bien des années plus tard, René Lambert, dit René de Londres, chef d'une bande de truands actifs à Paris et à Londres, mort de maladie en 1923,

84 L. Capdevila et D. Voldman, *Nos Morts. Les sociétés occidentales face aux tués de la guerre*, Paris, Payot & Rivages, 2002 ; R. Bertrand et G. Groud (dir.), *Cimetières et tombeaux…*, *op. cit.*, p. 94-107 ; D. Tartakowski, *Nous irons chanter sur vos tombes. Le Père-Lachaise, XIXe-XXe siècle*, Paris, Aubier, 1999.

85 R. Bertrand et G. Groud (dir.), *Cimetières et tombeaux…*, *op. cit.*, p. 277. Ces monuments sont établis sur des concessions de longue durée, notamment les perpétuelles.

86 Une référence pour les analyses qui suivent : R. Bertrand et G. Groud (dir.), *Cimetières et tombeaux…*, *op. cit.*, p. 178-271 (un glossaire se trouve à la fin de l'ouvrage).

87 La matrice cadastrale mentionne une typologie « dalle et grille ». La mention grille est « rayée », car celle-ci a sans doute été enlevée au XXe siècle, comme nous l'indique Guénola Groud.

au cimetière parisien de Bagneux[88]. Une dalle avec un grand crucifix en relief, sur lequel sont posés un crucifix et une couronne en céramique, et de chaque côté duquel sont gravés l'état civil du truand et de sa mère au-dessus d'un médaillon. Le tombeau où repose Guillaume Seznec, condamné aux travaux forcés à perpétuité avant de bénéficier d'une remise de peine (il meurt en 1954), au cimetière de Plomodiern (Finistère) est formé d'une dalle en pierre blanche sur un coffre de granit que surplombe une grande croix en granit.

Il existe des tombeaux plus élaborés. Celui des Sergents de La Rochelle s'inscrit dans la veine néo-classique. C'est une colonne brisée sur un piédestal. L'épitaphe est des plus simples : « À Bories, Goubin, Pommier et Raoul morts le 21 septembre 1822 ». La tombe est délimitée par un entourage constitué de quatre bornes portant chacune l'initiale du nom d'un des défunts et reliées par une chaîne. Les modèles apparus au XIXe siècle continuent de se décliner au suivant, comme la chapelle funéraire[89] dans laquelle est inhumé en 2000 Francis Vanverberghe, dit Francis le Belge, ancien adversaire de Zampa, au cimetière du Canet (dans les quartiers nord de Marseille)[90]. Cultivant la référence antique avec ses colonnes, il est surmonté d'une coupole sur laquelle se pose un aigle. Derrière la porte ouvragée, on distingue sur l'autel un ballon de football, rappelant la première passion du caïd[91]. Cependant, la plupart des tombeaux édifiés dans la deuxième moitié du XXe siècle sont issus d'une production en série de modèles en granit poli. Les monuments des familles Mesrine et Zemour par exemple s'inscrivent dans cette tendance, ou encore celui des Zampa.

Le tombeau en granit noir des Zampa au cimetière Saint-Pierre montre par son ampleur l'importance de la famille. Au centre, une dalle

---

88 Dans une concession perpétuelle acquise en 1912 à l'occasion de la mort de sa mère. Voir A. Le Breton, *Les Pègriots*, Paris, Robert Laffont/Plon, 1973, p. 305-306 (un cliché du tombeau datant de 1972 extrait des archives personnelles d'Auguste Le Breton).

89 « [...] terme usuellement employé pour désigner un édifice funéraire constitué de murs, d'un couvrement et généralement fermé d'une porte » (R. Bertrand et G. Groud (dir.), *Cimetières et tombeaux...*, *op. cit.*, p. 276). Ce modèle apparaît au début du XIXe siècle et connaît un âge d'or dans ce siècle (voir également les développements de Guénola Groud dans le même livre, p. 200-203).

90 Abattu à Paris par des tireurs inconnus. Il est rejoint deux ans plus tard par deux neveux, assassinés eux-aussi et enterrés dans le même caveau. C'est la fin du clan.

91 La concession a été achetée l'année de la mort du Belge, mais le monument par son style semble beaucoup plus ancien. On ne sait pas s'il était déjà sur place ou s'il a été installé au moment de l'acquisition de la concession.

à deux niveaux posée elle-même sur une large plate-forme et prolongée par une stèle, sur laquelle figurent le nom et l'initiale du prénom de l'ancêtre fondateur. On note la présence de crucifix. Des jardinières ont été installées et un arceau le long duquel s'enroule de la végétation semble auréoler le tombeau. Une dizaine de défunts sont référencés, avec leur photographie en médaillon, le plus souvent sur des plaques posées sur le tombeau. Dans cette mise en scène, Tany Zampa apparaît comme le grand homme. Situé au premier plan, le livre en marbre blanc qui porte son souvenir se détache avec sa longue épitaphe en lettres d'or, occultant la cause de la mort : « Toi, qui nous as quittés par un beau soir d'été. Sur les chemins de notre vie tu marcheras toujours à notre côté. Dans nos cœurs ton souvenir restera gravé pour l'éternité ». Si l'aspect du tombeau des Zampa renvoie à une culture funéraire dominante, il faudrait s'interroger sur les variations formelles des tombes des autres cultes et les formes d'acculturation[92]. On notera que, d'une manière générale, les grandes familles du crime cultivent le beau tombeau.

L'importance symbolique des épitaphes avait été prise en compte dès l'ordonnance de décembre 1843 qui les soumettait à l'approbation préalable des maires[93]. Des inscriptions ont pu être censurées a posteriori, en particulier en raison de leur caractère contestataire, comme ce fut le cas pour des tombes de communards[94]. Les tombeaux de criminels, a fortiori ceux de droit commun, n'ont généralement pas de dimension revendicatrice ou contestataire. Celui de la famille Lesurques, édifié en 1846, au cimetière du Père-Lachaise, fait exception. Il ne contient pas les restes de Joseph (inhumés à Sainte-Catherine et disparus avec la fermeture du cimetière), guillotiné en 1796 pour son implication dans l'affaire du Courrier de Lyon, mais ceux de son épouse, de sa fille et du mari de celle-ci. Or, les inscriptions figurant sur le tombeau évoquent principalement la mémoire du supplicié, « victime de la plus

92 La famille Zampa est de culture catholique et d'origine italienne. Les tombes protestantes, juives et musulmanes renvoient à des cultures funéraires marquées en général par une plus grande sobriété (R. Bertrand et G. Groud (dir.), *Cimetières et tombeaux…*, *op. cit.*, p. 83-87 et p. 259-267). Le tombeau actuel des Zemour à Bagneux renvoie quant à lui à la fois à la culture funéraire juive (absence d'épitaphes, étoile de David, allusion formelle aux Tables de la Loi…) et à la culture dominante (portraits photographiques en médaillon pour tous les membres de la famille).

93 R. Bertrand et G. Groud (dir.), *Cimetières et tombeaux…*, *op. cit.*, p. 38. Il s'agit de l'article 6 de la loi.

94 D. Tartakowski, *Nous irons chanter sur vos tombes…*, *op. cit.*, p. 41-46.

déplorable des erreurs humaines ». L'affaire du Courrier du Lyon est en effet considérée comme l'une des plus célèbres erreurs judiciaires de la France contemporaine. Le tombeau du Père-Lachaise fait donc figure de cénotaphe pour un homme dont l'innocence n'a pas été judiciairement démontrée. Aux yeux de sa famille et de ses défenseurs, il est un « martyr ».

Toutefois, les honneurs funèbres ne se limitent pas à la trace laissée sur la tombe, au tombeau : ils se déclinent dans le temps et sont débordés par d'autres pratiques.

LES PRATIQUES

La question est de savoir si les tombes des criminels génèrent des pratiques conformes à un culte des morts et s'il existe d'autres modalités. On peut distinguer deux temps, celui de l'inhumation et celui de la mémoire, et deux pratiques, les pratiques familiales et les autres.

LE TEMPS D'AVANT : L'INHUMATION

Il y a d'abord les funérailles invisibles, celles des suppliciés, une invisibilité organisée, comme pour la tombe, par les autorités, et dont on a vu les raisons précédemment. Elle se manifeste aussi par l'importance des moyens de surveillance, comme ceux mis en œuvre le 5 février 1894 pour l'inhumation de l'anarchiste Auguste Vaillant[95]. Le cimetière est fermé et les forces de l'ordre sont déployées à ses abords. Escorté par la Garde républicaine, le convoi arrive au cimetière à 7h45 et Vaillant est inhumé aussitôt. Cent personnes environ stationnent aux abords du cimetière. Il n'y a aucun incident notable.

La présence d'un aumônier, que le Code pénal n'interdit pas, peut donner une tonalité plus funéraire à la cérémonie[96]. Il fait partie de

95 Condamné à mort pour avoir jeté une bombe dans la Chambre des députés (il n'y eut aucun mort). Voir APPP, BA 887, dossier Exécution des arrêts criminels, 1872 à 1899, dossier Vaillant Auguste, 5 février 1894, n° 4 ; CCI, Dossiers des guillotinés de 1885 à 1922, dossier Vaillant, 5 février 1894.

96 Distinction est faite entre pompe des funérailles et cérémonie religieuse.

l'archipel pénitentiaire et est censé accompagner les détenus, suppliciés ou non d'ailleurs, jusqu'à la tombe. Des circulaires soulignent le respect dû aux détenus morts en prison[97]. À Marseille, ce sont les pénitents du Saint-Nom de Jésus, dits bourras, qui prennent en charge les funérailles des suppliciés, telles celles de Gaspard Matraccia en 1857, cité comme modèle du criminel repentant[98]. Le transfert des corps réclamés est, quant à lui, particulièrement discret. Celui de Liabeuf se déroule en présence de deux commissaires et du frère du défunt en début d'après-midi, à un moment où le cimetière est peu fréquenté[99]. La mère de Ranucci a fait un récit émouvant de cette procédure sordide[100]. Pour certains criminels abattus par les forces de l'ordre, la dimension funéraire est à peine plus présente. L'inhumation de Bonnot et de son complice fait contraste avec les funérailles de Jouin[101]. La solitude accompagne également les bagnards : les familles ne sont, semble-t-il, pas autorisées à accompagner la dépouille[102].

En revanche, la pompe prend toute son ampleur avec les notables du crime, dès lors qu'ils n'ont pas subi la peine capitale. Ainsi, René de Londres aurait eu droit le 1er octobre 1923 à des funérailles de première classe, payées par des amis truands, dont Georges Hainnaux, qui connaît la célébrité dans les années 1930[103]. Sont-ce les premières du genre ? Un demi-siècle plus tard, funérailles de première classe également pour le chef

97 Voir les circulaires du 25 mai 1853 et du 15 avril 1876 (*Code des prisons*, t. 2, 1846-1856, p. 276 et *Code pénitentiaire*, t. 7, 1876-1878, p. 316-317). Ce principe n'est pas remis en cause par la suite.

98 A. Jullien, *Chronique historique de l'archiconfrérie des pénitents disciplinés sous le titre du Saint-Nom-de-Jésus (dits Bourras) de la ville de Marseille*, Marseille, impr. de Vial, 1865, p. 257-260. D'après cette source, Matraccia est le premier supplicié à avoir été inhumé à Saint-Pierre. Voir R. Bertrand, « L'exécution et l'inhumation des condamnés en Provence… », art. cité et *Les Compagnies de pénitents de Marseille*, *op. cit.*

99 CCI, Dossiers des guillotinés de 1885 à 1922, Dossier Liabeuf, 1er juillet 1910, Rapport, 15 juillet 1910. D'après un journal, les autorités craignaient que la cérémonie ne déclenche des troubles, car Liabeuf avait été condamné à mort pour le meurtre d'un policier et des désordres s'étaient produits lors de son exécution (*Le Journal*, 16 juillet 1910, p. 3).

100 H. Mathon, « Christian innocent », art. cité, p. 81-83 (on retrouvait déjà un récit similaire par un autre témoin dans le livre de G. Perrault, *Le Pull-over rouge*, *op. cit.*, p. 22-24).

101 Pour les funérailles de Bonnot, voir par exemple *Le Matin*, 1er mai 1912, p. 2. Pour celles de Jouin, *Le Matin*, 30 avril 1912, p. 2 et Q. Deluermoz, *Policiers dans la ville…*, *op. cit.*, p. 281-315.

102 Selon M. Le Clère, *La Vie quotidienne dans les bagnes*, *op. cit.*, p. 259.

103 G. Hainnaux (avec M.-I. Sicard), *Mémoires de Georges Hainnaux, dit Jo-la-Terreur*, Paris, Nouvelles Éditions latines, 1935, p. 158-159 ; A. Le Breton, *Les Pègriots*, *op. cit.*, p. 304-305. Nous n'avons pour l'instant pas trouvé d'autres sources permettant de vérifier la nature de ces funérailles.

du clan des Zemour, Williams, le 10 mars 1975. L'institut médico-légal à Paris d'où part le corbillard est, mesure exceptionnelle, tendu de noir[104]. *Le Figaro* évoque « l'enterrement bourgeois d'un truand[105] ». Prélude à la belle tombe, la pompe funèbre témoigne à la fois d'un désir de respectabilité bourgeoise et de la volonté d'afficher son statut au sein du Milieu. Cette tradition semble avoir pris fin avec les funérailles de Williams Zemour. Si elle a pu se perpétuer à Marseille et surtout en Corse (mais cela reste à vérifier), son déclin correspond à l'évolution des pratiques funéraires en général[106].

On peut se demander si cet âge d'or des funérailles du Milieu n'est pas lié aux médias qui ont contribué à sa notoriété, à cette fascination partagée entre le monde des artistes et du cinéma et celui des truands, à une nouvelle culture du crime en quelque sorte influencée par les États-Unis, portée par de nouveaux journaux comme *Détective* (1928)[107]. C'est aussi dans l'entre-deux-guerres que le crime organisé marseillais connaît une visibilité médiatique : la capitale phocéenne devient alors le « Chicago français[108] ». « Les Corses enterrent leur chef », titre *Détective* le 16 août 1954, à l'occasion des funérailles de Pierre Cucari, une des figures du Milieu corse à Paris. Avec celles de Williams Zemour, la médiatisation déborde largement sur la presse généraliste. Même la télévision s'est emparée des funérailles de truands depuis au moins les années 1970, comme celles de Mesrine[109].

L'affluence est un autre indice de notoriété, comme pour les funérailles bourgeoises. C'est aussi une démonstration de force, en particulier en Corse dans le village natal du caïd où les funérailles ont lieu[110]. À Paris,

104 Zemour a été abattu par la police le 28 février dans la fusillade du bar du Thélème dans le ve arrondissement à Paris. Une photographie de l'AFP montre le départ de l'IML (cité dans B. Bertherat et C. Chevandier, *Paris dernier voyage : histoire des pompes funèbres (XIXe-XXe siècles)*, Paris, La Découverte, 2008, p. 128-129).

105 *Le Figaro*, 11 mars 1975, p. 1 et 12.

106 F. Michaud Nérard, *La Révolution de la mort*, Paris, Vuibert, 2007 ; B. Bertherat et C. Chevandier, *Paris dernier voyage…*, *op. cit.*

107 Voir par exemple C. Dubois, *Paris gangster. Mecs, macs et micmacs du milieu parisien*, Paris, Parigramme, 2004 et A. Chabrier et M.-È. Thérenty, *Détective, fabrique de crimes, 1928-1940*, Nantes, Joseph K., 2017.

108 L. Montel, *Marseille capitale du crime*, *op. cit.*, p. 735-835.

109 D'après un rapide sondage sur le site de l'INA dédié aux chercheurs. Concernant Mesrine, voir INA, *JT TF1*, 9 novembre 1979, 13h. Pour une analyse de contenu, qui fait apparaître des différences par rapport aux funérailles du grand homme ou de la victime, voir notre ouvrage : *La Mort de l'ennemi public n° 1 : Jacques Mesrine. Fait divers et médias audiovisuels*, Paris, Larousse, 1995, p. 140 et 184-186.

110 On observe un phénomène similaire pour les funérailles d'indépendantistes.

le convoi de Lambert aurait été suivi par la « fine fleur » des malfrats. La composition famille-truands est typique des funérailles dans le Milieu, auxquels s'ajoutent parfois les avocats du défunt. On la retrouve pour les funérailles de Zemour[111]. Les sources donnent une idée de l'ambiance, soulignant la douleur des familles et des proches, comme dans la photo de couverture de *Détective* pour Cucari, mais aussi la tension parfois lorsque se profile une vengeance[112] ou l'extinction du clan.

La présence des forces de l'ordre est systématique surtout après une mort violente et, en général, discrète, comme lors des funérailles de Francis le Belge[113]. Elles cherchent à repérer les truands. C'est précisément pour échapper aux gendarmes, mais aussi aux ennemis du clan, qu'au XIXe siècle les funérailles des bandits corses se déroulaient souvent de manière clandestine[114]. Pour les funérailles des djihadistes en revanche, l'encadrement policier est omniprésent, non sans raison. À celles de Merah, l'assistance est composée d'« un mélange détonant d'islamistes fichés S et de délinquants des cités[115] ». Quant aux journalistes et aux curieux, ils sont généralement tenus à l'écart[116]. Mais les multiples enjeux que révèlent les funérailles ne se limitent pas à elles. Ce temps court doit être mis en perspective avec le temps du deuil et celui de la mémoire.

LE TEMPS D'APRÈS : LES PRATIQUES FAMILIALES AU SENS LARGE

Les pratiques postérieures à l'inhumation sont particulièrement difficiles à saisir. Leurs traces matérielles ont pour l'essentiel disparu et il est difficile de faire la part entre les pratiques familiales et les autres. Les tombeaux des grandes familles du crime témoignent de l'importance du

---

111 R. Le Taillanter, *Les Derniers seigneurs de la pègre*, Paris, Julliard, 1985, p. 229-230.

112 Ainsi, le choix de porter lors des funérailles le cercueil d'un membre du Milieu corse assassiné impliquerait que le porteur se charge « officiellement » de venger sa mort (T. Colombié, *Les Héritiers du Milieu. Au cœur du grand banditisme de la Corse à Paris*, Paris, Éditions de La Martinière, 2013).

113 Filmées d'un immeuble surplombant le cimetière par la police judiciaire de Marseille.

114 Comme pour Jacques Bellacoscia, célèbre bandit corse mort en 1895 (Caroline Parsi, *Vendetta. Bandits et crimes d'honneur en Corse au XIXe siècle*, Paris, Vendémiaire, 2015, p. 96).

115 J.-M. Escarnot, *Djihad… op. cit.*, p. 51-52. Aucun pourtant ne sera interpellé. L'un d'entre eux, Sabri Essid, a rejoint depuis les rangs de l'État islamique en Syrie où il a poursuivi ses exactions.

116 Par les forces de l'ordre ou par les truands eux-mêmes. Des journalistes sont parfois menacés, molestés ou interdits de funérailles, comme à l'occasion de celles de Marcel Francisci, « l'empereur des jeux » à Paris abattu le 16 janvier 1982, dans son village natal en Corse. Par exemple, INA, *JT TF1*, 21 janvier 1982, 20h.

culte du souvenir. Les indices en sont l'entretien régulier des tombes, la présence de plantations et de fleurs fraîches. Le tempo du souvenir est sans doute propre à chaque famille et il suit aussi celui des rites collectifs. Les tombes sont fleuries aux anniversaires et à l'occasion de la Toussaint et de la Fête des morts. La visite des tombes des criminels est donc intégrée à la pratique funéraire la plus durable de l'époque contemporaine[117]. Le dépôt d'objets est aussi un signe fort de l'attachement à la mémoire du défunt. Ce sont les marques d'un culte des morts classique. S'étend-il à la famille au sens large, au clan ? Cela semble peu probable. Certes, Hainnaux a continué d'honorer la mémoire de son grand ami René de Londres en se rendant sur sa tombe, à l'instar de celle de sa propre mère, durant toute sa vie[118].

La mère de Ranucci s'inscrit dans ce culte des morts. La souffrance causée par la perte de son fils est augmentée du sentiment d'injustice. « Je me rends souvent sur la tombe de mon fils. J'y dépose des fleurs blanches, symbole de son innocence », écrit-elle dans un livre où elle entrelace des écrits de son fils et les siens[119]. Elle y a déposé aussi plusieurs plaques, visibles encore aujourd'hui. Et c'est sans doute elle qui a déposé un ourson en peluche qui, à sa mort en 2013, l'accompagne dans le caveau aux côtés de son fils. Les rites observés par Héloïse Mathon symbolisent le rôle crucial des femmes dans le culte des morts. Ils font écho, avec toutes les nuances que la différence des temps impose, au tombeau de la famille Pascal situé non loin, représentant en bas-relief Mme Pascal priant pour son fils et son mari (décédés en 1918 et en 1934). La question du culte familial est plus difficile à résoudre pour les corps disposés en terrain commun ou dans des concessions de courte durée. Et il faudrait aussi interroger les variantes et les formes d'acculturation des cultes minoritaires, question que l'on avait déjà posée pour l'aspect de la tombe.

Quoi qu'il en soit, le culte des morts prend fin quand les hommages funéraires s'arrêtent, quand les familles ne peuvent ou ne veulent plus renouveler les concessions, quand elles n'entretiennent plus les tombeaux, quand les dynasties familiales s'éteignent ou éclatent, quand la

117 J.-H. Déchaux, *Le Souvenir des morts. Essai sur le lien de filiation*, Paris, PUF, 1997.

118 Le cliché pris par Auguste Le Breton se trouve dans son livre *Les Pègriots*, *op. cit.* (voir aussi p. 453-454).

119 C. Ranucci et sa mère, *Jusqu'au 28 juillet 1976*, Paris, Hachette, 1980, p. 216-217.

mémoire des ancêtres s'estompe. Ce phénomène est sans doute précoce pour les criminels, plus isolés que d'autres catégories. L'importance du phénomène de la non réclamation observée précédemment est en soi significatif. La tombe de Lambert n'est plus fleurie depuis longtemps et son médaillon a disparu, tandis qu'un pot de fleurs naturelles a été déposé anonymement devant celle de Ranucci le 1er ou le 2 novembre 2017. Quant au tombeau de la famille Lesurques, s'il demeure depuis tant d'années, alors qu'il n'est plus l'objet à notre connaissance d'aucun culte familial, c'est en raison de la qualité de sa typologie et de la personnalité auquel il fait référence[120] : il est devenu objet patrimonial.

À l'inverse, les tombes du carré des suppliciés n'échappent pas totalement au culte familial des morts, les premières années du moins. *Le Figaro* résume en 1873 ce qu'il pense être ces pratiques les 1er et 2 novembre : « Tous les ans, viennent à pareille époque, les veuves ou les enfants de quelques-uns de ces morts sinistres. Honteusement, se dissimulant à tous les regards, ils arrivent avec un bouquet d'immortelles ou une couronne qu'ils jettent furtivement, presqu'au hasard. Puis, ils s'en vont, se sauvant plutôt, et, le soir venu, le Champ des Navets rentre dans sa solitude désolée jusqu'au jour des Morts de l'année suivante[121] ». Sont évoqués aussi des cas précis. Ainsi, la tombe d'Édouard Schumacher, enterré le 10 septembre 1888 à Ivry : « Trois couronnes blanches, une croix en perles avaient été apportés le matin même, et dans la terre fraîchement remuée avaient été plantés des fleurs et des brins de buis[122] ». Les journaux se sont particulièrement intéressés à la visite effectuée sur la tombe de Vaillant par sa fille Sidonie[123]. Quelques décennies plus tôt, David d'Angers disait avoir observé dans le carré des suppliciés à Saint-Charles les chapelets déposés, les couronnes de mauves renouvelées et le nom de « Bitter » écrits avec de petits cailloux[124]. On ne sait rien en revanche des pratiques sur les tombes des forçats et des détenus. « Quelques rares fleurs sur un peu

---

120 Et pas explicitement en raison de son inscription au titre des Monuments historiques, nous précise Guénola Groud.

121 *Le Figaro*, 3 novembre 1873, p. 3.

122 *Le Temps*, 3 novembre 1889, p. 3.

123 *Le Matin*, 10 février 1896, p. 3 ; *Le Gaulois*, 10 février 1896, p. 3.

124 Bitterlin en fait, corrige Régis Bertrand (David d'Angers, *Les Carnets de David d'Angers*, *op. cit.*, vol. 1, p. 356-357).

de terre témoignent que tous ne sont pas oubliés », précise néanmoins l'aumônier de la prison de Fresnes à propos du cimetière des détenus au sortir de la Seconde Guerre mondiale[125]. Il faudrait retracer avec finesse l'évolution des pratiques, leur disparition et leur éventuel regain quand, par exemple, de lointains descendants se piquant de généalogie redécouvrent des ancêtres dont l'odeur de soufre s'est évaporée. Quoi qu'il en soit, les tombes de criminels donnent lieu parfois à des pratiques qui échappent aux familles.

LE TEMPS D'APRÈS : LES AUTRES PRATIQUES SOCIALES

Ces pratiques sont hétéroclites. Il y a d'abord le vandalisme. Mais pour exercer sa vengeance, le profanateur doit trouver la tombe. C'est ce qu'emploie à faire le site *SITamnesty* pour les djihadistes[126]. À propos de Merah, le message est clair : « *SITAmnesty* à [*sic*] [...] le plaisir de vous offrir le plan d'accès à la position exacte de la tombe de Mohamed Merah afin que vous puissiez aller remercier comme il sied ce "bon" mahométan ». L'expression « comme il sied » est un lien hypertexte qui renvoie au site *Amazon* sur lequel apparaît le livre de Boris Vian, *J'irai cracher sur vos tombes*. Apparemment, l'incitation n'a pas eu l'effet escompté[127]. Dans un registre similaire, on peut se demander s'il y a eu des règlements de comptes au cimetière, espace a priori pacifique. La réponse est négative, à deux exceptions au moins : une tentative d'assassinat dans le cadre d'une vendetta entre truands corses à Thiais en novembre 1936 et l'assassinat du comparse de Zampa, Gaby Regazzi devant Saint-Pierre[128]. Ce genre d'actes contribue sans doute à nourrir l'imaginaire sur le crime.

---

125 Chanoine J. Popot, *J'étais aumônier à Fresnes*, Paris, Librairie académique Perrin, 1962, p. 58.

126 https://sitamnesty.wordpress.com/2012/11/01/position-google-maps-de-la-tombe-de-mohamed-merah/ (site consulté le 22 août 2017). L'acronyme SITA signifierait : « Sensibilisation à l'Islam Tous Azimut ».

127 À une exception, peu après son inhumation : un homme venant se recueillir sur une tombe du carré musulman a craché sur celle de Merah en passant devant elle. C'est pour éviter ce genre d'incidents que la mère de Ranucci avait demandé à la conservation du cimetière de ne pas indiquer l'emplacement de la tombe.

128 Dans les deux cas, la vengeance des tueurs est pragmatique. Elle ne vise pas la symbolique des lieux, mais plutôt la facilité de réussir leur entreprise. Les deux victimes venaient se recueillir pour le premier sur la tombe de sa femme, pour le second sur la tombe de son

Car les tombes des criminels peuvent aussi susciter la curiosité, une curiosité qui remonte sans doute aux premières décennies du XIXe siècle, comme l'atteste David d'Angers pour le cimetière Saint-Charles[129], et nourrir une forme de tourisme funéraire. Celui-ci prend son essor avec le développement des cimetières paysagers, dont le Père-Lachaise est le modèle, et du culte rendu aux grands hommes[130]. La littérature des guides leur accorde une place de choix. Le tombeau des Sergents de La Rochelle par exemple y figure dès le Second Empire[131]. On le retrouve sur les cartes postales, comme celui de Lesurques. Pour les autres, la notoriété passe par des canaux différents[132]. On a vu se développer l'intérêt porté par la presse au carré des suppliciés. Celui-ci est évoqué non seulement à l'occasion des exécutions, mais aussi les 1er et 2 novembre. Il ne semble plus que cela soit le cas après la Première Guerre mondiale[133].

Quels sont les effets de cette notoriété ? La presse de la Belle Époque indique que le carré des suppliciés d'Ivry attire chaque 1er et 2 novembre un grand nombre de curieux[134]. Mais l'affluence semble se tarir avec la baisse du nombre d'exécutions. Rien de tel pour certains criminels. À Saint-Pierre aujourd'hui, la tombe de Zampa est une des plus demandées avec celles du cinéaste Henri Verneuil et du compositeur Vincent Scotto. Signe d'une fascination pour les figures du banditisme qu'on ne retrouve pas ou plus à Paris, à l'exception notable de la tombe de Mesrine pourtant localisée dans un cimetière

---

fils (il est abattu alors qu'il venait de sortir du cimetière). Voir J. Pierrat, *Une histoire du Milieu…*, *op. cit.*, p. 168-171 ; M. Zampa, *Tchao parrain*, *op. cit.*, p. 166-167 et H. Regazzi, C. Boizette, *Itinéraire d'une enfant du Milieu*, *op. cit.*, p. 229-232.

129 P.-J. David d'Angers, *Carnets de David d'Angers*, *op. cit.*, vol. 1, p. 355-357.

130 M. Lassère, « Le XIXe siècle et l'invention du tourisme funéraire », *Revue d'histoire moderne et contemporaine*, n° 44-4, octobre-décembre 1997, p. 601-616.

131 H. A. de Conty, *Paris en poche. Guide pratique illustré de l'étranger dans Paris et ses environs*, Paris, Faure, Bruxelles, s. d., p. 177.

132 Il faudrait toutefois entreprendre une étude systématique des guides sur Paris et ses environs et aussi sur les grandes villes comme Marseille pour voir quelle place est accordée au carré des suppliciés ou aux tombes d'autres criminels.

133 Pour les 1er et 2 novembre en tous cas, d'après un sondage effectué dans *Le Petit Journal*, *Le Petit Parisien*, *Le Matin*, *Le Journal* et *Le Petit Marseillais* (1920, 1925, 1930, 1935). Un des facteurs d'explication de ce silence est le poids pris par les hommages rendus aux morts de la Première Guerre mondiale. La presse parisienne d'après 1945 n'a pas été étudiée. Des sondages dans *Le Provençal* pour Saint-Pierre (1950, 1960, 1970, 1980) se sont révélés infructueux.

134 *Le Petit Parisien*, 2 novembre 1896, p. 3 par exemple.

périphérique[135]. D'une manière générale, on sait très peu de choses sur ces visiteurs. Et leur motivation n'est pas forcément ou uniquement la curiosité. La badauderie et le tourisme laissent alors place aux pèlerinages.

Ceux-ci prennent des proportions variées. La tombe de Mesrine reçoit régulièrement des offrandes. Des éclats relevés sur le bord de la tombe pourraient même être le signe d'une forme de fétichisme. Deux des plaques posées sur le tombeau de Ranucci ne sont pas de sa mère[136]. Ces tombes, il est vrai, sont atypiques. Pour certains, Mesrine est un rebelle et Ranucci la victime d'une erreur judiciaire[137], un Lesurques du XXe siècle. Dans le monde des truands, le pèlerinage paraît improbable. Leur tombeau n'est visité que par les familles, quand il leur en reste. Le pèlerinage est plus associé aux tombes des politiques. Celui auprès de la tombe de Vaillant se confond en partie avec l'hommage familial : le tuteur de sa fille n'est autre que le militant anarchiste Sébastien Faure[138]. Mais les pèlerinages n'appartiennent pas seulement à la gauche. Les hommages à Bastien-Thiry à Bourg-la-Reine renvoient au contexte de la Guerre d'Algérie (Bastien-Thiry a organisé l'attentat du Petit-Clamart). À la date anniversaire de sa mort, des nostalgiques de l'Algérie française et de l'OAS déposent sur sa tombe fleurs et drapeaux français[139].

Il faudrait s'intéresser à la durée de ces rites et les comparer à ceux pratiqués par les familles. Voir aussi ceux qui empruntent à d'autres rites et symboles, tel l'hommage rendu à Joëlle Aubron le

135 En période de pointe (vacances scolaires, actualité concernant Mesrine comme le passage d'un film à la télévision), une centaine de personnes par semaine. Sinon, 5 à 10 personnes par semaine en moyenne. Estimation établie par le conservateur du cimetière à partir des demandes qui lui sont faites pour qu'il indique la localisation de la tombe. Il existerait depuis peu une application téléchargeable sur des téléphones portables qui indique approximativement la position de la tombe de Mesrine.

136 Sur l'une d'elles est écrit : « À un ami qui m'était inconnu jusqu'à l'aube du 28 juillet 1976 ».

137 Par exemple, le 28 juillet 1996, date anniversaire de son exécution, le Comité national pour la révision du procès Ranucci, a organisé un débat à Avignon et s'est rendu sur la tombe de Ranucci.

138 CCI, Dossiers des guillotinés de 1885 à 1922, dossier Vaillant, 5 février 1894 ; *Le Matin*, 10 février 1894, *Le Matin*, 10 février 1896, p. 3 et 3 novembre 1896, p. 3.

139 La mémoire de Bastien-Thiry est notamment portée par une association, le Cercle Jean Bastien-Thiry, qui dispose d'un site : http://www.bastien-thiry.fr/le-cercle/actualites.htm (consulté le 2 novembre 2017).

18 mars 2006 devant le Mur des Fédérés et qui rassemble environ 300 personnes, dont Olivier Besancenot, alors à la Ligue communiste révolutionnaire[140]. La tolérance vis-à-vis de ces hommages est variable. En novembre 1873, pendant la période de l'Ordre moral, des mesures auraient visé à empêcher ou à sanctionner le fleurissement du tombeau des Sergents de La Rochelle[141]. D'une manière générale, les objets déposés sur les tombes des suppliciés, mais aussi sur d'autres, comme celles de Mesrine ou Bastien-Thiry sont enlevés. À notre connaissance, il n'y a jamais eu de collecte scientifique de ces objets, comme cela a pu être fait pour d'autres tombes.

Restent les pèlerinages religieux. Notons au préalable que la tombe n'est pas nécessaire aux pratiques commémoratives de ce type. Ainsi, les pénitents de Marseille célèbrent encore dans l'entre-deux-guerres une messe annuelle à la mémoire des suppliciés dans la chapelle de leur confrérie[142]. Dans un tout autre contexte, les sources consultées attestent l'inexistence d'un pèlerinage sur les tombes des djihadistes que leur anonymat ne peut seul expliquer : la glorification de leur mémoire passe surtout par la toile. La tombe de Jacques Fesch située dans le cimetière ancien de Saint-Germain-en-Laye[143] est une exception. Guillotiné en 1957, Fesch avait entamé en prison un parcours de rédemption. Une association soutient aujourd'hui une procédure de béatification. Si elle exagère sans doute l'importance de la fréquentation et des offrandes, celles-ci sont réelles[144]. Étrange destinée que cette sépulture de réprouvé appelée peut-être à devenir un jour un lieu de dévotion.

L'inhumation du criminel marque une sorte de retour à l'ordre, qui peut mettre fin à une procédure judiciaire et clôt en tous cas une

---

140 Archives du service des cimetières de la Ville de Paris, Cérémonie en hommage à Joëlle Aubron au Cimetière du Père-Lachaise – Mur des Fédérés – Samedi 18 mars 2006, Note d'information de C. Charlet, mars 2006. Des policiers en civil sont présents.

141 *Le Constitutionnel*, 2-3 novembre 1873, p. 3 : *Le Figaro*, 3 novembre 1873, p. 3.

142 D'après *Le Matin*, 1er décembre 1930, p. 3 (N. Picard, *L'application de la peine de mort…*, *op. cit.*, p. 638).

143 Son corps a été inhumé dans le caveau de sa belle-famille.

144 http://amisdejacquesfesch.fr/temoignages/lieu-de-memoire/ (site consulté le 20 octobre 2017). Lors d'une visite le 30 août 2017, nous avons trouvé deux médaillons de la Vierge et un crucifix posés sur la jardinière à droite du tombeau sous le prénom et le nom du supplicié gravés en toutes lettres (signe d'un assouplissement ou d'un oubli de la règle de l'anonymat).

existence vouée au crime ou marquée par celui-ci. Le processus d'oubli se mêle aux pratiques funéraires et mémorielles des familles et des proches, quand ceux-ci subsistent, jusqu'à subvertir les interdits. La disparition des bagnes et celle de l'exécution capitale permettent en outre la généralisation de la norme funéraire, que la Révolution portait en germe[145]. La tombe du criminel s'insère alors dans une temporalité commune. Ses restes voisinent avec ceux de ses contemporains, de ses victimes parfois et auront la même destinée au sein du cimetière.

En de rares occasions, les tombes de certains criminels deviennent un enjeu symbolique, voire patrimonial et contribuent à leur quart d'heure de célébrité. Toutefois, leurs crimes et les conditions de leur mort, dont la violence est accentuée par la dilatation médiatique, jouent un rôle bien plus important dans leur notoriété posthume[146]. Celle-ci les apparente paradoxalement aux grands hommes dans une sorte de jeu de miroirs et d'inversion des normes. On se souvient de leur nom plus que de celui de leurs victimes : le monstre social continue de fasciner et d'horrifier tout à la fois et son souvenir contribue à nourrir une culture du crime. Chaque époque a son ou ses Lacenaire[147].

Si un tour de France des tombes semble illusoire, la diversification des sources est nécessaire, sans résoudre pour autant les déséquilibres initiaux. Des pistes ont été évoquées ici et là. L'élargissement des comparaisons permettrait d'approfondir le rapport fluctuant entre les marges et le centre, entre une forme de contre-culture aux multiples variantes et la culture dominante. On pense au temps des guerres, aux bagnes coloniaux[148] et aux autres cultures criminelles, traditionnelles[149] ou

145 L'anonymisation des tombes des djihadistes est moins une marque de discrimination qu'une mesure d'ordre public approuvée par tous (il faudrait néanmoins vérifier les réactions du côté des familles de ces criminels).

146 Nous avions tenté de développer cette idée dans notre travail sur l'affaire Mesrine. Ainsi, dans les fiches *Wikipedia* de Clichy et de Cornebarrieu, Mesrine et Merah font partie de la liste des « personnalités liées à la commune » : https://fr.wikipedia.org/wiki/Clichy#Personnalit.C3.A9s_li.C3.A9es_.C3.A0_la_commune https://fr.wikipedia.org/wiki/Cornebarrieu (sites consultés le 5 novembre 2017). Précisons que cette notoriété posthume n'apparaît pas avec l'âge médiatique : A. Lilti, *Figures publiques. L'invention de la célébrité, 1750-1850*, Paris, Fayard, 2014, p. 111-115.

147 A.-E. Demartini, *L'Affaire Lacenaire*, Paris, Aubier, 2001.

148 On renvoie aux références et aux travaux consultables sur le site *Criminocorpus* et aux opérations archéologiques menées sous l'égide de l'Inrap.

149 Le thème du bandit social mis en valeur par E. J. Hobsbawm, *Les Bandits*, Paris, La Découverte, 2008 [1969].

contemporaines, parfois fortement enracinées, comme aujourd'hui en Russie ou au Mexique[150]. Dans ces deux pays, le stigmate est revendiqué et on peut se demander si, en certains endroits, il ne tend pas à devenir la norme.

Bruno BERTHERAT
Université d'Avignon
Centre Norbert Elias / HEMOC

150 T. Holzlehner, « Le paradis des grands bandits. La culture de la mort violente en Extrême-Orient russe », *Ethnographiques.org*, n° 13, juin 2017 (référence communiquée par Marc-Antoine Berthod). Au sujet du Mexique, les spécialistes parlent de « narco-culture ». Voir https://www.tdg.ch/monde/tombeaux-luxe-barons-drogue/story/30435469 (référence communiquée par Julie Doyon ; site consulté le 5 novembre 2017).

CORPS CONTAMINÉS, CORPS CONTAMINANTS DES RELÉGUÉS

(XIXe-XXe siècle)

Dans son ouvrage *Surveiller et punir*, Michel Foucault, en détaillant les modalités d'une peine ayant désormais pour ressort au début du XIXe siècle non plus le corps mais l'âme des condamnés, indique : « S'il y a des incorrigibles, il faut se résoudre à les éliminer[1]. » Ainsi, à l'inverse des condamnés considérés comme « corrigibles » auxquels tout un arsenal de peines à visée correctrices, dont l'emprisonnement, fut aménagé par le code pénal afin de pouvoir à terme favoriser leur réinsertion, les condamnés considérés comme « incorrigibles » se virent opposer une législation destinée à les éliminer socialement par une expulsion outre-mer. « [Une] distinction fondamentale entre [...] deux classes des criminels d'habitude et par accident[2] » fut effectivement consacrée à partir de la deuxième moitié du XIXe siècle et les incorrigibles (ou criminels d'habitude) furent l'objet d'une loi qui frappa 23 163 d'entre eux d'une peine perpétuelle subie sur le sol d'une colonie : la loi sur la relégation des récidivistes promulguée le 27 mai 1885. Cette mesure visait à éliminer du sol de la métropole et de certaines colonies des criminels considérés comme particulièrement « dangereux ». Mais bien qu'elle concernait des condamnés considérés comme incorrigibles, elle ne s'articulait pas moins sur leur supposée « corrigibilité ». L'incorrigibilité, au sens où l'entendait le législateur de la loi sur la relégation, renvoyait à la récidive des condamnés et tendait à démontrer que la pénalité classique, c'est-à-dire l'emprisonnement, n'était plus d'aucune efficacité pour s'assurer d'eux[3]. La relégation constituait donc une mesure spéciale et adaptée à leur profil spécifique qui prévoyait en parallèle leur réinsertion en tant que colons.

1 M. Foucault, *Surveiller et punir. Naissance de la prison*, Paris, 2005, p. 127.

2 E. Ferri, *La sociologie criminelle*, Paris, 2004, p. 85.

3 J.-L. Sanchez, « Les *incorrigibles* au bagne colonial de Guyane. Genèse et application d'une catégorie pénale », *Genèses. Histoire et sciences sociales*, 19 (2013), p. 71-95.

À cet effet, le modèle de la peine de la transportation organisée par le Second Empire en Guyane et en Nouvelle-Calédonie fut mobilisé pour justifier la relégation. Influencé par le type de colonisation pénitentiaire mis en œuvre par la Grande-Bretagne en Australie[4], le législateur à l'origine de la loi sur l'exécution de la peine des travaux forcés du 30 mars 1854 (dite loi sur la transportation) organisa l'expulsion des forçats dans une colonie où pouvait leur être octroyés, à l'issue de leur peine, une propriété et l'opportunité de fonder une famille. Le travail, opérateur de la transformation des bagnards, était ainsi l'élément à l'origine de cette « métempsychose » qui tendait dans l'esprit des entrepreneurs de la transportation à transformer des criminels en colons. Ainsi, le corps du forçat et sa supposée corrigibilité constituait le pivot sur lequel s'articulait cette politique pénale originale. En soutirant le criminel de son « milieu » criminogène pour le transplanter dans un milieu à coloniser (et donc situé loin de l'influence néfaste des grands centres urbains), son « âme » pouvait selon ce schéma migrer d'un corps vicié vers un corps régénéré, grâce à l'influence d'un changement de milieu salvateur et d'un retour à « l'état de nature[5] » :

> La déportation est une métempsychose. Le corps transporté à la Guyane ou à la Nouvelle Calédonie pour n'en plus revenir, est un autre corps que celui qui manœuvrait à Montmartre ou à Grenelle. L'esprit s'incarne à nouveau. Le malfaiteur redevient l'homme de la nature. Il ne voit rien autour de lui qui lui rappelle son passé ; le sentiment d'un autre état social refoule et renouvelle ses instincts. C'est comme une seconde naissance avec de nouveaux horizons et un nouvel avenir[6].

Ce modèle fut également convoqué pour justifier la loi sur la relégation qui aménageait un double régime : celui de la relégation individuelle, qui permettait aux relégués les mieux classés et disposant de ressources financières suffisantes d'être laissés libres dans la colonie et d'obtenir une concession ou un engagement de travail ; et la relégation collective, qui entraînait l'incarcération des relégués les moins bien classés ou indigents dans un pénitencier et leur soumission à des travaux forcés en vue de leur permettre, ensuite, d'être classés au régime de la relégation individuelle. Mais les visées réformatrices

4 C. Forster, *France and Botany Bay. The Lure of a Penal Colony*, Melbourne, 1996.
5 J.-J. Rousseau, *Discours sur l'origine de l'inégalité parmi les hommes*, Paris, 2011.
6 *L'évènement*, 4 mai 1883, p. 1.

portées par la relégation furent considérablement mises à mal par l'application qui en fut faite en Guyane. Car la menace que les relégués représentaient en métropole fut également importée dans la colonie. Ainsi, au lieu d'y devenir des colons libres, ils y demeurèrent des « récidivistes » dont le danger était contenu du fait de l'isolement dans lequel ils étaient maintenus.

UNE MESURE PROPHYLACTIQUE DESTINÉE À CIRCONSCRIRE UNE CONTAGION

La représentation nourrie par la plupart des défenseurs de la relégation à la fin du XIXe siècle vis-à-vis des délinquants et des criminels récidivistes reposait notamment sur une vision organiciste de la société, alimentée par des théories hygiénistes défendues par des médecins et des criminologues[7]. Le criminologue italien Enrico Ferri affirmait par exemple en 1884, dans son ouvrage *La sociologie criminelle*, que les peines relevaient d'un impératif d'hygiène sociale et devaient se décliner en moyens préventifs (« mesures hygiéniques »), remèdes thérapeutiques (« moyens réparatoires et répressifs ») et opérations chirurgicales (« moyens éliminatifs »)[8]. D'après cette conception, la pénalité devait désormais s'apparenter à un moyen de défense sociale qui devait s'adapter au degré de dangerosité des criminels. En France, Alexandre Lacassagne, médecin et cofondateur avec Gabriel Tarde de la revue *Les Archives d'anthropologie criminelle*, élabora une théorie de la criminalité oscillant entre une approche « bio-psychologique », qui faisait du criminel un individu différent du reste de la société, et une approche sociologique où il était également victime du milieu social dans lequel il évoluait[9]. Inscrivant son approche dans une représentation de la société qui faisait de l'individu la partie d'un organisme à la fois physiologique et sociétal, Lacassagne mettait l'accent sur l'incidence du milieu sur le criminel qu'il

7 M. Kaluszynski, *La République à l'épreuve du crime. La construction du crime comme objet politique 1880-1920*, Paris, p. 169 et suiv.

8 E. Ferri, *La sociologie criminelle*, *op. cit.*, p. 407.

9 M. Renneville, *La médecine du crime : essai sur l'émergence d'un regard médical sur la criminalité en France, 1785-1885*, Villeneuve-d'Ascq, 1999, vol. 2, p. 709-710.

interprétait comme une influence qui « s'inscrirait dans l'hérédité[10] ». Ainsi, seule une modification du milieu social était susceptible à ses yeux d'avoir une influence salutaire sur les criminels :

> Or, comme la partie supérieure du cerveau est en relation avec les viscères, on comprend que les différentes conditions du milieu social (alimentation, habitation, tous les modificateurs physiques, psychiques) l'influencent. N'est-ce pas le « mal de misère » qui produit le plus grand nombre de criminels. L'homme s'agite, mais la société le mène et quand le milieu social s'améliore on voit se modifier heureusement le bien-être moral[11].

Ces concepts criminologiques eurent une incidence fondamentale dans l'interprétation et la compréhension de la criminalité qu'avait le personnel politique favorable à la relégation[12]. Pour qualifier les récidivistes et les mesures à prendre contre eux, le ministre de l'Intérieur Pierre Waldeck-Rousseau utilisait effectivement lorsqu'il défendait la loi sur la relégation au Parlement les termes de « physiologie du crime », de « contagion », « d'inoculation du vice » et indiquait qu'il fallait les séparer « de la partie saine de la population[13] ». La relégation était ainsi déclinée comme une loi de prophylaxie sociale destinée à écarter la menace générée par le contact corrupteur des récidivistes :

> Loi politique ? en aucune manière ; loi de salut publique ? en aucune façon ; mais loi de salubrité sociale, voilà sa véritable caractéristique ; loi d'hygiène sociale, d'assainissement social, non seulement réclamée par l'opinion publique, mais rendue nécessaire par ce flot montant de la récidive qui, si nous ne cherchions pas à y opposer une digue, finirait par nous submerger[14].

---

10 C. Debuyst, F. Digneffe, A. P. Pires, *Histoire des savoirs sur le crime et la peine. La rationalité pénale et la naissance de la criminologie*, Montréal, Ottawa, Paris, Bruxelles, 1998, vol. 2, p. 347.

11 A. Lacassagne, « Les instincts primordiaux des criminels, Compte rendu des séances du Troisième Congrès d'Anthropologie Criminelle », *Archives de l'Anthropologie Criminelle*, 7 (1892), p. 488.

12 M. Soula, « Récidive et illusion rétrospective », Direction de l'administration pénitentiaire, *La prévention des récidives : évaluation, suivis, partenariats*, Travaux & Documents 84 (2015), p. 28-29. Voir également E. Saada, « Entre "assimilation" et "décivilisation" : l'imitation et le projet colonial républicain », *Terrain* [En ligne], 44 | mars 2005, mis en ligne le 15 mars 2009, consulté le 23 avril 2017. URL : http://terrain.revues.org/2618 ; DOI : 10.4000/terrain.2618.

13 Proposition de loi relative à la transportation des récidivistes, présentée par MM. Waldeck-Rousseau et Martin-Feuillée, députés, *Annales de la Chambre des députés. Documents parlementaires*, Paris, séance du 16 février 1882, p. 312.

14 F. Dreyfus, *Annales de la Chambre des députés. Débats parlementaires*, Paris, séance du 21 avril 1883, p. 28.

De son côté, Gabriel Tarde considérait que la récidive traduisait les tendances à l'imitation des délinquants confinés dans un même milieu :

> La récidive, en effet, naît du penchant à contracter les habitudes, à se copier soi-même, lequel, abandonné à ses causes individuelles, c'est-à-dire organiques, a toujours en moyenne une force égale ; il se traduirait par suite en une série de chiffres uniformes, s'il n'était surexcité par le penchant à copier son semblable pour lui ressembler encore plus, sous l'empire des causes sociales, de contacts ou de rapports intellectuels plus fréquents, établis entre les malfaiteurs par les progrès de la voirie, de la presse et de la poste[15].

Cette conception fut également mobilisée par le personnel politique pour justifier la relégation. Pour Pierre Waldeck-Rousseau, les récidivistes ne cessaient par leur exemple délétère de diffuser de funestes modèles parmi les classes populaires[16]. La relégation visait à casser cette dynamique et se présentait comme une mesure prophylactique cherchant à circonscrire une « contamination » :

> Ce n'est point assez d'ouvrir des écoles et de répandre largement l'instruction ; pour ne pas compromettre les résultats de ces réformes, il faut encore supprimer cet enseignement du vice et du crime, donné par ceux qui, toujours condamnés, toujours impatients, retournent sans cesse de la rue à la prison et de la prison à la rue, et, pour supprimer cet enseignement, il faut éloigner sans faiblesse ceux qui le donnent, les récidivistes[17].

C'était donc le problème du milieu entendu comme « [...] un certain nombre d'effets qui sont des effets de masse portant sur tous ceux qui y résident[18] » qui se posait avec les récidivistes. Ce concept fut mobilisé pour justifier le changement bénéfique que ne pouvait manquer d'opérer sur les récidivistes la relégation. En les coupant de leur ancien « milieu criminogène », en les transportant dans un « milieu vierge », coupé de leurs anciennes habitudes, leur amendement et leur régénération devenaient enfin possibles :

---

15 G. Tarde, *La criminalité comparée*, Paris, 2004, p. 92.

16 J.-L. Sanchez, « La relégation des récidivistes : enjeux politiques et pénal », J.-P. Allinne, M. Soula (dir.), *Les Récidivistes. Représentations et traitements de la récidive XIXe-XXIe siècle*, Rennes 2010, p. 158 et suiv.

17 P. Waldeck-Rousseau, *Annales de la Chambre des députés. Documents parlementaires*, *op. cit.*, séance du 11 novembre 1882, p. 79-80.

18 M. Foucault, *Sécurité, territoire, population. Cours au Collège de France. 1977-1978*, Paris, EHESS, 2004, p. 23.

> Elle n'est pas trop cruelle la peine qui place le condamné dans un milieu nouveau où elle lui offre l'occasion de renaître à la vie sociale et de se réconcilier avec la société[19].

Cette croyance en la vertu d'un changement de milieu était également partagée par la presse favorable à la relégation :

> Les relégués seront composés surtout de déclassés qui pourront retrouver leur dignité en changeant de milieu. En se débarrassant des gens qui n'auraient rien fait de bon en France, mais qui peuvent, soustraits aux contagions des grandes villes, retrouver leur santé morale, notre pays aura fait une bonne affaire[20].

Et par certains magistrats :

> Qu'on parvienne au contraire à les changer de milieu, qu'on les dérobe à leur passé, à leurs compagnons, aux circonstances qui les ont entraînés, peut-être alors deviendra-t-il possible de triompher de leurs instincts et de leur donner des habitudes de travail[21].

Ainsi, plutôt que de maintenir à leur sortie de prison ces « irréguliers de la civilisation[22] » dans un milieu trop civilisé pour eux, où ils y retrouvaient immanquablement leurs marques et y recommençaient aussitôt leurs forfaits, en les envoyant dans une colonie, ils disposaient enfin d'un milieu suffisamment « barbare » et donc susceptible de mieux convenir à leur nature primitive :

> Si, au contraire, vous en faites ce que j'ai appelé un pionnier de la civilisation de cet homme qui est pour cette même civilisation une menace ; s'il lui faut conquérir chaque jour le droit à la vie par un effort personnel ; si, au lieu d'être aux prises avec une civilisation trop avancée, il est aux prises avec une barbarie qui n'a pas encore tout à fait disparu, cet homme, qui représentait la barbarie en France, va représenter dans une certaine mesure, la civilisation dans le milieu nouveau où vous l'aurez transporté[23].

19 G. Gerville-Réache, *Annales de la Chambre des députés. Débats parlementaires*, *op. cit.*, séance du 26 avril 1883, p. 114.

20 *Le National*, 27 avril 1883, p. 1.

21 M. Chenest, *De la relégation des récidivistes*, Discours, audience solennelle de la Cour d'Appel de Poitiers, Poitiers, 1883, p. 15.

22 C.-A.-L. Petiton, *De la récidive, Cour de Cassation, audience de rentrée du 3 novembre 1880*, Marchal, Paris, 1880, p. 36.

23 P. Waldeck-Rousseau, *Annales de la Chambre du Sénat. Débats parlementaires*, *op. cit.*, séance du 6 février 1885, p. 60.

Le récidiviste s'apparentait donc dans le sens commun des défenseurs de la relégation à un être pathologique, évoluant au sein d'une civilisation trop avancée pour lui, et la seule option pour venir à bien de sa « maladie » demeurait un changement radical de milieu :

> L'individu qui a subi un certain nombre de condamnations est un malade incurable, au moins dans les pays où l'organisation est complète, et c'est lui rendre service que de le transplanter dans d'autres conditions sociales[24].

Ce thème du délinquant « malade » recoupait la polysémie du terme *récidive* qui renvoyait, en premier lieu, à la rechute dans un état pathologique puis se rapportait, dans un second temps, au vocabulaire juridique[25] :

> Les rechutes d'un même agent, lorsqu'elles se succèdent et se répètent dans de certaines conditions de gravité, sont l'indice d'une volonté s'obstinant dans le mal, d'une incorrigible perversité : la culpabilité accumulée affecte les caractères d'une maladie chronique[26].

Cette crainte du « virus du récidivisme[27] » s'inscrivait dans la représentation organiciste que nourrissaient les agents en charge de la répression criminelle et qui associaient la société à un corps vivant, dont chaque individu formait en quelque sorte une cellule[28]. L'enjeu étant tout à la fois de les « guérir » et de les normaliser grâce à leur relégation dans un nouveau milieu qui leur correspondrait mieux.

---

24 G. d'Haussonville, « La transportation des récidivistes », *L'Économiste français*, 2 (1882), p. 43.

25 F. Briegel, M. Porret, *Le criminel endurci. Récidive et récidivistes du Moyen Age au XXe siècle*, Genève, 2006, p. 10 et p. 12.

26 L. André, *La récidive, théorie d'ensemble et commentaire détaillé des lois préventives ou répressives de la récidive*, Paris, 1892, p. 41.

27 *La République Française*, 11 mai 1885, p. 1.

28 G. Canguilhem, *Le normal et le pathologique*, Paris, 1999, p. 186-187.

LE MARQUAGE INSTITUANT DU BAGNE

Afin d'aménager ce changement de milieu, l'article 15 du décret portant règlement d'administration publique pour l'application de la loi du 27 mai 1885 sur la relégation des récidivistes du 26 novembre 1885 créait des pénitenciers spéciaux situés sur le sol de la métropole. Ils étaient destinés à préparer les relégués à la « vie coloniale » avant leur envoi au bagne. L'objectif étant de les soumettre au travail dans des chantiers ou des ateliers organisés en vue de leur dispenser un apprentissage industriel ou agricole. Mais en lieu et place de ces établissements spéciaux, les relégués étaient incarcérés dans des quartiers distincts de ceux des autres prisonniers dans les maisons centrales dépendant du ressort de leur tribunal de condamnation. Ils devaient y patienter le temps que leur acheminement en direction de la citadelle de Saint-Martin-de-Ré, qui était le dépôt d'étape des condamnés aux travaux forcés depuis 1873, soit organisé. Acheminés ensuite par trains puis voitures cellulaires jusqu'à la citadelle, ils y étaient soumis à un ensemble de « techniques de mortification[29] » dès leur arrivée. L'ordre leur était effectivement donné de se déshabiller intégralement dans la cour de l'établissement afin de subir une inspection corporelle. Puis ils se voyaient remettre un uniforme en bure et des sabots-galoches. Sur la manche gauche de leur vareuse figurait leur numéro de matricule par lequel ils étaient désignés lorsque les surveillants s'adressaient à eux. Leur régime de détention s'apparentait à celui des maisons centrales : le silence était absolu et le travail obligatoire. Celui-ci s'effectuait en commun dans un atelier en présence d'un surveillant et se résumait à effilocher de l'étoupe, à fabriquer des émouchettes pour chevaux, des chaussons, des sacs à papier, etc. Bref, des travaux qui étaient loin de les préparer à la vie coloniale.

Une fois embarqués à bord du navire chargé de les convoyer jusqu'en Guyane, les relégués étaient enfermés dans des « bagnes », c'est-à-dire des cages à l'intérieur desquelles ils étaient maintenus durant toute la traversée et étaient intégralement rasés (barbe, cheveux et moustaches).

29 E. Goffman, *Asiles, étude sur la condition sociale des malades mentaux*, Paris, 1968, p. 56 et suiv.

Puis, à leur arrivée en Guyane, ils étaient expédiés au pénitencier-dépôt de Saint-Jean-du-Maroni. Ceux repérés comme indociles par l'administration pénitentiaire durant leur période de transit étaient immédiatement envoyés dans des camps forestiers où ils étaient astreints à un régime de travail très éprouvant (comme dans les camps de Tollinche, La Forestière et Tigre). À Saint-Jean, les nouveaux arrivants passaient en premier lieu à l'atelier anthropométrique où ils étaient mensurés et leur signalement reporté sur des fiches. Puis chacun se voyait attribuer un numéro de matricule et ouvrir un dossier individuel dans lequel les agents de l'administration pénitentiaire reportaient scrupuleusement tous les évènements en lien avec leur détention. Ils passaient ensuite une visite médicale où ils étaient selon leur état de santé classés aptes à tous travaux, aux travaux légers ou impotents. Puis ils se rendaient à l'atelier d'habillement où ils se voyaient remettre un uniforme avant de découvrir l'emplacement de leurs bat-flancs dans une des vingt cases collectives du camp qui leur était réservé.

Le travail était obligatoire et les relégués étaient réveillés à 5 heures du matin. Après un premier appel (un deuxième avait lieu en fin d'après-midi), tous rejoignaient leur corvée de travail escortés par un surveillant et des porte-clefs[30]. Les métiers qu'ils exerçaient étaient très variables et dépendaient en grande partie de leurs aptitudes et de leurs professions antérieures. Ceux qui disposaient d'un métier qualifié (comme les forgerons, les menuisiers, les cuisiniers, etc.) étaient répartis au sein du service intérieur du pénitencier (comptabilité, atelier d'habillement, port et flottille, cuisine, etc.) ou dans différents ateliers (menuiserie, scierie, forge, etc.). Les moins qualifiés étaient classés manœuvres et étaient chargés des travaux de terrassement, d'agriculture, de coupe de bois, d'extraction dans les carrières, etc. Ces travaux étaient les plus pénibles et exposaient les ouvriers à des activités épuisantes ainsi qu'à toutes sortes de maladies.

Comme il est possible de le constater à la lecture de ce qui précède, les établissements spéciaux destinés à préparer les relégués à la vie coloniale n'étaient pas non plus organisés dans la colonie. Officiellement, le séjour au pénitencier de Saint-Jean constituait une étape visant à les préparer peu à peu au régime de la relégation individuelle. La relégation collective étant en quelque sorte un régime transitoire en vue de

30 Les porte-clefs étaient des forçats auxiliaires des surveillants.

leur permettre de devenir des colons autonomes. Mais dans les faits, les relégués étaient incarcérés et astreints à des travaux forcés qui ne profitaient qu'à l'administration pénitentiaire. Ce détournement de l'application de la relégation en Guyane a abouti, non pas à permettre aux relégués d'y devenir des colons, mais d'y devenir des forçats et d'y être traités comme tels.

Ce résultat s'apparentait dans les faits à un processus de conditionnement qui visait à transformer un individu soumis au régime de la relégation en un « relégué », c'est-à-dire en un condamné plus ou moins docile sur lequel pouvait s'exercer le pouvoir disciplinaire des agents chargés de l'encadrer au bagne. L'entrée dans cette institution, dès la citadelle de Saint-Martin-de-Ré, impliquait une prise de rôle au cours de laquelle les relégués devaient intégrer les règlements qui allaient désormais régenter leur existence. Cette nouvelle identité à laquelle ils devaient se conformer s'attribuait au cours d'une phase d'adaptation qui comprenait plusieurs étapes à travers lesquelles ils étaient uniformisés. Avant leur départ pour le bagne, ils étaient ainsi l'objet de nombreuses opérations visant à les enregistrer dans des « mémoires d'État[31] » et à leur assigner leur future fonction au bagne de Guyane. Puis, en arrivant dans la colonie, ils devaient rapidement se conformer à ce qui était attendu d'eux, sous peine d'être sanctionnés par l'administration pénitentiaire ou par leurs congénères. Ces adaptations primaires[32], caractérisées par leur soumission à la loi du bagne, leur permettaient dans un second temps de pouvoir bénéficier d'adaptations secondaires, c'est-à-dire d'espaces de liberté tolérés ou fréquentés à l'insu de l'administration pénitentiaire (comme le recours à l'alcool, à la prostitution, à la *débrouille*, c'est-à-dire à des trafics auxquels s'adonnaient les relégués dans leur pénitencier, à l'octroi d'une *planque*, c'est-à-dire d'un emploi qui les mettait à l'abri d'un travail harassant, etc.)[33].

31 P. Piazza, « La fabrique "bertillonienne" de l'identité », *Labyrinthe* [En ligne], 6 | 2000, mis en ligne le 23 mars 2005, consulté le 24 avril 2017. URL : http://labyrinthe.revues.org/453 ; DOI : 10.4000/labyrinthe.453.

32 P. Combessie, *Sociologie des prisons*, Paris, 2009, p. 75-76.

33 J.-L. Sanchez, *À perpétuité. Relégués au bagne de Guyane*, Paris, 2013, p. 68-69.

LES RELÉGUÉS
Un risque de contagion pour le reste de la colonie

Mais en plus d'être conditionnés à tenir leur rôle, les relégués étaient également l'objet d'une ségrégation physique sur le sol de la colonie. Élaboré en 1887 sur la base d'un village de colons, Saint-Jean devint très rapidement à partir de 1891 un pénitencier où population pénale et personnel administratif vécurent dans deux parties distinctes : le quartier administratif réservé au personnel et le camp central réservé aux relégués[34]. Ce distinguo était dû, notamment, aux risques sanitaires qu'étaient susceptibles de faire peser les relégués sur le personnel d'encadrement et leurs familles. En effet, travaillant au contact d'un biotope où ils contractaient de nombreuses maladies, les relégués tombaient fréquemment malades et représentaient ainsi aux yeux de la direction du pénitencier un risque sanitaire majeur. D'où le réaménagement du village en un pénitencier où les relégués furent totalement isolés dans une partie qui leur était réservée. Seul leur hôpital demeurait une zone mixte puisqu'il se situait dans le quartier officiel du pénitencier. Les relégués devaient donc venir s'y faire soigner depuis le camp central, ce qui ne manquait pas d'inquiéter le personnel administratif qui craignait que ce contact ne soit un facteur de contagion. Car malgré la présence de surveillants pour superviser l'hôpital, beaucoup de relégués infirmiers trafiquaient les rations et les médicaments de leurs congénères malades pour les revendre à l'extérieur et effectuaient de nombreux va et viens. Pour sa part, le personnel administratif était soigné à domicile ou était transféré pour les cas les plus graves à l'hôpital de Saint-Laurent-du-Maroni (qui se situait à environ vingt kilomètres de Saint-Jean). À plusieurs reprises, les médecins en charge de la relégation réclamèrent la destruction de l'hôpital et sa reconstruction près du camp central. L'administration décida donc de le raser en 1917 et de limiter les soins des relégués à

34 J.-L. Sanchez, « Les relégués au pénitencier de Saint-Jean-du-Maroni (Guyane française) : d'un village de colons à un pénitencier de forçats », J. Kalman (dir.), *French History and Civilization : Papers from the 19th George Rudé Seminar, July 10-12, 2014*, 6 (2015), p. 214-215, URL : http://www.h-france.net/rude/rudevolvi/SanchezVol6.pdf, consulté le 19/04/2017.

une simple infirmerie jouxtant le camp central. Mais face à la situation sanitaire catastrophique qui en résultat, l'inspecteur des colonies Berrué exigea et obtint la construction en 1920 d'une infirmerie-ambulance sur l'emplacement de l'ancien hôpital[35]. Cette crainte d'une menace de contagion que faisaient peser les relégués au sein de leur pénitencier s'étendit rapidement au reste de la colonie, où ils étaient en sus victimes d'un stigmate qui les disqualifiait au sein de la société locale.

Qu'il s'agisse d'agents de l'administration pénitentiaire, de simples particuliers ou même de transportés, les relégués étaient considérés dans la colonie comme des « intouchables[36] », des « miteux[37] », des « dégénérés, [des] tarés[38] » et étaient l'objet d'un important rejet sur place. Alors que le transporté était en règle générale considéré comme un « criminel par accident » (puisque le crime qui l'avait conduit aux travaux forcés était le plus souvent un acte unique), le relégué continuait à être considéré comme un récidiviste, susceptible de réitérer les multiples délits qui l'avaient conduit au bagne :

> Si le bagne est quelque chose de hideux en raison même des individus qui y sont détenus, on peut affirmer, toujours pour cette même raison, que la relégation a quelque chose d'abominable. C'est un cloaque, une sentine : tous les êtres qui sont là avaient, pour la plupart, comme métier, dans la vie libre, le vagabondage, et, comme moyens de subsistance, le vol, l'escroquerie, la prostitution. Dans notre étude du bagne, nous avons déjà émis cette opinion que le forçat [c'est-à-dire le transporté] n'était pas l'être le plus déchu, que parmi eux on pouvait en trouver susceptibles de reprendre place dans la société, car il faut tenir compte qu'un individu peut être très coupable pour un seul fait et n'être pas très corrompu. Le relégué, qui se qualifie également de « pied de biche », lui, doit être classé sans hésitation bien au-dessous du forçat ordinaire[39].

En ce sens, la loi sur la relégation ne faisait qu'importer dans la colonie le stigmate qui avait suscité leur expulsion de la métropole : celui de l'incorrigibilité. Avec pour corollaire le fait de représenter une

35 L'inspecteur des colonies Berrué au ministre des Colonies, 3 février 1918, Archives nationales d'outre-mer (désormais ANOM) H 1867.

36 Rapport d'inspection des pénitenciers du procureur de la République, 6 janvier 1946, Archives de la collectivité territoriale de Guyane (désormais ACTG) IX 71.

37 A. Londres, *Au bagne*, Paris, 2002, p. 157.

38 J.-C. Chanel, « Ce que j'ai vu au bagne », *Détective*, 4 (1928), p. 4.

39 J. Normand, « Les mystères du bagne », *Police Magazine*, 45 (1931), p. 4.

menace d'ordre prophylactique, celle d'une contagion morale et physique. Car si les relégués contaminaient le milieu métropolitain par le mauvais exemple qu'ils s'évertuaient à y diffuser, ils ne manquaient pas de poursuivre leur œuvre dans le nouveau milieu colonial dans lequel on les avait précipités. Ce double risque physique et moral qu'ils faisaient courir à la Guyane fut, entre autres, à l'origine de leur isolement sur place, notamment vis-à-vis des transportés. Et cette crainte dont ils étaient l'objet remontait bien avant leur arrivée en Guyane. Ainsi, dès qu'ils apprirent la désignation de la Guyane comme lieu de relégation, des pétitions furent adressées au Parlement par des Guyanais pour se plaindre de la « souillure » dont le gouvernement allait exposer la colonie avec l'envoi des relégués :

> L'empire nous avait déjà imposé la transportation, mais avec des mesures restrictives qui, malheureusement, n'ont pas été observées, et c'est la République, dont l'apparition avait été saluée par nous comme une ère nouvelle de sainte liberté, c'est elle qui, au mépris de l'humanité et des droits de l'homme, viendrait encore, et cette fois irrémédiablement, souiller la Guyane dont la faible population serait noyée dans le flot malsain de la relégation[40].

Afin de tenir compte *a minima* des desiderata des Guyanais ainsi que de l'avis du maire de Cayenne, Achille Houry, qui préconisait d'installer les relégués loin du chef-lieu de la colonie[41], ceux-ci furent accueillis sur le territoire pénitentiaire du Maroni. Créé par décret en 1860, ce territoire était alloué pour les besoins de la transportation et, à partir de 1887, pour ceux de la relégation. Les transportés étaient installés au pénitencier de Saint-Laurent et dans ses camps annexes, situés en aval du fleuve Maroni, vers le littoral, tandis que les relégués étaient installés à Saint-Jean et dans ses camps annexes, situés en amont du fleuve Maroni, dans une zone cernée par la brousse et les marécages. Ces deux territoires étaient séparés par une frontière naturelle, la crique Balaté et les relégués collectifs et les transportés n'avaient donc aucun contact entre eux. Mais dès leur installation à Saint-Jean en juin 1887, de nombreuses épidémies endeuillèrent régulièrement le territoire de la relégation, notamment de fièvre jaune. Elles étaient particulièrement

40 V. Schoelcher, *Annales du Sénat. Débats parlementaires*, *op. cit.*, séance du 24 octobre 1884, p. 87.

41 Note pour Jules Leveillé, 18 janvier 1885, ANOM H 1838.

redoutées par les autorités de Saint-Laurent et donnaient lieu à chacune de leur survenue à la mise en quarantaine de tout le territoire de la relégation. La position géographique de Saint-Jean et de ses camps annexes y faisait effectivement régner une situation sanitaire bien plus dégradée que dans les pénitenciers de la transportation. Les épidémies de fièvre jaune avaient ainsi tendance à se déclarer sur le territoire de la relégation et à se propager ensuite au reste du territoire pénitentiaire du Maroni, notamment à Saint-Laurent. Ainsi, dès que la fièvre jaune se déclarait à Saint-Jean, tout le territoire de la relégation était isolé et les communications entre Saint-Jean et Saint-Laurent immédiatement interrompues. Cette crainte d'ordre sanitaire que les relégués faisaient peser sur la colonie renforçait un peu plus le stigmate dont ils étaient porteurs et l'isolement dans lequel ils étaient volontairement maintenus. Pourtant, si des épidémies éclataient régulièrement à Saint-Jean, la faute n'incombait pas tant aux relégués qu'à leurs conditions de détention et à cet isolement dont ils étaient précisément les victimes.

Par exemple, le 3 octobre 1914, des cas suspects de décès de relégués furent observés à l'hôpital de Saint-Jean. Le médecin en avertit immédiatement le commandant supérieur de la relégation et le médecin-chef des pénitenciers du Maroni qui se rendit sur place. Mais celui-ci ne parvint pas à conclure qu'une épidémie de fièvre jaune y sévissait, mais diagnostiquât plutôt des cas de « fièvre tierce » et de simples « cas d'accès pernicieux ». Le directeur de l'administration pénitentiaire décida toutefois de passer outre l'avis du médecin-chef et ordonna la mise en quarantaine de tout le territoire de la relégation. Il édicta un décret d'après lequel « le territoire de la relégation est reconnu contaminé[42] » par la fièvre jaune et isola totalement Saint-Jean du reste de la colonie. Tout mouvement d'embarcations entre les pénitenciers de Saint-Laurent et de Saint-Jean furent interdits et un cordon sanitaire fut mis en place entre les territoires de la relégation et de la transportation au niveau de la crique Balaté. Un poste central fut installé sur le pont enjambant la crique et des surveillants du camp de Saint-Louis (situé sur le territoire de la relégation) y reçurent pour consigne d'interdire tout passage sur l'un ou l'autre territoire. Des surveillants du camp de Saint-Maurice (situé sur le territoire de la transportation) furent chargés de patrouiller le long de la crique Balaté et devaient détruire toutes les passerelles de

42 Décret du directeur de l'administration pénitentiaire, 7 octobre 1914, ANOM H 5178.

fortune jetées le long de son cours. Les relégués évadés et capturés dans la région de Saint-Maurice devaient aussitôt être reconduits au poste central de Saint-Louis pour être réintégrés. Les heures de travail des relégués furent réduites afin d'éviter le labeur durant les heures les plus chaudes de la journée et toutes les larves de moustiques furent systématiquement détruites. Mais la marge de manœuvre du médecin était très faible : il ne pouvait en effet guère faire plus car la situation sanitaire de Saint-Jean l'empêchait d'agir plus avant. Les relégués infirmiers manquaient de savon et ne pouvaient donc pas se nettoyer après être entrés en contact avec des malades contaminés. De même, la plupart des surveillants et tous les relégués ne disposaient pas de moustiquaires. Enfin, l'hôpital de la relégation ne possédait pas de pavillon d'isolement et les relégués présentant des symptômes de fièvre jaune ne pouvaient donc pas être séparés des autres malades.

La mise en quarantaine de Saint-Jean dura du 3 au 31 octobre 1914 et l'enquête conduite peu après par le médecin-major chef du laboratoire d'hygiène porta sur 19 relégués décédés[43]. Sur ce nombre, seuls six présentaient des signes de fièvre jaune (tous les autres correspondaient à des cas de paludisme). Ces six relégués provenaient de points différents de la relégation : trois étaient issus du camp de Tollinche, deux de la Guyane hollandaise (il s'agissait d'évadés reconduits) et un dernier provenait de Saint-Jean, le relégué Mechali. Entre les deux appels quotidiens, celui de 17 heures et celui de 6 heures, Méchali, qui tenait un « rade[44] » dans une des cases du camp central, avait pour habitude de se rendre clandestinement de nuit à Saint-Laurent afin de s'y approvisionner en alcool. Pour ce faire, il longeait la rive du fleuve Maroni à travers la brousse afin de ne pas être surpris. C'est très certainement au cours d'une de ses évasions nocturnes qu'il avait contracté la fièvre jaune car les moustiques vecteurs de cette maladie agissent essentiellement la nuit. En ce qui concerne les relégués du camp de Tollinche, ceux-ci avaient pour habitude de rendre visite de nuit à des congénères évadés réfugiés sur la rive hollandaise en traversant clandestinement le fleuve sur des embarcations de fortune. Ainsi, les quelques cas de fièvre jaune qui se déclarèrent à Saint-Jean durant l'épidémie provenaient essentiellement

43 Le médecin-major, chef du laboratoire d'hygiène, Rapport sur l'état sanitaire des camps de la relégation (septembre-octobre 1914), 16 novembre 1914, ACTG IX 1.

44 C'est-à-dire un débit de boisson clandestin toléré par l'administration pénitentiaire.

de particularités propres aux conditions de détention réservées aux relégués. En premier lieu, la situation géographique de Saint-Jean et de ses camps annexes les exposait davantage que le reste de la colonie aux méfaits de la fièvre jaune. Ensuite, comme le pénitencier et les camps annexes n'étaient pas clôturés[45], ils pouvaient facilement s'en soustraire et se rendre de nuit en forêt pour s'adonner à toute sorte d'activités clandestines. Et c'est précisément au cours de ces échappées nocturnes que la plupart d'entre eux contractaient la fièvre jaune.

CONCLUSION

Ainsi, les corps des relégués, qui étaient pourtant promis à une prompte régénération à la faveur du changement de milieu projeté par la loi sur la relégation, demeurèrent dans leur nouveau milieu les mêmes éléments pathogènes qu'en métropole, où il fallait coûte que coûte circonscrire leur action néfaste en procédant à leur expulsion. D'un milieu l'autre, ils ont continué d'être les porteurs d'une « criminalité virtuelle[46] » et la « diathèse criminelle[47] » avec laquelle ils faisaient corps et qui les reliaient organiquement au crime les a poursuivis jusqu'en Guyane. Ils y furent maintenus isolés et cet isolement sur une partie particulièrement insalubre de cette colonie a renforcé l'effroi d'ordre sanitaire qui pesait déjà sur eux. Cette perception du caractère anormal et dangereux attaché aux relégués perdura bien après la fin de leur envoi au bagne de Guyane à partir de 1938 (les derniers relégués ayant quitté la colonie en août 1953), lorsqu'ils furent incarcérés jusqu'en 1970 dans des établissements spéciaux situés sur le sol de la métropole[48]. Ils continuèrent effectivement à y être traités comme des « récidivistes »,

45 Afin de ne pas définitivement confondre leur régime avec celui des transportés, le pénitencier de la relégation n'était pas clôturé à l'inverse de celui de la transportation.

46 H. Asséo, « Le traitement administratif des Bohémiens », *Problèmes socio-culturels en France au XVIIIe siècle*, Paris, 1974, p. 52.

47 Dr. Legrain, « La médecine légale du dégénéré », *Archives d'anthropologie criminelle*, 9 (1894), p. 3.

48 J.-C. Vimont, « Figures paradoxales d'antisociaux des années 50 », *Criminocorpus* [En ligne], Les rebelles face à la justice, Articles, mis en ligne le 10 octobre 2014, consulté le 21 avril 2017. URL : http://criminocorpus.revues.org/2833.

c'est-à-dire comme des criminels qu'il fallait séparer des autres prisonniers et tenter de réformer désormais non plus par le biais d'un changement de milieu, mais par celui d'une immersion dans une chaîne complexe de tri et d'incarcérations dans des établissements pénitentiaires où la plupart continuaient ainsi à demeurer à l'écart de la société.

Jean-Lucien SANCHEZ
Chargé d'étude et de recherche
au ministère de la Justice
(DAP/Me5)

BIBLIOGRAPHIE

ANDRÉ, L., *La récidive, théorie d'ensemble et commentaire détaillé des lois préventives ou répressives de la récidive*, Paris, Chevalier-Marescq, 1892.

Annales de la Chambre des députés. Débats parlementaires, Paris, Imprimerie du Journal officiel.

Annales de la Chambre des députés. Documents parlementaires, Paris, Imprimerie du Journal officiel.

Annales du Sénat. Débats parlementaires, Paris, Imprimerie du Journal officiel.

Annales du Sénat. Documents parlementaires, Paris, Imprimerie du Journal officiel.

ASSÉO, H., « Le traitement administratif des Bohémiens », *Problèmes socio-culturels en France au XVIIIème siècle*, Paris, Klincksieck, 1974, p. 9-88.

BRIEGEL, F., PORRET, M., *Le criminel endurci. Récidive et récidivistes du Moyen Age au XXe siècle*, Genève, Droz, 2006.

CANGUILHEM, G., *Le normal et le pathologique*, Paris, Presses universitaires de France, 1999.

CHANEL, J.-C., « Ce que j'ai vu au bagne », *Détective*, 4 (1928), p. 4.

CHENEST, M., *De la relégation des récidivistes*, Discours, audience solennelle de la Cour d'Appel de Poitiers, Poitiers, Marcireau, 1883.

COMBESSIE, P., *Sociologie des prisons*, Paris, La Découverte, 2009.

DEBUYST, C., Digneffe F., Pires A. P., *Histoire des savoirs sur le crime et la peine. La rationalité pénale et la naissance de la criminologie*, Montréal, les Presses de l'Université de Montréal, Ottawa, les Presses de l'Université d'Ottawa, Paris, Bruxelles, De Boeck université, 1998, 2 vol.

FERRI, E., *La sociologie criminelle*, Paris, Dalloz, 2004.

FORSTER, C., *France and Botany Bay. The Lure of a Penal Colony*, Melbourne, Melbourne University Publishing, 1996.

FOUCAULT, M., *Sécurité, territoire, population. Cours au Collège de France. 1977-1978*, Paris, EHESS, Seuil, Gallimard, 2004.

FOUCAULT, M., *Surveiller et punir. Naissance de la prison*, Paris, Gallimard, 2005.

HAUSSONVILLE, (d') G., « La transportation des récidivistes », *L'Économiste français*, 2 (1882), p. 42-44.

GOFFMAN, E., *asiles, étude sur la condition sociale des malades mentaux*, Paris, Les Éditions de Minuit, 1968.

KALUSZYNSKI, M., *La République à l'épreuve du crime. La construction du crime comme objet politique 1880-1920*, Paris, L.G.D.J. LACASSAGNE, A., « Les instincts primordiaux des criminels, Compte rendu des séances du Troisième Congrès d'Anthropologie Criminelle », *Archives de l'Anthropologie Criminelle*, 7 (1892), p. 486-490.

LEGRAIN, (Dr.), « La médecine légale du dégénéré », *Archives d'anthropologie criminelle*, 9 (1894), p. 1-26.

LONDRES, A., *Au bagne*, Paris, Le serpent à plumes, 2002.

NORMAND, J., « Les mystères du bagne », *Police Magazine*, 45 (1931), p. 3-4.

PETITON, C.-A.-L., *De la récidive, Cour de Cassation, audience de rentrée du 3 novembre 1880*, Marchal, Billard et Cie, Paris, 1880.

PIAZZA, Pierre, « La fabrique "bertillonienne" de l'identité », *Labyrinthe* [En ligne], 6 | 2000, mis en ligne le 23 mars 2005, consulté le 24 avril 2017. URL : http://labyrinthe.revues.org/453 ; DOI : 10.4000/labyrinthe.453

RENNEVILLE, M., *La médecine du crime : essai sur l'émergence d'un regard médical sur la criminalité en France, 1785-1885*, Villeneuve-d'Ascq, Presses universitaire du Septentrion, 1999, 2 vol.

ROUSSEAU, J.-J., *Discours sur l'origine de l'inégalité parmi les hommes*, Paris, Flammarion, 2011.

SAADA, E., « Entre "assimilation" et "décivilisation" : l'imitation et le projet colonial républicain », *Terrain* [En ligne], 44 | mars 2005, mis en ligne le 15 mars 2009, consulté le 23 avril 2017. URL : http://terrain.revues.org/2618 ; DOI : 10.4000/terrain.2618

SANCHEZ, J.-L., « La relégation des récidivistes : enjeux politiques et pénal », Allinne J.-P., Soula M. (dir.), *Les Récidivistes. Représentations et traitements de la récidive* XIXe-XXIe *siècle*, Rennes, Presses universitaires de Rennes, 2010, p. 155-168.

SANCHEZ, J.-L., « Les *incorrigibles* au bagne colonial de Guyane. Genèse et application d'une catégorie pénale », *Genèses. Histoire et sciences sociales*, 19 (2013), p. 71-95.

SOULA, M., « Récidive et illusion rétrospective », Direction de l'administration pénitentiaire, *La prévention des récidives : évaluation, suivis, partenariats*, Travaux & Documents n° 84, 2015, p. 28-29.

SANCHEZ, J.-L., *À perpétuité. Relégués au bagne de Guyane*, Paris, Vendémiaire, 2013.

SANCHEZ, J.-L., « Les relégués au pénitencier de Saint-Jean-du-Maroni (Guyane française) : d'un village de colons à un pénitencier de forçats », Kalman J. (dir.), *French History and Civilization : Papers from the 19th George Rudé Seminar, July 10-12, 2014*, 6 (2015), p. 214-215, URL : http://www.h-france.net/rude/rudevolvi/SanchezVol6.pdf, consulté le 19/04/2017.

TARDE, G., *La criminalité comparée*, Paris, Les empêcheurs de penser en rond, 2004.

VIMONT, J.-C., « Figures paradoxales d'antisociaux des années 50 », *Criminocorpus* [En ligne], Les rebelles face à la justice, Articles, mis en ligne le 10 octobre 2014, consulté le 21 avril 2017. URL : http://criminocorpus.revues.org/2833

INCARCERATION, RESERVES, AND INDIGENOUS DEPRIVATION AND DEATH IN 20th CENTURY CANADA

This chapter investigates the impact of confinement to Indian reserves on the bodies of Indigenous people in Canada in the early 20th century. We frame reserves as part of a complex carceral system intended to further the goals of settler colonialism – the elimination of Indigenous peoples and the normalisation of settler society – to secure uncontested control of land claimed by the settler state. We situate our investigation in Canada, a country in which colonialism is ongoing and inheres in structures, systems, and relationships. The reserve system is nationwide, but we draw on research and histories of the operation of Indian reserves in the 20th century as context for our investigation with specific reference to the westernmost province of Canada, British Columbia, to reveal detail about the ways incarceration on reserves and exclusion from traditional homelands operated directly and indirectly to punish the bodies of Indigenous people. British Columbia was colonised relatively recently and these histories are well documented, making this region particularly useful for glimpsing the bodily impacts of settler colonial policy made at the national level. Through this focus, this chapter describes the role of carcerality and the creation of reserves in the wider settler colonization of Canada, the surveillance and deprivation of Indigenous people on reserves, and the impacts of these colonial acts on Indigenous bodies.

CANADA, INDIGENOUS PEOPLE, AND SETTLER COLONIALISM

In Canada, Indian Reserves are federal lands set aside for the use of specific Indigenous people[1]. They were developed from early agreements between European newcomers and Indigenous nations – such as 'peace and friendship treaties' – that laid the groundwork for sharing or partitioning land in the eastern part of the continent[2]. These reserves were created with mixed intents. Early on, reserves[3] were used to create spatial separation between Indigenous people and settlers to reduce conflict between the two groups arising from colonial usurpations and contestations over land and resources. Later, reserves were created with the idea of 'saving' Indigenous people from the supposedly deleterious effects of mixing with white settler society, based in the idea that contact and colonization was effecting an inevitable and terminal decline in Indigenous societies. Reserves were also created with the intent of removing Indigenous people from lands considered desirable by white settler society to make such places available for settlement and economic exploitation. For these

1 In this context, 'Indigenous' should be read consistent with definitions of 'Indigenous people(s)' and concepts of 'indigeneity' as articulated by Indigenous scholars including: T. Alfred and J. Corntassel, "Being Indigenous: Resurgences against contemporary colonialism", *Government & Opposition*, n° 40, 2005/4, p. 597-614; L. Simpson, *Dancing on Our Turtles' Back*, Winnipeg, Arbeiter Ring Press, 2011; see also: United Nations Declaration on the Rights of Indigenous Peoples, Geneva, United Nations General Assembly, 2007.

2 See: A. J. Barker, T. Rollo and E. Battell Lowman, "Settler Colonialism and the Consolidation of Canada in the 20th Century", in C. E. Cavanagh and L. Veracini (eds.), *The Routledge Handbook of the History of Settler Colonialism*, London, Routledge, 2016, p. 152-168. Reserves in Canada also bear a similarity to those implemented under British rule in South Africa – imperial and colonial officials met in London in the early 20th century to discuss the issue of governing 'native' populations in the British Empire, and use of these reserves became imperial orthodoxy.

3 We use the term 'reserves' in this paper to refer specifically to 'Indian reserves' created and administered under the Indian Act. They should not be confused with variations on 'reserves' in Canada that included some for non-Indigenous populations – see for example the case of Icelandic settlers afforded a reserve in 19th century Manitoba: R. Eyford, *White Settler Reserve: New Iceland and the colonization of the Canadian west*, Vancouver, UBC Press, 2016.

reasons, reserve lands tended to be located away from urban centres[4] (and services) and on lands ill-suited to agriculture.

Canadian Indian reserves are broadly similar to American Indian reservations : territories often created ad hoc through treaty arrangements, land purchases, and other legal agreements that have become systematized and – usually – been reduced in size by national governments over time. Reserve land belongs to the state and cannot be individually purchased or sold ; only the government may alienate reserve land. However, as a consequence, Indigenous 'on reserve' communities do not actually own their own land. Some reserves also have particular rules around taxation, hunting, and border crossings, depending on the negotiations that created the original reserve space, but these are frequently not honoured by the Canadian government, requiring Indigenous groups recognised by the federal government – grouped into First Nations, Métis and Inuit in the Canadian constitution, restricting Indigenous rights and government obligations to those groupings – to fight lengthy court battles and engage in direct action to protect reserves. For many groups, reserves are the only lands to which Indigenous people have government-recognised right (however limited)[5]. In British Columbia, the reserve system has been a key element of securing territory to which the state has no clear title, and underpins the entire system of settlement on which the province was founded. Due in part to the geographical inaccessibility of the region for Euro-Americans, intensive Euro-American colonization did not begin in the region now known as British Columbia until the nineteenth century. By the time that reserves were being created in British Columbia, the legal and political framework of reserves had become limited and standardized, to the benefit of the state and the detriment of Indigenous nations.

To understand the impact of reserves in Canada requires understanding the framework of settler colonial theory. As argued by Lorenzo

4 Of course, as urban centres have expanded, some of these reserves have found themselves encompassed within the built landscape. More recently, efforts to purchase property or lobby for land grants that can be turned into reserves within urban space has shifted this landscape again. See generally: M.-J. Norris, S. Clatworthy and E. Peters, "The Urbanization of Aboriginal Populations in Canada : A Half Century in Review", in E. J. Peters and C. Anderson (eds.) *Indigenous in the City : Contemporary Identities and Cultural Innovation*, Vancouver, UBC Press, 2013, p. 29-45.

5 On Indigenous people's legal relationships to the Canadian state, broadly, see: J. Borrows, *Canada's Indigenous Constitution*, Toronto, University of Toronto Press, 2010.

Veracini, settler colonisation is marked by the movement of settler collectives, who carry sovereignty with them, into regions of imagined 'emptyness' – frontiers ripe for (and in need of) claim and exploitation[6]. Settlers, as argued by Veracini and Patrick Wolfe[7], come to stay: the invasion of Indigenous lands by colonizers who mean to claim the land permanently as their own does not end with any particular event, but continues to be asserted and manifested through enduring 'structures of invasion'. We situate Canada as a settler colonial state and society, where ongoing settler colonisation manifests in 'structures' (such as racial hierarchies), 'systems' (including capitalist resource extraction), and 'stories' (such as the 'peacemaker myth' that underpins key positive elements of Canadian identity)[8]. Settler colonial states like Canada are motivated from inception to claim territories and erase Indigenous counter-claims. In this context, the creation of 'Indian reserves' is not simply about the demarcation of defined 'Indian territories,' but also about assertion of ownership and control over wider spaces: the lands and waters from which Indigenous nations are alienated, and which are claimed as the sovereign territory of the state. States like Canada, then, assign specific and bounded spaces to Indigenous peoples in part to assert their ability to define territorial rights and belonging, but also to control where boundaries are located and how they are enforced, and what terms like 'nation' mean with respect to land.

Settler colonial space can be understood as an assemblage that evolves, shapeshifts, and expands over time[9]. The function of the settler

---

6 L. Veracini, *Settler Colonialism: A theoretical overview*, London, Palgrave, 2010.

7 P. Wolfe, "After the frontier: separation and absorption in US Indian policy", *Settler Colonial Studies*, n° 1, 2011/1, p. 13-51; P. Wolfe, *Settler Colonialism and the Transformation of Anthropology: The Politics and Poetics of an Ethnographic Event*, London, Cassell, 1999.

8 For more detail on Canadian settler colonialism, see: E. Battell Lowman and A. J. Barker, *Settler: Identity and Colonialism in 21st Century Canada*, Halifax NS, Fernwood, 2015; on structures, systems and stories, see: p. 31-39. For recent overviews of contemporary Canadian colonialism, see: A. J. Barker, "The Contemporary Reality of Canadian Imperialism: Settler Colonialism and the Hybrid Colonial State", *American Indian Quarterly*, n° 33, 2009/3, p. 325-351; R. Barker and E. Battell Lowman, "Settler Colonialism and the Consolidation of Canada in the 20th Century". For a settler colonial overview up to 1900 of the Northwest region of the continent, including British Columbia, see: L. Ishiguro, "Northwestern North America (Canadian West) to 1900", in E. Cavanagh and L. Veracini, (eds.) *The Routledge Handbook of the History of Settler Colonialism*, London, Routledge, 2016, p. 125-138.

9 'Assemblage' is a term "used to emphasise emergence, multiplicity and indeterminacy, and connects to a wider redefinition of the socio-spatial in terms of the composition

colonial assemblage is to transfer land from indigenous to settler[10] claim and control. As such, the assemblage also has a trajectory – what often guides the social and political evolution of settler state and society is the desire for finality. Finality in this sense means the total elimination of Indigenous peoples' counter-claims to territory, and in effect, the total elimination of Indigenous people as sovereign or self-determining political agents, both in the present, and historiographically. Settler societies seek to move from valorization of the settler subject – glorifying pioneer narratives and agrarian pasts – towards settler exceptionalism, in which the settler is no longer the outsider on the land but rather the uncontested, sole owner. This is what is called the drive to transcendence and settler indigenization, and it motivates many of the most protracted and effective efforts at the elimination of Indigenous peoples and sovereignties in Canada and in other settler societies and states[11].

One of the ways that this settler colonial assemblage manifests is through the application of sovereign power to incarcerate. This is a feature of all states to some extent, but the settler colonial state creates particular carceral regimes in response to both the unruly expansion of settler collectives and the unpredictable resistance of Indigenous peoples. Incarceration is a common colonial tactic of dispossession. Across Canada, settlers moving

of diverse elements into some form of provisional socio-spatial formation. To be more precise, assemblages are composed of heterogeneous elements that may be human and non-human, organic and inorganic, technical and natural. In broad terms, assemblage is, then, part of a more general reconstitution of the social that seeks to blur divisions of social–material, near–far and structure–agency" – for a background on assemblage theory, see: B. Anderson and C. McFarlane, "Assemblage & Geography", *AREA*, n° 43, 2011/2, p. 124-127. For a theoretical overview of some aspects of how this assemblage functions in North America, see: A.-J. Barker, "(Re-) Ordering the New World: Settler colonialism, space, and identity", PhD Diss., University of Leicester, 2013.

10 The subjective, lower-case 'indigenous' and 'settler' here is intentional: neither of these ideal types generated as a 'heretical binary' within settler colonial logics, map onto the complexities of actual lived identities. See for example: P. Wolfe, "Recuperating binarism: a heretical introduction", *Settler Colonial Studies*, n° 3, 2013/3-4, p. 257-279. Veracini has observed that the settler colonial assemblage also serves to manage a third perceived population: 'exogenous Others,' including sojourners, migrants, refugees, enslaved people, and others who do not possess either the intent to stay on the lands of Indigenous nations, or do not possess the sovereign capacity to claim any of those lands and are effectively excluded from participating in the rights and privileges of settler society. See for example: L. Veracini, "Natives Settlers Migrants," *Politica & Società*, n° 2, 2012, p. 187-204.

11 See: E. Strakosch and A. Macoun, "The vanishing endpoint of settler colonialism", *Arena Journal*, n° 37/38, 2012, p. 40-62; L. Veracini, *Settler Colonialism*: p. 22-23.

into new areas have gone hand in hand with efforts by the state to control Indigenous people, limit their populations, restrict them from being in or moving through territories claimed by settlers, and to weaken their individual physical bodies and their peoples as a body politic. As such, reserve spaces (even those that began as ad hoc territorial agreements) have been increasingly empowered towards the goal of incarceration and were more and more highly regimented and regulated as the Canadian state expanded and consolidated through the 20th century.

Recent work in geography and criminology has encouraged scholars to go beyond 'the walls and fences of prisons' in understanding what carcerality is, and how carceral spaces are constructed[12]. Motivated by this, we believe it is important to re-examine the reserve spaces created by settler colonization in Canada through the lens of carcerality. Here, we use carcerality to mean the application of power – whether state or public, sanctioned or informal – to create a system that restricts an identified group of people to a particular, circumscribed space. Carceral spaces include prisons, but also migrant detention centres, surveilled work places in which labourers have few or no rights, and even the domestic spaces of convicted people assigned ankle bracelets and other tracking technology. Reserves, in our contention, form part of a historical continuum of carceral spaces in Canada designed specifically to contain indigeneity by restraining the embodied movements of Indigenous people. The restriction of all sorts of activities, from cultural ceremonies to food production to international travel, trade and diplomacy or warfare, were all fundamentally intended to disconnect Indigenous peoples from traditional lands and legal and political claims to those lands. Alongside more obvious examples, such as residential schools[13],

12 See for example: C. Mincke, "Immobilisation, relocation and mobility monitoring: on the evolution of the Carceral", paper presented at Association of American Geographers World Congress: Carceral Geographies workshop, San Francisco, 29 March 2016; N. Gill, D. Conlon, D. Moran and A. Burridge, "Carceral circuitry: New directions in carceral geography", *Progress in Human Geography*, 2016, DOI: 0309132516671823, p. 1-22.

13 Residential schools, and the 'Indian Residential School' (IRS) system more broadly, are an infamous manifestation of colonial assimilation. From the mid-1800s until the mid-1990s, the Canadian government in partnership with several churches (particularly the Catholic, Anglican, and Methodist/United churches of Canada), established compulsory schools for Indigenous children. The schools were notorious for abusing Indigenous children through violence and coercive discipline, as well as sadistic and frequently sexual abuse at the hands of school officials and teachers. Students were starved, beaten for speaking their language, forced to cut their hair and wear European clothing, and learn English and Christianity in place of their Indigenous identities. Schools were often established

sanatoriums[14], and the over-representation of Indigenous people in prisons and jails[15], reserves served the function of concentrating Indigenous communities into particular circumscribed places. The political and legal framework of the reserve system has changed over time. However, in the early 20th century the boundaries of reserves might as well have been invisible walls, as reserves became, in the words of Métis scholar and activist Howard Adams, 'prisons of grass.'[16] Adams, writing in the 1970s, was referring to the way that the deprivation of reserves in terms of economic development, social services, and health and education infrastructure made it impossible for many Indigenous people to leave reserves and participate in wider Canadian society. Here, we examine the roots of how these prisons of grass were built.

We must make a caveat here that, in referring to reserves as carceral spaces, we are not reflecting the various and ingenious strategies that Indigenous people have employed to evade and thwart this system of carcerality. For many Indigenous nations, reserves are more than prisons – they are parts of their homelands and in need of care through

---

following the creation of reserves, and would frequently service several communities simultaneously, giving the excuse for children to be removed from communities for extended periods of time. On residential schools as carceral spaces, see: A. Woolford and J. Gacek, "Genocidal carcerality and Indian Residential Schools in Canada", *Punishment and Society*, nº 18, 2016/4, p. 400-419. The residential school survivors recently settled the largest lawsuit in Canadian history, resulting in part in the establishment of an extensive Truth and Reconciliation Commission which completed its report in 2016. See: Truth and Reconciliation Commission of Canada, Honouring the Truth, Reconciling for the Future, Ottawa, Government of Canada, 2016.

14 In the early 20th century, Canadian health officials frequently removed Indigenous people from their communities against their will to be interred in sanatoriums and other medical institutions. This was often (but not always) for the treatment of tuberculosis, but these sanatoriums were often distant from the communities that they served, requiring massive dislocation and displacement. Many Indigenous people were forced into these facilities despite resistance and protest; see: L. Stevenson, "The psychic life of biopolitics: Survival, cooperation and Inuit community", *American Ethnologist*, nº 39, 2012/3, p. 594-613.

15 Indigenous people in Canada – like the United States – are massively overrepresented among the prison population. As of the 2006 census, although Indigenous people only make up approximately 3 % of the Canadian population, they make up approximately 17 % of all adult remands. Systemic racism has been recognized as a driving factor in this, and judges in Canada are instructed to take this into account in sentencing. However, Indigenous incarceration continues to rise. See: S. Perreault, "The incarceration of Aboriginal people in adult correctional services", *Juristat: Canadian Centre for Justice Statistics*, no 29, 2009/3, p. A4-A27.

16 H. Adams, *Prison of Grass: Canada from a Native Point of View*, 2d edition, Saskatoon, SK, Fifth House Publishers, 1989.

maintenance of material environmental systems, and spiritual ceremony and rituals of renewal. They are also spaces that, in so much as they are recognized by the government as 'different' than other spaces in Canada, have some level of protection against further alienation in the present. This protection has been hard won, as Indigenous people across Canada – and especially in British Columbia – have fought in the courts and on the land to protect these territories[17]. However, these resistances and adaptations have frustrated but not thwarted the carcerality of the settler colonial assemblage, and while many scholars – especially Indigenous scholars – have and are producing narratives examining Indigenous resistance to carcerality, our focus here is on unpacking the impacts of settler colonial carcerality on Indigenous bodies as a tactic of colonization.

The carceral space of reserves, as they represent spaces where indigeneity persists, are in some senses a problematic narrative roadblock for a settler society seeking to transcend its colonial past. This has historically been articulated by settler Canadians as "the Indian problem." But the real problem is that settler sovereignty demands resolution through the dissolution of Indigenous sovereignty and the removal of Indigenous bodies from the land; physically, narratively, or legally. In pursuit of this end, the federal government of Canada has made concerted efforts to constrict and shrink these spaces over time: from Deputy Superintendent of Indian Affairs Duncan Campbell Scott in the early 20th century, who stated that the goal of his department was to eliminate reserves and Indian Affairs through the total assimilation of all Indians, to Liberal Prime Minister Pierre Elliot Trudeau and Minister of Indian Affairs (and also later Prime Minister) Jean Chrétien in 1969, who tried to dissolve reserves as part of efforts to achieve complete assimilation of Indigenous peoples[18], to the contemporary British Columbia Treaty

17 For background, see: T. Alfred, "Deconstructing the British Columbia treaty process", *Balayi: Culture, Law and Colonialism*, n° 3, 2001, p. 37-65; J. Borrows, "Sovereignty's alchemy: an analysis of Delgamuukw v. British Columbia", *Osgoode Hall Law Journal*, 37, 1999, p. 537-550; N. Blomley, "'Shut the Province Down': First Nations Blockades in British Columbia, 1984-1995", *BC Studies*, n° 111, 1996, p. 5-35.

18 The proposal is infamously known as the 1969 White Paper, and it prompted the famous response from Cree intellectual and writer Harold Cardinal that skewered Canadian Indian policy as racist, violent, and failing. This response, originally called 'The Red Paper,' was eventually published as the best-selling book, *The Unjust Society* (Toronto, Douglas & McIntyre, 1969/1999).

Process that seeks to resolve the land claims of Indigenous peoples in Canada's westernmost province in a land surrender process that does not attempt to meet the nation-to-nation definition of a treaty.

These attempts are part of an ongoing process of enclosing perceived 'frontier' spaces, and replacing them with settler spaces. As these frontier spaces are enclosed, settler colonial authorities assert boundary lines, separating 'civilized' space from 'wilderness' – usually with Indigenous peoples on the 'incorrect' side of those lines. As political theorist Kevin Bruyneel argues, North American states impose a space-time boundary on Indigenous people, wherein only particular spaces – like reserves – are seen as being appropriate places for Indigenous people to 'belong', both because of how those spaces are bounded, and because they are seen to exist somewhat out of time[19]. In this imagined geography, reserves are throw-back spaces to times before settler colonialism was 'triumphant' (as it always already is in the mind of settlers). Indigenous people, constructed as primitive and backward, are understood by settler society to exist only on reserves, where they are seen as artefacts, constrained and immobile. However, Indigenous people in settler spaces are seen as both out of time and out of place, and face constant violence from police, and from the settler public[20]. The effects of settler colonization, then, are both territorializing and biopolitical: as we were taught, and have repeated elsewhere, "it's always all about the land,"[21] and Indigenous people and Settler people are both connected to the land in fundamentally different ways. Embodied relationships to the land, in terms of occupation and habitus, food and resource production, and the role of place and landscape in generating a variety of national and cultural narratives, are extremely important to both. Settler colonisation of Indigenous lands both produces and is produced through impacts on Indigenous bodies.

---

19 K. Bruyneel, *The Third Space of Sovereignty: The postcolonial politics of US-Indigenous relations*, Minneapolis, University of Minnesota Press, 2007.

20 See for example: S. Razack, *Dying from improvement: Inquests and inquiries into Indigenous deaths in custody*, Toronto, University of Toronto Press, 2015; A. Nettelbeck, and R. Smandych, "Policing indigenous peoples on two colonial frontiers: Australia's mounted police and Canada's North-West Mounted Police", *Australian & New Zealand Journal of Criminology*, n° 43, 2010/2, p. 356-375; A. O. Harper, "Is Canada Peaceful and Safe for Aboriginal Women?", *Canadian Woman Studies*, 25, 2006/1-2, p. 35-38.

21 E. Battell Lowman and A.-J. Barker, *Settler*, p. 48-68.

DIVIDED LANDS
Indigenous and Settler people

Canada, and British Columbia in particular, were created through a number of overlapping and often-mutually reinforcing colonizing missions, guided by a variety of imperial, colonial, national, and commercial interests. British Columbia, stretching from the Rocky Mountains to the coastal islands and inlets of the Pacific Northwest, was an "edge of empire"[22] – meaning an imperial periphery, only partially and inconsistently connected to the British metropole – even after eastern cities like Montreal became large and thriving centres of industry and trade[23]. Some of the first dominating colonial power asserted in British Columbia emanated from fur trade forts. These forts became places where colonial organizations, including corporations like the Hudson's Bay Company, could exercise the power of life and death over everyone, including Indigenous people, according to company regulations and frequently operated absent legal constraint. The scheduling of supply and delivery, use of rations and resources, and accounts of furs traded and for what, allowed an enormous amount of surveillance and micro-control of the lives of company employees and their families[24], as well as trading partners. This system of forts laid the groundwork for the penetration of circuits of capital *and* the assertion of British law into the British Columbia interior, what historian Edward Cavanagh has labelled 'fur trade colonialism.'[25]

The fur trade also brought the Pacific Northwest into the military reach and scientific gaze of Europe. As Daniel Clayton has discussed with

22 This term was brought into common usage to frame British Columbia's position with respect to Britain/Canada by historian Adele Perry – see: A. Perry, *On the Edge of Empire: Gender, race, and the making of British Columbia, 1849-1871*, Toronto, University of Toronto Press, 2001.

23 C. Harris, "How Did Colonialism Dispossess?: Comments from an 'edge of empire'", *Annals of the Association of American Geographers*, n° 94, 2004/1, p. 165-182.

24 Colonial traders, usually male, often had Indigenous partners who would sometimes move into trade forts with them. This entangled cross-cultural gender politics into the early colonization of British Columbia in ways that had its own effects on the body. See: S. Van Kirk, *Many tender ties: Women in fur-trade society, 1670-1870*, Norman, OK, University of Oklahoma Press, 1983.

25 E. Cavanagh, "Fur Trade Colonialism: Traders and Cree at Hudson's Bay, 1713-1763", *Australasian Canadian Studies*, no 27, 2009/1-2, p. 85-94.

respect to the early voyages of Captain Cook to the Pacific Northwest (during his third and final voyage 1776-1780) and subsequent boom in the maritime fur trade in sea otter pelts that took place in the last decade of the 18th century, the Pacific Northwest entered the imagination of Europe long before Europeans ever really had much knowledge of the place[26]. The routes created by the land-based fur trade became the routes by which surveyors, cartographers, and land assessors moved into the interior of the soon-to-be province, and the vast and rugged interior of this region was claimed as Crown land in large swaths as quickly as its lines could be drawn on a map. Indigenous lands and nations were often left out of the calculations that turned land into state territory. In the prairies to the east of British Columbia, the Canadian state instituted a 'politics of starvation' in order to weaken Indigenous communities and force them to accept a subservient position in treaty negations and other agreements, leading to sedentarization and confinement on reserve lands. In British Columbia, the situation was somewhat different as the territory of the province was claimed first as British colonies (Vancouver Island in 1849, and the British Columbia mainland in 1858) then in 1871 as a Canadian province without signing treaties with Indigenous groups that provided some legal footing for the land transfer[27]. As Harris has extensively demonstrated, the reserve system in British Columbia was created piecemeal, through the contestation of colonial agents, settlers, and Indigenous people[28].

In the 18th century, Indigenous nations in eastern and central North America were courted by the British Crown – as well as the American, French, and other imperial powers – as valuable trading partners and military allies, as well as being seen as potential threats if allied to

26 D. Clayton, *Islands of Truth: The Imperial Fashioning of Vancouver Island*, Vancouver, UBC Press, 1999.

27 With the exception of a very few small areas, no treaties to legally acquire land were signed in BC. Among treaties that were signed, only the Douglas treaties – which cover 930 square kilometres on Vancouver Island (for reference British Columbia measures some 944,735 km^2) – and part of the north-east corner of the province which was part of Treaty 8 (signed in 1899 between Queen Victoria and several Indigenous groups) deal directly with land transfers. Treaty 8 and the Douglas Treaties were among the last signed in what is now Canada with Indigenous people. See: P. Tennant, *Aboriginal Peoples and Politics: The Indian Land Question in British Columbia, 1849-1989*, Vancouver, UBC Press, 1990.

28 C. Harris, *Making Native Space: Colonialism, Resistance and Reserves in British Columbia*, Vancouver, UBC Press, 2002; Harris, "How Did Colonialism Dispossess?".

another power. However, after the permanent close of continental hostilities between the British and Americans in 1814, Indigenous military aid was no longer required. The tropes of savagery that made Indigenous warriors so feared by white soldiers were then used to inform narratives of sub-human, uncivilized racialised 'Indians'[29]. In 1857, the Crown passed the Gradual Civilization Act – a precursor to the Indian Act, which remains in effect today – setting out an explicit policy of 'transforming' Indigenous people out of existence. Indigenous people were paradoxically recognized as comprising distinct groups, but also constructed as wards of the state when their peoples were enclosed on reserve lands, and so the reserve system became a key element in this policy of civilizational assimilation and elimination of indigeneity. Confinement on reserve lands became a tactic for dividing Indigenous nations into federally-recognised Indian 'bands', forcing them to become sedentary, managed communities under the control of the Canadian state.

First as a colonial agent, then later as the first Lieutenant Governor of the province of British Columbia, Joseph Trutch – a notorious anti-Indigenous racist and white supremacist – routinely seized lands claimed by Indigenous nations that he deemed 'excess', doing so under the belief that white settlers could make better use of the land[30]. Also in the second half of the 19th century, the reserve system was expanded alongside the spread of residential schools, and the increasing policing and administration of Indigenous communities throughout the region. By 1885 a transcontinental railway connected British Columbia to the eastern centres of commerce and industry, and populations boomed, primarily around ranching and resource extraction settlements – the cattle industry, logging, mining, and the construction of associated infrastructure drove employment and investment that drew settlers from other parts of Canada, the US, and overseas. Indigenous nations experienced rapid land loss. This led the Chiefs of the Shushwap nations of the British Columbia interior in 1910, for example, to petition Prime Minister Wilfrid Laurier to provide them with a reserve in order to

29 Historian Alan Taylor, in reference to the British-American War of 1812, argues that neither side won, but that Indigenous people definitively lost. See: A. Taylor, *The Civil War of 1812: American Citizens, British Subjects, Irish Rebels, & Indian Allies*, Toronto, Random House, 2012.

30 M. E. Kelm, *Colonizing Bodies: Aboriginal Health and Healing in British Columbia, 1900-50*, Vancouver, UBC Press, 2012, p. 27.

secure some protection against settler appropriation in order to ensure their survival[31]. Seeing huge portions of their territory squatted on or stolen by settlers backed by racist governors and local leaders, the chiefs believed an appeal to the Crown was their only way to retain some of their landbase in the face of this relentless invasion. A Royal Commission was convened in 1912, charged with resolving 'the BC land question.' By 1916, the Commission had surveyed the province and recommended the seizure of valuable lands from Indigenous people, including those with established reserves founded in negotiated agreements, which the government dutifully implemented.

Returning to the settler colonial theory framework introduced above, we consider the seemingly-contradictory goals of the reserve system as it came into existence in British Columbia. On one hand, settler bureaucrats and politicians discursively constructed reserves as places for Indigenous people to go to die as peoples. Based in biological essentialism, 19th and early 20th century political leadership in British Columbia favoured the belief that Indigenous people, were less civilized than their European counterparts and were destined to die off and be replaced as a natural act of evolution:

> [Early 20th century] Euro-Canadians talked about Aboriginal bodies primarily by discussing how they would change those bodies and how those changes would make the First Nations better able to deal with supposed 'civilized' world. These non-Native commentators often carried two unstated assumptions; first, that the condition of Aboriginal bodies was natural given the current state of colonization (which was itself inevitable, they believed); and, second, that they did not need to elicit the opinion of First Nations on this subject[32].

However, at the same time, we see incidences of Indigenous communities petitioning the government of Canada, as in the Memorial to Laurier, asking to be given reserve lands as protection from the encroachment of white settlers, an approach and perspective that at least some humanitarian-progressive Settler British Columbians shared. Among Settler people who shared the concerns of the chiefs was

31 Shuswap Nation Tribal Council, "The Memorial to Sir Wilfrid Laurier: Commemorating the 100th Anniversary, 1910-2010" [PDF], URL: www.kanakabarband.ca/downloads/memorial-to-sir-wilfred-laurier.pdf.

32 Kelm, *Colonizing Bodies*, p. XV-XVI.

Gilbert Malcolm Sproat, the Reserve Commissioner responsible for surveying and formalizing many of the reserves created across BC in the second half of the 19th century[33]. Sproat, as Cole Harris explains, was a complicated individual who advocated for Indigenous people, including for land rights, and worked to ensure the several communities were not completely dispossessed of their lands. However, Sproat was still possessed of many of the same biases as his contemporaries, and he also played a significant role in what is known as 'the potlatch ban'. The potlatch ceremony is a common practice among several Indigenous nations in British Columbia, and is a key expression and element of the social and political economy in the Pacific Northwest. In 1884, in part through the work of Sproat, the Canadian state imposed a law making it illegal for Indigenous people to gather for festivals or ceremonies like the potlatch. It is this seeming contradiction in the person of Sproat that explains the continuity between the eliminatory and humanitarian perspectives on reserves.

What ties these two positions is a cultural and racial – and, ultimately, colonial – paternalism. Whether constructed as in need of 'protection,' or simply unfit to live in 'modern society', these positions ultimately rest on the same argument: that Indigenous people were incapable of taking care of their own lives and needed to be dominated for their own good. This extends to the legal make-up of reserve lands as federal land – that is, land that is ultimately owned by the government and which can be repurposed, removed, or fundamentally altered at the will of the state, but not of the Indigenous inhabitants and caretakers of those lands. As mentioned, Indigenous people on reserves were rendered wards of the Crown, unable to vote or access other basic civil liberties, unless they were 'enfranchised'. Either willingly or forced, enfranchisement was based in the achievement of a degree of 'civilization' and signified a change of status in that the state no longer considered that individual to be 'Indian'. This meant exclusion from any rights protected under the Indian Act, from living on reserve land, and even from being buried in graveyards or cemeteries within their home reserve[34]. By extension, as the settler state granted itself

33 Harris, *Making Native Space*: p. XV-XVII, 134-136.

34 Many Indigenous people, whether willingly or unwittingly, lost official 'Indian status' due to enfranchisement. Indians could be enfranchised by earning a university degree, joining

the exclusive right to 'care for' Indigenous lands, it did the same for Indigenous bodies, imposing a system of violent bodily interference, elements of which continue into the present.

INDIGENOUS BODIES INCARCERATED

Like borders and divisions marked on the landscape and materialized in the form of fences, check-points, and other barriers, the bodies of people have also been marked by colonial power in particular ways. Here, we focus on the ways that the carceral reserve system impacts on the physical being of Indigenous peoples, and what this reveals about the ties between settler colonial attitudes towards land and the treatment of Indigenous communities. The examples that we draw from here are from nations and histories located in the interior of British Columbia, roughly the region once called 'The Cariboo,' situated along the Fraser and Thompson Rivers. This is an arid region, with large riverbeds that once drew tens of thousands of gold seekers, where mountainous terrain and difficulty accessing water make farming difficult in many places[35]. Home to the Nlha7kámpx, Secwepemc, and others, for most of human history in the region this region boasted and was supported by a rich salmon fishery[36].

As might be imagined, imposing reserves in this landscape was difficult, even for the paternalistic settler colonial state. It was even difficult to determine how many people lived in an area, as several censuses conducted in British Columbia were largely incomplete outside of the region around present-day Vancouver, where settler populations were concentrated. In much of the rest of the province through the 19th century, Indigenous people outnumbered settler populations, limiting

the clergy, serving in the military, or a number of other acts. Enfranchised people lost any treaty rights, could no longer live on reserve, and were officially considered (though not often treated socially) as 'white'.

35 With the exception of regions such as the Okanagan, which have become famous for soft fruits and grapes for wine.

36 See for example: H. Robinson, with W. Wickwire (ed.), *Write it on your Heart: The Epic World of an Okanagan Storyteller*, Vancouver, Talonbooks, 1989.

the effectiveness of colonial governance[37]. Indigenous populations in the Fraser Valley area before this time (and prior to several smallpox epidemics) were "as concentrated and dense a non-agricultural population as anywhere in the world"[38]. However, when news of the discovery of gold in the Fraser River was published by a Seattle newspaper in 1857, gold seekers – many of them American, veterans of earlier gold rushes in California – flooded into the area, and violent clashes followed. Miners organized and attacked Indigenous villages and destroyed food caches. In addition to the direct loss of life, these attacks disrupted resource acquisition, trade, and destroyed necessary food stores. At the same time, these movements of new populations brought with them "countless sheep, mules, cattle, and horses" and a smallpox epidemic in 1862, which "probably reduced the indigenous population by one-third"[39]. As Indigenous populations collapsed, they were replaced on the land by ranchers and other settlers who brought their own brand of violence, including murdering Indigenous people in disputes over property and territory[40].

It was in the context of this violence, and the rapid expansion of colonial infrastructure, such as a Canadian transcontinental railway that followed the Fraser Canyon, that the Canadian state instituted a series of policies that allowed the surveillance and control of the movements and actions of Indigenous people on an individual level. The first and most notorious of these is 'the pass system' which was enforced from 1885 to c.1940. This policy – not law – granted federal Indian Agents the power to restrict Indigenous people to reserves and severely limit their movements off-reserve through the granting or withholding of

37 See: C. Harris and R. Galois, "A Population Geography of British Columbia in 1881", in Harris, Cole (ed.) The Resettlement of British Columbia. Essays on Colonialism and Geographical Change, Vancouver, UBC Press, 2000, p. 137-160; C. Harris, "The Struggle with Distance," in C. Harris (ed.) *The Resettlement of British Columbia: Essays on Colonialism and Geographical Change*, Vancouver, UBC Press, 2000, p. 161-193.

38 C. Harris, "The Fraser Canyon Encountered", in C. Harris, Cole (ed.) The Resettlement of British Columbia: Essays on Colonialism and Geographical Change, Vancouver, UBC Press, 2000, p. 103-136, p. 104.

39 J. Thistle, *Resettling the Range: Animals, Ecologies, and Human Communities in British Columbia*, Vancouver, UBC Press, 2015, p. 35.

40 See for example: Thistle, *Resettling the Range*, p. 67-69. On the violence of commercial stock farmers in settler colonial contexts more generally, see: M. Adhikari (ed.), *Genocide on Settler Frontiers. When Hunter-Gatherers and Commercial Stock Farmers Clash*, Oxford, Berghahn Books, 2015.

'passes' that permitted a person to leave for a specified purpose, location, and number of days[41]. While the pass system was not implemented in British Columbia to the degree that it was in the western plains, this is largely because "official structures to facilitate were not as well developed nor as well staffed as in southern Alberta", and regardless of the ad hoc nature of surveillance and restriction, Indian Agents did work to control the movements of Indigenous people, who "found that guarantees for freedom of movement in pursuit of economic activity were gradually eroded."[42]

This surveillance was enforced bodily. Indian Agents often liaised with federal police to move or remove Indigenous peoples from places they were not 'permitted' to be. The application of state power in this way also *created* particular kinds of bodies. Specifically, the bodies of Indigenous women were pathologized and constructed as a particular problem in need of management. As Smith observes:

> Special attention was paid in the interior of British Columbia to the movements and activities of Indigenous women. An agent might simply rely on the force of his authority as Kamloops Agent J.F. Smith did in 1914 when he "[o]rdered Minnie August to leave the Resturant [sic] in which she was supposed to be working." He might also employ the Vagrant Act as Smith did the following year when he sentenced Celia Louie to three months in jail. An agent might also request that a young woman be escorted back to her reserve by the British Columbia Police or he might send her back to a reserve supervised by another agent[43].

As one might expect, the police and agents responsible for these 'removals' and 'escorts' were often violent, disrespectful, and brutal. Smith goes on to note that special attention was paid to ensuring that young Indigenous men and women could not mix. The goals of these gendered restrictions were two-fold. First, Indigenous men and women were separated in part to prevent Indigenous populations from growing – despite the efforts of missionaries who preached sex as shameful, Indigenous children kept being born (contradicting the assumption that

41 A. Williams (writer, director, producer), The Pass System [documentary film], Toronto, Tamarak Productions, 2016.

42 K. D. Smith, *Liberalism, Surveillance, and Resistance: Indigenous Communities in Western Canada, 1877-1927*, Edmonton, Athabaska University Press, 2009, p. 74.

43 Smith, *Liberalism, Surveillance, and Resistance*, p. 73.

Indigenous populations were dying off) and federal agencies wanted to do anything they could to reduce these problematic populations. The second goal was to prevent Indigenous women, seen as sexually promiscuous and degenerate, from interacting with the primarily-Settler populations of the lower mainland. As such, these acts of physical restriction to reserve territories are inseparable from the "Act Respecting Sexual Sterilization," passed in British Columbia in 1933, which allowed Canadian doctors to sterilize Indigenous women against their will[44]. They are also inseparable from the acts of violence and dehumanization perpetrated by police against Indigenous women throughout the 20th century and into the present, as the bodies of Indigenous women have been narratively constructed as both degenerate and disposable since the 19th century[45].

With Indigenous people subject to regimes of surveillance that effectively confined them on reserve lands at the whim of state authorities, Indigenous bodies began to show the physical effects of this carceral regime. One of the primary ways through which incarceration affected Indigenous bodies was not through overt violence, but rather through deprivation. Almost all reserves were subject to severe resource scarcity in one form or another. Reserves were almost always placed on lands not of obvious value to settlers for agriculture or ranching, or where there were no known valuable resources that could be extracted. Even those located around a traditional village site did not allow for the fact that many Indigenous nations in British Columbia had different seasonal village sites. For example, many nations would spend the months around Pacific salmon spawning runs at dispersed, smaller village sites located on river banks and estuaries, while in winter, communities would come together in larger villages to share resources. The imposition of the reserve system, inherently designed to sedentarize Indigenous people, meant for many communities that their seasonal economies were severely or completely disrupted. The power wielded by Indian Agents to

44 For more detail on this and similar laws and policies across Canada, see: K. Stote, *An Act of Genocide. Colonialism and Sterilization of Aboriginal Women*, Halifax, NS, Fernwood Publishing, 2015.

45 For a case study of how this has shaped the largest city in British Columbia – Vancouver – see: D. Culhane, "Their spirits live within us. Aboriginal women in Downtown Eastside Vancouver emerging into visibility", *The American Indian Quarterly*, n° 27, 2003/2, p. 593-606.

delay, frustrate, or prevent people from leaving reserves exacerbated these issues. As mentioned above by Smith, restrictions on movements off reserve were often specifically meant to undermine economic activity, including both trading with other Indigenous communities, and selling goods to settler communities. These restrictions on movement and trade meant that Indigenous communities often lived in a state of constant lack, with food being a particularly important commodity.

Indigenous peoples across BC traditionally maintained complex economies including sustainable systems for procuring food and other resources, often involving a mixture of cultivation, hunting and fishing, and extensive trade. For example, camus, a starchy bulb cultivated in fields and meadows around the lower mainland and on larger islands like Vancouver Island, and oolichan 'oil' or 'grease', the nutrient-rich liquid derived from candlefish in the northern parts of British Columbia, were traded extensively and over great distances, both for each other and for other resources[46]. Camus and similar cultivated plants are clear evidence that Indigenous people of these areas had sophisticated food production systems that spanned large areas and generated diverse, healthy, sustainable diets. These diets drew from the abundant resources of an area that, despite the availability of many kinds of food resources, were generally poorly suited to Euro-American style mass agriculture.

However, settler colonial people – viewing Indigenous people through their own racially biased lenses – either could not perceive or simply disregarded these complex food systems in laying out the reserve system. As Kelm identified, "The laying out of reserves constrained the ability of the First Nations to provide themselves with traditional foods, and also made supplementing the traditional diet with introduced crops difficult."[47] In British Columbia, the average reserve consisted of 20 acres of land per household – among the smallest in Canada"[48]. Too

46 S. D. Phinney, J. A. Wortman and D. Bibus, "Oolichan grease. A unique marine lipid and dietary staple of the north pacific coast", *Lipids*, n°44, 2009/1, p. 47-51; S. Marsden and R. Galois, "The Tsimshian, the Hudson's Bay Company, and the geopolitics of the Northwest coast fur trade, 1787–1840", *The Canadian Geographer/Le Géographe canadien*, 39, 1995/2, p. 169-183.

47 Kelm, *Colonizing Bodies*, p. 27-29 (emphasis added).

48 One of the significant reasons for this difference is the lack of treaties, which both specified per family/household allotments, and provided some legal protection against the kind of seizure practiced by Trutch and other colonial officials. Compared the 20 acres/household ration in British Columbia, Treaties 1 and 2 allotted 160 acres/household, and

many bureaucrats believed that the only way for Indigenous people to achieve self-sufficiency was through suffering and hard labour[49]. It is no surprise that hunger ran rampant.

Many Indigenous communities, prevented from hunting, fishing, or farming as formerly and confined to reserve lands inadequate to the production of food through Euro-American agriculture, had to rely on government rations which were notoriously inconsistent and of poor quality – especially for the many nations in British Columbia that had never made treaties, which often specified a transfer of annual goods and funds from the state to reserves. Rations were consistently reduced in volume and quality, as the government tried to shrink its financial responsibility to Indigenous communities, including by tricks of accounting through which the government simply never changed the dollar value of food allotted in rations, even as inflation in the early 20th century caused the cost of foodstuffs to increase precipitously, and wartime rationing broadly increased scarcity. Similarly, the state changed the age from which a child was moved off of half-rations and allocated a full ration from ten years to twelve years, halving expected rations for many young people. Indian Agents were given instructions that ration values were also 'upper limits' and that they could, at their discretion, issue rations below the specified amounts. Further, when Indigenous people complained of rations lacking essential items, these items might be added to rations, but in exchange, several more essential items could be removed – so the addition of matches and cheese to ration packs was balanced by the removal of yeast, macaroni, and molasses[50]. The result is one of endemic ill health, underpinned by rampant malnutrition.

The British Columbia system relied on penning whole communities up on largely unproductive land, preventing seasonal movements, and insisting that Indigenous people become farmers in places where farming

---

Treaties 3 to 11 allotted 640 acres/household. These were still often placed in undesirable areas, and starvation and economic stagnation remained problems, but the situation in British Columbia was certainly exacerbated by these tiny reserve allotments.

49 Both Kevin Smith, in *Liberalism, Surveillance, and Resistance*, and Hugh Shewell in *Enough to Keep Them Alive*, make the point that policy makers and bureaucrats in the late 19th and early 20th centuries, informed by liberalist ideals and a burgeoning capitalist system, believed that the goal of Indian Affairs should be to create self-sufficient individuals, and that this required punishment and suffering for recalcitrant behaviour.

50 H. Shewell, *"Enough to Keep Them Alive", Indian Welfare in Canada, 1873-1965*, Toronto, University of Toronto Press, 2004, p. 127-129.

was a practical impossibility[51]. This carceral deprivation translated into all sorts of health problems, especially the spread of disease. Diseases like tuberculosis, considered a 'disease of poverty', spread like wildfire through the British Columbia interior. Church of England missionary Stanley Higgs arrived in Lytton, British Columbia in 1928, and recorded seeing many people suffering and dying from Tuberculosis (TB) at a rate he found alarming. He saw the failure of the government to provide TB treatment for Indigenous people as a "very cruel way of thinning the ranks of our Indian people" and as a deliberate form of neglect, as treatment was made available for white and settler people in the province[52]. Similarly, epidemics of influenza and similar viruses took very high tolls on Indigenous populations weakened by deprivation politics. The spread of these diseases was aided by the overcrowded conditions on reserves – despite Indigenous populations declining into the early 20th century, reserves shrunk at a rate faster than populations, and when populations rebounded, the conditions only worsened. While "people had congregated for only the winter months in the past, they were now constrained to make their homes for longer and longer periods of time… As a result of these changing circumstances, especially as the Aboriginal population of the province started to grow, overcrowding on the reserves… became the norm."[53] Although the spread and impact of disease was greatly exacerbated by colonization, Canadian officials used disease as further proof of the degeneracy of Indigenous bodies, and the need for further, closer government control, and in the 1930s, the Canadian government "increased its control over reserve communities through amendments to the Indian Act that permitted departmental personnel to enter into the home of any Aboriginal person suspected of having a communicable disease"[54].

Further, as both diseases and malnutrition spread ill health among Indigenous populations, fewer and fewer people were able to undertake

51 For example, Indigenous communities that relied on fisheries faced restrictions through the 1870s and 1880s that consecutively banned Indigenous fishing technologies, including spears, nets, and weirs. See: Kelm, *Colonizing Bodies*, p. 30-31.

52 S. E. Higgs, *That They Might Have Life: An Autobiography by the Late Reverend Canon Stanley E. Higgs*, George Bramhall (ed.), Lytton, BC, Freedom Graphics Press, 2009, p. 307-308.

53 Kelm, *Colonizing Bodies*, p. 46.

54 Kelm, *Colonizing Bodies*, p. 114.

the physically demanding jobs necessary for procuring food, including farming, hunting, fishing, and work in industries such as fish processing and canning. Malnutrition, starvation, and disease combined to sap the bodily strength of Indigenous populations. Rooted in this carceral deprivation, reserves became places of physical and epistemic pain, as described by Cree scholar Billy-Ray Bellcourt[55]. Bellcourt notes that, now as in the past, there is not enough healthy food available on reserves, and what food is available is not sufficient to stave off disease, and in fact poor food actually encourages the spread of new diseases among Indigenous people. The clearest example of this is diabetes, which is now rampant among Indigenous people across Canada, including British Columbia[56]. Diabetes has spread widely as a direct result of the shift in diet imposed on Indigenous peoples, including poor quality rations in the 20th century: an adult Indian in 1940 would be granted up to 24 lbs. of flour, 2 lbs. of sugar, and 3 lbs. of lard, compared to only $1 worth of meat or fish – especially perverse in British Columbia, where many traditional diets consisted largely of seafood.

Reserves were not simply denied food – they were also denied vital medical services, especially those that could drastically increase the health of vulnerable populations: In 1935, hospital delivery of babies was prohibited and tonsillectomies were discouraged. All non-acute patients were to be discharged from hospital immediately. There would be no further tuberculosis surveys, tonsil or dental clinics; no further spectacles would be issued; no sanatorium treatment for tubercular patients would be authorized, and drug expenditures were to be halved[57]. Because

55 B.-R. Belcourt, "Meditations on reserve life, biosociality, and the taste of non-sovereignty", *Settler Colonial Studies*, 2017, p. 1-15.

56 According to statistics from the Government of Canada, 5 % of non-Indigenous Canadians have been diagnosed with diabetes, but among Indigenous people living on reserve, that number jumps to 17.2 % (10.3 % among off-reserve Indigenous people). Further, "Aboriginal individuals are generally diagnosed at a younger age than non-Aboriginal individuals, and Aboriginal females experience higher rates of gestational diabetes than non-Aboriginal females. Complications of diabetes are also more frequently seen among the Aboriginal population than in the non-Aboriginal population". See: Government of Canada, *Diabetes in Canada: Facts and figures from a public health perspective*, Ottawa, Government of Canada, 2011.

57 These service cuts were specifically to reserves, not the general population. At the same time as this was occurring, outbreaks of whooping cough and measles were affecting 70 % of Indigenous student populations in the Lytton area, with several students dying from these diseases in 1935. See: Kelm, *Colonizing Bodies*, p. 14, 114.

Indian Agents controlled many aspects of life on reserves, many withheld food, whether in the form of rations or through inhibiting the ability of Indigenous people to hunt, fish, trap, or trade, and other supplies as a method of control. Rations became an especially pernicious form of social control, as the desperation for food and promise of relief from the government was used to blunt social agitation against the dispossession and oppression of Indigenous communities, as Shewell explains

> Relief policies had masked the continuing lease or sale of Indian lands to settlers... and provided poor compensation for that and for the relentless incursion of whites into traditional Indian economies. Indians were left with less and less viable land and with fewer economic tools for their collective welfare, and while this was playing out, relief policies turned their attention away from dispossession toward survival... The government and the Indian Affairs bureaucracy had knowingly orchestrated both these processes, not in a purely conspiratorial sense, but in response to the demands of an expanding capitalist state[58]...

This withholding of resources motivated by capitalist ends did not just diminish Indigenous health – it also directly threatened the lives of Indigenous people and their community infrastructure, as in addition to withholding food, Indigenous reserves were also often deprived of another vital resource: water.

As discussed, many parts of the British Columbia interior are arid despite the presence of water in rivers and lakes – mountainous environments with little soil and vegetation, and with most rainfall occurring on the coast. The Nlha7kápmx reserve at Lytton, mentioned previously, is one of those that has had difficulty accessing their nearest source of water due to colonial disruption. While the Lytton reserve is very near the Fraser River, in between the reserve and the river is a railway – a railway that was constructed by the Canadian Pacific Railway company as part of the new transnational rail system. These railways were built during the era of steam, when train engines required regular refilling with large amounts of water. When the railway was constructed, the railway corporations who owned stretches of track were also granted water rights along that track for their commercial use, and that included the right to prevent others, including Indigenous communities from

58 Shewell, *"Enough to Keep Them Alive"*, p. 167.

accessing the water[59]. For many years, the only water available on the reserve came in a trickle through a single pipeline, which became a serious problem when a fire broke out on the Lytton reserve in 1929. Missionary Stanley Higgs came running to help fight the fire, only to find a group of Nlha7kámpx men already present, but unable to access enough water from the pipe to have any effect: When Higgs went to see Indian Agent Graham about the situation, he was informed that the CPR had first claim on local water sources, followed by the town of Lytton. When Higgs… pressed Graham on the issue, he discovered that plans for a water system had been made for the Lytton band by the Dominion engineer, but that Graham had chosen not to implement them because he believed that sufficient labour for the project would not be available from the reserve population. When Higgs returned a week later with twenty-six men… Graham responded that the money allowed by the department had lapsed. Nothing more could be done[60].

CONCLUSION: LEGACIES OF DEPRIVATION

Reserve lands have historically been places of extreme restriction on Indigenous mobility. As Hugh Shewell noted, this has resulted in an "atmosphere of workhouses defined by geography rather than by walls", echoing Howard Adams' description of reserves as prisons of grass. Yet even as reserves incarcerated Indigenous people, the conditions on reserve prevented the realisation of the stated goals of the reserve system – the assimilation and elimination of Indigenous people: Indian

59 As Kelm relates: "Provincial regulations of 1888 dissociated water rights from land ownership and demanded that Aboriginal people lease the water they used on reserve. The provincial government also allowed others to apply to use water associated with reserves so that, for instance, mining companies could be granted access to water that Aboriginal farmers had used for irrigations, as in the case of Cayoosh reserve farmers, whose 1889 crops were lost when the province granted to mining interests the first 200 inches of water from a creek that ran through the reserve." See: Kelm, *Colonizing Bodies*, p. 30.

60 Kelm, *Colonizing Bodies*, p. 47. An extended version of this incident can be found in E. Battell Lowman, "'My Name is Stanley', Twentieth-Century Missionary Stories and the Complexity of Colonial Encounters", *BC Studies*, nº 169, 2011/Spring, p. 81-99, p. 89-90.

Affairs came to see the reserves as part of the problem, although not in the same way that they had been in the post-Confederation era. Then, the reserves were to have formed part of the assimilating transition; indeed, they were to have disappeared as enfranchised Indians acquired individual portions of them or sold their portions to other buyers. By the late 1930s, new observers began to see the reserves and the reserve policies of the Canadian government as the reasons that Indians were being held back. The reserves had bred slumlike conditions, ill health, despair, and suspicion. There were no employment opportunities on them, nor did they offer any access to technical training. Canada had created its own system of crushing apartheid[61].

Likewise, Kelm emphasizes the systemic impact of settler colonisation on Indigenous peoples and bodies, arguing "that Aboriginal ill-health was created not just by faceless pathogens but by the colonial policies and practices of the Canadian government."[62]

Focusing on the systemic causes of Indigenous starvation, deprivation, and violence brought on by social dysfunction under this apartheid system, two key points become clear: First, these systemic impacts, experienced pervasively across Indigenous communities and over protracted periods of time, have had enduring impacts on Indigenous communities that manifest in ongoing health problems. As Bellcourt argues, diabetes would not be at an epidemic level among Indigenous peoples without the social fracturing – of both bonds between people, and between peoples and their lands – that resulted in no small part from the imposition of the reserve system. New terms have risen to prominence in recent years to describe these enduring health impacts, including 'intergenerational trauma', which emphasize that Indigenous people's health has been impacted by far more than germs[63].

Second, and consistent with Wolfe's observation that settler colonialism does not inhere in events and therefore is not 'over', it is necessary to identify the continuation of carceral logics in contemporary state policies towards Indigenous peoples, and to analyse the impact of these on bodily suffering and death in Indigenous communities. As such, the

61 Shewell, *Enough to Keep Them Alive*, p. 167.

62 Kelm, *Colonizing Bodies*, p. XIX.

63 See for example: P. Menzies, "Developing an Aboriginal healing model for intergenerational trauma", *International Journal of Health Promotion and Education*, n° 46, 2008/2, p. 41-48.

surveillance of Cindy Blackstock, for one example, must be understood as a continuation of this carceral system. Blackstock, a Gitxsan scholar, activist, and Advocate for Children and Youth who has been critical of the child protection agencies across Canada for racist targeting of Indigenous children for apprehension, was closely and illegally surveilled by the Canadian government for several years, resulting in a scathing report from the federal privacy commissioner[64]. Reserves continue to receive far less funding for essential services than settler municipalities, with many still lacking access to clean drinking water and other basic sanitation, as well as suitable housing and healthy food. The impacts on Indigenous people's health under these conditions cannot in any way be seen as accidental or unintentional. The ongoing disparities in health outcomes between Indigenous people and settler Canadians must be framed through the lens of ongoing incarceration, apartheid, and settler colonial elimination.

Adam J. Barker
Lecturer in Human Geography,
University of Hertfordshire

Emma Battell Lowman
Lecturer in the History
of the Americas,
University of Hertfordshire

64 C. Blackstock, "The Complaint: The Canadian Human Rights Case on First Nations Child Welfare", *McGill Law Journal*, n° 62, 2016/2.

REFERENCES

ADAMS, H., *Prison of Grass: Canada from a Native Point of View*, 2d edition, Saskatoon, SK, Fifth House Publishers, 1989.

ADHIKARI, M. (ed.), *Genocide on Settler Frontiers: When Hunter-Gatherers and Commercial Stock Farmers Clash*, Oxford, Berghahn Books, 2015.

ALFRED, T. and CORNTASSEL J., "Being Indigenous: Resurgences against contemporary colonialism", *Government & Opposition*, n° 40, 2005/4, p. 597-614.

ALFRED, T., "Deconstructing the British Columbia treaty process", *Balayi: Culture, Law and Colonialism*, n° 3, 2001, p. 37-65.

ANDERSON, B. and MCFARLANE, C., "Assemblage & Geography", *AREA*, n° 43, 2011/2, p. 124-127.

BARKER, A. J., *(Re-) Ordering the New World: Settler colonialism, space, and identity*, PhD Diss., University of Leicester, 2013.

BARKER, A. J., "The Contemporary Reality of Canadian Imperialism: Settler Colonialism and the Hybrid Colonial State", *American Indian Quarterly*, n° 33, 2009/3, p. 325-351.

BARKER, A. J., ROLLO, T. and BATTELL LOWMAN, E., "Settler Colonialism and the Consolidation of Canada in the 20th Century", in CAVANAGH, E. and VERACINI, L. (eds.), *The Routledge Handbook of the History of Settler Colonialism*, London, Routledge, 2016, p. 152-168.

BATTELL LOWMAN, E., "'My Name is Stanley': Twentieth-Century Missionary Stories and the Complexity of Colonial Encounters," *BC Studies*, n° 169, 2011/Spring, p. 81-99.

BATTELL LOWMAN, E. and BARKER, A. J., *Settler: Identity and Colonialism in 21st Century Canada*, Halifax NS, Fernwood, 2015.

BELCOURT, B.-R., "Meditations on reserve life, biosociality, and the taste of non-sovereignty", *Settler Colonial Studies*, 2017, p. 1-15.

BLACKSTOCK, C., *The Complaint: The Canadian Human Rights Case on First Nations Child Welfare, McGill Law Journal*, n° 62, 2016/2.

BLOMLEY, N., "'Shut the Province Down': First Nations Blockades in British Columbia, 1984-1995", *BC Studies*, n° 111, 1996, p. 5-35.

BORROWS, J., *Canada's Indigenous Constitution*, Toronto, University of Toronto Press, 2010.

BORROWS, J., "Sovereignty's alchemy: an analysis of Delgamuukw v. British Columbia", *Osgoode Hall Law Journal*, 37, 1999, p. 537-550.

BRUYNEEL, K., *The Third Space of Sovereignty: The postcolonial politics of US-Indigenous relations*, Minneapolis, University of Minnesota Press, 2007.

Cardinal, H., *The Unjust Society*, Toronto, Douglas & McIntyre, 1969/1999.

CAVANAGH E., "Fur Trade Colonialism: Traders and Cree at Hudson's Bay, 1713-1763", *Australasian Canadian Studies*, n° 27, 2009/1-2, p. 85-94.

CLAYTON, D., *Islands of Truth: The Imperial Fashioning of Vancouver Island*, Vancouver, UBC Press, 1999.

CULHANE, D., "Their spirits live within us: Aboriginal women in Downtown Eastside Vancouver emerging into visibility," *The American Indian Quarterly*, n° 27, 2003/2, p. 593-606.

EYFORD R., *White Settler Reserve: New Iceland and the colonization of the Canadian west*, Vancouver, UBC Press, 2016.

GILL, N., CONLON, D., MORAN, D. and BURRIDGE, A., "Carceral circuitry: New directions in carceral geography", *Progress in Human Geography*, 2016, DOI: 0309132516671823, p. 1-22.

Government of Canada, *Diabetes in Canada: Facts and figures from a public health perspective*, Ottawa, Government of Canada, 2011.

HARRIS, C., *Making Native Space: Colonialism, Resistance and Reserves in British Columbia*, Vancouver, UBC Press, 2002.

HARRIS, C., "How Did Colonialism Dispossess?: Comments from an 'edge of empire'", *Annals of the Association of American Geographers*, n° 94, 2004/1, p. 165-182.

HARRIS, C., "The Struggle with Distance," in HARRIS, C. (ed.) *The Resettlement of British Columbia: Essays on Colonialism and Geographical Change*, Vancouver, UBC Press, 2000, p. 161-193.

HARRIS, C., "The Fraser Canyon Encountered," in Harris C. (ed.) *The Resettlement of British Columbia: Essays on Colonialism and Geographical Change*, Vancouver, UBC Press, 2000, p. 103-136.

HARRIS, C. and GALOIS, R., "A Population Geography of British Columbia in 1881," in Harris C. (ed.) *The Resettlement of British Columbia: Essays on Colonialism and Geographical Change*, Vancouver, UBC Press, 2000, p. 137-160.

HARPER, A. O., "Is Canada Peaceful and Safe for Aboriginal Women?", *Canadian Woman Studies*, 25, 2006/1-2, p. 35-38.

HIGGS, S. E., *That They Might Have Life: An Autobiography by the Late Reverend Canon Stanley E. Higgs*, Bramhall G. (ed.), Lytton, BC, Freedom Graphics Press, 2009.

ISHIGURO, L., "Northwestern North America (Canadian West) to 1900", in CAVANAGH, E. and VERACINI, Lo. (eds.) *The Routledge Handbook of the History of Settler Colonialism*, London, Routledge, 2016, p. 125-138.

KELM, M. E., *Colonizing Bodies: Aboriginal Health and Healing in British Columbia, 1900-50*, Vancouver, UBC Press, 2012.

MARSDEN S. and GALOIS R., "The Tsimshian, the Hudson's Bay Company, and the geopolitics of the Northwest coast fur trade, 1787–1840," *The Canadian Geographer / Le Géographe canadien*, 39, 1995/2, p. 169-183.

MENZIES, P., "Developing an Aboriginal healing model for intergenerational trauma", *International Journal of Health Promotion and Education*, n° 46, 2008/2, p. 41-48.

MINCKE, C., "Immobilisation, relocation and mobility monitoring: on the evolution of the Carceral", paper presented at Association of American Geographers World Congress: Carceral Geographies workshop, San Francisco, 29 March 2016.

NETTELBECK, A. and SMANDYCH, R., "Policing indigenous peoples on two colonial frontiers: Australia's mounted police and Canada's North-West Mounted Police", *Australian & New Zealand Journal of Criminology*, n° 43, 2010/2, p. 356-375.

NORRIS, M. J., CLATWORTHY, S. and PETERS, E., "The Urbanization of Aboriginal Populations in Canada: A Half Century in Review", in PETERS, E. J. and ANDERSON, C. (eds.) *Indigenous in the City: Contemporary Identities and Cultural Innovation*, Vancouver, UBC Press, 2013, p. 29-45.

PERREAULT, S., "The incarceration of Aboriginal people in adult correctional services", *Juristat: Canadian Centre for Justice Statistics*, n° 29, 2009/3, p. A4-A27.

PERRY, A., *On the Edge of Empire: Gender, race, and the making of British Columbia, 1849-1871*, Toronto, University of Toronto Press, 2001.

PHINNEY, S. D., WORTMAN, J. A. and BIBUS, D., "Oolichan grease: A unique marine lipid and dietary staple of the north pacific coast", *Lipids*, n° 44, 2009/1, p. 47-51.

RAZACK, S., *Dying from improvement : Inquests and inquiries into Indigenous deaths in custody*, Toronto, University of Toronto Press, 2015.

ROBINSON, H., with WICKWIRE, W. (ed.), *Write it on your Heart: The Epic World of an Okanagan Storyteller*, Vancouver, Talonbooks, 1989.

SHEWELL, H., *"Enough to Keep Them Alive": Indian Welfare in Canada, 1873-1965*, Toronto, University of Toronto Press, 2004.

Shuswap Nation Tribal Council, "The Memorial to Sir Wilfrid Laurier: Commemorating the 100th Anniversary, 1910-2010" [PDF], URL: www.kanakabarband.ca/downloads/memorial-to-sir-wilfred-laurier.pdf

SIMPSON, L., *Dancing on Our Turtles' Back*, Winnipeg, Arbeiter Ring Press, 2011.

SMITH, K. D., *Liberalism, Surveillance, and Resistance: Indigenous Communities in Western Canada, 1877-1927*, Edmonton, Athabaska University Press, 2009.

STOTE, K., *An Act of Genocide: Colonialism and Sterilization of Aboriginal Women*, Halifax, NS, Fernwood Publishing, 2015.

STRAKOSCH, E., and MACOUN, A., "The vanishing endpoint of settler colonialism", *Arena Journal*, n° 37/38, 2012, p. 40-62.

STEVENSON, L., "The psychic life of biopolitics: Survival, cooperation and Inuit community," *American Ethnologist*, n° 39, 2012/3, p. 594-613.

TAYLOR, A., *The Civil War of 1812: American Citizens, British Subjects, Irish Rebels, & Indian Allies*, Toronto, Random House, 2012.

TENNANT, P., *Aboriginal Peoples and Politics: The Indian Land Question in British Columbia, 1849-1989*, Vancouver, UBC Press, 1990.

THISTLE, J., *Resettling the Range: Animals, Ecologies, and Human Communities in British Columbia*, Vancouver, UBC Press, 2015.

Truth and Reconciliation Commission of Canada, *Honouring the Truth, Reconciling for the Future*, Ottawa, Government of Canada, 2016.

United Nations Declaration on the Rights of Indigenous Peoples, Geneva, United Nations General Assembly, 2007.

VAN KIRK, S., *Many tender ties: Women in fur-trade society, 1670-1870*, Norman, OK, University of Oklahoma Press, 1983.

VERACINI, L., "Natives Settlers Migrants," *Politica & Società*, no 2, 2012, p. 187-204.

VERACINI, L., *Settler Colonialism: A theoretical overview*, London, Palgrave, 2010.

WILLIAMS, A. (writer, director, producer), *The Pass System* [documentary film], Toronto, Tamarak Productions, 2016.

WOLFE, P., "After the frontier: separation and absorption in US Indian policy", *Settler Colonial Studies*, n° 1, 2011/1, p. 13-51.

WOLFE, P., *Settler Colonialism and the Transformation of Anthropology: The Politics and Poetics of an Ethnographic Event*, London, Cassell, 1999.

WOLFE, P., "Recuperating binarism: a heretical introduction", *Settler Colonial Studies*, n° 3, 2013/3-4, p. 257-279.

WOOLFORD, A. and GACEK, J., "Genocidal carcerality and Indian Residential Schools in Canada," *Punishment and Society*, n° 18, 2016/4, p. 400-419.

INDEX

RÉSUMÉS

Martine SOULA et Mathieu CHARAGEAT, « Introduction. Le corps comme lieu pénal »

Interroger la peine par son emprise sur le corps sur un temps long, à travers divers espaces et au prisme de différentes disciplines, telle est l'ambition de cet ouvrage qui montre que quels que soient les temps et les lieux, le corps est l'objet d'une attention constante de la peine car il permet d'objectiver le monopole répressif de la justice.

Iñaki BAZAN, « El verdugo y el cuerpo supliciado de los reos en la corona de castilla (siglos XIII-XVI). El ejemplo del país vasco »

Dans cette étude, est analysée la figure du bourreau dans la Couronne de Castille durant le bas Moyen Âge, et plus spécifiquement dans un espace géographique marqué : le Pays Basque. Cet officier subalterne de la Justice avait bien sûr la fonction d'appliquer les châtiments corporels, mais il exerçait aussi d'autres fonctions. Ceci explique les difficultés des autorités publiques à spécifier la fonction et la place du bourreau et ce d'autant qu'il devait subir une sorte d'exclusion sociale due à ses activités judiciaires.

Martine CHARAGEAT, « Bourreau et manipulation des corps en aragon (XVe-XVIe s.) »

Dernier maillon de la chaîne justicière, le bourreau agit comme une interface entre le juge et le public des exécutions. Pourtant il n'est pas toujours aisé de l'identifier que ce soit en matière de titulature ou d'identité patronymique encore plus difficile à connaître, parfois pas avant le XVe siècle en Aragon. Personnage ambivalent, mal aimé mais nécessaire, il n'apparaît pas toujours frappé d'une marginalité radicale quand il est nommé dans les récits judiciaires en Aragon aux XVe-XVIe siècles.

Flocel SABATÉ, « Le bourreau en catalogne au bas moyen âge »

En Catalogne le bourreau est réglementé au XIVe siècle comme professionnel qui applique les peines physiques dans la justice ordinaire romaniste. Il travaille avec les corps des condamnés, objet de mépris et cruauté afin de conditionner le comportement populaire moyennent la terreur transmisse dans des exécutions très participatives. Afin d'éviter l'impureté provenant de ces corps, en Roussillon il travaille avec gants. En outre cas, les bourreaux ne peuvent pas toucher les aliments au marché par raison d'hygiène morale

Cyrielle CHAMOT, « Le bourreau et l'accusé. Le corps à l'épreuve de l'instruction pénale (XIVe-XVIIIe siècles) »

Sous l'Ancien Régime, le bourreau exerce un contact physique sur les criminels mais également sur les prévenus. Du fait de son expertise de la douleur et des corps, il est amené à participer à l'enquête et contribue à la recherche de la vérité à travers plusieurs procédés : la torture judiciaire ainsi que l'inspection physique de certains suspects. Cet agent s'immisce donc légalement dans l'intimité des accusés, son toucher contribuant à la dégradation de leur intégrité tant physique que morale.

Mathieu VIVAS, « Le bourreau dans les registres de comptabilité de périgueux (XIVe-XVIIIe s.) »

Du XIVe au XVIIIe siècle, les registres de comptabilité de la ville de Périgueux fournissent des informations sur le bourreau municipal : les noms, les costumes, les gages et les salaires dessinent le portrait d'un agent qui semble être bien plus qu'un simple artisan de la peine capitale. En plus de présenter une synthèse des données, cette investigation invite également à s'interroger sur l'image portée par l'historiographie traditionnelle d'un bourreau exclu et marginalisé.

Géraud DE LAVEDAN, « De l'identification À l'inhumation. Les vicissitudes du corps des victimes dans la pratique judiciaire d'Ancien Régime »

Dès la découverte du corps d'une personne morte dans des circonstances violentes, la justice appose son empreinte sur ce cadavre, le reléguant au rang de pièce à conviction dans la poursuite du crime. À travers les regards, les mots et les gestes intrusifs effectués par les suppôts de justice et les experts, ces corps sont sujets à des expositions et à de nombreuses manipulations codifiées. Quant à l'autopsie qui suit généralement, elle donne lieu à de nouvelles violences exercées sur ces cadavres.

Bernard RIBÉMONT, « Prison Épique et corps en souffrance (XIIe-XIIIe s.) »

L'espace de la prison, dans la perception que l'homme médiéval en a, apparaît comme un lieu de souffrance et de privation, dans lequel le corps du prisonnier est mis à mal. La chanson de geste transforme les situations de réalité au gré de la fantaisie du jongleur et de la tradition d'un genre. Et, dans un univers baigné par la violence, dans lequel héros et héroïnes sont régulièrement confrontés à la souffrance ; dans un espace mettant en exergue la violence, la prison, lorsqu'elle apparaît, ne peut être qu'un locus horribilis.

Catalina GIRBEA, « Pratiques pénales de l'au-delà romanesque au XIIIe siècle »

Approcher les pratiques pénales dans l'univers fictionnel, romanesque ou de la littérature dite didactique, soulève d'emblée un problème méthodologique de taille : les écarts entre la fiction, la norme écrite et la pratique. Tout en tenant compte de cet écueil, cette enquête portant sur deux situations du cycle du Lancelot-Graal, cycle romanesque arthurien en prose composé durant le premier tiers du XIIIe siècle, analyse la manière dont les rites d'exécution sont décrits et perçus dans l'imaginaire.

Cécile VOYER, « Le corps des prisonniers dans les images des XIVe et XVe siècles »

Étudier les images des corps en peine permet une observation fine de la fabrique culturelle du corps au Moyen Âge. Le crime y est en effet associé au mal et engendre le désordre. Restaurer l'harmonie rompue par le péché nécessite donc de punir, de châtier le corps, responsable de la souillure de l'âme. Dans cette perspective, cet article examine à nouveau frais la représentation du corps contraint lors de l'incarcération et du corps emprisonné en s'appuyant sur un corpus d'enluminures des XIVe et XVe siècles.

Frank COLLARD, « Sauver l'empoisonné, confondre et châtier l'empoisonneur. Corps en peine et crime de poison »

À la fin du Moyen Âge, le crime de poison hante les esprits. Les affaires se multiplient dans les chroniques ; émerge une littérature spécialisée, souvent produite à la demande des puissants. Sujette à une réflexion juridique en plein essor, la *toxicatio* fait aussi son entrée dans les archives judiciaires. Cette documentation donne à voir à quels genres de manipulations sont soumis les corps, en vue de confondre (ou d'innocenter) et de châtier un présumé coupable mais aussi en vue de sauver la supposée victime.

Mathieu SOULA, « L'Écartèlement de Damiens ou la raison des supplices »

Le supplice de Damiens est ici envisagé comme une clé pertinente d'entrée dans l'analyse des supplices tels qu'ils se pratiquaient en France aux XVIIe et XVIIIe siècles. Loin d'être une aberration judiciaire ou un anachronisme, la peine infligée à Damiens paraît tout au contraire logique et pertinente si elle est rapportée aux contextes sociaux et juridiques qui l'ont en partie déterminée. À ce titre, elle peut être mobilisée pour comprendre l'économie des supplices et en rendre raison.

Anne CAROL, « Le corps à l'épreuve de la peine capitale. Le cas Pranzini, 1887 »

Le 31 août 1887, Henri Pranzini est guillotiné. Les archives judiciaires et policières, la presse abondent sur l'assassin et son expiation. On voudrait montrer ici qu'à l'âge de la guillotine le corps reste au centre des dispositifs de contrôle et de châtiment qui s'appliquent au condamné pendant l'exécution ; mais aussi comment ce même condamné peut se servir de ce corps pour affirmer une forme d'*agency* ; enfin d'interroger le devenir de son cadavre, et son traitement matériel et symbolique.

Alessandro PASTORE, « Le supplicié, le bourreau et le médecin (Italie, XVIe-XVIIe siècle) »

L'article a pour but de suivre les relations qui s'établissent lors de l'exécution entre les bourreaux d'une part et les médecins et chirurgiens de l'autre. Il s'agit de professions aux compétences diamétralement opposées : les premières donnent la mort, tandis que les secondes préservent la vie. Au cours de cette réflexion une attention particulière a été accordée à des témoignages issus de la pratique médico-légale italienne où il est question de l'administration d'un poison et d'un antidote au condamné à mort.

Pierre PRÉTOU, « L'exposition et la pérégrination de la morbidité pénale à Paris à la fin du Moyen Âge »

Une observation de l'insertion des restes des condamnés dans l'espace public du Paris médiéval révèle des fonctions surprenantes, car cette approche met au jour une réversibilité de la réception des corps inanimés, dont les mises en scènes médiévales organisent la représentation du devenir de l'âme. Quelle sémantique sépare l'odeur de sainteté de la puanteur, la *peregrinatio christi* et la traîne du cadavre, l'invention des reliques du démembrement ?

Bruno BERTHERAT, « Les tombes des criminels en france (métropole) à l'époque contemporaine »

Depuis la Révolution, la tombe est devenue en France l'ultime destination pour les criminels, à l'instar de tous les autres défunts. S'inscrit-elle pour autant dans une normalité funéraire ? Cette recherche s'intéresse au temps d'après, celui qui commence avec l'inhumation, et tente de poser les jalons d'une histoire matérielle des tombes des criminels. Une approche large sera privilégiée puisqu'elle portera à la fois sur les suppliciés et sur les criminels morts dans d'autres circonstances, y compris non violentes.

Jean-Lucien SANCHEZ, « Corps contaminés, corps contaminants des relégués (XIXe-XXe siècle) »

La loi sur la relégation des récidivistes du 27 mai 1885 a entraîné de 1887 à 1938 l'envoi en Guyane française de condamnés récidivistes considérés comme des « incorrigibles ». Dans une vision organiciste de la société, ils étaient considérés comme des éléments corrupteurs susceptibles de contaminer les membres des classes populaires. La relégation agissant comme une mesure d'hygiénisme social en les soustrayant de la métropole pour les envoyer en Guyane où le législateur avait projeté leur « régénération ».

Adam J. BARKER et Emma BATTELL LOWMAN, « Incarceration, Reserves, and Indigenous Deprivation and Death in 20th Century Canada »

Ce chapitre étudie l'impact de l'immobilisation forcée des peuples autochtones sur les réserves indiennes de la Colombie-Britannique, au Canada, au début du XXe siècle. Ces réserves font partie d'un système carcéral destiné à seconder les objectifs colonialistes. Cet article décrit le rôle de la carcéralité et de la création de réserves dans le processus de colonisation du Canada, la surveillance et l'enfermement des peuples autochtones dans les réserves ainsi que les impacts de ces actes coloniaux sur les corps des indigènes.

TABLE DES MATIÈRES

DEUXIÈME PARTIE

LA CONSTANTE ATTENTION PÉNALE AU CORPS

LE CORPS À L'ÉPREUVE DES PEINES

TROISIÈME PARTIE

AU-DELÀ DE LA PEINE

ENJEUX DISCIPLINAIRES ET SPATIAUX DE LA MANIPULATION DES CORPS